普通高等教育"十二五"系列教材

工 程 力 学

郭光林　何玉梅　张慧玲　安逸　编著

机 械 工 业 出 版 社

本书是为适应近年来由于高教改革，多数高校对工程力学课程的教学内容和学时数进行了调整这种新形势而编写的。

　　本书的主要特色有：突出基本概念，陈述简单明了；内容上由浅入深，循序渐进；形式上图文结合，力求清晰；注重将问题的分析与工程背景相结合，以提高学生的兴趣；增加了能量法一章，有助于培养学生应用能量法分析和解决问题的能力。全书共 15 章，主要内容包括：绪论、力的概念和物体的受力分析、力矩的概念和力系的等效与简化、刚体和刚体系统的平衡问题、材料力学的基本概念、轴向拉伸和压缩、剪切和挤压的实用计算、扭转、弯曲内力、弯曲应力和强度、弯曲变形和刚度、应力状态分析和强度理论、组合变形、压杆稳定、能量法、动载荷和疲劳强度等。

　　本书为高等学校本科工科各专业工程力学课程的教材，也可供独立学院、高职高专、成人高校师生及有关工程技术人员参考。

图书在版编目（CIP）数据

工程力学/郭光林等编著. —北京：机械工业出版社，2014.7
（2025.6 重印）

普通高等教育"十二五"系列教材

ISBN 978-7-111-47118-9

Ⅰ.①工…　Ⅱ.①郭…　Ⅲ.①工程力学-高等学校-教材　Ⅳ.①TB12

中国版本图书馆 CIP 数据核字（2014）第 134178 号

机械工业出版社（北京市百万庄大街 22 号　邮政编码 100037）
策划编辑：李永联　责任编辑：李永联　任正一
版式设计：霍永明　责任校对：张莉娟
责任印制：常天培
河北虎彩印刷有限公司印刷
2025 年 6 月第 1 版·第 10 次印刷
184mm×260mm·16 印张·387 千字
标准书号：ISBN 978-7-111-47118-9
定价：39.80 元

电话服务　　　　　　　　　　网络服务
客服电话：010-88361066　　机　工　官　网：www.cmpbook.com
　　　　　010-88379833　　机　工　官　博：weibo.com/cmp1952
　　　　　010-68326294　　金　书　网：www.golden-book.com
封底无防伪标均为盗版　机工教育服务网：www.cmpedu.com

前　言

Preface

　　"工程力学"是各高等学校工程类专业开设的专业基础课。近年来，随着高等教育改革的不断深化，多数高等学校对工程力学课程的教学内容及学时进行了调整，本书就是为了适应这种新的教学形势而编写的。

　　本教材的主要特色有：

　　1）突出基本概念，陈述简单明了。在介绍力、力偶和力系规律时，既强调了空间概念，又突出了平面力系的特点及应用，使学生更易理解掌握。

　　2）内容上由浅入深，循序渐进。由基本变形到组合变形，环环紧扣。

　　3）形式上图文结合，力求清晰。

　　4）注重将问题的分析与工程背景相结合，例题和习题尽可能提取工程问题，以提高学生的学习兴趣。

　　5）有别于许多同类教材，本书增加了能量法这一章，有助于培养学生应用能量法分析和解决问题的能力。

　　本书由何玉梅编写第1~第3章；张慧玲编写第4~第10章；郭光林编写绪论、第11~第15章；安逸编写附录A、B，并承担书中部分插图的绘制工作。

　　由于编者业务水平所限，书中不足之处在所难免，恳请读者批评指正。

编　者

目 录

Contents

绪　　论

0.1　工程力学的研究对象

力学和工程学的结合，促成了工程力学的形成和发展。无论是在历史悠久的土木工程、水利工程、机械工程和船舶工程中，还是在后起的航空航天工程、核技术工程、生物工程中，工程力学都有着广泛的应用。力学的发展使汽车发动机效率提高了约 1/3。仅以小轿车为例，全世界每年节省燃料费约 2000 亿美元，排气污染减少了 90% 以上。力学解决了各种飞行器的空气动力学性能问题、推进器动力学问题、飞行稳定性和操纵性问题及结构和材料的强度问题等。

20 世纪以来，工程力学发展的标志性成就有：人类载人航天技术（见图 0-1）、高速磁悬浮列车、跨江大桥、超高层建筑和巨型水利枢纽（如长江三峡水利工程，见图 0-2）等。

图 0-1　发现号航天飞机

图 0-2　长江三峡水利工程

可以预见，在未来的科技发展中，工程力学仍将展示出永恒与旺盛的生命力并发挥巨大的影响。

工程力学所研究的物体大多数是由固体材料做成的，而固体材料在外力作用下都会发生变形，故称为变形固体。变形固体在外力作用下所产生的物理现象是各种各样的，为了便于研究，常常舍弃那些与所研究的问题无关或关系不大的特征，而只保留其主要特征，并通过作出某些假设将所研究的对象抽象成一种"理想化模型"。在工程力学中，将物体抽象成两种计算模型：刚体和理想变形固体。

刚体是指在外力作用下，大小和形状都不变的物体。

理想变形体是指对实际变形体的材料作出一些假设，使其理想化，以便于研究和计算。

理想变形体材料的基本假设有：

（1）连续性假设　即认为材料无间隙地分布于物体所占的整个空间中。根据这一假设，物体内因受力和变形而产生的内力和位移都将是连续的，因而可以表示为各点坐标的连续函数，从而有利于建立相应的数学模型。

（2）均匀性假设　即认为物体内各点处的力学性能都是一样的，不随点的位置而变化。

按此假设，从构件内部任何部位所切取的微元体，都具有与构件完全相同的力学性能。同样，通过试样所测得的材料性能，也可用于构件内的任何部位。应该指出，对于实际材料，其基本组成部分的力学性能往往存在不同程度的差异，但是，由于构件的尺寸远大于其基本组成部分的尺寸，按照统计学观点，仍可将材料看成是均匀的。

（3）各向同性假设　即认为材料沿各个方向上的力学性能都是相同的。我们把具有这种属性的材料称为各向同性材料，如低碳钢、铸铁等。在各个方向上具有不同力学性能的材料则称为各向异性材料，如由增强纤维（碳纤维、玻璃纤维等）与基体材料（环氧树脂、陶瓷等）制成的复合材料。本书仅研究各向同性材料的构件。按此假设，我们在计算中就不用考虑材料力学性能的方向性，而可沿任意方位从构件中截取一部分作为研究对象。

0.2　工程力学的研究任务

工程力学是研究物体机械运动的一般规律和工程构件的设计计算原理的科学。通常包括静力学和材料力学等内容。静力学主要研究力系的规律，特别是力系的平衡规律及其工程应用，在静力学中，通常将变形体简化为刚体。而材料力学主要研究构件（等截面直杆）的设计计算原理及其应用，此时通常采用理想变形体模型。为了保证机械或工程结构能正常工作，要求每一个构件都具有足够的承受载荷的能力，即需满足强度、刚度和稳定性的要求。

所谓**强度**指构件抵抗破坏（断裂或产生显著塑性变形）的能力。构件具有足够的强度是保证其正常工作最基本的要求。例如，构件工作时发生意外断裂或产生显著塑性变形是不容许的。

所谓**刚度**指构件抵抗弹性变形的能力。为了保证构件在载荷作用下所产生的变形不超过许可的限度，必须要求构件具有足够的刚度。例如，如果机床主轴或床身的变形过大，将影响加工精度；齿轮轴的变形过大，将影响齿与齿间的正常啮合等。

所谓**稳定性**指构件保持原有平衡形式的能力。在一定外力作用下，构件突然发生不能保持其原有平衡形式的现象，称为失稳。构件工作时产生失稳一般也是不容许的。例如，桥梁结构的受压杆件失稳将可能导致桥梁结构的整体或局部塌毁。因此，构件必须具有足够的稳定性。

构件的设计，必须符合安全、适用和经济的原则。材料力学的任务是：在保证满足强度、刚度和稳定性要求的前提下，以最经济的代价，为构件选择适宜的材料，确定合理的形状和尺寸，并提供必要的理论基础和计算方法。一般说来，强度要求是基本的，只是在某些情况下才提出刚度要求。至于稳定性问题，只是在特定受力情况下的某些构件中才会出现。

0.3　工程力学的研究方法

工程力学的研究方法主要有三种：理论分析方法、实验方法和计算机方法。

1. 理论分析方法

静力学中的物体受力分析、力系简化与力系等效、力系平衡等这些理论分析方法使工程结构的静力分析成为可能。

而材料力学也主要依据内力分析、变形和应力计算等理论分析方法来解决构件的强度、刚度和稳定性问题。

此外，工程力学还面临着许多新设计思想和新结构形式的挑战，这些也需要运用理论分析方法进行探索性研究和设计。

必须指出，上述许多理论方法是建立在一些基本假使之上的，其计算结果的可靠性往往还需要实验方法来验证。

2. 实验方法

工程力学结构分析的步骤是首先确定计算模型，然后选择理论方法进行结构的强度、刚度和稳定性计算。在此过程中，计算模型的合理与否往往需要通过实验检验，比如需要通过实验来测定材料的力学性能，甚至最终工程力学的理论分析结果还得通过实验来检验。还有一些尚无理论分析结果的问题，也必须借助于实验的手段来解决。所以，实验研究和理论分析都是工程力学解决问题的重要手段。图 0-3 所示为飞机静载试验。

图 0-3　飞机静载试验

3. 计算机方法

现代计算机技术的飞速发展和广泛应用，为工程力学开辟了新的研究方法，使得所能解决的问题要比以前单纯地运用理论分析方法和实验方法广泛得多、深刻得多。现在即便是传统的理论分析方法和实验方法，往往也需要计算机协助完成。比如计算机方法可以帮助推导理论公式，计算机应用专用软件可以进行工程结构计算、分析和设计，计算机还可以采集实验数据和分析实验结果。在工程设计和研究的前沿领域，利用计算机技术可以方便地进行模拟分析和研究。图 0-4所示为人造骨骼的计算机分析。

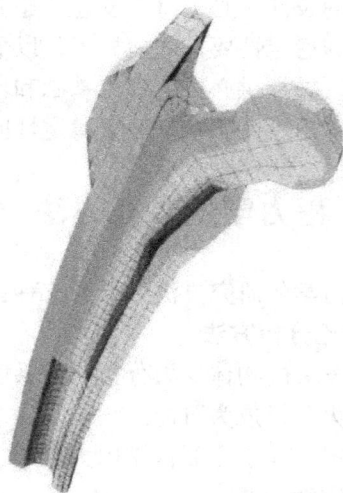

图 0-4　人造骨骼的计算机分析

第1章　力的概念和物体的受力分析

内 容 提 要

（1）力与力系的概念
（2）静力学基本公理
（3）工程中常见的约束及约束力的分析
（4）物体受力分析的基本方法

1.1　力的概念和静力学基本公理

1.1.1　力的概念

1. 力与力的投影

力是物体间的相互机械作用，这种作用使物体的机械运动状态发生变化。力对物体产生的效应一般可分为两个方面：一是物体运动状态的改变，称为力的**运动效应**；一是物体形状的改变，称为**变形效应**。

力是**矢量**，力对物体的作用效果决定于三个要素：力的大小、力的方向和力的作用点，其单位为牛［顿］（N）。

在空间直角坐标系中，力可用其在坐标轴上的投影表示为

$$F = F_x i + F_y j + F_z k \qquad (1-1)$$

如图 1-1 所示。式（1-1）中，F_x，F_y，F_z 分别为**力矢量 F 在 x 轴、y 轴、z 轴上的投影**，是代数量。

2. 力与力系

作用在物体上的力的集合称为**力系**。

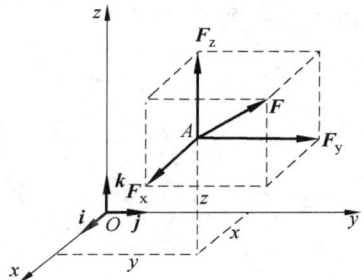

图 1-1　力的直角坐标表示

作用在实际物体上的力系有各式各样。如果力系中力的作用线都分布在同一平面内，则称其为**平面力系**；如果力系中力的作用线并不都分布在同一平面内，而是呈空间分布的，则称其为**空间力系**；如果力系中力的作用线都汇交于一点，则称其为**汇交力系**；如果力系中力的作用线都平行，则称其为**平行力系**。

使同一刚体产生相同作用效应的力系称为**等效力系**。作用于刚体、并使刚体保持平衡的力系称为**平衡力系**，或**零力系**。

如果某力系与一个力等效，则这一力称为力系的**合力**，而该力系中的各个力则称为这一合力的**分力**。

1.1.2 静力学基本公理

静力学中常用的基本公理有：二力平衡公理、加减平衡力系公理、作用力与反作用力定律和刚化原理。

1. 二力平衡公理

刚体在两个力作用下保持平衡的必要和充分条件是：这两个力沿着同一作用线，大小相等，方向相反，如图 1-2 所示，称为**二力平衡公理**，即

$$F_1 = -F_2 \qquad\qquad (1-2)$$

这个公理表明了作用于刚体上的最简单的力系平衡时所必须满足的条件。满足二力平衡公理的刚体也称为**二力构件**或**二力体**。

2. 加减平衡力系公理

在作用于刚体的力系中，加上或减去任意的平衡力系，不会改变原力系对刚体的作用效应，称为**加减平衡力系公理**。

加减平衡力系公理是研究**力系简化**的重要依据。根据上述公理可以导出以下推论：

图 1-2 二力构件

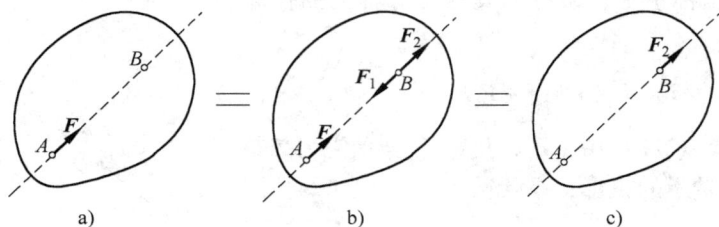

推论Ⅰ：力的可传性原理——作用于刚体上某点的力，可以沿其作用线移到刚体内任意一点，而不改变该力对刚体的作用效应。

设 F 作用于刚体上 A 点，如图 1-3a 所示，根据加减平衡力系公理，可在力的作用线上任一点 B 加上一对大小均为 F 的平衡力 F_1、F_2（见图 1-3b），新力系（F、F_1、F_2）与原来的力 F 等效。而 F 和 F_1 为二力平衡的力系，减去后不改变原力系的作用效应（见图 1-3c）。于是，力 F_2 与原力系 F 等效。力 F_2 与力 F 大小相等，作用线和指向相同，只是作用点由 A 点移到了 B 点。

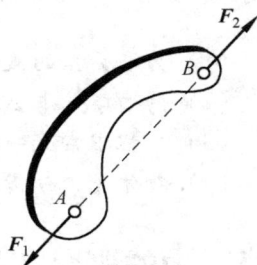

a)   b)   c)

图 1-3 力的可传性原理

由此表明，对于刚体，力的作用点已不是决定力的作用效应的要素，可以为力的作用线代替，因此，作用于刚体上的力的三要素是：力的大小、方向和作用线。

推论Ⅱ：三力平衡汇交定理——作用于刚体上三个相互平衡的力，若其中两个力的作用线汇交于一点，则三个力必在同一平面内，而且第三个力的作用线一定通过汇交点。

如图 1-4a 所示，在刚体的 A、B、C 三点上，分别作用三个相互平衡的力 F_1、F_2、F_3，其中 F_1 和 F_2 的作用线或延长线汇交于 O 点，根据力的可传性原理，将 F_1、F_2 移到汇交点 O，如图 1-4b 所示，由力的平行四边形法则得合力 F_{12}，则有力 F_3 应与 F_{12} 平衡，那么力 F_3 必定与 F_1 和 F_2 共面，且通过力 F_1 与 F_2 的交点 O。

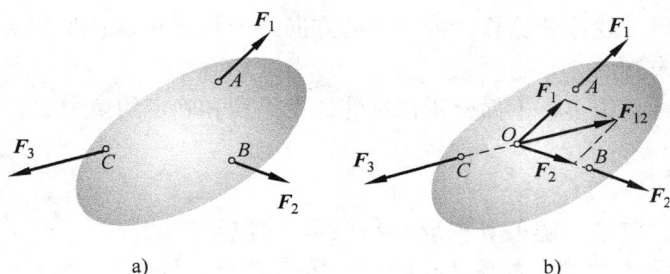

a)　　　　　　　　　　　　b)

图 1-4　三力平衡汇交定理

3. 作用力与反作用力定律

作用力与反作用力总是同时存在，两个力的大小相等、方向相反，沿着同一作用线，分别作用在两个相互作用的物体上。

这个公理概括了物体间相互作用的关系，表明作用力和反作用力总是成对出现的。

必须强调的是，由于作用力和反作用力分别作用在两个物体上，因此，不能认为作用力与反作用力相互平衡。

4. 刚化原理

变形体在某一力系作用下处于平衡，如将此变形体刚化为刚体，其平衡状态保持不变，称为刚化原理。

这个公理提供了把变形体模型化为刚体的条件。

如图 1-5 所示，绳索在等值、反向、共线的两个拉力作用下平衡，如将绳索刚化为刚性杆，其平衡状态保持不变。但是，绳索在等值、反向、共线的两个压力作用下不能平衡，这时绳索就不能刚化为刚性杆，因为刚性杆在上述两种力系作用下都是平衡的。

由此可见，刚体的平衡条件是变形体平衡的必要条件，而非充分条件。

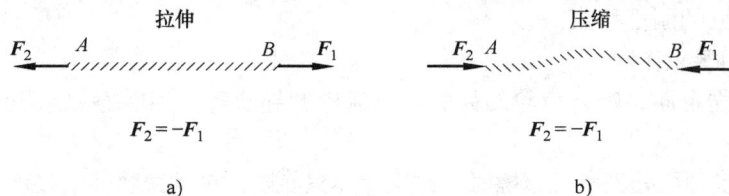

拉伸　　　　　　　　　　　　压缩

$F_2 = -F_1$　　　　　　　　$F_2 = -F_1$

a)　　　　　　　　　　　　b)

图 1-5　刚化原理

1.2　约束和约束力

作用在物体上的力可分为两类：一类是主动力，例如物体的重力、风力、气体压力等，主动力的大小一般是已知的；另一类是约束物体对于被约束物体的约束力。

物体的运动如果没有受到其他物体的直接制约，例如飞行中的飞机、火箭、炮弹等，这类物体在空间的位移不会受任何限制，称为**自由体**。物体的运动如果受到其他物体的直接制约，例如在地面上行驶的车辆受到地面的制约、桥梁受到桥墩的制约、各种机械中的轴受到轴承的制约等，这类物体在空间的位移受到限制，称为**非自由体**或**受约束体**。

对非自由体的某些位移起限制作用的周围物体称为约束。约束对被约束物体的作用力称为约束力。约束阻碍着物体的位移，约束力的方向必与该约束所能够阻碍的位移方向相反，而约束力的大小是未知的。

工程中约束的种类很多，下面介绍常见的约束类型和确定约束力的方法。

1.2.1　柔性约束

由柔软的缆索、胶带、链条等构成的约束可以理想化为柔性约束，统称为柔索。如图 1-6 所示，柔索本身只能承受拉力，因此，这种约束对物体的约束力也只可能是拉力，作用在接触点，方向沿着柔索并背离物体。

在图 1-7 所示的带轮传动机构中，带虽然有紧边和松边之分，但两边的带所产生的约束力都是拉力，只不过紧边的拉力要大于松边的拉力。

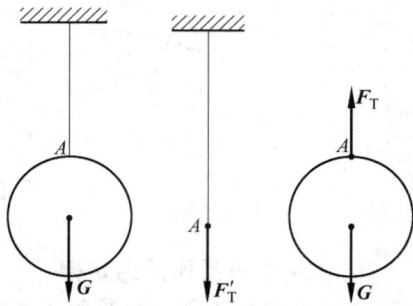

图 1-6　柔性约束

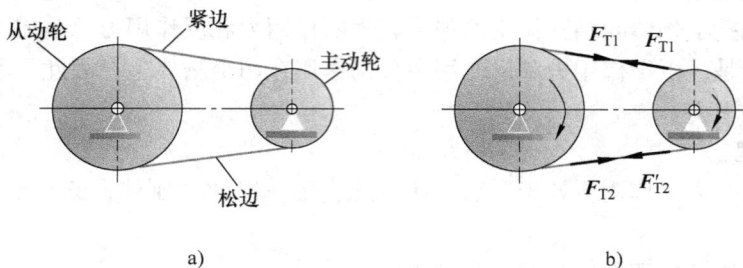

a)　　　　　　　　　　　　　　b)

图 1-7　带轮的约束力

1.2.2　刚性约束

若约束物体与被约束物体都是刚体，则二者之间为刚性接触，这种约束称为刚性约束。下面介绍几种常见的刚性约束。

1. 光滑支承面约束

支持物体的固定面、啮合齿轮的齿面、机床中的导轨等，当摩擦忽略不计时，都属于光滑支承面约束。

两个物体的接触面处光滑无摩擦时，约束物体只能限制被约束物体沿接触面公法线并向约束内部方向的运动，而不限制沿接触面公切线方向的运动。因此，光滑支承面约束对物体的约束力作用在接触点处，方向沿着接触面的公法线方向，并指向被约束物体。如图 1-8 所示。

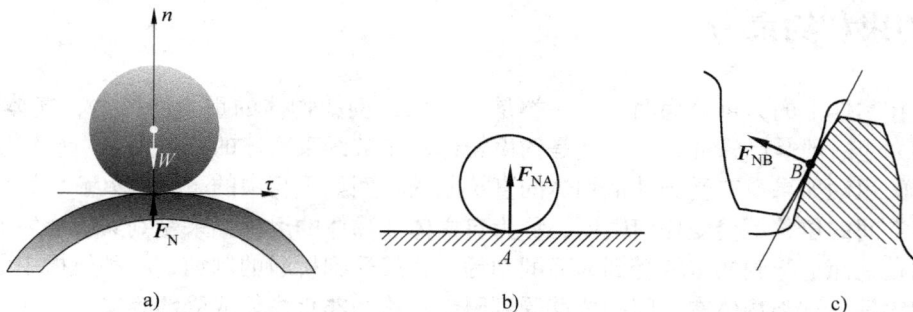

a)　　　　　　　　　　　　b)　　　　　　　　　　　　c)

图 1-8　光滑面约束

2. 光滑平面圆柱铰链

如图 1-9 所示，两个带有销钉孔的构件通过圆柱销钉联接而成，称为**活动铰链**，这时两个相连的构件互为约束与被约束物体。这种联接允许两构件绕销钉轴有相对转动，而不能有相对移动。在光滑接触情况下，若将销钉与被约束物体视为一整体，则其与约束物体之间为线（销钉圆柱体的母线）接触，在平面图形上则为一点。由于销钉的圆柱体与圆孔之间有间隙，接触点的位置随主动力而改变，约束力通过圆孔中心，大小和方向均不能确定，所以通常用两个相互垂直的分量 F_{Ax}、F_{Ay} 来表示。

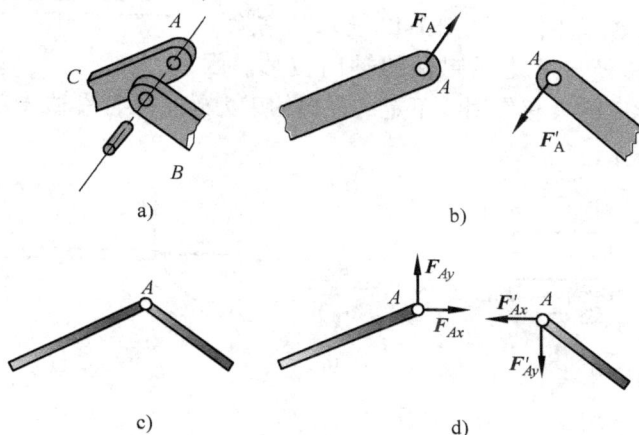

图 1-9　光滑圆柱铰链

在实际工程结构中，如果铰链联接中有一个固定在地面或机架上作为支座，则称为固定铰链支座，如图 1-10 所示。

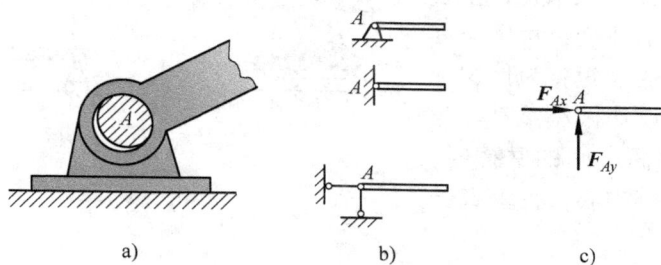

图 1-10　固定铰链支座

支承传动轴的**向心轴承**，如图 1-11 所示，也是一种光滑铰链约束，轴可在轴承孔内任意转动，也可沿孔的中心线移动，但不能沿径向向外移动，约束力可表示为 F_{Ax}、F_{Ay}。

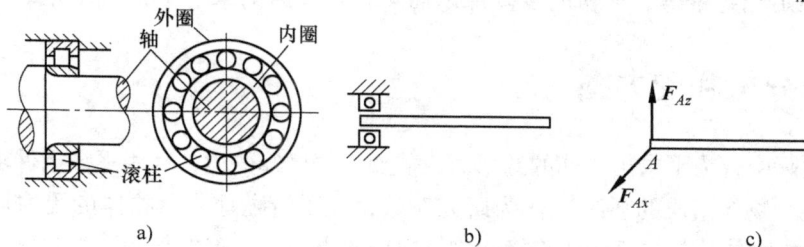

图 1-11　向心轴承

3. 光滑球形铰链

球形铰链简称球铰。如图 1-12 所示，通过圆球与球窝将两个构件连接在一起，这种约束使构件的球心不能有空间任意方向的移动，只能绕球心任意转动。忽略摩擦，与圆柱铰链分析类似，球铰的约束力是通过球心但方向不能预先确定的一个空间力，可用三个正交分量 F_{Ox}，F_{Oy}，F_{oz} 表示。

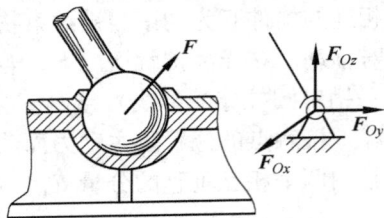

图 1-12 球铰

4. 止推轴承

止推轴承与向心轴承不同，如图 1-13 所示，它除了能限制轴的径向位移外，还能限制轴的轴向位移。因此，除了与向心轴承一样具有作用线不定的径向约束力外，还有沿轴线方向的约束力，可用三个正交分量 F_{Ax}，F_{Ay}，F_{Az} 表示。

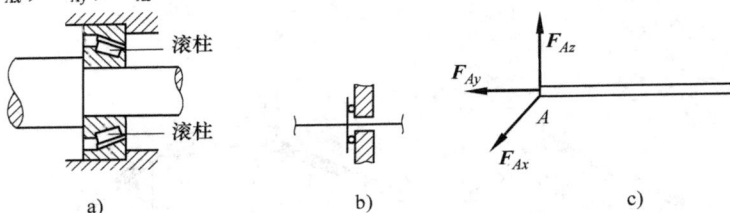

a)   b)   c)

图 1-13 止推轴承

5. 辊轴支座

在桥梁、屋架结构中采用的**辊轴支承**，如图 1-14 所示，是在铰链支座与光滑支承面之间安装几个辊轴而构成的，可以沿支承面移动。采用这种支承结构，主要是考虑到由于温度的改变，桥梁长度会有一定量的伸长或缩短，为使这种伸缩自由，辊轴可以作微小滚动。当不考虑辊轴与接触面之间的摩擦时，其约束力必通过铰链中心，且垂直于支承面。

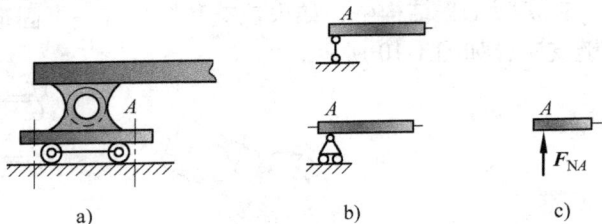

a)   b)   c)

图 1-14 辊轴支座

一般工程结构中的辊轴支承，既限制被约束物体向下运动，也限制其向上运动。因此，约束力 F_N 垂直于接触面，可能指向被约束物体，也可能背离被约束物体。

以上只介绍了几种简单约束，在工程中，约束的类型远不止这些，有的约束比较复杂，比如常见的固定端约束等，分析时需要加以简化，在以后的章节中，再作介绍。

1.3 受力分析和受力图

在工程实际中，为了求出未知的约束力，需要根据已知的力，利用平衡条件求解。选择某一物体（或几个物体组成的系统）作为研究对象，为了清晰地表示物体的受力情况，需要假想地将所研究的物体从与之接触或连接的物体中分离出来，即解除其所受的约束而代之以相应的约束力。解除约束后的物体称为**分离体**。分析作用在分离体上的全部主动力和约束力，画出每个力的作用位置和力的作用方向，称为分离体的**受力图**。这种分析过程称为受力分析。

当选择若干个物体组成的系统作为研究对象时，作用于系统上的力可分为两类：系统外的物体作用于系统内的物体上的力——**外力**，系统内物体间的相互作用力——**内力**。应该指出，内力和外力的区分不是绝对的，内力和外力，只有相对于某一确定的研究对象才有意义。由于内力总是成对出现的，不会影响所选择的研究对象的平衡状态，因此，在受力图上不必画出。此外，当所选择的研究对象不止一个时，要正确应用作用力与反作用力定律，确定相互联系的研究对象在同一约束处的约束力应该大小相等、方向相反。

例题 1-1　杆 AB 受重力 W 作用，如图 1-15a 所示，所有接触处均为光滑接触，试画出其受力图。

解：（1）取分离体：解除 AB 杆约束，即将 AB 杆从图 1-15a 中取出，其分离体如图 1-15b 所示。

（2）画出主动力：在图 1-15b 所示的分离体上画上主动力 W。

（3）分析约束类型，画出约束力：AB 杆在 A、D 处为光滑面约束，在 E 处为柔性约束。由于杆在 A、D 光滑面接触处约束力沿其公法线方向，因此，在 D 处约束力 F_{ND} 垂直于杆的表面；在 A 处约束力 F_{NA} 垂直于与杆接触的约束表面。在 E 处柔性约束的约束力 F_T 应沿柔体的方向，并且为拉力。

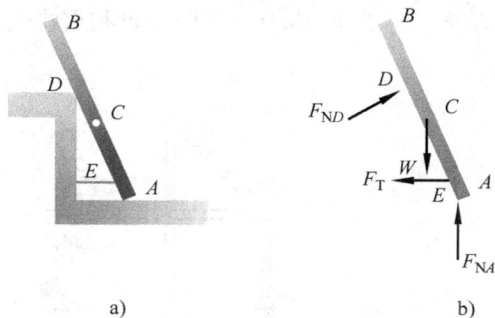

图 1-15　例题 1-1 图

于是 AB 杆的受力图如图 1-15b 所示。

例题 1-2　平面承重支架如图 1-16a 所示，在 C 点上作用荷载 F_P，若不计各杆件的重力，试分别画出杆 AC 和 BD 的受力图。

解：（1）BD 杆的受力图：在不计自重的情况下，BD 杆仅在 B、D 两处受约束力，BD 杆又处于平衡状态，因此，BD 杆为二力构件（即二力杆），所以 B、D 两端的受力一定沿着 B、D 的连线方向。于是，BD 杆的受力图如图 1-16c 所示，而且 B 点和 D 点的约束力 F_B 和 F_D 满足 $F_D = -F_B$ 的关系。

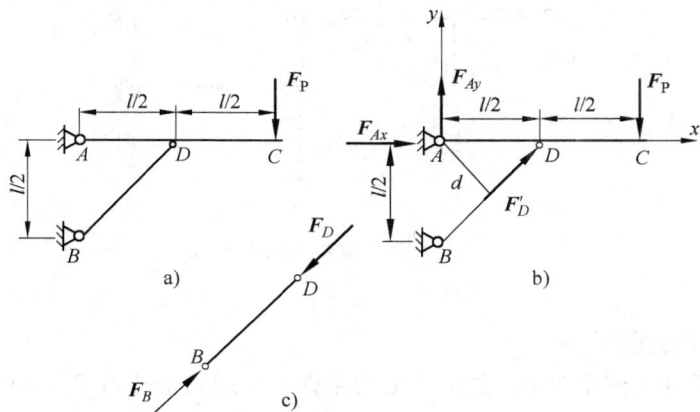

图 1-16　例题 1-2 图

（2）AC 杆的受力图：AC 杆上作用有主动力 F_P，因为 AC 上点 D 的约束力 F'_D 与 BD 上点 D 的约束力 F_D 互为作用力与反作用力，所以大小相等、方向相反且沿同一作用线。A 处约束是固定铰支座，其约束力用一对正交分量来表示。于是，AC 杆的受力如图 1-16b 所示。

（3）讨论：在不计自重的情况下，凡满足仅在两处受力且处于平衡状态的构件，不论其形状如何，都是二力构件。

例题 1-3 如图 1-17a 所示结构中，固结在 I 点的绳子绕过定滑轮 O，将重物 P 吊起。各杆杆重不计，所有约束处均光滑。试画出下列物体的受力图：（1）整体；（2）杆 BC；（3）杆 CDE；（4）杆 BDO（连同滑轮和重物）；（5）销钉 B。

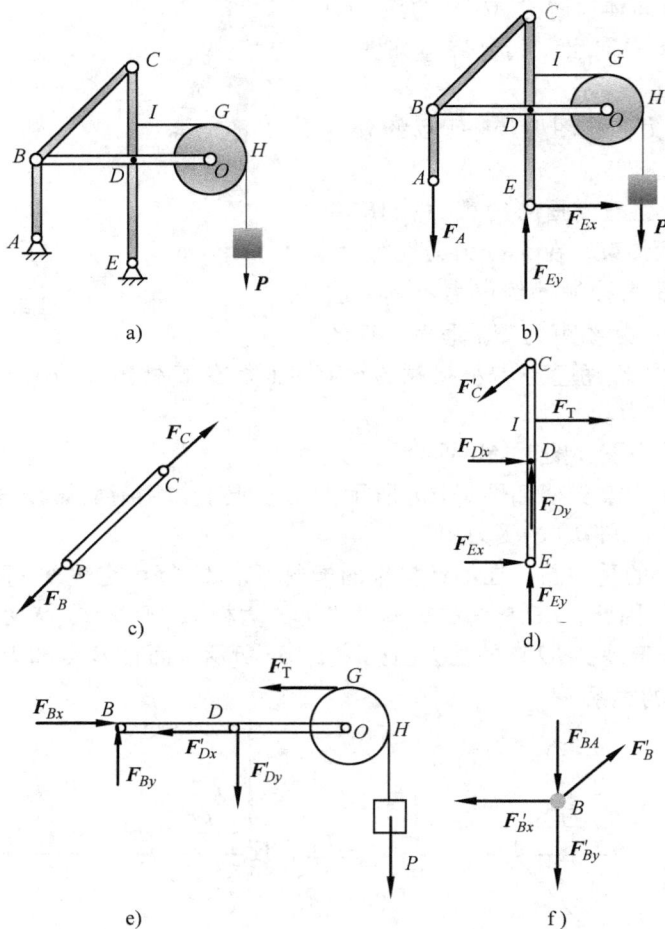

图 1-17 例题 1-3 图

解：（1）整体的受力图

整体结构在 E 处为固定铰链，约束力方向未知，可用两个分力 F_{Ex}，E_{Ey} 表示；A 处为固定铰链，约束力方向未知，但由于杆 AB 为二力杆，故 A 处的约束力可用一个力 F_A 表示。B、C、D 和 O 四处均为铰链约束，这些约束都没有解除，所以不会出现约束力，因而无需画出。于是，整体结构的受力如图 1-17b 所示。

（2）BC 杆的受力图

BC 杆在 B、C 二处为铰链约束，除了 B、C 二处的约束力 F_C 和 F_B 外，杆上没有其他力作用，因此，BC 杆为二力杆，其受力图如图 1-17c 所示。

（3）CDE 杆的受力图

在铰链 C 处的约束力 F'_C 与作用在 BC 杆上 C 处的约束力 F_C 互为作用力与反作用力，方向沿 C、B 连线方向；D 处为中间铰链，约束力可分别用两个垂直的分力 F_{Dx}、F_{Dy} 表示；I 处为柔索约束，约束力为拉力 F_T。于是，CDE 杆的受力如图 1-17d 所示。

（4）杆 BDO（连同滑轮和重物）所组成的系统的受力图

作用在杆 BDO（连同滑轮和重物）组成的系统上的力有：重力 P；柔索张力 F_T；铰链 D 处约束力 F'_{Dx}、F'_{Dy}，二者与作用在 CDE 上 D 处的约束力 F_{Dx}、F_{Dy} 互为作用力和反作用力；B 处也是铰链约束，约束力 F_{Bx}、F_{By} 是 B 处的铰链施加给杆的约束力。于是，杆 BDO（连同滑轮和重物）所组成的系统受力如图 1-17e 所示。

（5）销钉 B 的受力图

作用在销钉 B 上的力有：杆 AB 施加的力 F_{BA}；杆 BC 施加的力 F'_B，与作用在 BC 杆上的约束力 F_B 互为作用力和反作用力；杆 BDO 施加的约束力 F'_{Bx}、F'_{By}，与作用在 BDO（连同滑轮和重物所组成的系统）上 B 处的约束力 F_{Bx}、F_{By} 互为作用力和反作用力。销钉 B 的受力如图 1-17f 所示。

习　　题

下列习题中假定接触处都是光滑的，未画重力的物体的重量均略去不计。

1-1　试画出图 1-18 中所示各物体的受力图。

1-2　试画出图 1-19 中各指定物体的受力图。

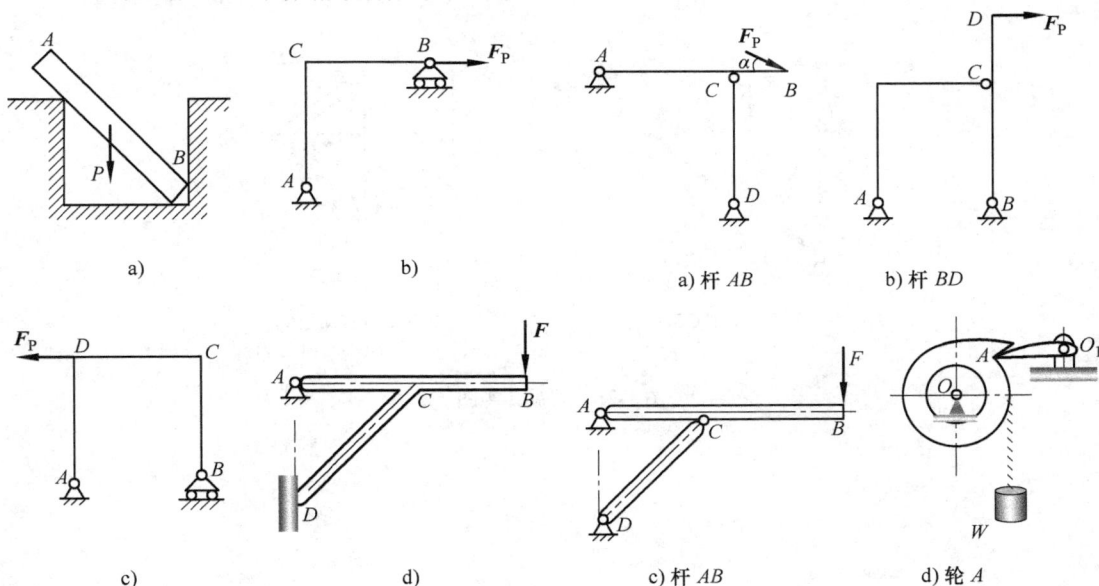

a)

b)

a) 杆 AB

b) 杆 BD

c)

d)

c) 杆 AB

d) 轮 A

图 1-18　习题 1-1 图　　　　　　　图 1-19　习题 1-2 图

1-3 试画出图 1-20 中所示结构整体的受力图以及各构件的受力图。

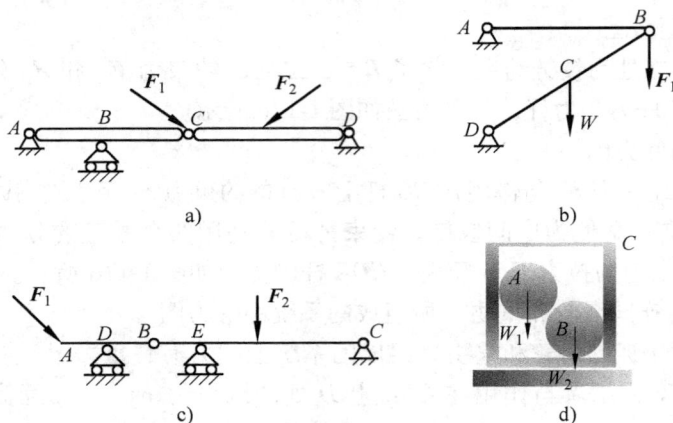

a)

b)

c)

d)

图 1-20 习题 1-3 图

1-4 试画出图 1-21 中所示结构整体的受力图以及指定物体的受力图。

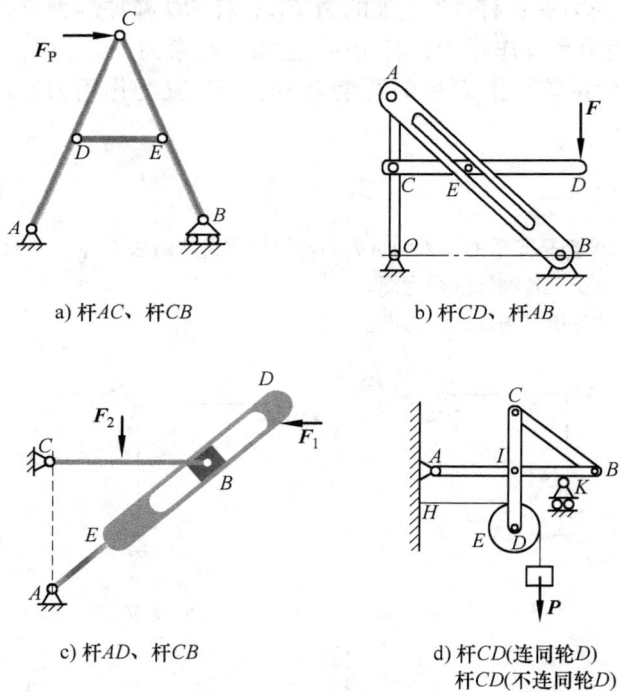

a) 杆AC、杆CB

b) 杆CD、杆AB

c) 杆AD、杆CB

d) 杆CD(连同轮D)
杆CD(不连同轮D)

图 1-21 习题 1-4 图

第 2 章 力矩的概念和力系的等效与简化

内 容 提 要

(1) 力对点之矩与力对轴之矩的概念
(2) 力偶的概念和性质
(3) 力的平移定理和力系简化的方法
(4) 各种力系的简化结果分析

2.1 力对点之矩和力对轴之矩

2.1.1 力对点之矩

力对点之矩是力使物体绕某一点转动效应的度量。这一点称为**力矩中心**，简称**矩心**。如图 2-1 所示，O 点到力 F 作用点 A 的矢量称为**矢径**，力 F 对 O 点之矩定义为矢径 r 与力 F 的矢量积，即

$$M_O(F) = r \times F \qquad (2\text{-}1)$$

若以矩心为原点建立空间直角坐标系，力 F 可表示为：$F = F_x i + F_y j + F_z k$；矢径 r 可表示为：$r = xi + yj + zk$。代入式（2-1），得

$$M_O(F) = r \times F = \begin{vmatrix} i & j & k \\ x & y & z \\ F_x & F_y & F_z \end{vmatrix}$$

图 2-1 力对点之矩

$$= (yF_z - zF_y)i + (zF_x - xF_z)j + (xF_y - yF_x)k \qquad (2\text{-}2)$$

可见，力对点之矩是矢量，力的作用线与矩心所组成的平面 OAB 称为力矩的作用面，力矩的矢量方向由右手螺旋法则确定。

特别地，在平面力系中，所有力的作用线都位于同一平面内，若矩心也在该平面内，则按照上述力对点之矩的概念，所有力对该点的力矩都垂直于该平面，这种情况下，规定一个正方向后，力矩可看做代数量，一般规定：力使物体绕矩心逆时针转向转动时为正，反之为负。

2.1.2 力对轴之矩

力对轴之矩是力使物体绕某一轴转动效应的度量。如图 2-2a 所示，门可绕固定轴 z 转动，在门上 A 点作用有力 F。将 F 分解为平行于 z 轴的分力 F_z 和垂直于 z 轴的分力 F_{xy}。其中，分力 F_z 不能使门绕 Oz 轴转动，只有分力 F_{xy} 才能使门绕 Oz 轴转动。F_{xy} 使门绕 Oz 轴转

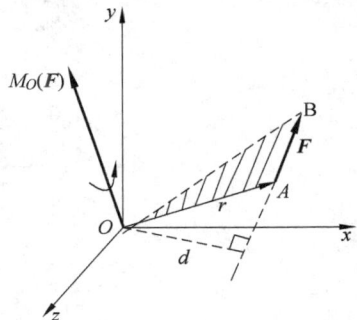

动的转动效应可用 F_{xy} 对 O 点之矩 $M_O(F_{xy})$ 度量，点 O 为垂直于 z 轴的平面与 z 轴的交点，d 为点 O 到力 F_{xy} 作用线的距离，如图 2-2b 所示，则力 F 对 z 轴之矩定义为

$$M_z(F) = M_O(F_{xy}) = \pm dF_{xy} \tag{2-3}$$

力对轴之矩为代数量，正负符号可按右手螺旋法则确定：四指握拳方向与力对轴之矩转动方向一致，拇指指向与坐标轴正向一致者为正，反之为负。

不难看出，当力与轴平行或力与轴相交时，力对轴的矩等于零，如图 2-2c、图 2-2d 所示。

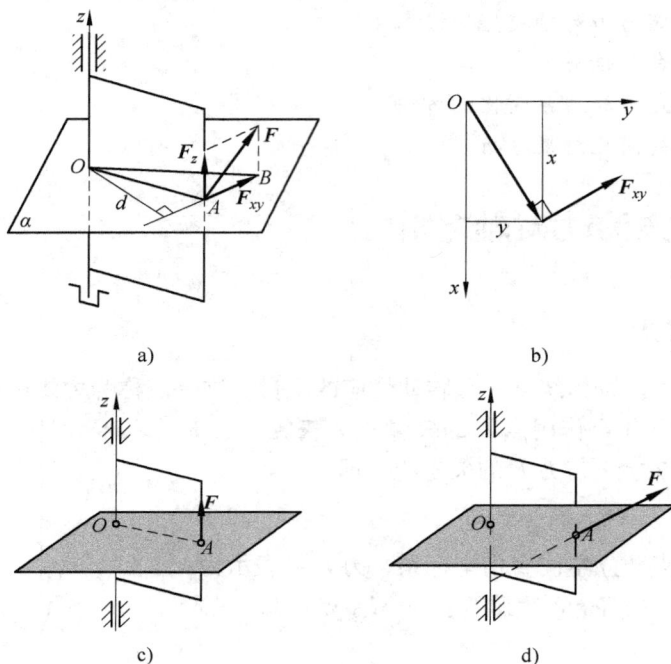

图 2-2 力对轴之矩

力对轴之矩也可用解析式表示。图 2-2 中，力 F 在三个坐标轴上的投影为 F_x、F_y、F_z，力的作用点 A 的坐标为 x、y、z，则力 F 对 z 轴之矩也可表示为

$$M_z(F) = M_O(F_{xy}) = xF_y - yF_x$$

同理可得其余二式，合写为

$$\begin{cases} M_x(F) = yF_z - zF_y \\ M_y(F) = zF_x - xF_z \\ M_z(F) = xF_y - yF_x \end{cases} \tag{2-4}$$

2.1.3 合力矩定理

若力系存在合力，则合力对某一点之矩，等于力系中所有力对同一点之矩的矢量和，此即**合力矩定理**，其表达式如下：

$$M_O(F) = \sum_{i=1}^{n} M_O(F_i) \tag{2-5}$$

其中：

$$F = \sum_{i=1}^{n} F_i$$

需要指出的是，对于力对轴之矩，合力矩定理则表述为：合力对某一轴之矩，等于力系中所有力对同一轴之矩的代数和，即

$$\begin{cases} M_{Ox}(F) = \sum_{i=1}^{n} M_{Ox}(F_i) \\ M_{Oy}(F) = \sum_{i=1}^{n} M_{Oy}(F_i) \\ M_{Oz}(F) = \sum_{i=1}^{n} M_{Oz}(F_i) \end{cases}$$ (2-6)

2.1.4　力对点之矩和力对轴之矩的关系

比较式（2-2）与式（2-4），有

$$\begin{cases} M_z(F) = M_{Oz} = [M_O(F)]_z \\ M_x(F) = M_{Ox} = [M_O(F)]_x \\ M_y(F) = M_{Oy} = [M_O(F)]_y \end{cases}$$

即力对点之矩在过该点的轴上的投影等于力对该轴之矩（代数量），如图 2-3 所示。

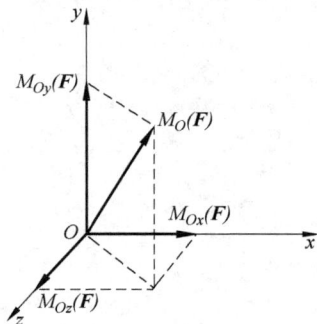

图 2-3　力对点之矩与力对轴之矩的关系

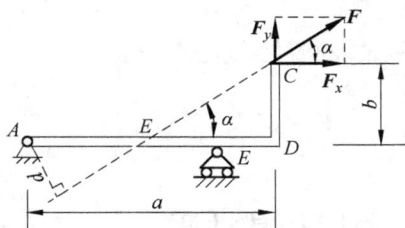

图 2-4　例题 2-1 图

例题 2-1　支架受力 F 作用，如图 2-4 所示，图中 a、b 与 α 角均为已知。求力 F 对点 A 之矩。

解：可以用两种方法求解：

（1）第一种方法：根据定义求力矩

如图所示，力臂为 d：

$$\begin{aligned} d &= AE\sin\alpha = (AD - ED)\sin\alpha \\ &= (a - b \cdot \cot\alpha)\sin\alpha \\ &= a\sin\alpha - b \cdot \cos\alpha \end{aligned}$$

则力 F 对点 A 之矩为

$$M_A(F) = Fd = Fa\sin\alpha - Fb\cos\alpha$$

（2）第二种方法：利用合力矩定理求力矩

先将力 F 分解为两个分力 F_x 和 F_y，再应用合力矩定理。于是，有

$$M_A(F) = M_A(F_x) + M_A(F_y)$$
$$= -F_x \cdot b + F_y \cdot a = Fa\sin\alpha - Fb\cos\alpha$$

上述分析与计算结果表明，应用合力之矩定理求力矩，在某些情形下可使计算过程简化。

例题 2-2   应用合力矩定理，可以确定工程中一些复杂载荷的合力。例如，如图 2-5a 所示水平梁 AB 受三角形分布的载荷作用。已知：q、l，试求合力及合力作用线的位置。

解： 如图 2-5b 所示，在距 A 端为 x 的微段 $\mathrm{d}x$ 的梁上，作用力的大小为

$$q_x = \frac{x}{l}q$$

因此，分布载荷的合力大小为

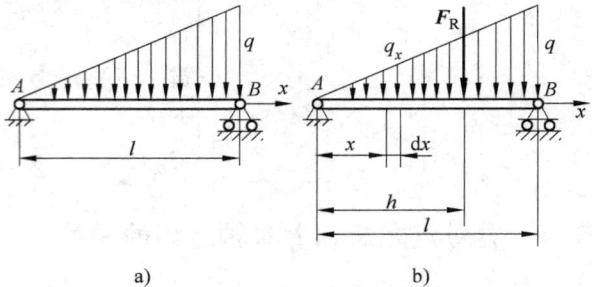

图 2-5   例题 2-2 图

$$F_R = \int_0^l q_x \mathrm{d}x = \frac{1}{2}ql$$

设合力 F_R 的作用线距 A 端的距离为 h，根据合力矩定理，有

$$F_R h = \int_0^l q_x x \mathrm{d}x$$

将 q_x 和 F_R 的值代入上式，得

$$h = \frac{2}{3}l$$

2.2   力偶及其性质

2.2.1   力偶与力偶系

大小相等、方向相反、作用线互相平行但不重合的两个力所组成的力系，称为**力偶**。力偶中两个力所组成的平面称为**力偶作用面**，力偶中两个力作用线之间的垂直距离称为**力偶臂**。

力偶对刚体的作用效应，是使刚体转动。力偶使刚体产生的转动效应可以用力偶矩来度量。

如图 2-6 所示，由 F 和 F' 组成力偶 (F, F')，其中 $F' = -F$。O 点为空间的任意点。组成力偶的两个力 F，F' 对 O 点之矩的矢量和定义为力偶矩：

$$M_O(F, F') = M_O(F) + M_O(F') = r_A \times F + r_B \times F'$$
$$= (r_A - r_B) \times F = r_{BA} \times F \qquad (2\text{-}7)$$

式中，r_{BA} 为自 B 至 A 的矢径。

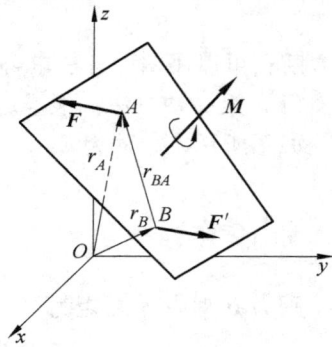

图 2-6   力偶矩

即：

$$M(F, F') = r_{BA} \times F \tag{2-8}$$

力偶矩是矢量，其大小等于力的大小与力偶臂的乘积，力偶矩矢量的方向由右手螺旋法则确定。力偶对刚体的作用完全由力偶矩所决定，式（2-8）表明：力偶矩矢量与力矩中心 O 点的位置无关，为自由矢量。

特别地，在平面力系中，因为所有力偶的力偶矩矢量都垂直于该平面，所以在这种情况下，规定一个正方向后，力偶可看做代数量，一般规定在平面内以逆时针转向的力偶为正，反之为负。

工程中力偶的实例是很多的。

驾驶汽车时，双手施加在方向盘上的两个力，若大小相等、方向相反、作用线互相平行，则二者组成一力偶。

图 2-7 所示为专用拧紧汽车车轮上螺母的工具。加在其上的两个力 F_1 和 F_2，方向相反、作用线互相平行，如果大小相等，则二者组成一力偶。这一力偶通过工具施加在螺母上，使螺母拧紧。

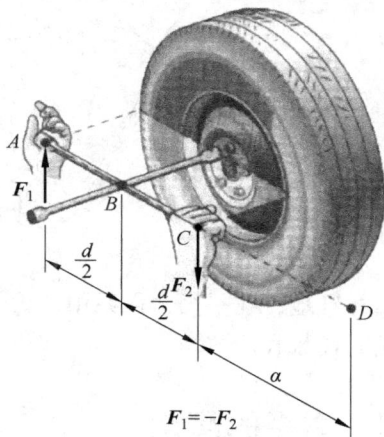

图 2-7　力偶实例

由两个或者两个以上的力偶所组成的力系，称为**力偶系**。

2.2.2　力偶的性质

力偶是由两个力组成的特殊的力系，力偶对刚体的作用效应决定于下列三个因素：

①力偶矩的大小、②力偶作用面的方位、③力偶的转向。由此不难得到力偶的以下性质：

性质一：力偶不能与一个力等效，即力偶没有合力，因此，力偶也不能与一个力相平衡，力偶只能与力偶平衡。力偶中的二力在任一轴上投影的代数和为零，但力偶不是平衡力系，力偶是最简单的力系。

性质二：只要保持力偶矩不变，可以同时改变组成力偶的力和力偶臂的大小，而不会改变力偶对刚体的作用效应，故常用力偶的转向箭头来表示力偶，如图 2-8 所示。

性质三：力偶矩为自由矢量，只要保持力偶矩的

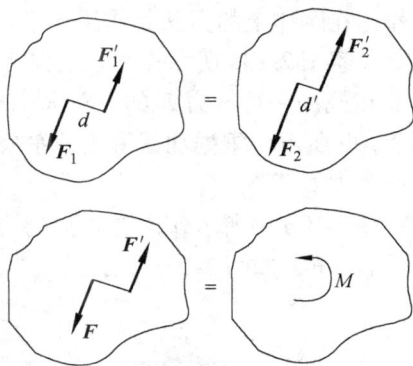

图 2-8　力偶的性质

大小和方向不变，力偶可在其作用面内任意移动和转动，也可以连同其作用面一起、沿着力偶矩矢量的作用线方向平行移动，而不会改变力偶对刚体的运动效应。

2.2.3　力偶系的合成

对刚体而言，力偶矩矢量为自由矢量，因此，对于力偶系中每个力偶矩矢量，总可以平移至空间某一点，从而形成一共点矢量系，对该共点矢量系利用矢量的平行四边形法则两两合成，最终得一矢量，此即该力偶系的合力偶矩矢量（见图 2-9），用矢量式表示为

$$M_R = M_1 + M_2 + \cdots + M_n = \sum_{i=1}^{n} M_i \quad (2\text{-}9)$$

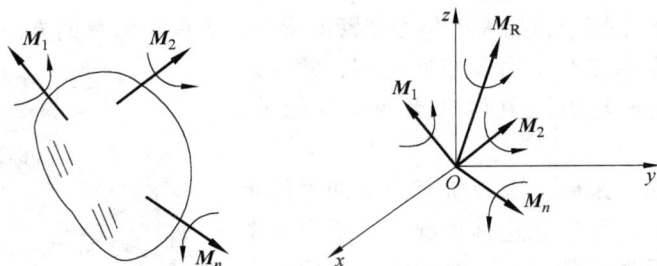

图 2-9　力偶系的合成

特别地，在平面力偶系中，力偶可看做代数量，因此，合力偶矩等于组成力偶系的各力偶矩的代数和。

2.3　力系的简化

将由若干力和力偶所组成的一般力系，等效地用一个力，或一个力偶，或者一个力和一个力偶的简单情形代替。这一过程称为**力系的简化**。力向一点简化是一种具有普遍性的力系简化方法，此方法的基础是**力的平移定理**。

2.3.1　力的平移定理

作用在刚体上的力如果沿其作用线移动，并不会改变力对刚体的作用效应。但是，如果将作用在刚体上的力从其作用点平行移动到另一点，对刚体的运动效应将会发生改变。

考察图 2-10a 所示作用在刚体上 A 点的力 F，为使这一力等效地从 A 点平移至 B 点，先在 B 点施加平行于力 F 的一对大小相等、方向相反、沿同一直线作用的平衡力 F'' 和 F'，如图 2-10b 所示。根据加减平衡力系公理，由 F、F'、F'' 三个力组成的力系与原来作用在 A 点的一个力 F 等效。

图 2-10b 中所示作用在 A 点的力 F 与作用在 B 点的力 F'' 组成一力偶，其力偶矩矢量为 $M = r_{BA} \times F$，如图 2-10c 所示。

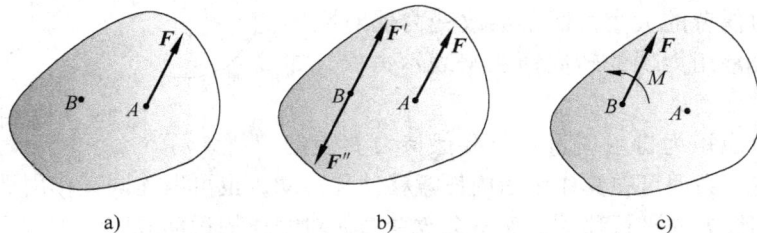

图 2-10　力的平移定理

于是，作用在 B 点的力 F' 和力偶 M 与原来作用在 A 点的一个力 F 等效。

显然，这一力偶的力偶矩等于原来作用在 A 点的力 F 对 B 点之矩，即

$$M = M_B(F)$$

上述分析结果表明：可以把作用在刚体上的力向任意点平移，但平移后必须附加一个力偶，这一力偶的力偶矩等于原来的力对新作用点的力矩。这一结论称为**力的平移定理**。

同样反过来，根据力的平移定理，也可以将平面内的一个力和一个力偶用作用在平面内另一点的力来等效替换。

2.3.2　力系的简化　主矢与主矩

研究作用在刚体上的**空间任意力系**（F_1，F_2，$\cdots$，F_n），如图 2-11a 所示。在刚体上任取一点，例如 O 点，这一点称为**简化中心**。

根据力的平移定理，将力系中所有的力 F_1，F_2，$\cdots$，F_n 逐个向简化中心平移，最后得到两个力系：一个是汇交于 O 点的由 F_1'，F_2'，$\cdots$，F_n' 组成的空间汇交力系；一个是由所有附加力偶 M_1，M_2，$\cdots$，M_n 组成的空间力偶系，如图 2-11b 所示。

平移后得到的空间汇交力系可以合成为一个作用于 O 点的力 F_R'，空间力偶系可以合成为一个力偶 M_O，如图 2-11c 所示。其中

$$F_R' = \sum_{i=1}^{n} F_i'$$

$$M_O = \sum_{i=1}^{n} M_{Oi} = \sum_{i=1}^{n} M_O(F_i)$$

(2-10)

式中，$M_O(F_i)$ 为原力系中的力 F_i 对简化中心 O 点之矩。

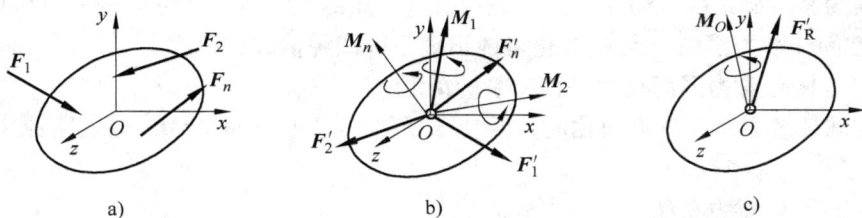

图 2-11　空间任意力系的简化

上述结果表明：空间任意力系向任一点简化，得到一个力和一个力偶。这个力称为力系的**主矢**，它通过简化中心，等于力系中各力的矢量和；这个力偶的力偶矩矢，称为力系对简化中心的**主矩**，它等于力系中所有的力对简化中心之矩的矢量和。

由于主矢等于力系中各力的矢量和，所以，它与简化中心的选择无关。而主矩等于力系中各力对简化中心的力矩的矢量和，当取不同的点为简化中心时，各力的力臂将有改变，各力对简化中心的力矩也有改变，所以在一般情况下主矩与简化中心的选择有关。

在空间直角坐标系中，主矢和主矩可表示为如下的形式：

$$F_R' = F_{Rx}'i + F_{Ry}'j + F_{Rz}'k$$

$$M_O = M_{Ox}i + M_{Oy}j + M_{Oz}k$$

其中：

$$F'_{Rx} = \sum_{i=1}^{n} F'_{ix} \qquad M_{Ox} = \sum_{i=1}^{n} M_{Ox}(F_i)$$

$$F'_{Ry} = \sum_{i=1}^{n} F'_{iy} \qquad M_{Oy} = \sum_{i=1}^{n} M_{Oy}(F_i) \tag{2-11}$$

$$F'_{Rz} = \sum_{i=1}^{n} F'_{iz} \qquad M_{Oz} = \sum_{i=1}^{n} M_{Oz}(F_i)$$

特别地，平面力系作为为空间力系的特殊情形，当向平面内的任意一点简化后，同样得到一主矢和一主矩，主矢位于平面力系所在平面，而主矩则与平面力系所在平面垂直，如图 2-12 所示。

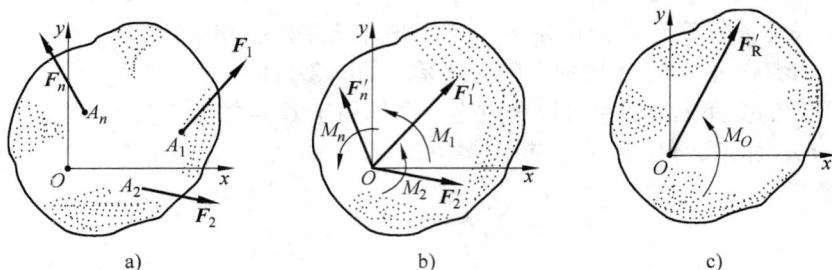

图 2-12　平面任意力系的简化

2.3.3　力系简化的最后结果讨论

力系向某一确定的点简化得到主矢和对这一点的主矩后，还可以进一步简化。

1. 空间任意力系向一点 O 简化可能出现下列四种情况：

（1）空间任意力系简化为平衡力系的情形

当空间任意力系向一点简化时，若主矢 $F'_R = 0$，主矩 $M_O = 0$。这表明原力系为平衡力系。

（2）空间任意力系简化为一力偶的情形

当空间任意力系向一点简化时，若主矢 $F'_R = 0$，主矩 $M_O \neq 0$，这表明原力系简化为一力偶，其力偶矩矢等于力系对 O 点的主矩。由于力偶矩矢与矩心位置无关，因此，在这种情况下，主矩与简化中心的位置无关。

（3）空间任意力系简化为一合力的情形

当空间任意力系向一点简化时，若主矢 $F'_R \neq 0$，主矩 $M_O = 0$，这表明原力系简化为一合力，合力的作用线通过简化中心 O 点，其大小、方向与力系的主矢相同。

还有一种情形：如图 2-13 所示，若主矢 $F'_R \neq 0$，主矩 $M_O \neq 0$，且 F'_R 与 M_O 互相垂直，根据力向一点平移定理的逆推理，F'_R 和 M_O 最终可简化为一个合力 F_R，如图 2-13b 所示。该力的作用线通过另一点 A，其

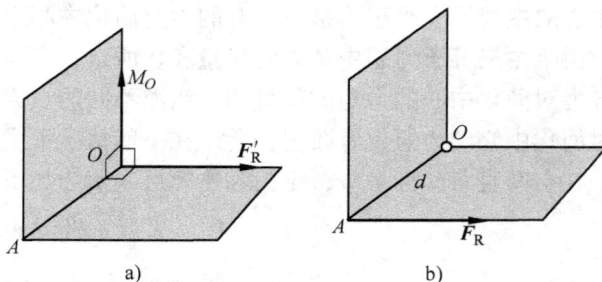

图 2-13　空间力系简化为一合力

作用线距简化中心的距离为

$$d = \frac{|M_O|}{F'_R}$$

在这两种情形下，空间任意力系都简化为一合力。

（4）空间任意力系简化为一**力螺旋**的情形

当空间任意力系向一点简化时，如图 2-14a 和图 2-14b 所示，若主矢 $F'_R \neq 0$，主矩 $M_O \neq 0$，且 F'_R 与 M_O 互相平行时，此时无法再进一步简化，称为**力螺旋**。所谓力螺旋，是由一力和一力偶组成的力系，其中的力垂直于力偶的作用面。例如，钻孔时的钻头对构件的作用就是力螺旋。

力螺旋中力的作用线称为该力螺旋的中心轴，上述情形下，中心轴通过简化中心 O。

最一般的情形是：如图 2-14c 所示，主矢 $F'_R \neq 0$，主矩 $M_O \neq 0$，且两者既不平行又不垂直，此时可将主矩 M_O 分解为沿力作用线方向的 M_{O2} 和垂直于力作用线方向的 M_{O1}，进一步将 M_{O1} 和 F'_R 简化为作用线通过 O' 的力 F''_R，最终，将原力系简化为一个力 F''_R 和与这一力平行的力偶 M_{O2}，同样获得一中心轴过点 O' 的**力螺旋**，且两点 O、O' 的距离为

$$d = \frac{|M_{O1}|}{F'_R}$$

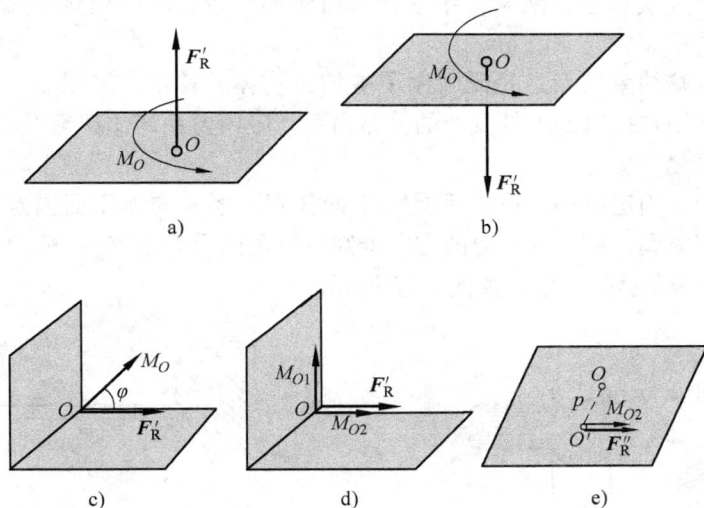

图 2-14 空间力系简化为一力螺旋

2. 平面任意力系向一点 O 简化可能出现下列三种情况：

（1）平面任意力系简化为平衡力系的情形

当平面任意力系向面内一点 O 简化时，若主矢 $F'_R = 0$，主矩 $M_O = 0$。这表明原力系为平衡力系。

（2）平面任意力系简化为一力偶的情形

当平面任意力系向面内一点简化时，若主矢 $F'_R = 0$，主矩 $M_O \neq 0$，这表明原力系简化为一力偶，其力偶矩等于力系对 O 点的主矩。由于力偶矩与矩心位置无关，因此，在这种情况下，主矩与简化中心的位置无关。

（3）平面任意力系简化为一合力的情形

当平面任意力系向一点简化时，若主矢 $F_R' \neq 0$，主矩 $M_O = 0$，这表明原力系简化为一合力，合力的作用线通过简化中心 O 点，其大小、方向与力系的主矢相同。

还有一种情形：如图 2-15a 所示，若主矢 $F_R' \neq 0$，主矩 $M_O \neq 0$，此时必有 F_R' 与 M_O 互相垂直，根据力向一点平移定理的逆推理，F_R' 和 M_O 最终可简化为一个合力 F_R。该力的作用线通过另一点 O'，其作用线距简化中心的距离为

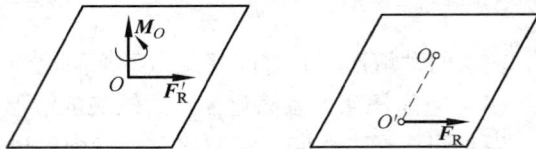

图 2-15 平面力系简化为一合力

$$d = \frac{|M_O|}{F_R'}$$

在这两种情形下，平面任意力系都简化为一合力。

2.3.4 力系简化在固定端约束力分析中的应用

工程中的固定端约束是很常见的，如图 2-16 所示，机床上装夹加工工件的卡盘对工件的约束、大型机器（例如摇臂钻床）中立柱对横梁的约束、房屋建筑中墙壁对雨罩的约束等等都是固定端约束。

固定端或**插入端**约束的特点是既限制了被约束物体的移动，又限制了被约束物体的转动。其约束力为作用在接触面上的复杂的分布力系，应用力系简化理论可对固定端复杂分布的约束力系加以简化。

在平面问题中，固定端的约束力系是一平面任意力系，向作用面内点 A 简化得到一个约束力和一个约束力偶，由于约束力的方向未知，可用两个分量 F_{Ax}、F_{Ay} 表示；约束力偶与平面垂直，用一个分量 M_A 表示，如图 2-17 所示。

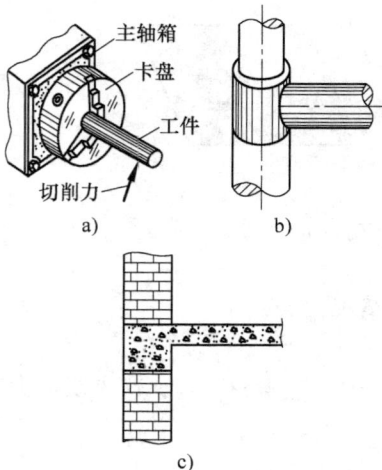

图 2-16 工程中的固定端约束

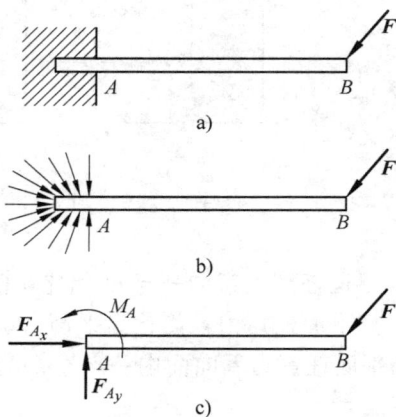

图 2-17 固定端的约束力

在空间问题中，固定端的约束力系是一空间任意力系，向约束处一点简化得到一个约束

力和一个约束力偶，由于约束力的方向未知，可用三个分量 F_x、F_y、F_z 表示；约束力偶方向也未知，同样用三个分量 M_x、M_y、M_z 表示，如图 2-18 所示。

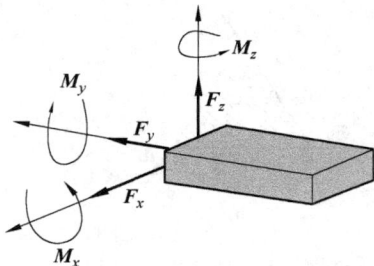

图 2-18　空间固定端的约束力

习　题

2-1　试求图 2-19 中所示力 F 对 O 点的矩。

2-2　图 2-20 中所示正方体的边长 $a=0.5\mathrm{m}$，其上作用的力 $F=100\mathrm{N}$，求力 F 对 O 点的矩及对 x、y 和 z 轴的力矩。

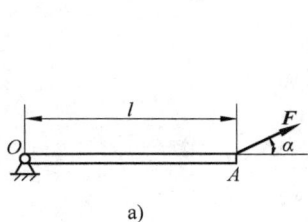

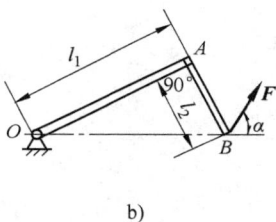

图 2-19　习题 2-1 图

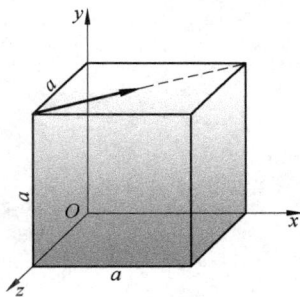

图 2-20　习题 2-2 图

2-3　如图 2-21 所示，试求力 F 对 O 点之矩及对 x、y 和 z 轴之矩。

2-4　在图 2-22 所示平面任意力系中 $F_1=40\sqrt{2}\mathrm{N}$，$F_2=80\mathrm{N}$，$F_3=40\mathrm{N}$，$F_4=110\mathrm{N}$，$M=2000\mathrm{N}\cdot\mathrm{mm}$。各力作用位置如图所示，图中尺寸的单位为 mm。求：（1）力系向 O 点简化的结果；（2）力系的合力的大小、方向及合力作用线方程。

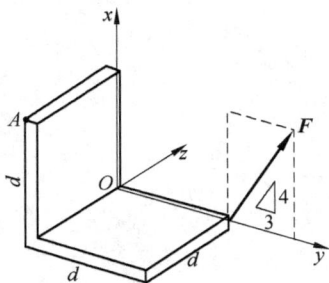

图 2-21　习题 2-3 图

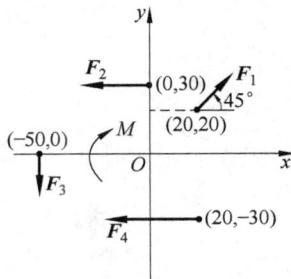

图 2-22　习题 2-4 图

2-5　图 2-23 所示为等边三角形板 ABC，边长 a，沿其边缘作用大小均为 F_P 的三个力，方向如图所示，试求力系的简化结果。

2-6　图 2-24 所示三力 F_1、F_2 和 F_3 的大小均等于 F，作用在正方体的棱边上，边长为 a。试求力系向 O 点简化的最后结果。

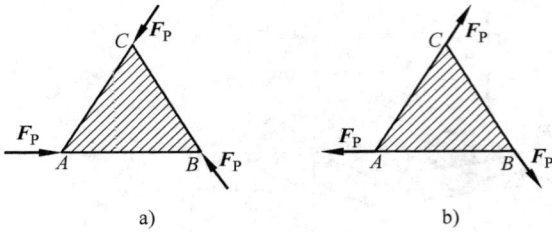

图 2-23　习题 2-5 图

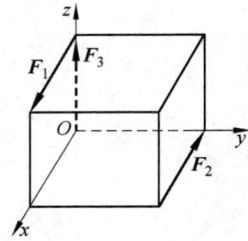

图 2-24　习题 2-6 图

第3章 刚体和刚体系统的平衡问题

内 容 提 要

(1) 力系的平衡条件和平衡方程
(2) 刚体和刚体系统平衡问题的分析方法
(3) 平面简单桁架的受力分析
(4) 静定与静不定问题的概念

3.1 力系的平衡方程

3.1.1 力系的平衡条件

由力系的等效与简化结果可知，力系平衡的必要和充分条件是：力系的主矢和力系对任一点的主矩都等于零。因此，如果刚体或刚体系统保持平衡，则作用在刚体或刚体系统上的力系其主矢和对任一点的主矩都等于零，即：

$$\boldsymbol{F}_{\mathrm{R}} = 0$$
$$\boldsymbol{M}_O = 0 \tag{3-1}$$

在空间直角坐标系中，力系平衡的条件可表示为如下的形式：

$$
\begin{cases}
F_{\mathrm{R}x} = \sum_{i=1}^{n} F_{ix} = 0 \\[2mm]
F_{\mathrm{R}y} = \sum_{i=1}^{n} F_{iy} = 0 \\[2mm]
F_{\mathrm{R}z} = \sum_{i=1}^{n} F_{iz} = 0 \\[2mm]
M_{Ox} = \sum_{i=1}^{n} M_{Ox}(F_i) = 0 \\[2mm]
M_{Oy} = \sum_{i=1}^{n} M_{Oy}(F_i) = 0 \\[2mm]
M_{Oz} = \sum_{i=1}^{n} M_{Oz}(F_i) = 0
\end{cases}
\tag{3-2}
$$

式（3-2）称为**空间任意力系的平衡方程**。

上述方程表明，空间任意力系平衡的必要和充分条件是：所有力在直角坐标系各轴上投影的代数和都等于零；同时，所有力对各轴之矩的代数和也等于零。

上述六个平衡方程都是互相独立的。这些平衡方程适用于空间任意力系。只是对于不同的特殊情形，例如汇交力系、力偶系、平面力系等特殊力系，其中某些平衡方程是自然满足的，因此，独立的平衡方程数目会有所不同。

3.1.2 各种力系的平衡方程

1. 空间汇交力系

对于力系中所有力的作用线都相交于一点的空间汇交力系，如图 3-1 所示，上述平衡方程中三个力矩方程自然满足，其平衡方程为

$$\begin{cases} \sum_{i=1}^{n} F_{ix} = 0 \\ \sum_{i=1}^{n} F_{iy} = 0 \\ \sum_{i=1}^{n} F_{iz} = 0 \end{cases} \qquad (3\text{-}3)$$

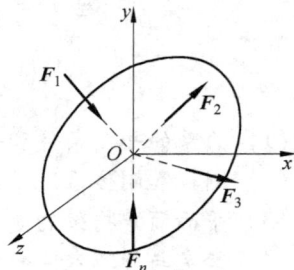

图 3-1 空间汇交力系

2. 空间力偶系

对于力系由任意个空间分布的力偶组成的空间力偶系，上述平衡方程中的三个力的投影方程自然满足，其平衡方程为

$$\begin{cases} \sum_{i=1}^{n} M_{Ox}(F_i) = 0 \\ \sum_{i=1}^{n} M_{Oy}(F_i) = 0 \\ \sum_{i=1}^{n} M_{Oz}(F_i) = 0 \end{cases} \qquad (3\text{-}4)$$

3. 空间平行力系

对于力系中所有力的作用线相互平行的空间平行力系，如图 3-2 所示。若坐标系 $Oxyz$ 的轴 Oz 与各力平行，则上述六个平衡方程中，第一、二和第六个方程自然满足，则平衡方程为

$$\begin{cases} \sum_{i=1}^{n} F_{iz} = 0 \\ \sum_{i=1}^{n} M_{Ox}(F_i) = 0 \\ \sum_{i=1}^{n} M_{Oy}(F_i) = 0 \end{cases} \qquad (3\text{-}5)$$

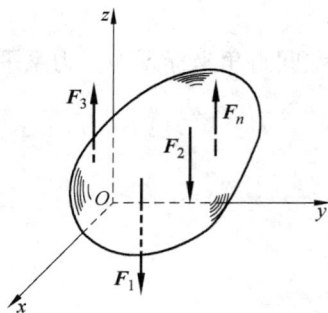

图 3-2 空间平行力系

4. 平面任意力系

对于平面任意力系，若 Oxy 坐标平面与力系的作用面相一致，如图 3-3 所示，则空间任意力系的 6 个平衡方程中，第三、四和第五个方程自然满足，第六个方程

$$\sum_{i=1}^{n} M_{Oz}(F_i) = 0$$

可改写为

$$\sum_{i=1}^{n} M_O(F_i) = 0$$

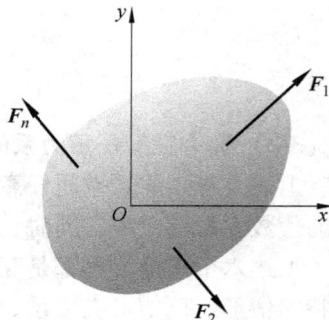

图 3-3 平面任意力系

则平面任意力系平衡方程的一般形式为

$$\begin{cases} \sum\limits_{i=1}^{n} F_{ix} = 0 \\[2mm] \sum\limits_{i=1}^{n} F_{iy} = 0 \\[2mm] \sum\limits_{i=1}^{n} M_O(F_i) = 0 \end{cases} \tag{3-6}$$

式中，矩心 O 为力系作用面内的任意点。

上述平面任意力系的三个平衡方程中的前两个投影方程，还可以部分或全部地用力矩方程代替，但所选的投影轴与矩心之间应满足一定的条件。例如可以写成

$$\begin{cases} \sum\limits_{i=1}^{n} F_{ix} = 0 \\[2mm] \sum\limits_{i=1}^{n} M_A(F_i) = 0 \\[2mm] \sum\limits_{i=1}^{n} M_B(F_i) = 0 \end{cases} \tag{3-7}$$

这一组方程也能满足力系平衡的充分和必要条件。这是因为，当上述三个方程中的第二式和第三式同时满足时，力系不可能简化为一力偶，只可能简化为沿 A、B 两点连线的一合力，或者是平衡力系。但是，当第一式同时成立时，而且 AB 与 x 轴不垂直，力系便不可能简化为一合力，否则，力系中所有的力在 x 轴上投影的代数和不可能等于零。因此，原力系必然为平衡力系，如图 3-4a 所示。

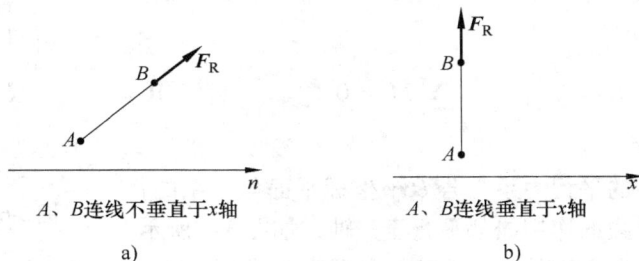

A、B 连线不垂直于 x 轴　　　　　A、B 连线垂直于 x 轴
a)　　　　　　　　　　b)

图 3-4　式 (3-7) 的证明

需要注意的是：式 (3-7) 中 A、B 两点的连线不能与 x 轴垂直。如果 A、B 两点的连线与 x 轴垂直，如图 3-4b 所示，这时式 (3-7) 虽然仍满足，但力系却不是平衡力系。

此外，平面任意力系的平衡方程还可以写成

$$\begin{cases} \sum\limits_{i=1}^{n} M_A(F_i) = 0 \\[2mm] \sum\limits_{i=1}^{n} M_B(F_i) = 0 \\[2mm] \sum\limits_{i=1}^{n} M_C(F_i) = 0 \end{cases} \tag{3-8}$$

但是 A、B、C 三点不能共线，如图 3-5a 所示。

因为，当式 (3-8) 中的第一式满足时，力系不可能简化为一力偶，只可能简化为通过

A 点的一个合力。同样，如果第二、三式也同时被满足，则这一合力也必须通过 B、C 两点。但是由于 A、B、C 三点不共线（见图 3-5a），所以力系也不可能简化为一合力。因此，满足上述方程的平面力系只可能是一平衡力系。如果 A、B、C 三点共线，如图 3-5b 所示，虽然方程式（3-8）仍能满足，但力系却不是平衡力系。

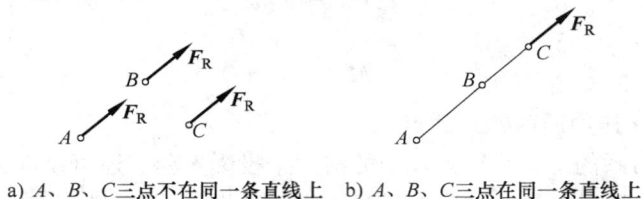

a) A、B、C 三点不在同一条直线上　b) A、B、C 三点在同一条直线上

图 3-5　式（3-8）的证明

5. 平面汇交力系

对于平面力系中的汇交力系，若 Oxy 坐标平面与力系的作用面相一致，根据平面任意力系平衡方程的一般形式，其平衡方程可写为

$$\begin{cases} \sum_{i=1}^{n} F_{ix} = 0 \\ \sum_{i=1}^{n} F_{iy} = 0 \end{cases} \tag{3-9}$$

6. 平面力偶系

对于平面力系中的力偶系，若 Oxy 坐标平面与力偶的作用面相一致，根据平面任意力系平衡方程的一般形式，其平衡方程可写为

$$\sum_{i=1}^{n} M_z = 0 \quad \text{或} \quad \sum_{i=1}^{n} M = 0 \tag{3-10}$$

7. 平面平行力系

对于平面力系中的平行力系，若 Oxy 坐标平面与力系的作用面相一致，且所有力的作用线都平行于 y 轴，如图 3-6 所示，根据平面任意力系平衡方程的一般形式，其平衡方程可写为

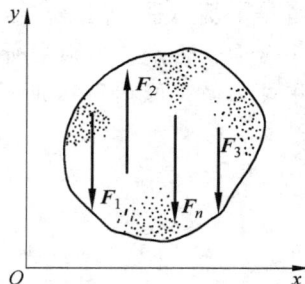

图 3-6　平面平行力系

$$\begin{cases} \sum_{i=1}^{n} F_{iy} = 0 \\ \sum_{i=1}^{n} M_O(F_i) = 0 \end{cases} \tag{3-11}$$

3.2　刚体和刚体系统的平衡问题

工程中的平衡问题，可以是单个刚体，也可以是由若干个刚体组成的系统，这种系统称为刚体系统。

力系的平衡是刚体和刚体系统平衡的充分必要条件，求解刚体和刚体系统的平衡问题时，要合理选择研究对象、正确进行受力分析、并根据具体情况应用各种力系的平衡方程来求解。

例题 3-1　如图 3-7 所示水平梁 AB，受到一均布载荷和一力偶的作用。已知均布载荷的集度 $q = 0.2\text{kN/m}$，力偶矩的大小 $M = 1\text{kN} \cdot \text{m}$，梁的长度 $l = 5\text{m}$。不计梁的自重，求支座 A、B 的约束力。

解：（1）选择研究对象

以解除约束后的 AB 梁作为研究对象。将均布载荷等效为集中力，作用在点 C 处，大小为 $F = ql = 1\text{kN}$。

（2）根据约束的性质分析约束力

A 处为固定铰支座，有一个方向不确定的约束力，可以分解为铅垂方向与水平方向的两个分力 $\boldsymbol{F}_{Ax}$ 和 $\boldsymbol{F}_{Ay}$；B 处为辊轴支座，有一个与斜面垂直方向的约束力，指向未知，可以假设为向上的 $\boldsymbol{F}_B$。

（3）应用平衡方程确定未知的约束力

选坐标轴如图所示，应用平面任意力系的平衡方程：

$$\sum_{i=1}^{n} F_{ix} = 0, \quad F_{Ax} - F_B\cos60° = 0$$

$$\sum_{i=1}^{n} F_{iy} = 0, \quad F_{Ay} - F + F_B\sin60° = 0$$

$$\sum_{i=1}^{n} M_A(F_i) = 0, \quad -F \cdot 0.5l - M + F_B \cdot \sin60° \cdot l = 0$$

由此解得支座 A、B 处的约束力为

$$F_{Ax} = 0.4\text{kN}, \quad F_{Ay} = 0.3\text{kN}, \quad F_B = 0.8\text{kN}$$

图 3-7　例题 3-1 图

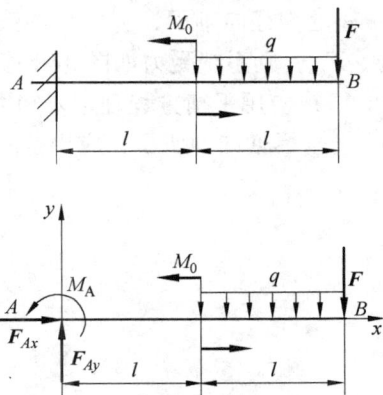

例题 3-2　悬臂梁受力如图 3-8 所示。已知梁长为 $2l$，作用的均布载荷集度为 q，集中力大小为 $F = ql$ 和集中力偶大小为 $M_0 = ql^2$，求固定端 A 处的约束力。

解：（1）选择研究对象

以解除约束后的 AB 梁作为研究对象。

（2）根据约束的性质分析约束力

A 处为固定端约束，有一个方向不确定的约束力和一个约束力偶，约束力分解为 $\boldsymbol{F}_{Ax}$ 和 $\boldsymbol{F}_{Ay}$，约束力偶为 $\boldsymbol{M}_A$，如图所示。

（3）应用平衡方程确定未知的约束力

选坐标轴如图所示，应用平面任意力系的平衡方程：

图 3-8　例题 3-2 图

$$\sum_{i=1}^{n} F_{ix} = 0, \quad F_{Ax} = 0$$

$$\sum_{i=1}^{n} F_{iy} = 0, \quad F_{Ay} - F - ql = 0$$

$$\sum_{i=1}^{n} M_A(F_i) = 0, \quad M_A - F \cdot 2l - ql \cdot \frac{3}{2}l + M_0 = 0$$

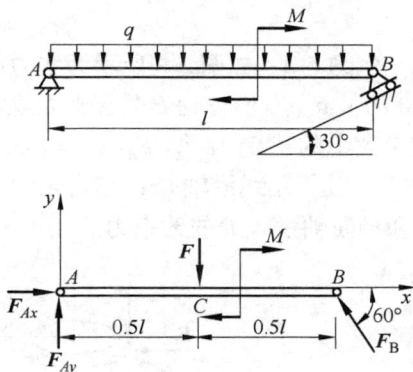

由此解得固定端 A 处的约束力为

$$F_{Ax} = 0, \quad F_{Ay} = 2ql, \quad M_A = 2.5ql^2$$

例题 3-3 如图 3-9 所示为水力涡轮发电机中的主轴。水力推动涡轮转动的力偶矩 M_z = 1200N·m。在锥齿轮 B 处受到的力分解为三个分力：圆周力 F_t、轴向力 F_a 和径向力 F_r，三者大小的比例为 $F_t : F_a : F_r = 1 : 0.32 : 0.17$。已知涡轮连同轴和锥齿轮的总重量为 $W = 12$kN，其作用线沿轴 Cz；锥齿轮的平均半径 $OB = 0.6$m，其余尺寸如图所示。试求止推轴承 C 和径向轴承 A 处的约束力。

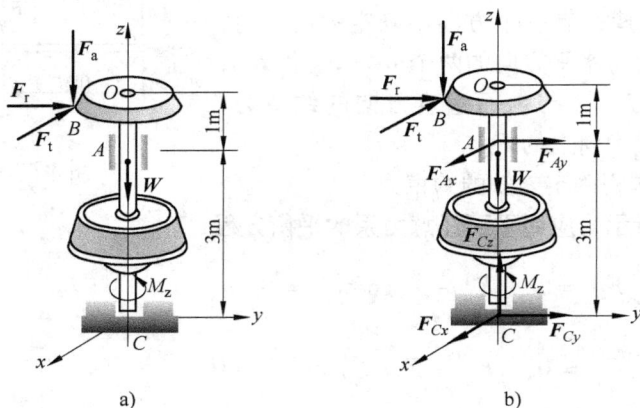

图 3-9 例题 3-3 图

解：（1）选择研究对象

以"轴—锥齿轮—涡轮"组成的系统为研究对象。

（2）根据约束的性质分析约束力

A 处为径向轴承，有两个约束力为 F_{Ax} 和 F_{Ay}；C 处为推力轴承，有三个约束力为 F_{Cx}、F_{Cy}、F_{Cz}；则系统受力如图 3-9b 所示。

（3）应用平衡方程确定未知力

选坐标轴如图所示，应用空间任意力系的平衡方程：

$$\sum_{i=1}^{n} F_{ix} = 0, \qquad F_{Ax} + F_{Cx} - F_t = 0$$

$$\sum_{i=1}^{n} F_{iy} = 0, \qquad F_{Ay} + F_{Cy} + F_r = 0$$

$$\sum_{i=1}^{n} F_{iz} = 0, \qquad F_{Cz} - W - F_a = 0$$

$$\sum_{i=1}^{n} M_x(F_i) = 0, \quad -3F_{Ay} - 4F_r + 0.6F_a = 0$$

$$\sum_{i=1}^{n} M_y(F_i) = 0, \quad 3F_{Ax} - 4F_t = 0$$

$$\sum_{i=1}^{n} M_z(F_i) = 0, \quad M_z - 0.6F_t = 0$$

由此解得：作用在锥齿轮上的圆周力 $F_t = 2000$N，则得到：轴向力 $F_a = 640$N，径向力 $F_r = 340$N，且轴承 A 和轴承 C 处的约束力为

$$F_{Ax} = 2.67\text{kN},\ F_{Ay} = -325\text{N},\ F_{Cx} = -667\text{N},\ F_{Cy} = -14.7\text{N},\ F_{Cz} = 12.6\text{kN}$$

以上约束力数值中的负号说明实际约束力的方向与假设的方向相反。

例题 3-4　组合梁受力如图 3-10a 所示。已知 $l = 2\text{m}$，均布载荷 $q = 15\text{kN/m}$，力偶 $M_0 = 20\text{kN} \cdot \text{m}$，求 A、B 和 C 处的约束力。

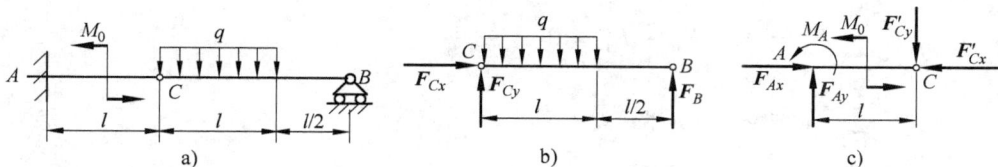

图 3-10　例题 3-4 图

解：考察结构整体，在固定端 A 处有 3 个约束力，设为 $\boldsymbol{F}_{Ax}$、$\boldsymbol{F}_{Ay}$ 和 $\boldsymbol{M}_A$；在辊轴支座 B 处有 1 个竖直方向的约束力 $\boldsymbol{F}_B$。根据系统整体所受平面任意力系的 3 个平衡方程，无法确定所要求的 4 个未知约束力，为此，必须将系统拆开。

将结构从 C 处拆开，则铰链 C 处的约束力可以用相互垂直的两个分量 $\boldsymbol{F}_{Cx}$、$\boldsymbol{F}_{Cy}$ 表示，但作用在两个刚体 AB 和 BC 上同一处 C 的约束力，互为作用与反作用力。

（1）先取 CB 杆为研究对象，分析受力

如图 3-10b 所示，应用平面任意力系的平衡方程：

$$\sum_{i=1}^{n} F_{ix} = 0,\quad F_{Cx} = 0$$

$$\sum_{i=1}^{n} F_{iy} = 0,\quad F_{Cy} + F_B - ql = 0$$

$$\sum_{i=1}^{n} M_C(F_i) = 0,\quad F_B \cdot \frac{3}{2}l - ql \cdot \frac{l}{2} = 0$$

解得支座 B 和支座 C 处的约束力为

$$F_{Cx} = 0,\quad F_{Cy} = 20\text{kN},\quad F_B = 10\text{kN}$$

（2）再取 AC 杆为研究对象，分析受力

如图 3-10c 所示，应用平面任意力系的平衡方程：

$$\sum_{i=1}^{n} F_{ix} = 0,\quad F_{Ax} = 0$$

$$\sum_{i=1}^{n} F_{iy} = 0,\quad F_{Ay} - F_{Cy}' = 0$$

$$\sum_{i=1}^{n} M_A(F_i) = 0,\quad M_A + M_0 - F_{Cy}' \cdot l = 0$$

解得支座 A 处的约束力为

$$F_{Ax} = 0,\ F_{Ay} = 20\text{kN},\ M_A = 20\text{kN} \cdot \text{m}$$

例题 3-5　图 3-11a 所示构架由杆 AB、CE、BC 和滑轮、绳索等组成，C，D，E 处为铰链连接，已知物块重 $Q = 120\text{kN}$，$AD = DB = 2\text{m}$，$CD = DE = 1.5\text{m}$，若不计其余构件的自重和摩擦，试求支座 A 和 B 处的约束力以及杆 BC 的受力。

解：（1）选择系统整体为研究对象，进行受力分析。

图中所示系统由五个刚体组成。A 处的约束力为 $\boldsymbol{F}_{Ax}$、$\boldsymbol{F}_{Ay}$，B 处的约束力为 $\boldsymbol{F}_{NB}$，绳子的拉力为 $F_T = Q$，如图 3-11b 所示。

应用平面任意力系的平衡方程：

$$\sum_{i=1}^{n} F_{ix} = 0, \quad F_{Ax} - F_T = 0$$

$$\sum_{i=1}^{n} F_{iy} = 0, \quad F_{Ay} + F_{NB} - F_T = 0$$

$$\sum_{i=1}^{n} M_A(F_i) = 0, \quad F_{NB} \cdot AB - F_T \cdot (AD + r) - F_T \cdot (DE - r) = 0$$

由此解得支座 A 和 B 处的约束力为

$$F_{Ax} = 120\text{kN}, \quad F_{Ay} = 15\text{kN}, \quad F_{NB} = 105\text{kN}$$

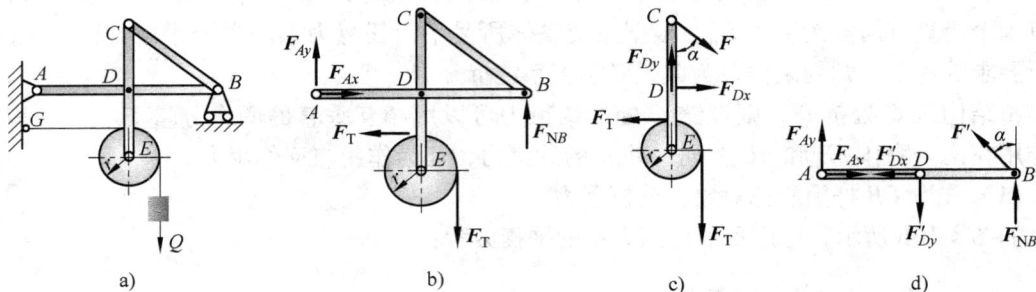

图 3-11　例题 3-5 图

（2）取 CDE 杆连同滑轮为研究对象，分析受力

杆 BC 杆为二力杆，其受力沿杆方向；D 处的约束力为 $\boldsymbol{F}_{Dx}$、$\boldsymbol{F}_{Dy}$，如图 3-11c 所示。

由平衡方程：

$$\sum_{i=1}^{n} M_D(F_i) = 0$$

$$-F\sin\alpha \cdot CD - F_T \cdot (DE - r) - F_T \cdot r = 0$$

其中，$\sin\alpha = 0.8$。

解得 BC 杆的受力为

$$F = -150\text{kN}$$

（3）讨论

求 BC 杆的受力，也可以取 ADB 杆为研究对象，受力如图 3-11d 所示。

由平衡方程：

$$\sum_{i=1}^{n} M_D(F_i) = 0$$

$$F'\cos\alpha \cdot DB + F_{NB} \cdot DB - F_{Ay} \cdot AD = 0$$

解得 BC 杆的受力为

$$F' = -150\text{kN}$$

从本题的分析过程可以看出：在考察物体系统的平衡问题时，局部平衡对象的选择并不是唯一的。选择合适的研究对象、正确地进行受力分析、恰当地应用不同形式的平衡方程，是正确求解物体系统平衡问题的关键。

3.3　平面简单桁架的受力分析

3.3.1　桁架及其工程应用

在工程中，房屋建筑、铁路桥梁、油田井架、起重设备、飞机结构、雷达天线、导弹发射架、输电线路铁塔以及某些电视发射塔等结构物常用桁架结构。图 3-12 所示为屋顶桁架。

桁架是由若干杆件在两端按一定的方式连接所组成的工程结构，它在受力后几何形状不变。若组成桁架的所有杆件均处在同一平面内，且载荷作用在相同的平面内，则称为**平面桁架**；如果这些杆件不在同一平面内，或者载荷不作用在杆件所在的平面内，则称为**空间桁架**。

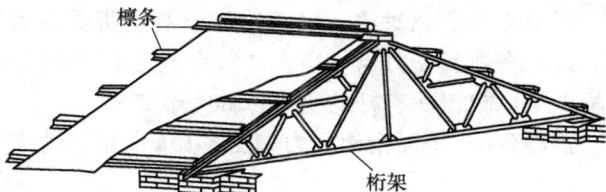

图 3-12　工程中的桁架

桁架的优点是：杆件主要承受拉力或压力，可以充分发挥材料的作用，减轻结构重量，节约材料。本书主要研究简单的平面桁架中杆件的受力分析。

3.3.2　桁架的力学模型

实际的桁架结构比较复杂，为了简化桁架的计算，工程实际中采用以下几个假设：

1）桁架的杆件都是直的。

2）杆件连接处均简化为光滑铰链连接。

3）桁架所受的力（载荷）都必须作用在杆件端部上。

4）桁架中杆件的自重一般忽略不计，或平均分配在杆件两端处。

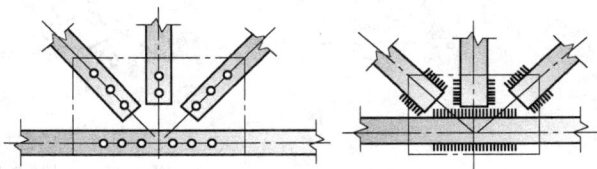

图 3-13　桁架杆端连接方式

这样的桁架，称为理想桁架，桁架中杆件的铰接接头称为节点。

实际桁架当然与理想桁架有区别。如桁架中杆件的中心线不可能是绝对直的，杆端连接方式不是铰接的，比如有铆接、焊接等，如图 3-13 所示。

对于载荷不直接作用在节点上的情形（见图 3-14a），可以对承载杆作受力分析、确定杆端受力，再将其作为等效节点载荷施加于节点上（见图 3-14b）。

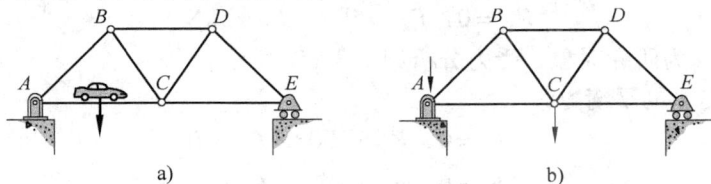

a)

b)

图 3-14　桁架计算中载荷的简化

根据上述方面的简化，桁架中所有杆件都是只有两端受力的二力杆件，各杆件所受的力必定沿着杆的方向，或者为**拉力**，或者为**压力**。在工程实际中，这些假设能够简化计算，而且所得的结果可以符合工程实际的需要。

3.3.3 平面简单桁架的受力分析

若桁架整体处于平衡，则它的任何一个局部，包括节点、杆以及用假想截面截出的任意局部都必须是平衡的。下面介绍两种计算桁架受力的方法："节点法"和"截面法"。

1. 节点法

以节点为研究对象，桁架的每个节点所受各力的作用线汇交于一点，形成平面汇交力系。逐个考察其受力与平衡，在每个节点上可建立两个独立的平衡方程，通过求解这些平衡方程，可以求得所有杆的受力，称为**节点法**。

例题 3-6 平面桁架受力如图 3-15a 所示。若 $F = 10\text{kN}$，计算每个杆件所受的力。

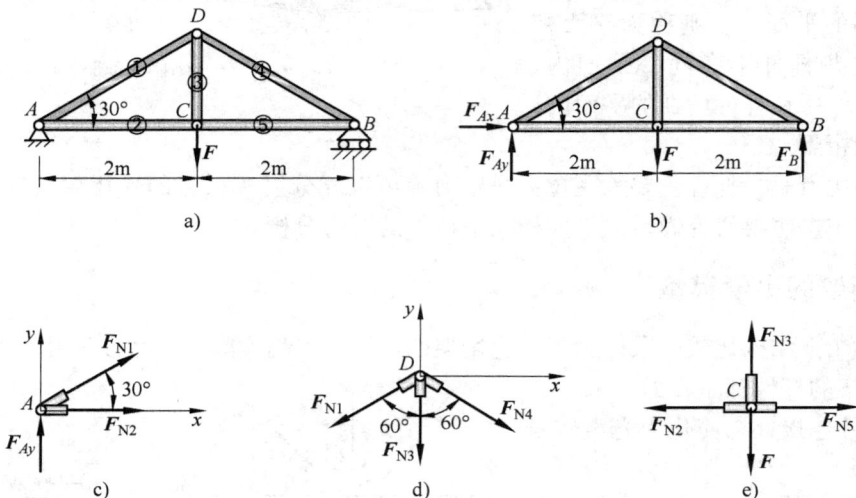

图 3-15 例题 3-6 图

解：（1）首先取整体为研究对象，受力分析如图 3-15b 所示。

由平面任意力系的平衡方程：

$$\sum F_x = 0, \quad F_{Ax} = 0$$

$$\sum F_y = 0, \quad F_{Ay} - F + F_B = 0$$

$$\sum M_A(F) = 0, \quad F_B \times 4 - F \times 2 = 0$$

求得支座 A 和 B 处的约束力为

$$F_{Ax} = 0, \quad F_{Ay} = 5\text{kN}, \quad F_B = 5\text{kN}$$

（2）以节点 A 为研究对象，受力分析如图 3-15c 所示。

由平面汇交力系的平衡方程

$$\sum F_x = 0, \quad F_{N1}\cos 30° + F_{N2} = 0$$

$$\sum F_y = 0, \quad F_{N1}\sin 30° + F_{Ay} = 0$$

解得杆 1 和杆 2 的受力为

$$F_{N1} = -10kN, \quad F_{N2} = 8.66kN$$

（3）再考察节点 D 的平衡，受力分析如图 3-15d 所示。
由平衡方程

$$\sum F_x = 0, \quad F_{N4}\cos30° - F_{N1}\cos30° = 0$$

$$\sum F_y = 0, \quad -F_{N3} - (F_{N1} + F_{N4})\sin30° = 0$$

解得杆 3 和杆 4 的受力为

$$F_{N4} = -10kN, \quad F_{N3} = 10kN$$

（4）最后考察节点 C 的平衡，其受力分析如图 3-15e 所示。
由平衡方程

$$\sum F_x = 0, \quad F_{N5} - F_{N2} = 0$$

解得杆 5 的受力为

$$F_{N5} = 8.66kN$$

这样，依次选取节点为研究对象，即可求出所有杆件的受力。应当注意的是，平面汇交力系只有两个独立的平衡方程，因而，选取节点时注意顺序，所选节点最多只能连接两根受力未知的杆件。如节点所连受力未知的杆件多于两根时，它们的受力还需联合由其他节点列出的方程一起求解。

2. 截面法

如果只要求计算桁架内某几个杆件所受的力，那么可以用假想截面将桁架截开，考察其中任一部分的平衡，应用相应的平衡方程，可以求出被截杆件的受力，这种方法称为**截面法**。

例题 3-7　平面桁架如图 3-16 所示，试求杆 FE、杆 CE 和杆 CD 所受的力。已知铅垂力 $F_1 = 4kN$，水平力 $F_2 = 2kN$。

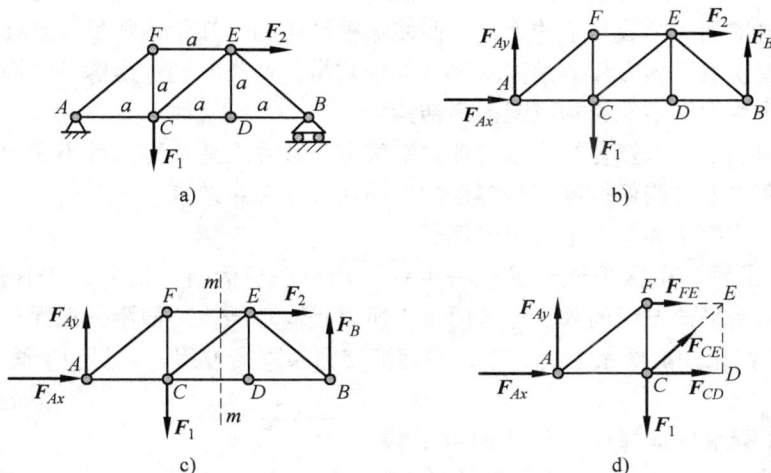

图 3-16　例题 3-7 图

解：（1）首先取整体为研究对象，受力分析如图 3-16b 所示。
由平面任意力系的平衡方程

$$\sum F_x = 0, \qquad F_{Ax} + F_2 = 0$$
$$\sum F_y = 0, \qquad F_B + F_{Ay} - F_1 = 0$$
$$\sum M_A(\boldsymbol{F}) = 0, \qquad -F_1 \times a - F_2 \times a + F_B \times 3a = 0$$

解得支座 A 和 B 处的约束力为

$$F_{Ax} = -2kN, \quad F_{Ay} = 2kN, \quad F_B = 2kN$$

（2）用图 3-16c 所示的假想截面将桁架截为两部分，假设截开的所有杆件均受拉力。考察左边部分的受力与平衡，如图 3-16d 所示。

由平面任意力系的平衡方程

$$\sum F_x = 0, \qquad F_{CD} + F_{Ax} + F_{FE} + F_{CE}\cos45° = 0$$
$$\sum F_y = 0, \qquad F_{Ay} - F_1 + F_{CE}\cos45° = 0$$
$$\sum M_C(\boldsymbol{F}) = 0, \qquad -F_{FE} \times a - F_{Ay} \times a = 0$$

解得杆 CE、杆 CD 和杆 FE 所受的力为

$$F_{CE} = 2\sqrt{2}kN, \quad F_{CD} = 2kN, \quad F_{FE} = -2kN$$

如果选取截开后桁架的右半部分为研究对象，可得同样的结果。

应当注意的是，平面任意力系只有三个独立的平衡方程，因而，作截面时每次最多只能截断三根受力未知的杆件。如截断受力未知的杆件多于三根时，它们的受力还需联合由其他截面列出的方程一起求解。

3.4　静定和静不定问题的概念

前面所讨论的平衡问题中，未知量的数目正好等于独立的平衡方程数目，因此由平衡方程可以解出全部未知量。这类问题称为**静定问题**，相应的结构称为**静定结构**。

在工程实际中，有时为了提高结构的刚度和稳定性，或者为了满足其他工程要求，常常在静定结构上再增加一个或几个约束，从而使这些结构的未知量的数目多于独立平衡方程的数目，这时，仅仅由平衡方程就无法求得全部未知量。这类问题称为**静不定问题或超静定问题**，相应的结构称为**静不定结构或超静定结构**。

在静不定问题中，未知量的个数与独立平衡方程数目之差，称为**静不定次数**。与静不定次数对应的约束对于结构保持静定是多余的，因而称为**多余约束**。

下面举出一些静定和静不定问题的例子。

如图 3-17a 所示，用两根绳子悬挂一钢杆，选择钢杆为研究对象，未知的约束力有两个，平面汇交力系平衡方程的数目也是两个，所以是静定结构。如用三根绳子悬挂钢杆，如图 3-17b 所示，则未知的约束力有三个，平面汇交力系平衡方程的数目只有两个，所以是静不定结构。

如图 3-18a 所示，选择简支梁为研究对象，未知的约束力有三个，平面任意力系平衡方程的数目也是三个，所以是静定结构。如把支座 B 改为固定铰链支座，如图 3-18b 所示，未知的约束力将增加为四个，而平面任意力系平衡方程的数目还是三个，所以成为一次静不定梁。

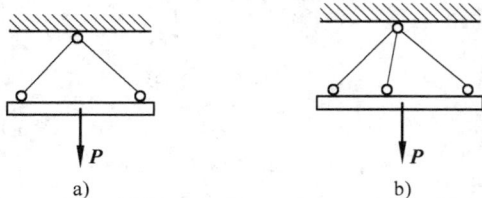

图 3-17　静定结构与静不定结构

如图 3-19a 所示的连续梁，由两部分 AC 和 BC 铰接组成，拆开后每部分有三个平衡方程，总共六个平衡方程；未知的约束力为：固定端 A 处有三个约束力、考虑到作用力与反作用力数值相等，中间铰链 C 处有两个约束力、再加上铰链 B 处的一个约束力，总共六个未知约束力，所以是静定结构。而在图 3-19b 中，把支座 B 改为固定铰链支座，总未知约束力的数目增加为七个，而总平衡方程的数目还是六个，所以也成为一次静不定结构。

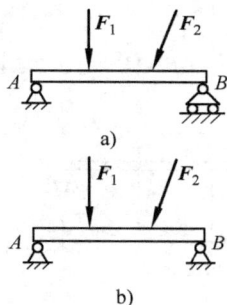

图 3-18 静定结构与静不定结构

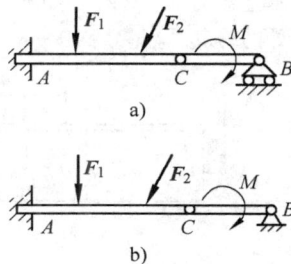

图 3-19 静定与静不定结构

习　题

3-1　图 3-20 所示两种正方形结构所受荷载 F 均已知。试求其中 1、2、3 杆的受力。

3-2　杆 AB 及其两端滚子的整体重心在 G 点，滚子搁置在倾斜的光滑刚性平面上，如图 3-21 所示。对于给定的 θ 角，试求平衡时的 β 角。

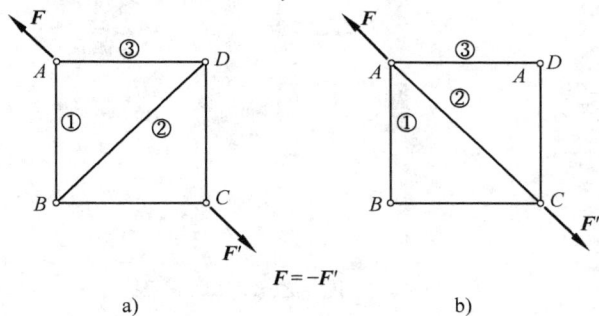

图 3-20 习题 3-1 图

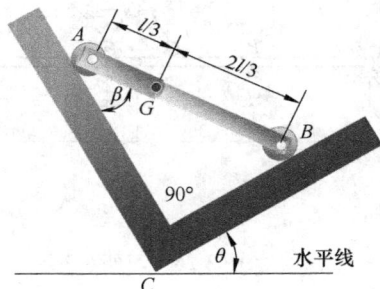

图 3-21 习题 3-2 图

3-3　齿轮箱两个外伸轴上作用的力偶如图 3-22 所示。为保持齿轮箱平衡，试求螺栓 A、B 处所提供的约束力的铅垂分力。

3-4　折杆 AB 的支承方式如图 3-23 所示，设有一力偶矩数值为 M 的力偶作用在折杆 AB 上。试求 A、B 支承处的约束力。

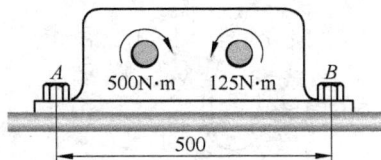

图 3-22 习题 3-3 图

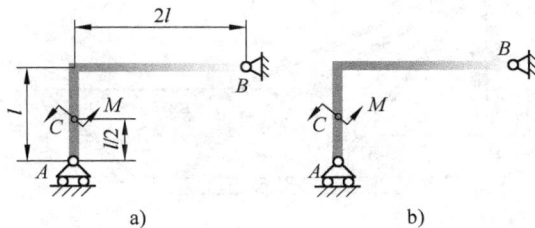

图 3-23 习题 3-4 图

3-5 试求图 3-24 所示结构中杆 1、2、3 所受的力。

3-6 试求图 3-25 所示多跨梁的支座约束力。已知:

(a) $M = 8kN \cdot m$, $q = 4kN/m$;(b) $M = 40kN \cdot m$, $q = 10kN/m$。

3-7 如图 3-26 所示,组合梁由 AC 和 DC 两段铰接构成,起重机放在梁上。已知起重机重 $F_P = 50kN$,重心在铅直线 EC 上,起重载荷 $W = 10kN$。如不计梁的自重,求支座 A、B 和 D 三处的约束力。

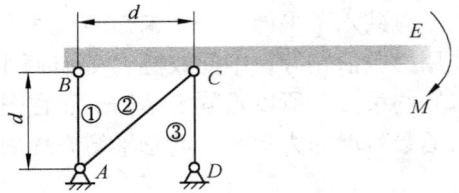

图 3-24 习题 3-5 图

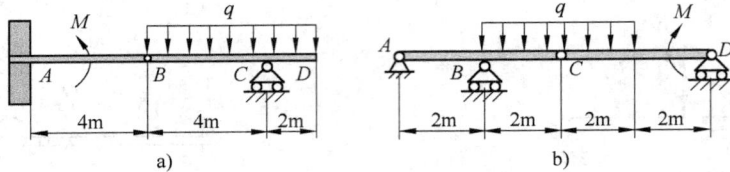

图 3-25 习题 3-6 图

3-8 图 3-27 所示构架中,物体重 1200N,由细绳跨过滑轮 E 水平系于墙上,尺寸如图。不计杆和滑轮的重量,求支承 A 和 B 处的约束力,以及杆 BC 所受的力。

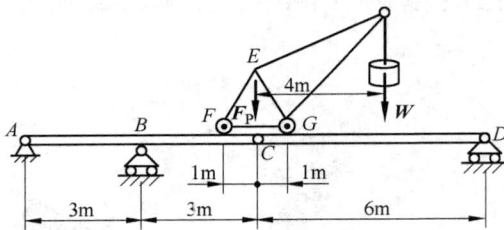

图 3-26 习题 3-7 图

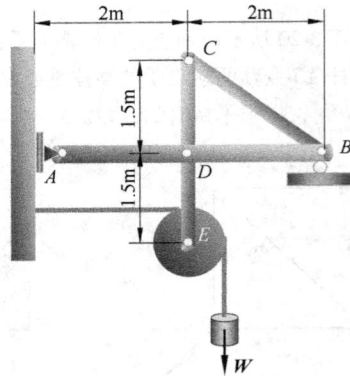

图 3-27 习题 3-8 图

3-9 图 3-28 所示空间构架由三根不计自重的杆组成,在 D 端用球铰链连接,A、B 和 C 端则用球铰链固定在水平地板上,若拴在 D 端的重物 $F_P = 10kN$,试求铰链 A、B、C 的约束力。

3-10 作用的齿轮上的啮合力 F 推动胶带轮绕水平轴 AB 作匀速转动。已知胶带紧边的拉力为 200N,松边为拉力为 100N,尺寸如图 3-29 所示。试求力 F 的大小和轴承 A、B 的约束力。

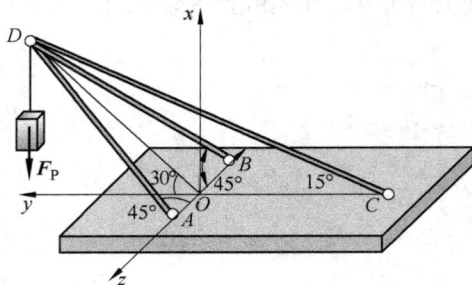

图 3-28 习题 3-9 图

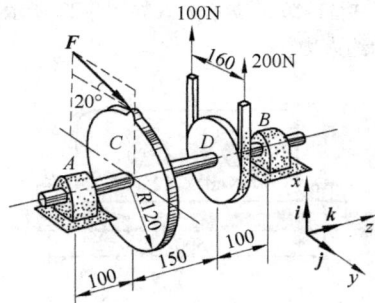

图 3-29 习题 3-10 图

3-11　如图 3-30 所示，水平轴上装有两个凸轮，凸轮上分别作用已知力 F_1（大小为 800N）和未知力 F。如轴平衡，求力 F 的大小和轴承 A、B 的约束力。

3-12　平面桁架的尺寸和支座如图 3-31 所示。试求其各杆的受力。

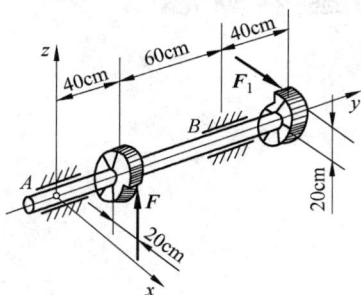

图 3-30　习题 3-11 图

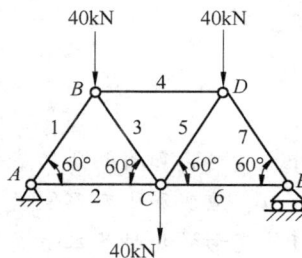

图 3-31　习题 3-12 图

3-13　求图 3-32 所示平面桁架中 1、2、3 杆所受的力。

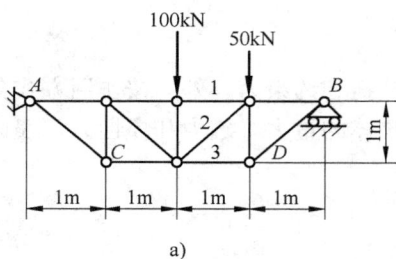

a)

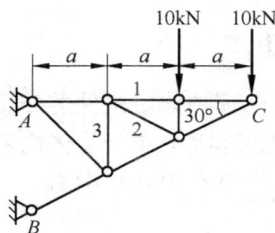

b)

图 3-32　习题 3-13 图

3-14　桁架的尺寸以及所受的载荷如图 3-33 所示。试求杆 BH、CD 和 GD 的受力。

3-15　图 3-34 所示桁架所受载荷的大小 $F_1 = F$，$F_2 = 2F$，尺寸 a 为已知。试求杆件 CD、GF、和 GD 所受的力。

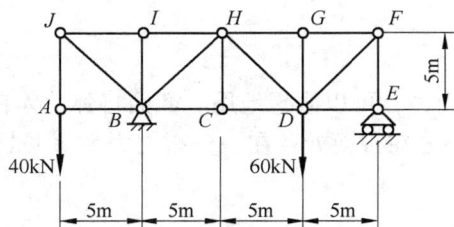

图 3-33　习题 3-14 图

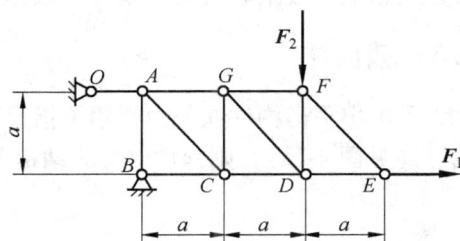

图 3-34　习题 3-15 图

第4章 材料力学的基本概念

内 容 提 要

（1）外力、内力和截面法的基本概念
（2）应力、应变和小变形假设
（3）杆件变形的几种基本形式

4.1 外力 内力 截面法

4.1.1 外力

外力是指外部物体对构件的作用力，包括载荷和约束力。外力按作用方式分为体积力和表面力。体积力连续分布于物体内部各点，如物体的重力、磁力和惯性力。表面力作用于物体表面，可分为分布力和集中力。

4.1.2 内力

弹性体在外力作用下产生变形，其内部各点相对位置发生改变，因而产生的相互作用力即为内力。实际上在弹性体即使未受到外力作用，弹性体各质点之间依然存在着相互作用的力。材料力学中的内力，是指外力作用下，上述相互作用力的变化量，所以是物体内部各部分之间因外力而引起的附加相互作用力，是一种"附加内力"。这种内力随着外力的增大而增大，到达某一极限时就会引起构件破坏，因而它与构件的强度密切相关。

4.1.3 截面法

为了求出平衡构件在外力作用下指定截面上的内力，可以假想地用一截面将弹性体在该处截开（见图 4-1a），则弹性体分为两部分，每一部分在截面处存在一分布内力系（见图 4-1b）。

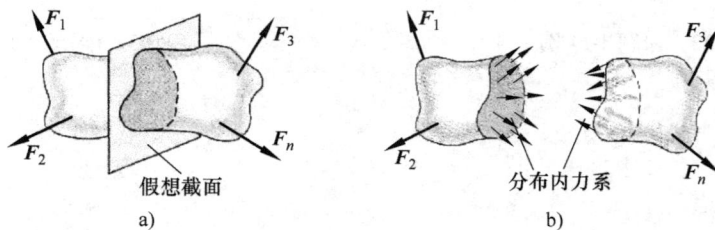

图 4-1 外力与内力

根据平衡的要求，每个截开部分也必须是平衡的。因此，作用在每个部分上的外力必须与截面上分布内力系相平衡。根据作用力与反作用力原理，两部分的截面上的内力大小相等、方向相反。根据材料的连续性假设，作用在截面上的内力系应是一个连续分布的力系。

上述用截面假想地把构件分成两部分，以显示并确定内力的方法称为截面法。下面举例说明截面法的应用。

例题 4-1 求图 4-2a 所示梁在横截面 C 处的内力。

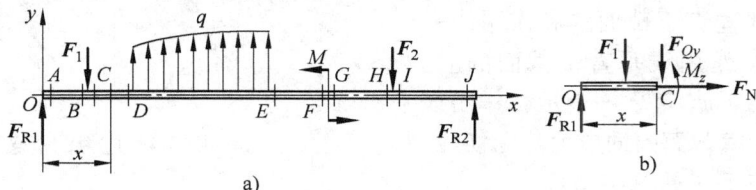

图 4-2 截面法确定内力分量

解：（1）研究对象

在所要考察的截面 C 处，用假想截面将杆件截开分成两部分，以其中任意一部分为研究对象。本题以左侧为研究对象，如图 4-2b 所示。

在 C 处，用假想截面将杆件截开分成两部分，以左侧为研究对象。

（2）受力分析

在研究对象上绘制所有的外力（主动力和约束力）和内力（F_N、F_{Qy} 和 M_z）三个内力分量。

（3）平衡方程

列平衡方程求解内力

$$\sum F_x = 0$$
$$\sum F_y = 0$$
$$\sum M_C = 0$$

其中 C 为截面形心。据此，即可求得全部内力分量。

4.2 应力

用截面法确定的内力，是截面上分布内力系的合成结果，它没有表明该分布力系的分布规律，为了研究构件的强度，仅仅知道内力是不够的。例如，两根不同粗细的杆件，若它们所受的外力相同，那么横截面上的内力也是相同的（见图 4-3）。但是，根据一般常识，当外力增大时，细杆一定先破坏。这是因为横截面面积小，其上内力分布的密集程度大的缘故。

为了描述截面上各点内力的分布状况，需要引入应力的概念，表示分布内力在一点处的集度。围绕截面上某点取微小面积 ΔA（见图 4-4a），其上内力的合力为 ΔF，则作用在这一面积上的平均应力，用 $\bar{p}$ 表示

$$\bar{p} = \frac{\Delta F}{\Delta A}$$

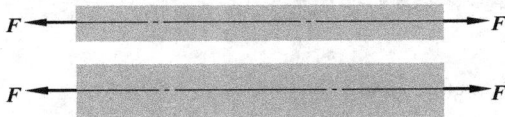

图 4-3 不同粗细杆件受相同外力作用

当 ΔA 趋于零时，上述平均应力的极限值即为该点处的应力。

$$p = \lim_{\Delta A \to 0} \bar{p} = \lim_{\Delta A \to 0} \frac{\Delta F}{\Delta A} \tag{4-1}$$

它是分布内力系在该点的集度，反映内力系在该点的强弱程度。应力方向一般说既不与截面垂直，也不与截面平行，但是总可以分解为作用线垂直于截面的和作用线平行于截面的分量。作用线垂直于截面的应力，称为**正应力**，用希腊字母 σ 表示；作用线平行于截面或位于横截面内的应力称为**切应力**，用希腊字母 τ 表示（见图 4-4b）。

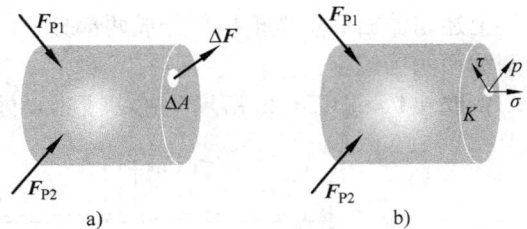

图 4-4　应力的概念

应力的单位为 Pa（帕）或 MPa（兆帕），工程上多用 MPa，$1\,\text{MPa} = 10^6\,\text{Pa} = 1\,\text{N/mm}^2$。

4.3　应变　小变形假设

4.3.1　应变

如果将弹性体看作由许多微小单元体（简称微元）所组成，弹性体整体的变形则是所有微元变形累加的结果。而微元的变形则与作用在其上的应力有关。

围绕受力弹性体中的任意点截取微元（通常为正六面体），一般情形下微元的各个面上均有应力作用。微元的变形则与作用在其上的应力有关。下面考察两种最简单的情形，分别如图 4-5a、b 所示。

正应力作用下的微元（见图 4-5a），沿着正应力方向和垂直于正应力方向将产生伸长和缩短，描述弹性体在各点处线变形程度的量，称为**正应变**，用 ε_x 表示。根据微元变形前、后 x 方向长度 $\mathrm{d}x$ 的相对改变量，有

图 4-5　正应变与切应变

$$\varepsilon_x = \frac{\mathrm{d}u}{\mathrm{d}x} \tag{4-2}$$

式中 $\mathrm{d}x$ 为变形前微元在正应力作用方向的长度；$\mathrm{d}u$ 为微元变形后相距 $\mathrm{d}x$ 的两截面沿正应力方向的相对位移；ε_x 的下标 x 表示应变方向。ε 的量纲为一。

切应力作用下的微元（见图 4-5b）将发生剪切变形，剪切变形程度用微元直角的改变量度量，称为**切应变**，用 γ 表示

$$\gamma = \alpha + \beta \tag{4-3}$$

γ 的单位为 rad。

关于正应力和正应变的正负号，一般约定：拉应变为正，压应变为负；拉应力为正，压应力为负。关于切应力和切应变的正负号将在以后介绍。

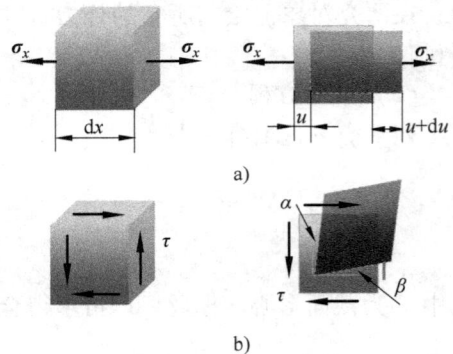

4.3.2　小变形假设

变形体在外力作用下将发生变形。当受力不超过一定限度时，绝大多数构件的变形在外力除去后将会消失，变形体随之回复到原来的形状，这种情形下的变形称为弹性变形。

当外力超过某一限度时，变形在外力去掉后只能部分地消失，这时，变形体上仍然残留一部分不能消失的变形，这种变形称为塑性变形或残余变形。

工程中多数构件在正常工作条件下只能产生弹性变形，而且这些变形与构件原有尺寸相比通常是很小的。材料力学所涉及的都是弹性小变形情形。因此研究构件大多数平衡与运动时，都不考虑构件的变形。

4.4　杆件受力和变形的基本形式

实际杆件的受力可以是各式各样的，但都可以归纳为 4 种基本受力和变形形式：轴向拉伸（或压缩）、剪切、扭转和弯曲，以及由两种或两种以上基本受力和变形形式叠加而成的组合受力与变形形式。

4.4.1　拉伸或压缩

当杆件两端承受沿轴线方向的拉力或压力载荷时，杆件将产生轴向伸长或压缩变形，分别如图 4-6a、b 所示。图中实线为变形前的位置；双点画线为变形后的位置。起吊重物的钢索、桁架的杆件、液压油缸的活塞杆等的变形，都属于拉伸或压缩变形。

4.4.2　剪切

杆件上受有一对大小相等、方向相反、作用线互相平行、相距很近且在垂直于杆件轴线的力作用，这时，杆件将产生剪切变形，如图 4-7 所示。机械中常用的联接件，如键、销钉、螺栓等都主要承受剪切力和产生剪切变形。

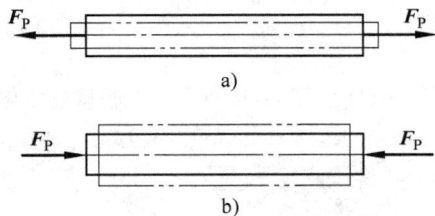

图 4-6　拉伸与压缩

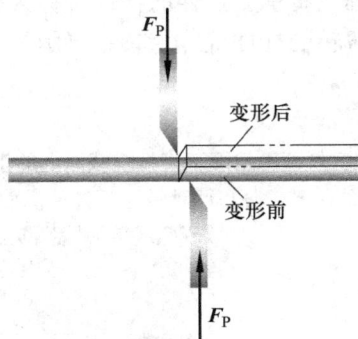

图 4-7　剪切

4.4.3　扭转

杆件上的两个互相平行的横截面（例如两端截面）内承受绕杆件轴线的力偶 M_e 时（力偶作用面与横截面重合），杆件将产生扭转变形，即杆件的横截面绕其轴线相对转动，如

图 4-8 所示。汽车的传动轴、电动机的主轴等，主要承受扭转变形。

4.4.4 弯曲

当外加力偶 M（见图 4-9a）或外力作用于杆件的纵向平面内（见图 4-9b）时，杆件将发生弯曲变形，其轴线将变成曲线。桥式起重机的大梁、各种心轴以及车刀等构件主要承受弯曲变形。

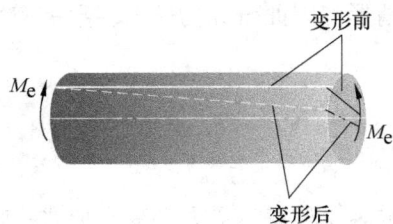

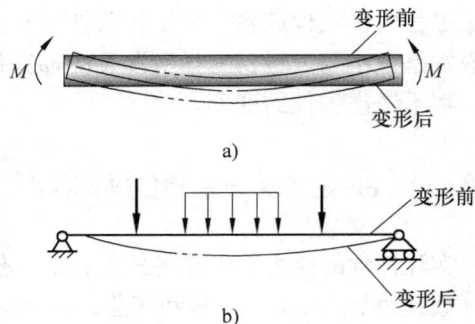

图 4-8　扭转

图 4-9　弯曲

4.4.5 组合受力与变形

由上述基本受力形式中的两种或两种以上所共同形成的受力与变形形式即为组合受力与变形，例如，图 4-10 中所示之杆件的变形，即为拉伸与弯曲的组合（其中力偶 M 作用在纸平面内）。组合受力形式中，杆件将产生两种或两种以上的基本变形。

图 4-10　组合受力与变形

实际杆件的受力不管多么复杂，在一定的条件下，都可以简化为基本受力形式的组合。

工程上将承受拉伸的杆件统称为**拉杆**，简称杆；受压杆件称为**压杆**或**柱**；承受扭转或主要承受扭转的杆件统称为**轴**；将承受弯曲或主要承受弯曲的杆件统称为**梁**。

习　　题

4-1　已知两种情形下直杆横截面上的正应力分布分别如图 4-11a 和图 4-11b 所示。试根据应力与内力分量之间的关系，分析两种情形下杆件横截面存在什么内力分量。（不要求进行具体计算）。

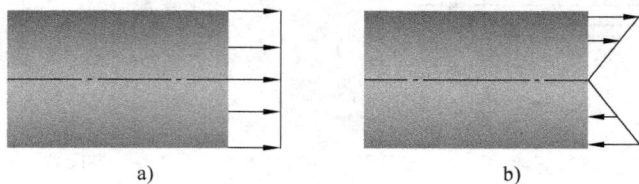

图 4-11　习题 4-1 图

4-2　微元在两种情形下受力后的变形分别如图 4-12a 和图 4-12b 中所示，试根据切应变的定义确定两种情形下微元的切应变。

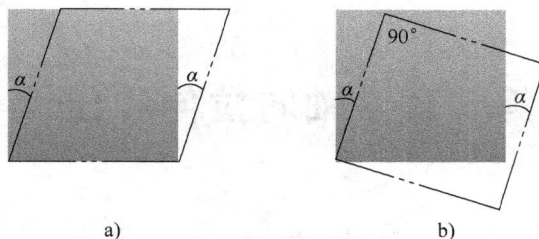

图 4-12　习题 4-2 图

4-3　由金属丝弯成的弹性圆环，直径为 d（图中的实线），受力变形后变成直径为 $d + \Delta d$ 的圆（图中的双点画线）。如果 d 和 Δd 都是已知的，试应用正应变的定义确定：

（1）圆环沿直径方向的径向正应变；

（2）圆环沿圆周方向的切向正应变。

4-4　微元受力前形状如图 4-14 中实线 $ABCD$ 所示，其中 $\angle ABC$ 为直角，$\mathrm{d}x = \mathrm{d}y$。受力变形后各边的长度尺寸不变，如图中双点画线 $A'B'C'D'$ 所示。

（1）试分析微元的四边可能承受什么样的应力才会产生这样的变形。

（2）如果已知 $CC' = \dfrac{\mathrm{d}x}{1000}$，试求 AC 方向上的正应变。

（3）如果已知图中变形后的角度 α，试求微元的切应变。

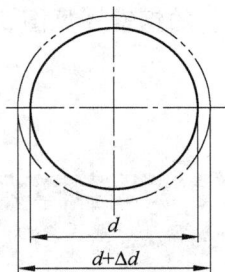

图 4-13　习题 4-3 图

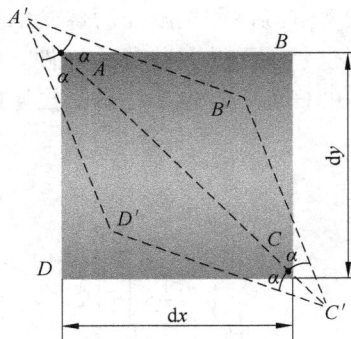

图 4-14　习题 4-4 图

第 5 章　轴向拉伸和压缩

内 容 提 要

（1）杆件承受拉伸和压缩时的内力、应力、变形等基本概念
（2）轴向拉伸和压缩杆件的强度计算
（3）材料在拉伸和压缩时的力学性能
（4）拉伸和压缩静不定问题

5.1　轴向拉伸和压缩的工程实例

　　承受轴向载荷的拉（压）杆在工程中的应用非常广泛。例如，一些机器中所用的各种紧固螺栓，图 5-1 中所示即为其中的一种，在紧固时，要对螺栓施加预紧力，这时螺栓承受轴向拉力，将发生伸长变形。图 5-2 中所示汽车发动机中的气缸、活塞、连杆所组成的结构中，连接气缸缸体和气缸盖的螺栓承受轴向拉力，带动活塞运动的连杆由于两端都是铰链约束，因而也是承受轴向载荷的杆件。此外，斜拉桥和悬索桥上的钢索（见图 5-3）、桥梁桁架结构中的杆件等，也都是承受拉伸或压缩的杆件。

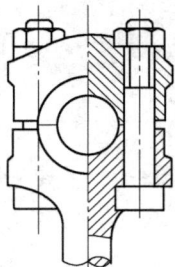

图 5-1　承受轴向拉伸的紧固螺栓

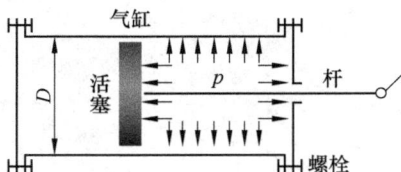

图 5-2　承受轴向拉伸的连杆

图 5-3　斜拉桥上承受轴向拉伸的钢索

5.2　轴力和轴力图

当所有外力的作用线与杆的轴线重合时，杆的横截面上内力的合力的作用线也与杆件的轴向重合，这个内力的合力称为"轴力"，用 F_N 表示。当沿杆件轴线作用的外力多于两个时，则沿杆件轴线方向的轴力就会发生变化。这时往往用**轴力图**来表示轴力沿杆轴线方向的变化情况。

为了绘制轴力图，杆件上同一截面两侧的轴力必须具有相同的正负号。因此，规定使杆件受拉的轴力为正；受压的轴力为负。

下面举例说明轴力图的画法。

例题 5-1　图 5-4a 所示为右端固定的变截面直杆，承受两个轴向载荷作用，$F_1 = 20\text{kN}$，$F_2 = 50\text{kN}$。试画出轴力图。

解：（1）确定约束力

由整体受力图 5-4a，根据平衡方程 $\sum F_x = 0$，求得 $F_R = 30\text{kN}$。

（2）确定分段点

由于 B 处作用了集中力，由截面法很容易判断 AB 段和 BC 段的轴力不一样。因此，在集中力的地方要分段，分别求解这两段的内力。

（3）应用截面法

AB 段所有横截面上轴力都相同；BC 段所有横截面上轴力也相同。

采用截面法，从 AB 之间任意 1-1 截面处截开，考察左边部分的平衡，在截开的截面上假设轴力为拉力，如图 5-4b 所示。由平衡方程

$$\sum F_x = 0, \quad F_{N1} - F_1 = 0$$

求得

$$F_{N1} = F_1 = 20\text{kN}$$

从 BC 之间任意 2-2 截面处截开，考察右边部分的平衡，在截开的截面上假设轴力为拉力，如图 5-4c 所示。由平衡方程

$$\sum F_x = 0, \quad -F_{N2} - F_R = 0$$

求得

$$F_{N2} = -F_R = -30\text{kN}$$

上述计算中，对于截开截面上的轴力，都假设为拉力，即正的轴力。如果计算结果为正值，表明假设轴力方向正确，即为拉力；如果计算结果为负，表明实际轴力与假设的轴力方向相反，表明该截面上轴力为压力。本例中的 F_{N2} 为负值，说明 2-2 截面上的轴力为压力。

（4）建立坐标系画出轴力图

建立 F_N-x 坐标系，并将每段的轴力标在其中，得到轴力图如图 5-4d 所示。

绝对值最大的轴力发生在 BC 段，其值为 $|F_N|_{\max} = 30\text{kN}$。

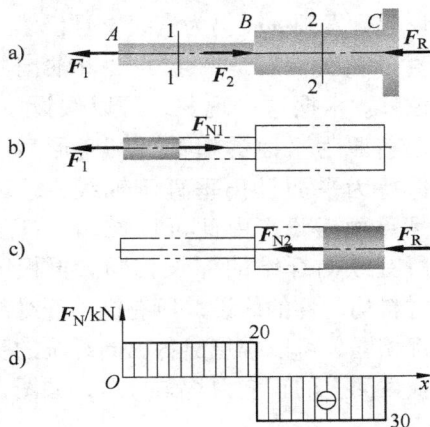

图 5-4　例题 5-1 图

5.3 拉伸或压缩杆件横截面上的正应力

只根据轴力并不能判断杆件是否有足够的强度。例如用同一材料制成粗细不同的两根杆，在相同的拉力下，两杆的轴力自然是相同的。但当拉力逐渐增大时，细杆必定先被拉断。这说明拉杆的强度不仅与轴力的大小有关，而且与横截面面积有关。所以必须用横截面上的应力来度量杆件的受力程度。

当外力沿着杆件的轴线作用时，与轴力相对应，杆件横截面上将只有正应力。

从研究等直杆的变形入手，如图 5-5 所示。变形前，在等直杆的侧面上画垂直于杆轴的直线 mm。拉伸变形后，发现 mm 仍为直线，且仍然垂直于轴线，只是产生了沿着轴向的位移。根据这一现象，可以假设：变形前原为平面的横截面，变形后仍保持为平面且仍垂直于轴线，这就是**平面假设**。由此可以推断，杆件所有纵向纤维的伸长相同。再根

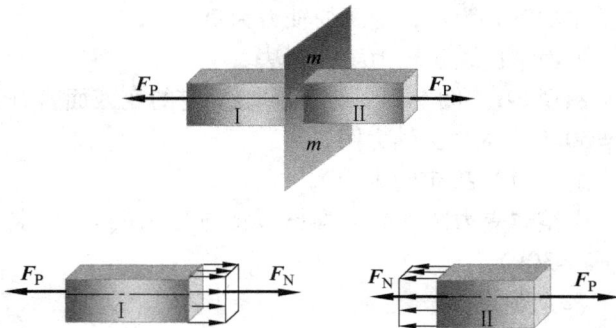

图 5-5　轴向载荷作用下杆件横截面上的正应力

据材料均匀性的假设，所有纵向纤维的力学性能也相同。因此，考虑到它们的变形和力学性能都相同，可以推想出各纵向纤维的受力是一样的。所以，横截面上各点的正应力 σ 相等，即横截面上的正应力均匀分布，如图 5-5 所示。这时横截面上的正应力为

$$\sigma = \frac{F_N}{A} \tag{5-1}$$

式中，F_N 为横截面上的轴力；A 为横截面面积。

式（5-1）同样可用于 F_N 为压力时的压应力计算。不过，细长杆受压时容易被压弯，属于稳定性问题，将在本书第 13 章中讨论。这里所指的是受压杆未被压弯的情况。关于正应力的符号，规定拉应力为正，压应力为负。

前面已经提到拉伸和压缩时的正应力公式，只有在杆件沿轴线方向的变形均匀时，横截面上正应力均匀分布才是正确的。因此，对杆件端部的加载方式有一定的要求。

当杆端承受集中载荷或其他非均匀分布载荷时，杆件并非所有横截面都能保持平面，从而产生非均匀的轴向变形。这种情形下，上述正应力公式不是对杆件上的所有横截面都适用。

现在来考察图 5-6a 中所示橡胶拉杆模型。为观察各处的变形大小，加载前在杆表面画上小方格。当集中力通过刚性平板施加于杆件时，若平板与杆端面的摩擦极小，这时杆的

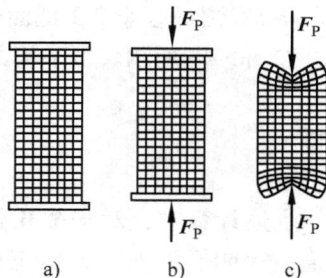

图 5-6　加力点附近局部变形的不均匀性

各横截面均发生均匀轴向变形，如图 5-6b 所示。若载荷通过尖楔块施加于杆端，则在加力点附近区域的变形是不均匀的：一是横截面不再保持平面；二是愈是接近加力点的小方格变

形愈大，如图 5-6c 所示。但是，距加力点稍远处，轴向变形依然是均匀的，因此在这些区域，正应力公式仍然成立。

上述分析表明：如果杆端两种外加力静力学等效，则距离加力点稍远处，静力学等效对应力分布的影响很小，可以忽略不计。这就是**圣维南原理**，并已被实验所证实。根据这个原理，在距离加载端（见图 5-6c）略远处仍可以使用公式（5-1）。

例题 5-2　三角架结构尺寸及受力如图 5-7a 所示，其中 $F_P = 22.2$ kN；钢杆 BD 的直径 $d_1 = 25.4$ mm；钢梁 CD 的横截面面积 $A_2 = 2.32 \times 10^3$ mm^2。试求杆 BD 与 CD 的横截面上的正应力。

解：（1）确定各杆的轴力

首先对组成三角架结构的构件作受力分析，因为 B、C、D 三处均为销钉联接，故 BD 与 CD 均为二力构件，其受力如图 5-7b 所示，由平衡方程 $\sum F_x = 0$ 和 $\sum F_y = 0$ 解得二者的轴力分别为

图 5-7　例题 5-2 图

$$F_{NBD} = \sqrt{2} F_P = \sqrt{2} \times 22.2 = 31.40 \text{kN}$$

$$F_{NCD} = -F_P = -22.2 \text{kN}$$

其中负号表示压力。

（2）计算各杆的应力

应用拉、压杆件横截面上的正应力公式（5-1），BD 杆与 CD 杆横截面上的正应力分别为

BD 杆

$$\sigma = \frac{F_{NBD}}{A_{BD}} = \frac{F_{NBD}}{\dfrac{\pi d_1^2}{4}} = \frac{4 \times 31.4 \times 10^3}{\pi \times 25.4^2 \times 10^{-6}} \text{Pa} = 62.0 \times 10^6 \text{Pa} = 62.0 \text{MPa}$$

CD 杆

$$\sigma = \frac{F_{NCD}}{A_{CD}} = \frac{F_{NCD}}{A_2} = -\frac{22.2 \times 10^3}{2.32 \times 10^3 \times 10^{-6}} = -9.75 \times 10^6 \text{Pa} = 9.75 \text{MPa}$$

其中负号表示压应力。

5.4　拉伸或压缩杆件的变形

设一长度为 l、横截面面积为 A 的等截面直杆，承受轴向载荷后，其长度变为 $l + \Delta l$，其中 Δl 为杆的伸长量，如图 5-8a 所示。实验结果表明：在弹性范围内，杆的伸长量 Δl 与杆所承受的轴向载荷成正比，如图 5-8b 所示。写成关系式为

$$\Delta l = \pm \frac{F_P l}{EA} \tag{5-2}$$

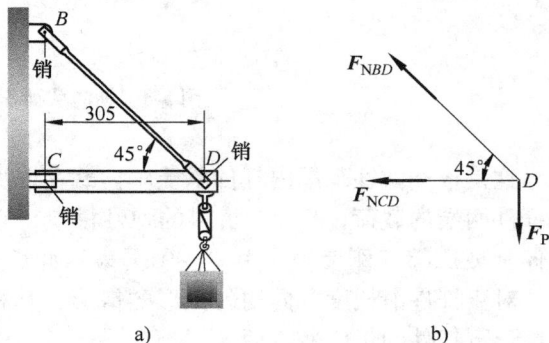

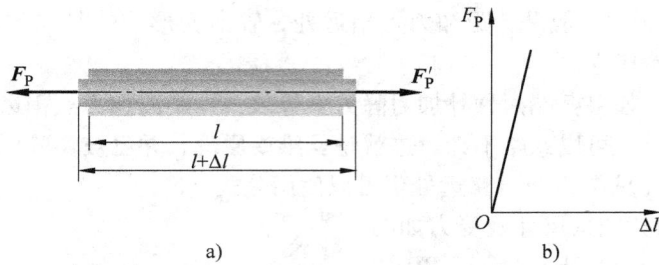

图 5-8 轴向载荷作用下杆件的变形

这是描述弹性范围内杆件承受轴向载荷时力与变形关系的**胡克定律**。其中，F_P 为作用在杆件两端的载荷；E 为杆材料的弹性模量，它与正应力具有相同的单位；EA 称为杆件的**拉伸（或压缩）刚度**；式中"＋"号表示伸长变形；"－"号表示缩短变形。

对于杆件沿长度方向均匀变形的情形，其相对伸长量 $\Delta l/l$ 表示轴向变形的程度，是这种情形下杆件的正应变，用 ε_x 表示。

$$\varepsilon_x = \frac{\Delta l}{l} \tag{5-3}$$

将式（5-2）代入上式，考虑到 $\sigma = F_P/A$，得到

$$\varepsilon = \frac{\Delta l}{l} = \frac{\dfrac{F_P l}{EA}}{l} = \frac{\sigma}{E} \tag{5-4}$$

杆件承受轴向载荷时，除了轴向变形外，在垂直于杆件轴线方向也同时产生变形，称为横向变形。图 5-9 所示为拉伸杆件表面一微元（图中虚线所示）的轴向和横向变形的情形。实验结果表明，若在弹性范围内加载，轴向应变 ε_x 与横向应变 ε_y 之间存在下列关系：

$$\varepsilon_y = -\nu\varepsilon_x \tag{5-5}$$

式中，ν 为材料的另一个弹性常数，称为**泊松比**。泊松比为量纲为一的量。

表 5-1 中给出了几种常用金属材料的 E、ν 的数值。

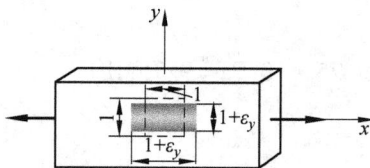

图 5-9 轴向应变与横向应变

表 5-1　几种常用金属材料的 E、ν 数值

材　　料	E/GPa	ν
低碳钢	196 ~ 216	0.25 ~ 0.33
合金钢	186 ~ 216	0.24 ~ 0.33
灰铸铁	78.5 ~ 157	0.23 ~ 0.27
铜及铜合金	72.6 ~ 128	0.31 ~ 0.42
铝合金	70	0.33

例题 5-3　已知阶梯形直杆受力如图 5-10 所示。材料的弹性模量 $E = 200\text{GPa}$；杆各段的横截面面积分别为 $A_1 = A_2 = 2500\text{mm}^2$，$A_3 = 1000\text{mm}^2$；杆 AB、BC、CD 段的长度分别为 300mm、300mm、400mm。试求：

（1）杆 AB、BC、CD 段横截面上的正应力；

（2）杆的总伸长量。

解：（1）计算各段杆横截面上的正应力

因为杆各段的轴力不等，而且横截面面积也不完全相同，因而，首先必须分段计算各段杆横截面上的轴力。分别对 *AB*、*BC*、*CD* 段杆应用截面法，由平衡条件求得各段的轴力分别为

AB 段：$F_{N1} = 400\text{kN}$

BC 段：$F_{N2} = -100\text{kN}$

CD 段：$F_{N3} = 200\text{kN}$

进而，求得各段横截面上的正应力分别为

AB 段：$\sigma_1 = \dfrac{F_{N1}}{A_1} = \dfrac{400 \times 10^3}{2500 \times 10^{-6}}\text{Pa} = 160 \times 10^6 \text{Pa} = 160\text{MPa}$

BC 段：$\sigma_2 = \dfrac{F_{N2}}{A_2} = \dfrac{-100 \times 10^3}{2500 \times 10^{-6}}\text{Pa} = -40 \times 10^6 \text{Pa} = -40\text{MPa}$

CD 段：$\sigma_3 = \dfrac{F_{N3}}{A_3} = \dfrac{200 \times 10^3}{1000 \times 10^{-6}}\text{Pa} = 200 \times 10^6 \text{Pa} = 200\text{MPa}$

（2）计算杆的总伸长量

图 5-10　例题 5-3 图

因为杆各段的轴力不等，且横截面面积也不完全相同，因而必须分段计算各段的变形，然后相加。应用杆件承受轴向载荷时的轴向变形公式（5-2）计算各段杆的轴向变形分别为

$$\Delta l_1 = \frac{F_{N1} l_1}{EA_1} = \frac{400 \times 10^3 \times 300 \times 10^{-3}}{200 \times 10^9 \times 2500 \times 10^{-6}}\text{m} = 0.24 \times 10^{-3}\text{m} = 0.24\text{mm}$$

$$\Delta l_2 = \frac{F_{N2} l_2}{EA_2} = \frac{(-100) \times 10^3 \times 300 \times 10^{-3}}{200 \times 10^9 \times 2500 \times 10^{-6}}\text{m} = -0.06 \times 10^{-3}\text{m} = -0.06\text{mm}$$

$$\Delta l_3 = \frac{F_{N3} l}{EA_3} = \frac{200 \times 10^3 \times 400 \times 10^{-3}}{200 \times 10^9 \times 1000 \times 10^{-6}}\text{m} = 0.4 \times 10^{-3}\text{m} = 0.4\text{mm}$$

杆的总伸长量为　　$\Delta l = \sum\limits_{i=1}^{3} \Delta l_i = (0.24 - 0.06 + 0.4)\text{mm} = 0.58\text{mm}$

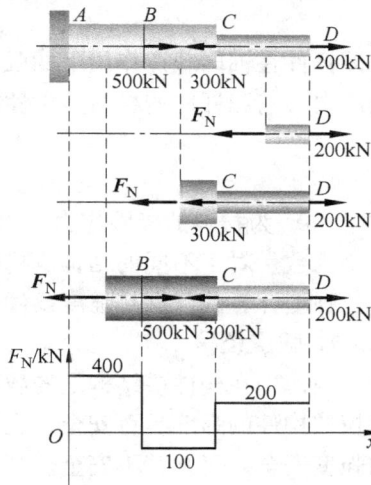

5.5　拉伸或压缩杆件的强度计算

工程结构与设备以及它们的构件和零部件，由于各种原因而丧失其正常工作能力的现象，称为**失效**。比如由脆性材料制成的构件，在拉力作用下，当变形很小时就会发生断裂；塑性材料制成的构件，在拉断之前已经出现塑性变形，由于不能保持原有的形状和尺寸，已经不能正常工作；受压短杆的被压碎、压扁同样也是失效。上述这些失效现象都是由于强度不足造成的，即为强度失效；可是构件失效并不都是强度问题。例如，若机床主轴变形过大，即使未出现塑性变形，但还是不能保证加工精度，这也是失效，它是刚度不足造成的。受压细长杆的被压弯，则是稳定性不足引起的失效。此外，不同的加载方式，如冲击、交变应力等，以及不同的环境条件，如高温、腐蚀介质等，都可以导致失效。本节主要介绍拉伸和压缩时的强度失效问题，其他受力变形形式的各种失效情况将在以后章节中依次介绍。

为了保证零件或构件的正常工作能力，而不发生强度失效，需要对零件或构件横截面上的最大正应力加以限制：

$$\sigma_{max} \leqslant [\sigma] \tag{5-6}$$

此即杆件在轴向载荷作用下的**强度条件**。其中 σ_{max} 为最大工作正应力，$[\sigma]$ 称为材料的**许用应力**，它和杆件的材料力学性能及工程对杆件安全裕度的要求有关，由下式确定：

$$[\sigma] = \frac{\sigma^0}{n} \tag{5-7}$$

式中，σ^0 为材料的极限应力，由材料的拉伸实验确定（具体求解方法在 5.6 节介绍）；n 为安全因数，对于不同的结构或构件，在相应的设计规范中都有不同的规定。

强度计算的依据是强度条件式（5-6），据此，可以解决三类强度问题。

1. 强度校核

当作用在构件或结构上的载荷、构件的横截面尺寸以及材料的许用应力均为已知时，需要校核构件的强度是否安全，也就是验证强度条件式（5-6）是否满足。如果满足，则杆件的强度安全；否则，不安全。

2. 截面尺寸设计

已知杆件的受力大小及许用应力，应用强度条件，计算杆件所需的横截面面积，进而设计出合理的截面尺寸。根据强度条件式（5-6）有

$$\sigma_{max} \leqslant [\sigma] \Rightarrow \frac{F_N}{A} \leqslant [\sigma] \Rightarrow A \geqslant \frac{F_N}{[\sigma]} \tag{5-8}$$

式中，F_N 和 A 分别为产生最大正应力的横截面上的轴力和面积。

3. 确定许可载荷

当构件的横截面尺寸以及材料的许用应力均为已知时，要求确定构件或结构在强度安全的条件下所能承受的最大载荷。这一载荷称为**许可载荷**。

$$\sigma_{max} \leqslant [\sigma] \Rightarrow \frac{F_N}{A} \leqslant [\sigma] \Rightarrow F_N \leqslant [\sigma]A \Rightarrow [F_P] \tag{5-9}$$

例题 5-4 结构尺寸及受力如图 5-11 所示。设 AB、CD 均为刚体，BC 和 EF 为圆截面杆，杆直径均为 $d = 25\text{mm}$，杆的材料为 Q235 钢，其许用应力 $[\sigma] = 160\text{MPa}$，若已知载荷 $F_P = 39\text{kN}$。

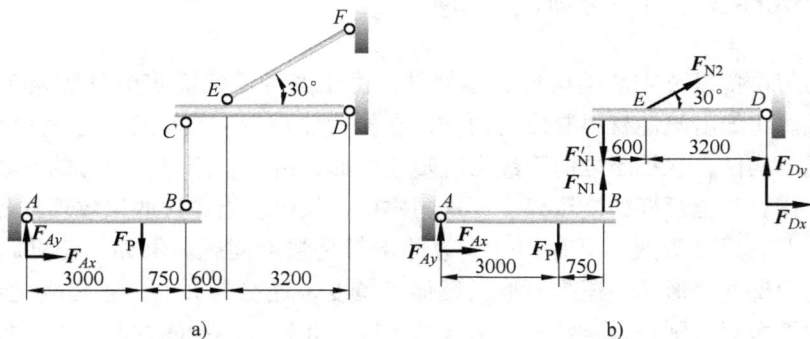

图 5-11 例题 5-4 图

（1）校核此结构的强度是否安全。

（2）若杆 *BC* 和杆 *EF* 的直径均为未知，其他条件不变，试设计二杆所需的直径。

（3）若杆 *BC* 和 *EF* 直径均为 $d = 30$mm，$[\sigma] = 160$MPa，其他条件不变，试确定此时结构所能承受的许可载荷 $[F_P]$。

解： 1. 校核此结构的强度是否安全。

（1）确定轴力。根据图 5-11b 所示受力图，应用平衡方程，分别求解 *BC* 和 *EF* 两根杆件的轴力

由
$$\sum M_A = 0$$
$$\sum M_D = 0$$

得到
$$F_{N1} \times 3.75 - F_P \times 3 = 0$$
$$F'_{N1} \times 3.8 - F_{N2} \times 3.2 \times \sin 30° = 0$$
$$F_{N1} = F'_{N1}$$

由此解出
$$F_{N1} = \frac{F_P \times 3}{3.75} = \frac{39 \times 10^3 \times 3}{3.75} \text{N} = 31.2 \times 10^3 \text{N} = 31.2 \text{kN}$$

$$F_{N2} = \frac{F'_{N1} \times 3.8}{3.2 \times \sin 30°} = \frac{F_{N1} \times 3.8}{3.2 \times \sin 30°} = \frac{31.2 \times 10^3 \times 3.8}{3.2 \times \sin 30°} \text{N} = 74.1 \times 10^3 \text{N} = 74.1 \text{kN}$$

（2）计算最大正应力，并进行强度校核。

杆 *EF* 横截面上的正应力

$$\sigma_{max} = \frac{F_{N2}}{A_2} = \frac{F_{N2}}{\dfrac{\pi d^2}{4}} = \frac{4 \times 74.1 \times 10^3}{\pi \times 25^2 \times 10^{-6}} \text{Pa} = 151 \times 10^6 \text{Pa} = 151 \text{MPa} \leqslant [\sigma] = 160 \text{MPa}$$

所以，危险构件 *EF* 杆的强度是安全的，亦即整个结构的强度是安全的。

2. 若杆 *BC* 和杆 *EF* 的直径均为未知，其他条件不变，试设计二杆所需的直径。

（1）确定轴力。同上问题 1，解得
$$F_{N1} = 31.2 \text{kN}, \quad F_{N2} = 74.1 \text{kN}$$

（2）分别求解各杆件的正应力，并代入强度条件计算。二杆材料相同，受力不同，故所需直径亦不同。设杆 *BC* 和杆 *EF* 的直径分别为 d_1 和 d_2，则由强度条件可以得到

$$\sigma_{BC} = \frac{F_{N1}}{\dfrac{\pi d_1^2}{4}} \leqslant [\sigma]$$

$$\sigma_{EF} = \frac{F_{N2}}{\dfrac{\pi d_2^2}{4}} \leqslant [\sigma]$$

得到

$$d_1 \geqslant \sqrt{\frac{4F_{N1}}{\pi [\sigma]}} = \sqrt{\frac{4 \times 31.2 \times 10^3}{\pi \times 160 \times 10^6}} \text{m} = 15.8 \times 10^{-3} \text{m} = 15.8 \text{mm}$$

$$d_2 \geqslant \sqrt{\frac{4F_{N2}}{\pi [\sigma]}} = \sqrt{\frac{4 \times 74.1 \times 10^3}{\pi \times 160 \times 10^6}} \text{m} = 24.3 \times 10^{-3} \text{m} = 24.3 \text{mm}$$

3. 若杆 BC 和 EF 直径均为 $d = 30\text{mm}$，$[\sigma] = 160\text{MPa}$，其他条件不变，试确定此时结构所能承受的许可载荷 $[F_P]$。

（1）确定轴力。同上问题 1，解得

$$F_{N1} = \frac{F_P \times 3}{3.75}$$

$$F_{N2} = \frac{F'_{N1} \times 3.8}{3.2 \times \sin 30°} = \frac{F_{N1} \times 3.8}{3.2 \times \sin 30°} = \frac{F_P \times 3 \times 3.8}{3.75 \times 3.2 \times \sin 30°} = 1.9 F_P$$

（2）求解正应力，并代入强度条件计算。

由于两根杆件的直径一样，所以横截面积一样，因此，轴力大的杆件具有最大的正应力，其值为

$$\sigma_{\max} = \frac{F_{N2}}{\dfrac{\pi d^2}{4}} \leqslant [\sigma]$$

得到

$$F_{P2} \leqslant \frac{\pi d^2 [\sigma]}{4 \times 1.9} = \frac{\pi \times 30^2 \times 10^{-6} \times 160 \times 10^6}{4 \times 1.9} \text{N} = 59.52 \times 10^3 \text{N} = 59.52\text{kN}$$

亦即结构的许可载荷

$$[F_P] = 59.52\text{kN}$$

以上三例的结果都是在载荷 F_P 的位置不变时得到的。如果载荷 F_P 可以在刚体 AB 上水平移动，上述三例中的结果将会有什么变化？这个问题留给读者思考。

5.6　拉伸和压缩时材料的力学性能

5.5 节中所介绍的强度条件中的许用应力

$$[\sigma] = \frac{\sigma^0}{n}$$

式中，σ^0 为材料的极限应力，是指材料发生强度失效时的应力，由材料的拉伸实验得到。

通过拉伸和压缩实验，可以测得材料在轴向载荷作用下，从开始受力到最后破坏的全过程中应力和变形之间的关系曲线，称为**应力-应变曲线**。应力-应变曲线全面描述了材料从开始受力到最后破坏过程中的力学行为，由此即可确定不同材料发生强度失效时的应力值（称为强度指标）以及其他有关的力学性能。

5.6.1　拉伸实验的标准试样和应力-应变曲线

为了得到应力-应变曲线，需要将给定的材料作成**标准试样**，在材料试验机上，进行**拉伸或压缩实验**。拉伸试样可以是圆柱形的，如图 5-12a 所示；若试验材料为板材，则采用板状试样，如图 5-12b 所示。其中 l_0 称为**标准长度**或称**标距**；d_0 为圆柱形试样标距内的初始直径；A_0 为板试样标距内的初始横截面面积。我国国家标准规定：对长试样 $l_0 = 10 d_0$；对短试样 $l_0 = 5 d_0$。圆柱形试样一般取 $d_0 = 10\text{mm}$，$l_0 = 100\text{mm}$，或取 $d_0 = 10\text{mm}$，$l_0 = 50\text{mm}$。

试验时，试样通过卡具或夹具安装在试验机上，如图 5-13 所示。试验机通过上下夹头

的相对移动将轴向载荷加在试样上。当载荷 F_P 增加时，试样标距的两端截面之间的距离亦增加，标距由 l_0 变为 l，其伸长量为 $\Delta l = l - l_0$。通过力与变形的测量装置，试验机可以自动测量并记录所加载荷 F_P 以及相应的伸长量 Δl，得到 F_P-Δl 曲线，称为拉伸曲线，将 F_P 和 Δl 分别除以试样的加载前的横截面面积 A_0 和标距 l_0，得到试样横截面上的正应力 σ 及相应的正应变 ε，在 σ-ε 坐标系中便得到所需要的应力-应变曲线，又称为 σ-ε 曲线。现代化的试验机可以自动地绘制出应力-应变曲线。

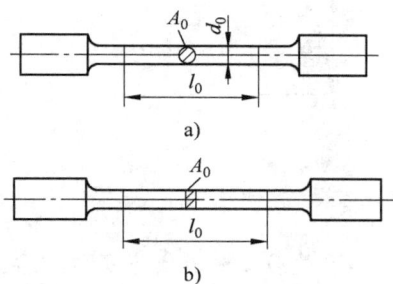

图 5-12　拉伸实验的标准试样

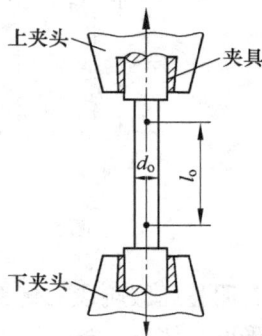

图 5-13　拉伸试样夹具

5.6.2　韧性材料拉伸时的力学性能

根据实验结果，包括低碳钢以及其他金属合金在内的韧性材料的力学性能大体一致，图 5-14a 所示为低碳钢拉伸应力-应变曲线。

1. 弹性阶段

在拉伸的初始阶段，应力-应变曲线在 Op 区间为直线，表示在这一段内，应力 σ 与应变 ε 成正比，写成等式为

$$\sigma = E\varepsilon \tag{5-10}$$

这就是拉伸或压缩时的**胡克定律**，其中 E 为与材料有关的比例常数，也是线弹性区直线的斜率，称为**弹性模量**。因为应变 ε 量纲为 1，故 E 的量纲与 σ 相同，常用单位为 GPa（1GPa $=10^9$Pa）。直线部分的最高点 p 所对应的应力 σ_p 称为**比例极限**。显然，只有应力低于比例极限时，应力才与应变成正比，材料才服从胡克定律，这时材料是线弹性的。

超过比例极限后，当应力从 p 点增大到 e 点，σ 与 ε 之间的关系不再是直线，但卸载后应力减小（称为卸载）至零，应变也随之消失。因此，应力-应变曲线上 Oe 之间的区域称为弹性区。弹性区内的应变称为**弹性应变**；应力超过 e 点时，卸载后，有一部分应变不能消除，仍残留在试样上，这部分应变称为**永久应变**或**塑性应变**。弹性区内应力的最高限，即 e 点的应力，称为**弹性极限**，弹性极限是不产生塑性变形的应力最高限，用记号 σ_e 表示。

需要指出的是，大多数工程材料，特别是金属材料，它们的 σ-ε 曲线上的点 e 和点 p 极为接近，即弹性极限 σ_e 与比例极限 σ_p 的数值相差不大。因而，并不严格区分弹性极限 σ_e 与比例极限 σ_p。

2. 屈服阶段

某些韧性材料在加载超过弹性范围后，会出现一种重要现象，即当载荷增加很少，或者不增加时，应变却继续增加，这种现象称为**屈服**。应力-应变曲线上开始屈服的那一点 y 称

为**屈服点**。由于屈服时，应力会出现小幅波动，所以通常取屈服时应力的最小值作为屈服的应力值，称为**屈服应力**或**屈服强度**，用记号 σ_s 表示。如图 5-14a 所示，$\sigma\text{-}\varepsilon$ 曲线上 y 点所对应的应力值便是 σ_s。

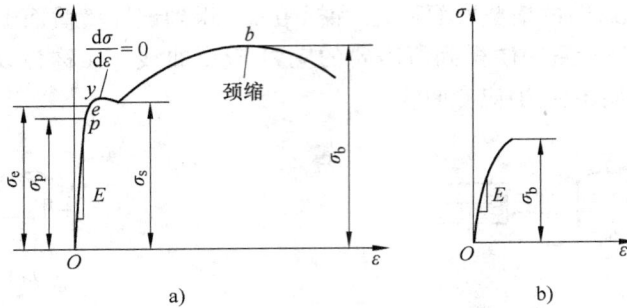

图 5-14　应力-应变曲线上的特征点与胡克定律

对于没有明显屈服阶段的韧性材料，工程上规定，将产生 0.2% 残余应变时的应力值作为条件屈服强度，用 $\sigma_{0.2}$ 表示。如图 5-15 所示，自横轴 ε 上坐标为 0.002 处，作线弹性区内的斜直线的平行线与 $\sigma\text{-}\varepsilon$ 曲线相交，交点的应力值即为条件屈服强度 $\sigma_{0.2}$。

3. 强化阶段

对于韧性材料，过了屈服阶段后，材料又恢复了抵抗变形的能力，要使它继续变形必须增加载荷。这一阶段称为**强化阶段**。这一阶段最高点 b 的应力值称为**强度极限**，用记号 σ_b 表示。

4. 局部变形阶段

过了 b 点之后，试样开始出现局部变形，其纵向伸长，横向急剧收缩，形成**颈缩**现象如图 5-16a 所示。由于在颈缩部分横截面面积迅速减小，使试样继续伸长所需要的拉力也相应减少。在应力-应变曲线中，用横截面原始面积 A 算出的应力 $\sigma = F/A$ 随之下降，直至拉断（见图 5-16b）。

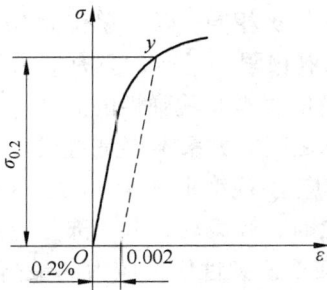

图 5-15　条件屈服强度的确定

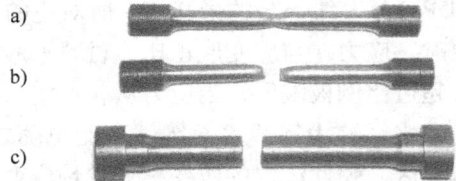

图 5-16　颈缩现象与试样破坏断口

5.6.3　脆性材料拉伸时的力学性能

对于脆性材料，从开始加载直至试样被拉断，试样的变形都很小，而且大多数脆性材料拉伸应力-应变曲线上，都没有明显的直线段，图 5-14b 所示灰铸铁的应力-应变曲线即属此例。因为没有明显的直线部分，常用曲线一点处的斜率作为这类材料的弹性模量。这类材料拉伸实验过程没有明显的塑性变形，也不会出现屈服和颈缩现象，可以测定断裂时的应力值

——强度极限 σ_b。图 5-16c 为脆性材料试样断裂时的照片。

5.6.4　表征材料韧性的指标——伸长率与截面收缩率

根据以上分析，不难看出，韧性材料拉伸试验断裂时，在试样上存在大量的残余变形，而脆性材料断裂时的残余变形极小。因此，引入断裂后长度和横截面面积的改变与原来数值之间的比值，可以表征材料的**韧性**或**延展性**，即

$$\delta = \frac{l_b - l_0}{l_0} \times 100\% \tag{5-11}$$

$$\psi = \frac{A_0 - A_b}{A_0} \times 100\% \tag{5-12}$$

分别称为**伸长率**和**截面收缩率**。其中下标"0"和"b"分别表示"加载前"和"断裂后"。

伸长率和截面收缩率的数值越大，表明材料的韧性越好。工程中一般认为 $\delta \geqslant 5\%$ 者为韧性材料；$\delta < 5\%$ 者为脆性材料。

5.6.5　韧性材料与脆性材料压缩时的力学性能

为了获得压缩时的应力-应变曲线，需用试样进行压缩试验。试样一般为圆柱形或立方体，圆柱形压缩试样的高度不能太大，一般取为直径的 2 ~ 3 倍。

图 5-17a 所示为低碳钢压缩时的应力-应变曲线。与拉伸时的应力-应变曲线相比较，拉伸和压缩屈服前的曲线基本重合，即拉伸、压缩时的弹性模量及屈服应力相同，但屈服后，由于试样越压越扁，应力-应变曲线不断上升，试样不会发生破坏。

图 5-17b 所示为灰铸铁压缩时的应力-应变曲线，与拉伸时的应力应变曲线不同的是，压缩时的强度极限数值远远大于拉伸时的数值，通常是拉伸强度极限的 4 ~ 5 倍。这种压缩强度极限明显高于拉伸强度极限的脆性材料，通常用于制作受压构件。

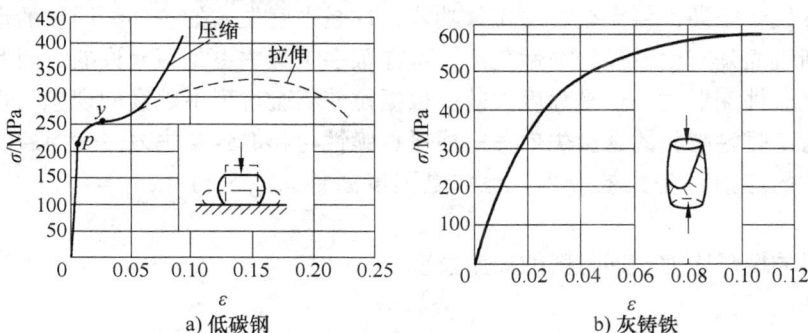

a) 低碳钢　　　b) 灰铸铁

图 5-17　韧性材料与脆性材料压缩时的应力-应变曲线

表 5-2 中所列为常用工程材料的主要力学性能。

表 5-2　常用工程材料的主要力学性能

材料名称	牌　号	屈服强度 σ_s/MPa	强度极限 σ_b/MPa	δ_5（%）
普通碳素钢	Q216	186 ~ 216	333 ~ 412	31
	Q235	216 ~ 235	373 ~ 461	25 ~ 27
	Q274	255 ~ 274	490 ~ 608	19 ~ 21

（续）

材料名称	牌 号	屈服强度 σ_s/MPa	强度极限 σ_b/MPa	δ_5(%)
优质碳素结构钢	15	225	373	27
	40	333	569	19
	45	353	598	16
普通低合金结构钢	12Mn	274～294	432～441	19～21
	16Mn	274～343	471～510	19～21
	15MnV	333～412	490～549	17～19
	18MnMoNb	441～510	588～637	16～17
合金结构钢	40Cr	785	981	9
	50Mn2	785	932	9
碳素铸钢	ZG15	196	392	25
	ZG35	274	490	16
可锻铸铁	KTZ45-5	274	441	5
	KTZ70-2	539	687	2
球墨铸铁	QT40-10	294	392	10
	QT45-5	324	441	5
	QT60-2	412	588	2
灰铸铁	HT15-33		98.1～274（压）	
	HT30-54		255～294（压）	

注：表中 δ_5 是指 $l_0 = 5d_0$ 时标准试样的伸长率。

5.6.6　许用应力与安全因数

如果构件发生断裂，将完全丧失正常功能，这是强度失效的一种最明显的形式。如果构件没有发生断裂而是产生明显的塑性变形，这在很多工程中也是不允许的，因此，当发生屈服、产生明显塑性变形时，也是强度失效。根据拉伸实验过程中观察的现象，强度失效的形式可以归纳为：**韧性材料的强度失效——屈服；脆性材料的强度失效——断裂**。因此，发生屈服和断裂时的应力就是失效应力，也就是强度条件式（5-7）$[\sigma] = \sigma^0/n$ 中的极限应力 σ^0。

韧性材料的极限应力，即材料的屈服强度：

$$\sigma^0 = \sigma_s \tag{5-13}$$

脆性材料的极限应力，即材料的强度极限：

$$\sigma^0 = \sigma_b \tag{5-14}$$

5.7　拉伸或压缩静不定问题

在前面讨论的问题中，杆件的轴力可由静力学平衡方程直接求出，这类问题称为**静定问题**。在实际工程中，为了提高结构的强度、刚度，或者为了满足构造及其他工程技术要求，常常在静定结构中再附加某些约束。这时，由于未知力的个数多于独立的平衡方程数目，因而仅仅依靠静力学平衡方程无法确定全部未知力。这类问题称为**静不定问题**。

在静力学中由于所涉及的是刚体模型，所以无法求解静不定问题。现在，研究了拉伸和压缩杆件的受力和变形后，通过变形体模型就可以求解静不定问题。求解静不定问题，除了根据静力学平衡条件列出平衡方程外，还必须寻找各构件之间变形关系，这种变形之间的关系称为变形协调方程。再利用弹性范围内的力和变形之间关系（胡克定律），即物理方程，建立补充方程。总之，求解静不定问题需要综合考虑平衡方程、变形协调方程和物理方程三个方面，这是静不定问题的基本分析方法。现举例说明求解静不定问题的一般过程及静不定结构的特性。

例题 5-5　如图 5-18 所示桁架，A、B、C、D 四处均为铰链。杆 1 的拉伸刚度为 E_1A_1、长度为 l_1，杆 2、杆 3 的拉伸刚度相同 $E_2A_2 = E_3A_3$、长度为 $l_2 = l_3$。桁架受力如图所示。若 E_1A_1、E_2A_2、l_1、l_2、F_P 均为已知，试求各杆受力。

解：（1）平衡方程

因为 A、B、C、D 四处均为铰链，故杆 1、杆 2、杆 3 均为二力杆，设其轴力分别为 F_{N1}、F_{N2}、F_{N3}。由图 5-18b 受力图可知，其中有三个力是未知的，而独立的平衡方程只有两个，故为一次静不定结构。由

$$\sum F_x = 0$$
$$\sum F_y = 0$$

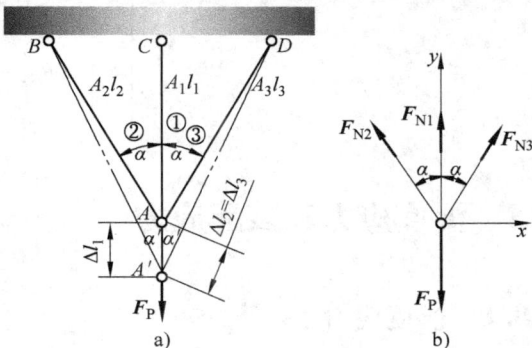

图 5-18　例题 5-5 图

得到

$$F_{N3}\sin\alpha - F_{N2}\sin\alpha = 0$$
$$F_{N1} + F_{N2}\cos\alpha + F_{N3}\cos\alpha - F_P = 0$$

整理后得

$$\begin{cases} F_{N2} = F_{N3} \\ F_{N1} + 2F_{N2}\cos\alpha = F_P \end{cases} \tag{a}$$

（2）变形协调方程

因为结构左右对称，故受力后点 A 将沿铅垂方向移至点 A'，各杆变形后的位置如图 5-18a 中双点画线所示，以保证各杆变形后仍连接于点 A'。于是，三杆的轴向变形必须满足下列变形协调方程：

$$\Delta l_2 = \Delta l_3 = \Delta l_1 \cos\alpha' = \Delta l_1 \cos\alpha \tag{b}$$

式中，$\alpha' = \alpha$ 是应用小变形条件的结果。

（3）物理方程

根据弹性范围内，各杆的轴力与轴向变形之间的关系，建立物理方程

$$\begin{cases} \Delta l_1 = \dfrac{F_{N1}l_1}{E_1A_1} \\[2mm] \Delta l_2 = \dfrac{F_{N2}l_2}{E_2A_2} \end{cases} \tag{c}$$

（4）补充方程

将式（c）代入式（b），便得到补充方程

$$\frac{F_{N2}l_2}{E_2A_2} = \frac{F_{N1}l_1}{E_1A_1}\cos\alpha \tag{d}$$

（5）求解全部未知力

将式（a）与式（d）联立，即可解出

$$\begin{cases} F_{N1} = \dfrac{F_P}{1 + \dfrac{2E_2A_2l_1}{E_1A_1l_2}} \\[4mm] F_{N2} = F_{N3} = \dfrac{F_P\dfrac{E_2A_2l_1}{E_1A_1l_2}}{1 + \dfrac{2E_2A_2l_1}{E_1A_1l_2}} \end{cases} \tag{e}$$

5.8 温度应力和装配应力

5.8.1 温度应力

在工程中，结构物或其部分杆件往往会遇到温度变化（例如工作环境的温度改变或季节的更替）。若杆的同一截面上各点处的温度变化相同，则杆将仅发生伸长或缩短变形。在图 5-19a 所示的静定杆件中，由于杆件可以自由变形，由温度所引起的变形不会在杆中产生内力；但在图 5-19b 所示的静不定杆件中，由于存在多余约束，杆件由温度变化所引起的变形受到限制，从而将在杆中产生内力。这种内力称为**温度内力**，相应的应力称为**温度应力**。这种具有温度应力的杆件也是静不定问题，相应的解题思路同静不定问题，其关键步骤是列出变形协调方程。

图 5-19　静定和静不定杆件
受温度的影响

例题 5-6　如图 5-20 所示桁架，A、B、C、D 四处均为铰链，三杆抗拉压刚度均为 EA，三杆长度均为 l，材料的线膨胀系数为 α。试求：由于温度升高 ΔT 而引起的温度应力。

解：（1）平衡方程

以节点 A 为研究对象，假设三杆均受拉，受力如图 5-20b 所示，列平衡方程

$$\sum F_x = 0, \quad F_{N2}\sin\alpha - F_{N1}\sin\alpha = 0$$
$$\sum F_y = 0, \quad F_{N3} + F_{N2}\cos\alpha + F_{N1}\cos\alpha = 0 \tag{a}$$

（2）变形协调方程

因为结构左右对称，故受力后点 A 将沿铅垂方向移至点 A'，各杆变形后的位置如图 5-20c 中实线所示。于是，三杆的轴向变形必须满足下列变形协调方程：

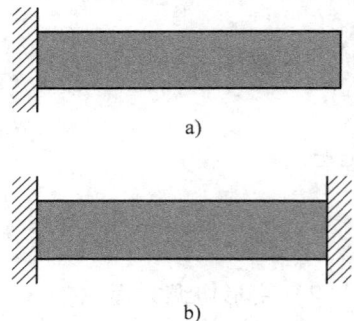

$$\Delta l_1 = \Delta l_2 = \Delta l_3 \cos\beta \qquad\qquad (b)$$

由于是小变形，变形前后杆 1、杆 2 与杆 3 的夹角保持不变。

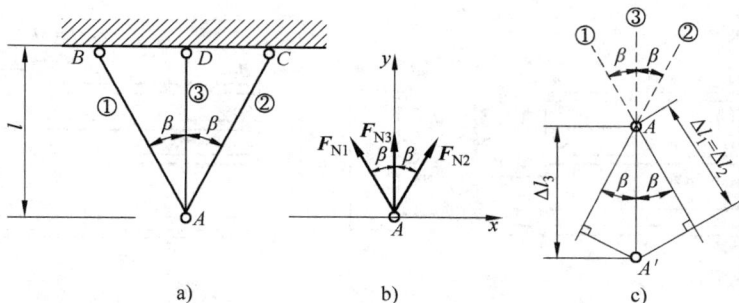

图 5-20　例题 5-6 图

（3）物理方程

根据温度变化，建立物理方程

$$\Delta l_1 = \Delta l_2 = \frac{F_{N1}\dfrac{l}{\cos\beta}}{EA} + \alpha\frac{l}{\cos\beta}\Delta T$$

$$\Delta l_3 = \frac{F_{N3}l}{EA} + \alpha l\Delta T \qquad\qquad (c)$$

（4）求解全部未知力

将式（a）、式（b）、式（c）联立，即可解出

$$F_{N1} = F_{N2} = -\frac{EA\cdot\alpha\Delta T\cdot\sin^2\beta}{1+2\cos^2\beta}\quad\text{（压力，与图示方向相反）}$$

$$F_{N3} = \frac{2EA\cdot\alpha\Delta T\cdot\sin^2\beta\cos\beta}{1+2\cos^2\beta}\quad\text{（拉力，与图示方向一致）}$$

5.8.2　装配应力

杆件制成后，其尺寸有微小误差往往是难免的。在图 5-21a 所示的静定杆件中，加工误差只会造成结构几何形状的轻微变化，不会在杆中产生内力。但在图 5-21b 所示的静不定杆件中，加工误差却往往要引起内力。这种内力称为**装配内力**，相应的应力称为**装配应力**。这种具有装配应力的杆件，同温度应力问题一样，相应的解题思路都同于静不定问题，其关键步骤是列出变形协调方程。

例题 5-7　如图 5-22 所示，两铸件用两根钢杆 1、2 连接，其间距为 $l = 200\text{mm}$。现要将制造得超长了 $\Delta e = 0.11\text{mm}$ 的铜杆 3 装入铸件之间，并保持三根杆的轴线平行且等间距为 a。已知：钢杆直径 $d = 10\text{mm}$，铜杆横截面积为 $20\text{mm}\times30\text{mm}$ 的

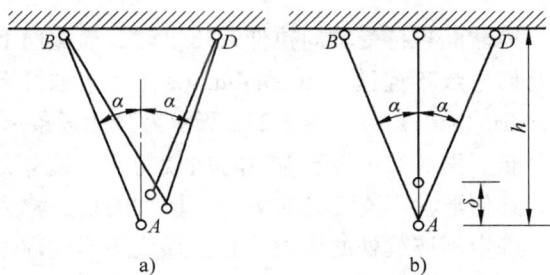

图 5-21　静定和静不定杆件受装配的影响

矩形，钢的弹性模量 $E = 210\text{GPa}$，铜的弹性模量 $E_3 = 100\text{GPa}$。铸件很厚，其变形可略去不计，故可看作刚体。试求各杆内的装配应力。

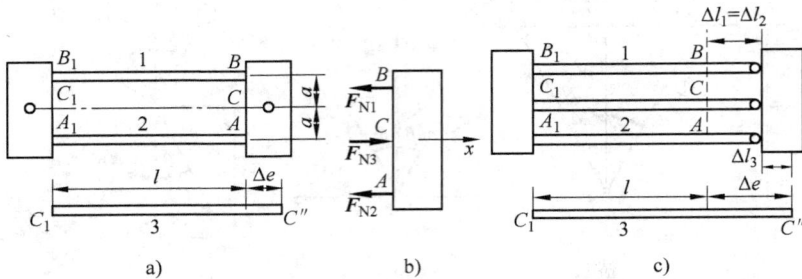

图 5-22 例题 5-7 图

解：（1）平衡方程

以右侧铸件为研究对象，受力如图 5-22b 所示，列平衡方程

$$\sum F_x = 0, \quad F_{N1} + F_{N2} - F_{N3} = 0$$

$$\sum F_y = 0, \quad F_{N1} \cdot a - F_{N2} \cdot a = 0 \tag{a}$$

（2）变形协调方程

如图 5-22c 中实线所示，三根杆的轴向变形必须满足下列变形协调方程：

$$\Delta l_1 + \Delta l_3 = \Delta e \tag{b}$$

（3）物理方程

建立物理方程

$$\Delta l_1 = \frac{F_{N1} l}{EA}, \quad \Delta l_3 = \frac{F_{N3} l}{E_3 A_3} \tag{c}$$

（4）求解全部未知力

将式（a）、式（b）、式（c）联立，即可解出

$$F_{N1} = F_{N2} = 585.33\text{kN}（方向与图示方向一致）$$

$$F_{N3} = F_{N2} = 1170.67\text{kN}（方向与图示方向一致）$$

5.9 应力集中的概念

等截面直杆受轴向拉伸或压缩时，横截面上的应力是均匀分布的。由于实际需要，构件的几何形状**不连续**（discontinuity），在诸如开孔或截面突变等处，会产生很高的**局部应力**（localized stresses）。图 5-23a 所示为开孔板条承受轴向载荷时，通过孔中心线的截面上的应力分布。图 5-23b 所示为轴向加载的变宽度矩形截面板条，在宽度突变处截面上的应力分布。几何形状不连续处应力局部增大的现象称为**应力集中**（stress concentration）。

确定不连续处的应力分布必须应用弹性理论或者实验方法。上述应力分布图是由**光弹性**（photoelastic）实验方法确定的。实验结果还表明，应力集中与杆件的尺寸和所用的材料无关，仅仅取决于截面突变处几何参数的比值。对于圆孔的情形，应力集中与比值 r/d 有关，

其中 r 为圆孔半径，d 如图 5-24 中所示；对于截面突变处，应力集中与比值 r/d 和 D/d 有关，其中 D 为大段的宽度或直径，d 为小段的宽度或直径，r 为大、小段交界处的过渡圆角半径。

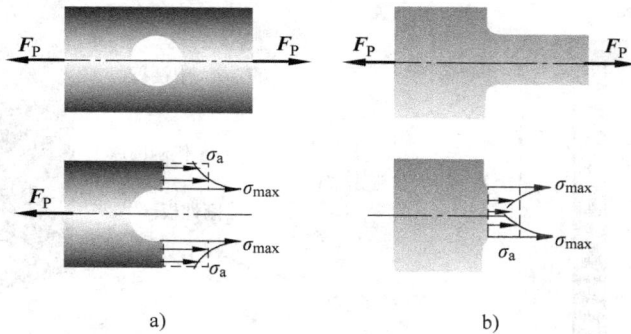

图 5-23 几何形状不连续处的应力集中现象

应力集中的程度用应力集中因数描述。应力集中处横截面上的应力最大值与不考虑应力集中时的应力值（称为名义应力）之比，称为**应力集中因数**（factor of stress concentration），用 K 表示

$$K = \frac{\sigma_{max}}{\sigma_a} \qquad (5-15)$$

如图 5-24 所示为确定两种情形下应力集中因数的曲线。这些曲线仅对于线性应力-应变关系有效。因此，在使用时必须保证 σ_{max} 不超过比例极限。设计时从图中求得应力集中因数

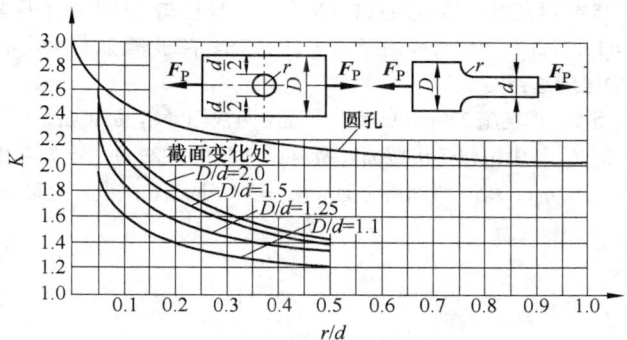

图 5-24 应力集中因数曲线

后再乘以名义应力（$\sigma_a = F_P/A$，A 为不连续处横截面的最小面积）便得到最大应力值。

习　题

5-1 试用截面法计算图 5-25 中所示杆件各段的轴力，并画轴力图。

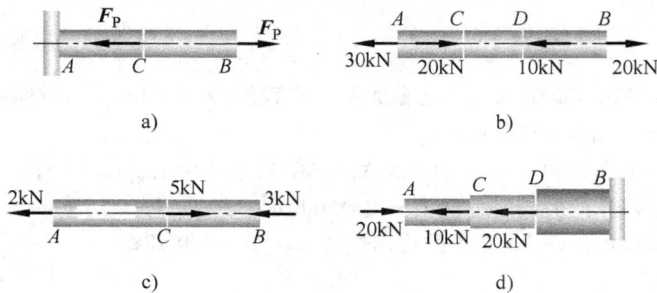

图 5-25 习题 5-1 图

5-2 图 5-26 中所示的等截面直杆由钢杆 ABC 与铜杆 CD 在 C 处粘接而成。直杆各部分的直径均为 $d = 36\text{mm}$，受力如图所示。若不考虑杆的自重，试求 AC 段和 AD 段杆的轴向变形量 Δl_{AC} 和 Δl_{AD}。

5-3　如图 5-27 所示，长度 $l = 1.2\text{m}$、横截面面积为 $1.10 \times 10^{-3}\text{m}^2$ 的铝制圆筒放置在固定的刚性块上；直径 $d = 15.0\text{mm}$ 的钢杆 BC 悬挂在铝筒顶端的刚性板上；铝制圆筒的轴线与钢杆的轴线重合。若在钢杆的 C 端施加轴向拉力 F_P，且已知钢和铝的弹性模量分别为 $E_s = 200\text{GPa}$，$E_a = 70\text{GPa}$；轴向载荷 $F_P = 60\text{kN}$，试求钢杆 C 端向下移动的距离。

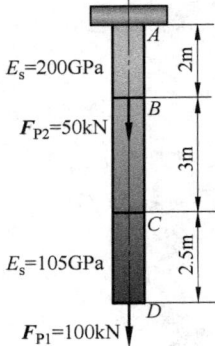

图 5-26　习题 5-2 图

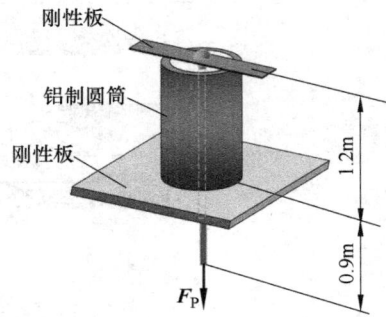

图 5-27　习题 5-3 图

5-4　螺旋压紧装置如图 5-28 所示。现已知工件所受的压紧力为 $F = 4\text{kN}$。装置中旋紧螺栓螺纹的内径 $d_1 = 13.8\text{mm}$；固定螺栓内径 $d_2 = 17.3\text{mm}$。两根螺栓材料相同，其许用应力 $[\sigma] = 53.0\text{MPa}$。试校核各螺栓的强度是否安全。

5-5　现场施工所用起重机吊环由两根侧臂组成（见图 5-29a），A、B、C 三处均为铰链连接。每一侧臂 AB 和 BC 都由两根矩形截面杆所组成（见图 5-29b）。已知起重载荷 $F_P = 1200\text{kN}$，每根矩形杆截面尺寸比例 $b/h = 0.3$，材料的许用应力 $[\sigma] = 78.5\text{MPa}$。试设计矩形杆的截面尺寸 b 和 h。

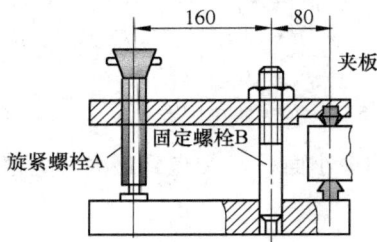

图 5-28　习题 5-4 图

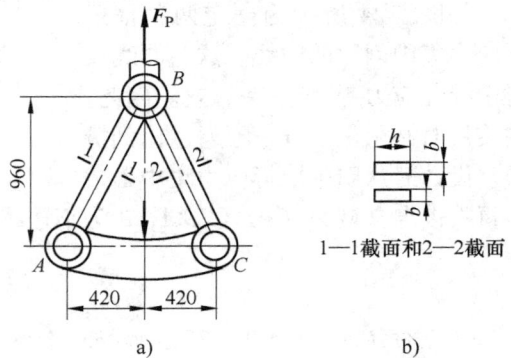

图 5-29　习题 5-5 图

5-6　图 5-30 所示结构中 BC 和 AC 都是圆截面直杆，直径均为 $d = 20\text{mm}$，材料都是 Q235 钢，其许用应力 $[\sigma] = 157\text{MPa}$。试求该结构的许可载荷。

5-7　图 5-31 所示的杆件结构中杆 1、杆 2 为木制，杆 3、杆 4 为钢制。已知杆 1、杆 2 的横截面面积 $A_1 = A_2 = 4000\text{mm}^2$，杆 3、杆 4 的横截面面积 $A_3 = A_4 = 800\text{mm}^2$；杆 1、杆 2 的许用应力 $[\sigma_W] = 20\text{MPa}$，杆 3、杆 4 的许用应力 $[\sigma_s] = 120\text{MPa}$。试求结构的许可载荷 $[F_P]$。

5-8　如图 5-32 所示，电线杆由钢缆通过螺旋张紧器施加拉力使之稳固。已知钢缆的横截面面积为 $1 \times 10^3\text{mm}^2$，$E = 200\text{GPa}$，$[\sigma] = 300\text{MPa}$；输电导线张力为 F_T。欲使电线杆对基础的作用力 $F_R = 100\text{kN}$，张紧器的螺杆需相对移动多少？并校核此时钢缆的强度是否安全。

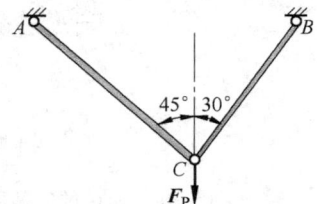

图 5-30　习题 5-6 图

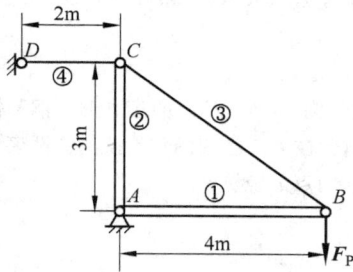

图 5-31　习题 5-7 图

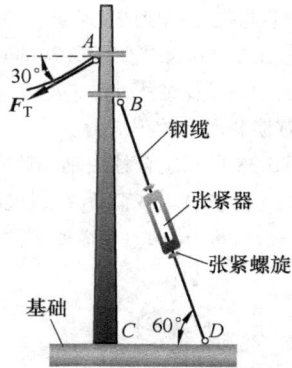

图 5-32　习题 5-8 图

5-9　图 5-33 所示小车上作用着力 $F_P = 15$kN，它可以在悬架的 AC 梁上移动，设小车对 AC 梁的作用可简化为集中力。钢质斜杆 AB 的横截面为圆形（直径 $d = 20$mm），许用应力 $[\sigma] = 160$MPa。试校核 AB 杆是否安全。

5-10　桁架受力及尺寸如图 5-34 所示。$F_P = 30$kN，材料的抗拉许用应力 $[\sigma]^+ = 120$MPa，抗压许用应力 $[\sigma]^- = 60$MPa。试设计 AC 及 AD 杆所需之等边角钢钢号。（提示：利用附录 B 型钢表。）

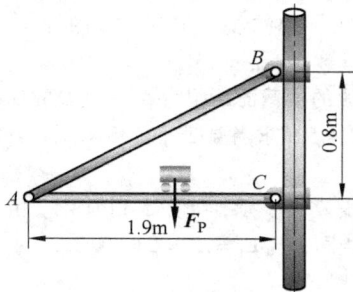

图 5-33　习题 5-9 图

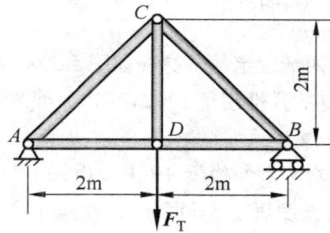

图 5-34　习题 5-10 图

5-11　蒸汽机的气缸如图 5-35 所示。气缸内径 $D = 560$mm，内压 $p = 2.5$MPa，活塞杆直径 $d = 100$mm。材料的屈服极限 $\sigma_s = 300$MPa。（1）试求活塞杆的正应力及工作安全因数。（2）若连接气缸和气缸盖的螺栓直径为 30mm，其许用应力 $[\sigma] = 60$MPa，求连接每个气缸盖所需的螺栓数。

5-12　由铝板和钢板组成的复合柱如图 5-36 所示，通过刚性板承受纵向载荷 $F_P = 38$kN，其作用线沿着复合柱的轴线方向。试确定铝板和钢板横截面上的正应力。铝和钢的弹性模量分别为 $E_a = 70$GPa 和 $E_s = 200$GPa。

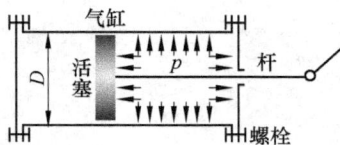

图 5-35　习题 5-11 图

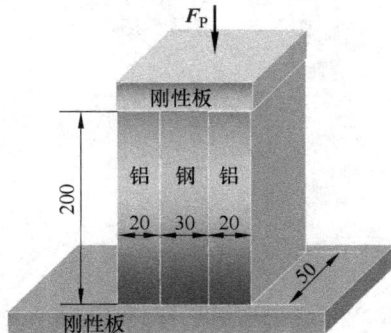

图 5-36　习题 5-12 图

5-13 铜芯与铝壳组成的复合棒材如图 5-37 所示，轴向载荷通过两端刚性板加在棒材上。结构原来长 300mm，现已知结构总长减少了 0.24mm。铜和铝的弹性模量分别为 $E_c = 105$GPa 和 $E_a = 70$GPa。试求：

(1) 所加轴向载荷的大小。

(2) 铜芯横截面上的正应力。

5-14 图 5-38 所示组合柱由钢和铸铁制成，组合柱横截面边长为 $2b(h = 2b)$ 的正方形，钢和铸铁各占横截面的一半（$b \times 2b$）。载荷 F_P，通过刚性板沿铅垂方向加在组合柱上。已知钢和铸铁的弹性模量分别为 $E_s = 196$GPa，$E_i = 98.0$GPa。今欲使刚性板保持水平位置，试求加力点的位置 x。

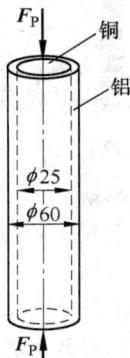

图 5-37 习题 5-13 图

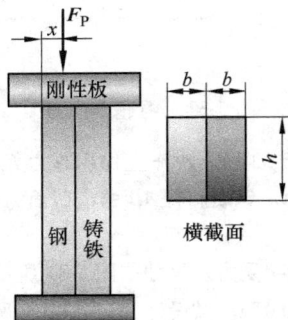

图 5-38 习题 5-14 图

5-15 两端固定的阶梯杆如图 5-39 所示。已知 AC 段和 BD 段的横截面面积为 A，CD 段的横截面面积为 $2A$。杆材的弹性模量 $E = 210$GPa，线膨胀系数 $\alpha = 12 \times 10^{-6}$ $^\circ$C^{-1}。试求当温度升高 30°C 后，该杆各段横截面内的应力。

5-16 水平刚性横梁 AB 上部由杆 1 和杆 2 悬挂，下部由铰支座 C 支承，如图 5-40 所示。由于制造误差，杆 1 的长度短了 $\delta = 1.5$mm。已知两杆材料和横截面面积均相同，且 $E_1 = E_2 = E = 200$GPa，$A_1 = A_2 = A$。试求装配后两杆横截面的应力。

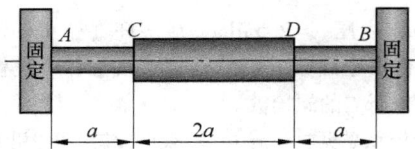

图 5-39 习题 5-15 图

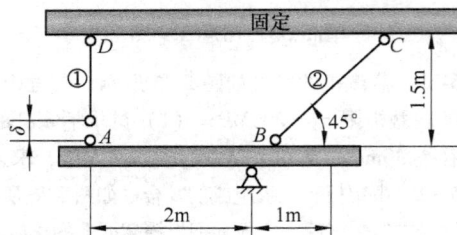

图 5-40 习题 5-16 图

第6章　剪切和挤压的实用计算

内 容 提 要

（1）剪切实用计算
（2）挤压实用计算

6.1　剪切实用计算

　　螺栓、销钉和铆钉等工程上常用的连接件以及被连接的构件在连接处的应力，都属于所谓"加力点附近局部应力"。由于应力的局部性质，连接件横截面上或被连接构件在连接处的应力分布是很复杂的，很难作出精确的理论分析。因此，在工程设计中大都采取实用计算方法。

　　当作为联接件的铆钉、销钉、键等零件承受一对大小相等、方向相反、作用线互相平行且相距很近的力作用时，其主要失效形式之一是沿剪切面发生剪切破坏，如图6-1所示。这时在剪切面上既有弯矩作用又有剪力作用，但弯矩极小，故主要是剪力引起的剪切破坏。利用平衡方程不难求得剪切面上的剪力。这种情况下，剪切面上的切应力分布是比较复杂的。工程计算中，认为切应力在剪切面上均匀分布。于是，有

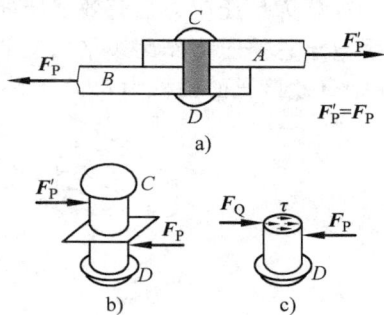

图 6-1　剪切与剪切破坏

$$\tau = \frac{F_Q}{A} \tag{6-1}$$

式中，A 为剪切面面积；F_Q 为作用在剪切面上的剪力。

　　剪切实用计算的强度条件为

$$\tau = \frac{F_Q}{A} \leqslant [\tau] \tag{6-2}$$

式中，$[\tau]$ 为连接件的许用切应力，由

$$[\tau] = \frac{\tau_b}{n_b} \tag{6-3}$$

确定，τ_b 是根据连接件实物或模拟剪切破坏实验得到的 F_{Qb} 值，再由式（6-1）算得的。

　　需要注意的是，在计算中要正确确定有几个剪切面以及每个剪切面上的剪力。例如，图6-1中所示的铆钉只有一个剪切面，$F_Q = F_P$；而图6-2中所示的铆钉则有两个剪切面，$F_Q = \dfrac{F_P}{2}$。

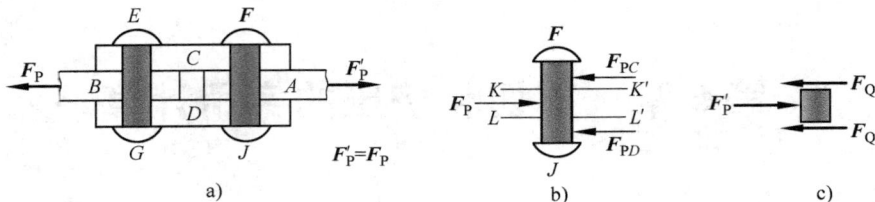

图 6-2 具有双剪切面的铆钉

6.2 挤压实用计算

在承载的情形下，连接件与其所连接的构件相互接触并产生挤压，因而在二者接触面的局部区域产生较大的接触应力，称为**挤压应力**，用符号 σ_c 表示。挤压应力是垂直于接触面的正应力。这种挤压应力过大时，亦将在二者接触的局部区域产生过量的塑性变形，从而导致二者失效。

挤压接触面上的应力分布同样也是比较复杂的。因此，在工程计算中，也是采用简化方法，即认为挤压应力在有效挤压面上均匀分布。有效挤压面简称**挤压面**，它是指挤压面面积在垂直于总挤压力作用线平面上的投影，如图 6-3 所示。若连接件直径为 d，连接板厚度为 δ，则有效挤压面面积为 δd。于是，挤压应力为

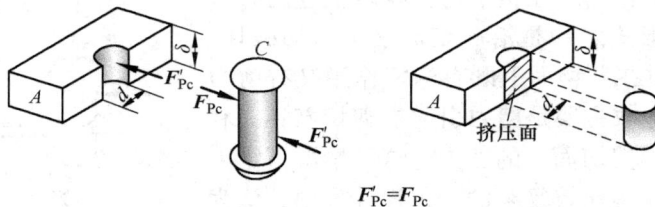

图 6-3 挤压与挤压面

$$\sigma_c = \frac{F_{Pc}}{A} = \frac{F_{Pc}}{\delta d} \tag{6-4}$$

挤压实用计算的强度条件为

$$\sigma_c = \frac{F_{Pc}}{\delta d} \leq [\sigma_c] \tag{6-5}$$

式中，F_{Pc} 为作用在连接件上的总挤压力；$[\sigma_c]$ 为挤压许用应力。对于钢材

$$[\sigma_c] = (1.7 \sim 2.0)[\sigma]$$

式中，$[\sigma]$ 为拉伸许用应力。

例题 6-1 两矩形截面木杆用两块钢板连接，如图 6-4a 所示。已知拉杆的截面宽度 $b = 25\,\text{cm}$，沿顺纹方向承受拉力 $F = 50\,\text{kN}$，木材的顺纹许用切应力为 $[\tau] = 1\,\text{MPa}$，顺纹许用挤压应力为 $[\sigma_c] = 10\,\text{MPa}$。试求：接头处所需的尺寸 L 和 δ。

解：（1）受力分析。以右侧木杆为研究对象进行分析，如图 6-4b 所示。

（2）挤压强度计算

由

$$\sigma_c = \frac{F_{Pc}}{A} = \frac{F/2}{b\delta} \leq [\sigma_c]$$

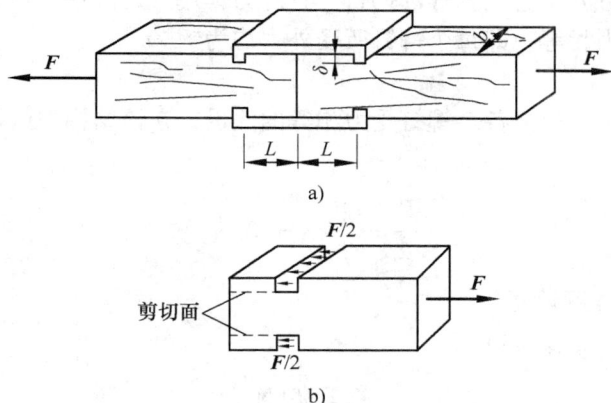

图 6-4　例题 6-1 图

得到
$$\delta \geqslant \frac{F}{2b[\sigma]} = 10\text{mm}$$

（3）剪切强度计算

剪切面如图中虚线所示：$A = Lb$

由
$$\tau = \frac{F_Q}{A} = \frac{F/2}{Lb} \leqslant [\tau]$$

得到
$$L \geqslant \frac{F}{2b[\tau]} = 100\text{mm}$$

例题 6-2　两块厚度 $\delta = 10\text{mm}$、宽度 $b = 60\text{mm}$ 的钢板，用两个直径 $d = 17\text{mm}$ 的铆钉搭接在一起，如图 6-5a 所示，钢板受拉力 $F_P = 60\text{kN}$，已知钢板的拉伸许用应力 $[\sigma] = 160\text{MPa}$，铆钉的许用切应力 $[\tau] = 140\text{MPa}$，挤压许用应力 $[\sigma_c] = 280\text{MPa}$，试校核该铆接件的强度。

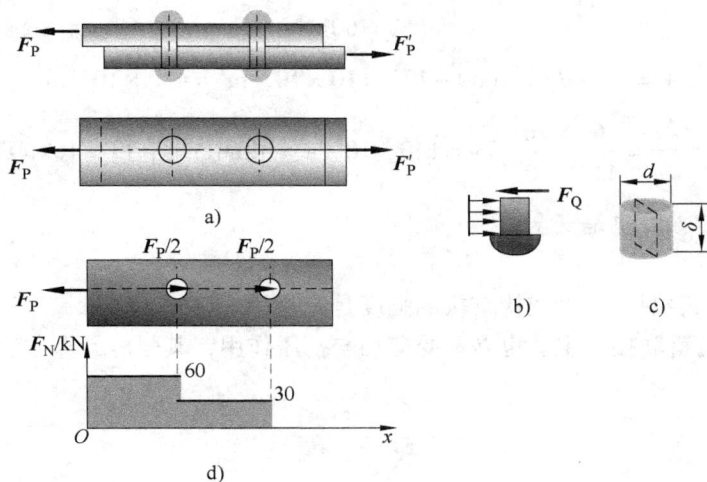

图 6-5　例题 6-2 图

解：若铆接头中有 n 个直径相等的铆钉，且外力作用线通过铆钉组截面形心时，可以假设各个铆钉分担的外力相等，即每个铆钉所受外力均为 F_P/n。

（1）受力分析

此结构为搭接接头。根据各个铆钉受力相等的假设，在该结构中的每个铆钉应承受的作用力为

$$\frac{F_P}{2} = \frac{60}{2}\text{kN} = 30\text{kN}$$

（2）铆钉的剪切强度计算

剪切面上的剪力（见图 6-5b）

$$F_Q = 30\text{kN}$$

$$\tau = \frac{F_Q}{A} = \frac{30 \times 10^3}{\frac{\pi}{4} \times 17^2 \times 10^{-6}}\text{N/m}^2 = 132 \times 10^6 \text{N/m}^2 = 132\text{MPa} \leqslant [\tau] = 140\text{MPa}$$

所以，铆钉的剪切强度是安全的。

（3）铆钉的挤压强度计算

$$F_{Pc} = \frac{F_P}{2} = 30\text{kN}$$

$$A_c = d\delta = 17 \times 10 \times 10^{-6} = 170 \times 10^{-6}\text{m}^2 \text{（见图 6-5c）}$$

$$\sigma_c = \frac{F_{Pc}}{A_c} = \frac{30 \times 10^3}{170 \times 10^{-6}} = 176 \times 10^6 \text{ N/m}^2 = 176\text{MPa} \leqslant [\sigma_c] = 280\text{MPa}$$

所以，铆钉的挤压强度安全。

（4）钢板的抗拉强度计算

上块钢板的受力图和轴力图如图 6-5d 所示，对于危险截面

$$F_N = 60\text{kN}$$

$$A_j = (b - d)\delta = (60 - 17) \times 10 \times 10^{-6}\text{m}^2 = 430 \times 10^{-6}\text{m}^2$$

$$\sigma = \frac{F_N}{A_j} = \frac{60 \times 10^3}{430 \times 10^{-6}}\text{Pa} = 140 \times 10^6\text{Pa} = 140\text{MPa} \leqslant [\sigma] = 160\text{MPa}$$

所以，钢板的抗拉强度也是安全的。

（5）结论

上述计算结果表明，整个连接结构的强度是安全的。

对于机械中的键联接，主要也是承受剪切与挤压作用，其强度计算方法与铆钉剪切与挤压实用计算相似。

习 题

6-1 图 6-6 所示杠杆机构中 B 处为螺栓联接，若螺栓材料的许用切应力 $[\tau] = 98.0\text{MPa}$，试按剪切强度确定螺栓的直径。

6-2　图 6-7 所示的铆接件中，已知铆钉直径 $d = 19\text{mm}$，钢板宽 $b = 127\text{mm}$，厚度 $\delta = 12.7\text{mm}$；铆钉的许用切应力 $[\tau] = 137\text{MPa}$，挤压许用应力 $[\sigma_c] = 314\text{MPa}$；钢板的拉伸许用应力 $[\sigma] = 98\text{MPa}$，挤压许用应力 $[\sigma_c] = 196\text{MPa}$。假设 4 个铆钉所受剪力相等。试求此连接件的许可载荷。

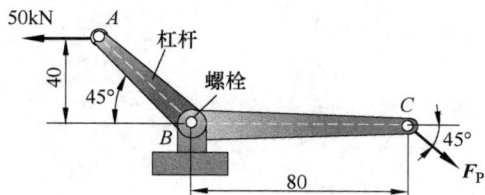

图 6-6　习题 6-1 图

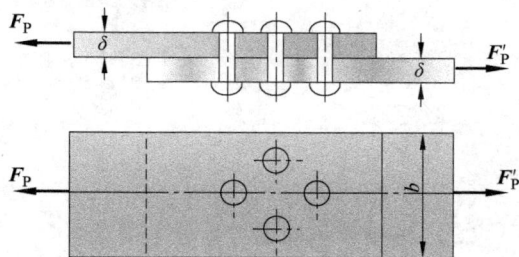

图 6-7　习题 6-2 图

第7章 扭 转

内 容 提 要

(1) 扭转的概念
(2) 扭矩和扭矩图
(3) 圆轴扭转时的切应力公式及强度计算
(4) 切应力互等定理和剪切胡克定律
(5) 圆轴扭转时的变形及刚度计算

7.1 扭转的概念

    杆的两端承受大小相等、方向相反、作用平面垂直于杆件轴线的两个力偶，杆将发生**扭转**变形。工程结构中承受扭转或主要承受扭转的零件或部件很多。风力发电系统中的叶轮（见图7-1）转动后，与之相连的主轴便承受扭转。汽车的传动轴（见图7-2）也主要承受扭转。火力发电系统中汽轮机主轴、发电机主轴以及连接汽轮机和发电机的传动轴（见图7-3）在系统工作时也都主要承受扭转。此外，各种机械变速箱中的轴在传递功率的过程中则同时承受弯曲和扭转。

图 7-1 风力发电系统

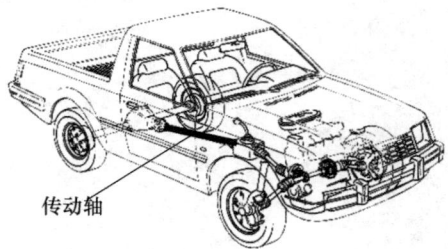

传动轴

图 7-2 汽车中的传动轴

    工程上称以扭转变形为主的杆为**轴**，且大多数情形下为圆轴。圆轴受扭时，其上的外力偶矩 M_e（单位为 N·m）与轴传递的功率 P（单位为 kW）、轴的转速 n（单位为 r/min）之间有如下关系：

$$M_e = 9549 \frac{[P]_{kW}}{[n]_{r/min}} \text{ N} \cdot \text{m}^{\ominus} \qquad (7\text{-}1)$$

$$M_e = 7024 \frac{[P]_{马力}}{[n]_{r/min}} \text{ N} \cdot \text{m} \qquad (7\text{-}2)$$

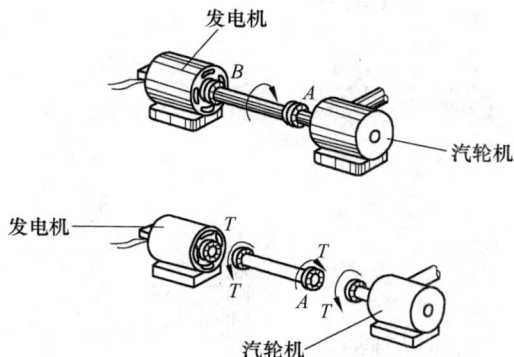

图 7-3 火力发电系统

7.2 扭矩和扭矩图

外力偶矩 M_e 确定后，应用截面法可以确定横截面上的内力——扭矩，圆轴两端受外力偶矩 M_e 作用时，横截面上将产生切应力，这些切应力所对应的内力称为"扭矩"，用 M_x 表示。

扭矩正负号规则与轴力类似，其原则是：从同一截面处截开的两侧截面上必须具有相同的正负号。基于此，采用右手螺旋法则规定扭矩的正负号，右手握拳，四指与扭矩的转动方向一致，拇指指向为扭矩矢量 M_x 的方向，若扭矩矢量方向与截面外法线方向一致则扭矩

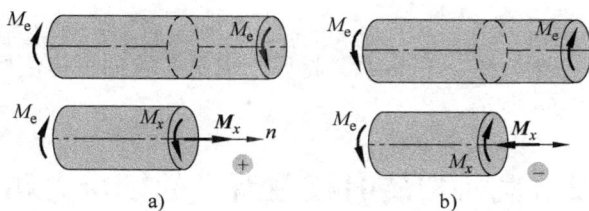

图 7-4 扭矩的正负号规则

为正，如图 7-4a 所示；若扭矩矢量方向与截面外法线方向相反，则扭矩为负，如图 7-4b 所示。

表达扭矩沿杆轴线方向变化的图形，称为**扭矩图**。绘制扭矩图的方法与绘制轴力图的方法相似：以平行于圆轴轴线方向为横轴 x，扭矩 M_x 为纵轴。

当轴上作用有两个以上的外力偶时，其各段横截面上的扭矩一般不相等，这时需分段应用截面法，确定各段的扭矩。

以图 7-5a 中所示圆轴为例，圆轴承受四个绕轴线转动的外力偶，由于在截面 B、C 处作用有外力偶，因而应将杆分为 AB、BC 和 CD 三段。各力偶的力偶矩的大小和方向均示于图中，其中力偶矩的单位为 N·m，尺寸单位为 mm。分段应用截面法，由平衡方程 $\sum M_x = 0$ 确定各段圆轴内的扭矩。

$\ominus$ 这是国家标准 GB 3101—1993 中规定的数值方程式的表示方法。

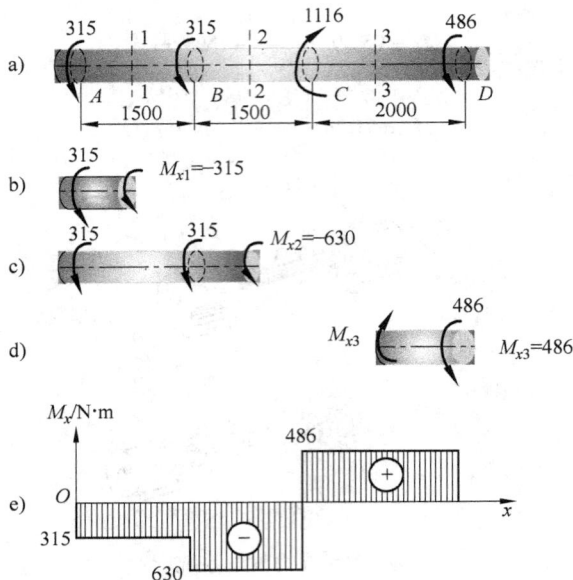

图 7-5　扭矩图

用假想截面分别从 AB 段、BC 段和 CD 段任一位置处将圆轴截开（见图 7-5b、c、d），假设截面上的扭矩均为正方向，并考察左部分或右部分的平衡，求得各段的扭矩分别为

AB 段： $M_{x1} = -315\text{N} \cdot \text{m}$

BC 段： $M_{x2} = -630\text{N} \cdot \text{m}$

CD 段： $M_{x3} = 486\text{N} \cdot \text{m}$

建立 M_x-x 坐标系，将所求得的各段的扭矩值标在 M_x-x 坐标系中，得到圆轴的扭矩图如图 7-5e 所示。

7.3　圆轴扭转时横截面上的切应力和强度计算

分析圆轴扭转切应力的方法是：根据表面变形作出平面假定；由平面假定得到应变分布，亦即得到变形协调方程；再由变形协调方程与应力-应变关系得到应力分布，也就是含有待定常数的应力表达式；最后利用静力学方程确定待定常数，从而得到计算应力的公式。这一方法也是将来分析梁纯弯曲正应力的方法。

7.3.1　变形几何关系

圆轴扭转时，其横截面圆周线的形状保持不变，只是绕圆轴的轴线相对转过一角度。根据这一变形特征，假定：圆轴受扭发生变形后，其横截面依然保持平面，并且绕圆轴的轴线刚性地转过一角度。这就是关于圆轴扭转的**平面假设**。所谓"刚性地转过一角度"，就是横截面上的直径在横截面转动之后依然保持为一直线，如图 7-6 所示。

图 7-6　圆轴扭转时横截面保持平面

若将圆轴用同轴柱面分割成许多半径不等的圆柱，根据上述结论，在 dx 长度上，虽然所有圆柱的两端面均转过相同的角度 $d\varphi$（见图 7-7a、b），但半径不等的圆柱上产生的切应变各不相同，半径越小者切应变越小，图 7-7c 所示为半径为 ρ 的圆柱体的切应变。

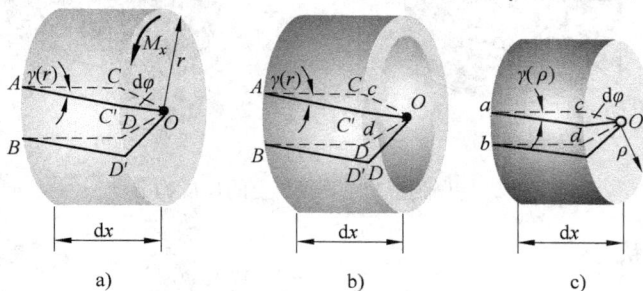

图 7-7 圆轴扭转时的变形协调关系

设到轴线任意远 ρ 处的切应变为 $\gamma(\rho)$，则从图 7-7 中可得到如下几何关系：

$$\gamma(\rho) = \rho \frac{d\varphi}{dx} \tag{7-3}$$

式中，$\dfrac{d\varphi}{dx}$ 称为**单位长度相对扭转角**。对于两相邻截面，$\dfrac{d\varphi}{dx}$ 为常量，故式（7-3）表明：圆轴扭转时，其横截面上任意点处的切应变与该点至截面中心之间的距离成正比。

7.3.2 物理关系——剪切胡克定律

若在弹性范围内加载，即切应力小于某一极限值时，对于大多数各向同性材料，切应力与切应变之间存在线性关系，如图 7-8 所示。于是，有

$$\tau = G\gamma \tag{7-4}$$

此即为**剪切胡克定律**。式中 G 为材料的切变模量，量纲与 τ 相同。

至此，我们已经学习了三个弹性常量，即弹性模量 E、泊松比 ν 和切变模量 G。对于各向同性材料，三个弹性常量之间存在下列关系：

$$G = \frac{E}{2(1 + \nu)} \tag{7-5}$$

可见，三个弹性常量中，只要知道任意两个，另一个即可确定。

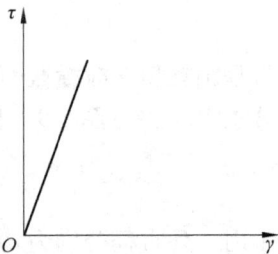

图 7-8 剪切胡克定律

将式（7-3）代入式（7-4），得到

$$\tau(\rho) = G\gamma(\rho) = \left(G \frac{d\varphi}{dx} \right)\rho \tag{7-6}$$

上式表明，横截面上各点的切应力与点到截面中心的距离成正比，即切应力沿横截面的半径呈线性分布，方向如图 7-9a 所示。虽然 $\left(G \dfrac{d\varphi}{dx} \right)$ 对于确定的横截面是一个不变的量，但是它的具体表达式还未求出，因此，还不能用式（7-6）计算切应力，还需要用静力学关系来解决。

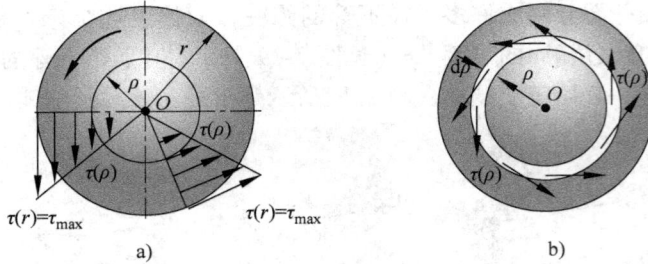

图 7-9　圆轴扭转时横截面上的切应力分布

7.3.3　静力学关系

作用在横截面上的切应力对应的剪切内力形成一分布力系，这一力系向截面中心简化结果为一力偶，其力偶矩即为该截面上的扭矩。于是有

$$\int_A \left[\tau(\rho)\,\mathrm{d}A \right]\rho = M_x \tag{7-7}$$

将式（7-6）代入式（7-7）后，得到

$$\frac{\mathrm{d}\varphi}{\mathrm{d}x} = \frac{M_x}{GI_\mathrm{P}} \tag{7-8}$$

其中

$$I_\mathrm{P} = \int_A \rho^2\,\mathrm{d}A \tag{7-9}$$

是与截面形状和尺寸有关的几何量，称为截面对其形心的**极惯性矩**。式（7-8）中的 GI_P 称为圆轴的**扭转刚度**。

再将式（7-8）代入式（7-6），得到

$$\tau(\rho) = \frac{M_x\rho}{I_\mathrm{P}} \tag{7-10}$$

这就是圆轴扭转时横截面上任意点的切应力表达式，其中 M_x 由截面法求得；I_P 由式（7-9）积分求得（参见图 7-9b 中微元面积的取法）。对于直径为 d 的实心截面圆轴

$$I_\mathrm{P} = \frac{\pi d^4}{32} \tag{7-11}$$

对于内、外直径分别为 d、D 的空心截面圆轴

$$I_\mathrm{P} = \frac{\pi D^4}{32}(1 - \alpha^4)\,, \alpha = \frac{d}{D} \tag{7-12}$$

从图 7-9a 中不难看出，最大切应力发生在横截面边缘上各点，其值由下式确定：

$$\tau_{\max} = \frac{M_x\rho_{\max}}{I_\mathrm{P}} = \frac{M_x}{W_\mathrm{P}} \tag{7-13}$$

其中

$$W_\mathrm{P} = \frac{I_\mathrm{P}}{\rho_{\max}} \tag{7-14}$$

称为圆截面的**抗扭截面系数**。

对于直径为 d 的实心圆截面

$$W_P = \frac{\pi d^3}{16} \tag{7-15}$$

对于内、外直径分别为 d、D 的空心截面圆轴

$$W_P = \frac{\pi D^3}{16}(1-\alpha^4), \quad \alpha = \frac{d}{D} \tag{7-16}$$

7.3.4 切应力互等定理

图 7-10a 中所示圆轴受扭后，将产生**扭转变形**，如图 7-10b 所示。圆轴上的每个微元（例如图 7-10a 中的 $ABCD$）的直角均发生变化，这种直角的改变量即为切应变，如图 7-10c 所示。这表明，圆轴横截面（AB、CD 边）和纵截面（AC、BD 边）上都将出现切应力，分别用 τ 和 τ' 表示（见图 7-11），上面已经求解了横截面上的切应力，那纵截面上的切应力又如何呢？

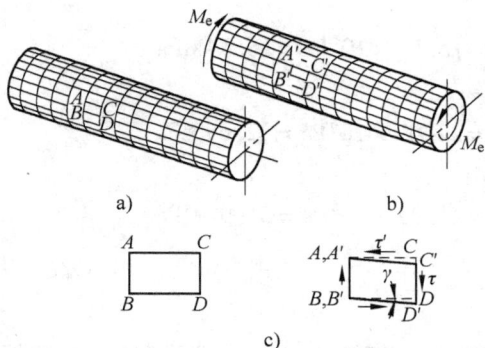

图 7-10 圆轴的扭转变形

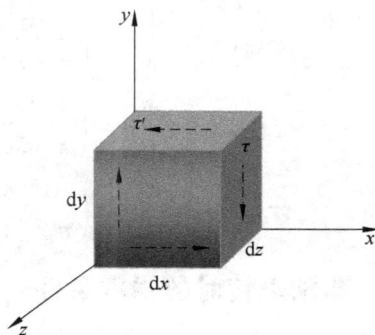

图 7-11 切应力互等定理

根据平衡要求，作用在 AB 和 CD 边上的力组成的力偶与作用在 AC 和 BD 边上的力组成的力偶大小相等方向相反，即

$$(\tau \mathrm{d}y\mathrm{d}z)\mathrm{d}x = (\tau'\mathrm{d}x\mathrm{d}z)\mathrm{d}y$$

由此解得

$$\tau = \tau' \tag{7-17}$$

这一关系称为**切应力互等定理**。

例题 7-1 图 7-12 所示传动机构中，功率从轮 B 输入，通过锥形齿轮将一半功率传递给铅垂 C 轴，另一半功率传递给水平 H 轴。已知输入功率 $P_1 = 14\mathrm{kW}$，水平轴（E 和 H）转速 $n_1 = n_2 = 120\mathrm{r/min}$；锥齿轮 A 和 D 的齿数分别为 $z_1 = 36$，$z_3 = 12$；各轴的直径分别为 $d_1 = 70\mathrm{mm}$，$d_2 = 50\mathrm{mm}$，$d_3 = 35\mathrm{mm}$。试确定各轴横截面上的最大切应力。

解：（1）各轴所承受的扭矩

各轴所传递的功率分别为

$$P_1 = 14\mathrm{kW}, \quad P_2 = P_3 = \frac{P_1}{2} = 7\mathrm{kW}$$

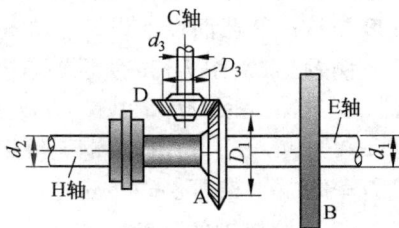

图 7-12 例题 7-1 图

转速分别为

$$n_1 = 120 \text{r/min}$$

$$n_3 = n_1 \times \frac{z_1}{z_3} = \left(120 \times \frac{36}{12}\right) \text{r/min} = 360 \text{r/min}$$

据此，算得各轴承受的扭矩

$$M_{x1} = M_{e1} = \left(9549 \times \frac{14}{120}\right) \text{N} \cdot \text{m} = 1114 \text{N} \cdot \text{m}$$

$$M_{x2} = M_{e2} = \left(9549 \times \frac{7}{120}\right) \text{N} \cdot \text{m} = 557 \text{N} \cdot \text{m}$$

$$M_{x3} = M_{e3} = \left(9549 \times \frac{7}{360}\right) \text{N} \cdot \text{m} = 185.7 \text{N} \cdot \text{m}$$

（2）计算最大切应力

E、H、C 轴横截面上的最大切应力分别为

$$\tau_{\max}(E) = \frac{M_{x1}}{W_{P1}} = \left(\frac{16 \times 1114}{\pi \times 70^3 \times 10^{-9}}\right) \text{Pa} = 16.54 \times 10^6 \text{Pa} = 16.54 \text{MPa}$$

$$\tau_{\max}(H) = \frac{M_{x2}}{W_{P2}} = \left(\frac{16 \times 557}{\pi \times 50^3 \times 10^{-9}}\right) \text{Pa} = 22.69 \times 10^6 \text{Pa} = 22.69 \text{MPa}$$

$$\tau_{\max}(C) = \frac{M_{x3}}{W_{P3}} = \left(\frac{16 \times 185.7}{\pi \times 35^3 \times 10^{-9}}\right) \text{Pa} = 21.98 \times 10^6 \text{Pa} = 21.98 \text{MPa}$$

7.3.5 圆轴扭转时的强度条件

与拉压杆的强度设计相似，为了保证圆轴扭转时安全可靠地工作，必须将圆轴横截面上的最大切应力 $\tau_{\max}$ 限制在一定的数值以下，即

$$\tau_{\max} = \frac{M_{x,\max}}{W_P} \leqslant [\tau] \tag{7-18}$$

这一关系式称为受扭圆轴的**强度条件**，或称为强度设计准则。其中，$[\tau]$ 为许用切应力；$\tau_{\max}$ 是指圆轴所有横截面上最大切应力中的最大者。对于等截面圆轴，最大切应力发生在扭矩最大的横截面上的边缘各点；对于变截面圆轴，如阶梯轴，最大切应力不一定发生在扭矩最大的截面，这时需要根据扭矩 M_x 和相应抗扭截面系数 W_P 的数值综合考虑才能确定。

像轴向拉压的强度计算一样，受扭圆轴的强度条件式（7-8）也可以解决三类强度问题：① 强度校核；②截面尺寸设计；③确定许可载荷。

例题 7-2 图 7-13a 所示轴承受的外力偶矩为 $M_A = 0.5 \text{kN} \cdot \text{m}$，$M_B = 2 \text{kN} \cdot \text{m}$，$M_C = 1 \text{kN} \cdot \text{m}$，$M_D = 0.5 \text{kN} \cdot \text{m}$，轴由 45 钢无缝钢管制成，外直径 $D = 90 \text{mm}$，壁厚 $\delta = 2.5 \text{mm}$，$[\tau] = 60 \text{MPa}$，试：

（1）校核轴的强度；

（2）若改用实心轴，在具有与空心轴相同

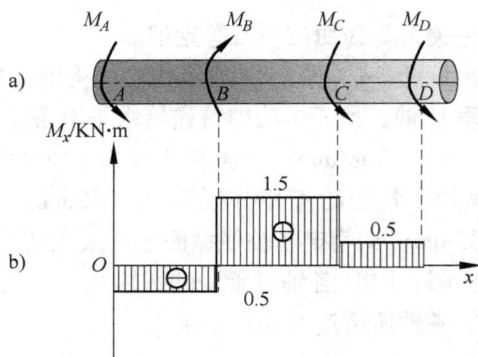

图 7-13 例题 7-2 图

的最大切应力的前提下，确定实心轴的直径；

（3）确定空心轴与实心轴的重量比。

解：（1）作轴的扭矩图

应用截面法求得各段内截面上的扭矩，作出轴的扭矩图，如图7-13b所示。

（2）确定危险截面

从扭矩图可知，危险截面应是 BC 段的任一截面，其最大扭矩为

$$M_{x,\max} = 1.5 \text{kN} \cdot \text{m}$$

（3）校核空心轴的强度

轴的内直径与外直径之比

$$\alpha = \frac{d}{D} = \frac{D - 2\delta}{D} = \frac{90\text{mm} - 2 \times 2.5\text{mm}}{90\text{mm}} = 0.944$$

轴的 BC 段的任一横截面上的最大切应力为

$$\tau_{\max} = \frac{M_{x,\max}}{W_P} = \frac{16M_{x,\max}}{\pi D^3 (1 - \alpha^4)} = \frac{16 \times 1.5 \times 10^3 \text{N} \cdot \text{m}}{\pi (90 \times 10^{-3}\text{m})^3 (1 - 0.944^4)}$$
$$= 50.9 \times 10^6 \text{Pa} = 50.9\text{MPa} \leqslant [\tau]$$

由此可以得出结论：轴的强度是安全的。

（4）确定实心轴的直径

根据实心轴与空心轴具有同样数值的最大切应力的要求，实心轴横截面上的最大切应力也必须等于50.9MPa。若设实心轴直径为 d_1，则有

$$\tau_{\max} = \frac{M_{x,\max}}{W_P} = \frac{16M_{x,\max}}{\pi d_1^3} = \frac{16 \times 1.5 \times 10^3 \text{N} \cdot \text{m}}{\pi d_1^3} = 50.9\text{MPa} = 50.9 \times 10^6 \text{Pa}$$

据此，实心轴的直径

$$d_1 = \sqrt[3]{\frac{16 \times 1.5 \times 10^3 \text{N} \cdot \text{m}}{\pi \times 50.9 \times 10^6 \text{Pa}}} = 53.1 \times 10^{-3}\text{m} = 53.1\text{mm}$$

（5）计算空心轴与实心轴的重量比

由于二者长度相等、材料相同，所以重量比即为横截面的面积比，即

$$\eta = \frac{W_1}{W_2} = \frac{A_1}{A_2} = \frac{\dfrac{\pi(D^2 - d^2)}{4}}{\dfrac{\pi d_1^2}{4}} = \frac{D^2 - d^2}{d_1^2} = \frac{90^2 - 85^2}{53.1^2} = 0.31$$

（6）本例讨论

上述结果表明，空心轴远比实心轴轻，即采用空心圆轴比采用实心圆轴合理。这是由于圆轴扭转时横截面上的切应力沿半径方向非均匀分布，截面中心附近区域的切应力比截面边缘各点的切应力小得多，当最大切应力达到许用切应力 $[\tau]$ 时，中心附近的切应力远小于许用切应力值。将受扭杆件做成空心圆轴，可以使得横截面中心附近的材料得到较充分利用。

7.4 圆轴扭转时的变形和刚度计算

对于传递功率的圆轴，大多数没有限制其绕轴线转动的固定约束，故均采用"相对位移"的概念，即一截面相对于另一截面绕轴线转过的角度，称为**相对扭转角**。

在推导扭转切应力的时候，得到式（7-8）

$$\frac{\mathrm{d}\varphi}{\mathrm{d}x} = \frac{M_x}{GI_P}$$

$\mathrm{d}\varphi$ 表示相距为 $\mathrm{d}x$ 的两个横截面之间的相对扭转角。

对于仅在两端承受扭转力偶的圆轴（见图 7-14a），两端截面的相对扭转角

$$\varphi_{AB} = \frac{M_x l}{GI_P} \qquad (7-19)$$

对于沿轴线方向有多个扭转力偶作用的圆轴（见图 7-14b），需要分段计算相对扭转角，然后将各段的相对扭转角的代数值相加，得到两端截面的相对扭转角

$$\varphi_{AB} = \varphi_{AC} + \varphi_{CD} + \varphi_{DB} = \sum_{i=1}^{n} \frac{M_{xi} l_i}{GI_{Pi}} \quad (7-20)$$

对于沿轴线方向承受均匀分布扭转力偶作用的圆轴（见图 7-14c），因为扭矩沿轴线方向而变化，即 $M_x = M_x(x)$，所以需要根据 $\mathrm{d}x$ 微段的相对扭转角，采用积分的方法计算两端截面的相对扭转角

$$\varphi_{AB} = \int_0^l \frac{M_x(x)}{GI_P}\mathrm{d}x \qquad (7-21)$$

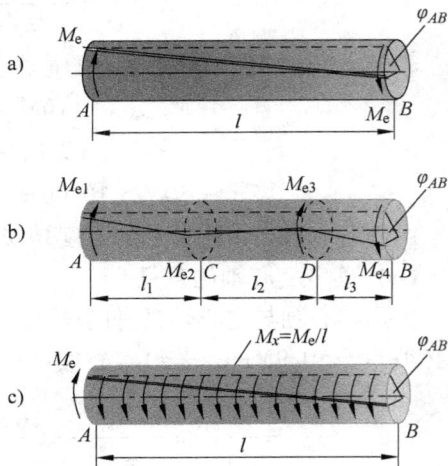

图 7-14　受扭圆轴的相对扭转角

对于主要承受扭转的圆轴，刚度设计主要是使轴上最大单位长度相对扭转角满足扭转**刚度条件**：

$$\theta = \frac{\mathrm{d}\varphi}{\mathrm{d}x} = \frac{M_x}{GI_P} \leqslant [\theta] \qquad\qquad (7-22)$$

式中，$[\theta]$ 称为许用单位长度相对扭转角。

对于不同用途的轴，其许用单位长度相对扭转角的数值可在相关的设计手册中查到。例如，精密机械的轴 $[\theta] = (0.25 \sim 0.5)(°)/\mathrm{m}$；一般传动轴 $[\theta] = (0.5 \sim 1.0)(°)/\mathrm{m}$；刚度要求不高的轴 $[\theta] = 2(°)/\mathrm{m}$。

例题 7-3　钢制空心圆轴的外直径 $D = 100\mathrm{mm}$，内直径 $d = 50\mathrm{mm}$。若要求轴在 2m 长度内的最大相对扭转角不超过 $1.5°$，材料的切变模量 $G = 80.4\mathrm{GPa}$。试求：该轴所能承受的最大扭矩。

解：根据刚度条件，有

$$\theta = \frac{\mathrm{d}\varphi}{\mathrm{d}x} = \frac{M_x}{GI_P} \leqslant [\theta]$$

由已知条件，许用单位长度相对扭转角为

$$[\theta] = \frac{1.5°}{2m} = \frac{1.5°}{2} \times \frac{\pi}{180°} \text{rad/m} \tag{a}$$

空心圆轴截面的极惯性矩

$$I_P = \frac{\pi D^4}{32}(1 - \alpha^4), \alpha = \frac{d}{D} \tag{b}$$

将式（a）和式（b）一并代入刚度条件，得到轴所能承受的最大扭矩为

$$M_x \leqslant [\theta] \times GI_P = \frac{1.5°}{2} \times \frac{\pi}{180°} \text{rad/m} \times G \times \frac{\pi D^4}{32}(1 - \alpha^4)$$

$$= \frac{1.5 \times \pi^2 \times 80.4 \times 10^9 \times (100 \times 10^{-3})^4 \left[1 - \left(\frac{50}{100}\right)^4\right]}{2 \times 180 \times 32} \text{N} \cdot \text{m}$$

$$= 9.686 \times 10^3 \text{N} \cdot \text{m} = 9.686 \text{kN} \cdot \text{m}$$

例题 7-4 如图 7-15a 所示，某传动轴设计要求转速 $n = 500 \text{r/min}$，输入功率 $P_1 = 500$ 马力，输出功率分别 $P_2 = 200$ 马力及 $P_3 = 300$ 马力，已知：$G = 80 \text{GPa}$，$[\tau] = 70 \text{MPa}$，$[\theta] = 1 \text{rad/m}$。问：

（1）AB 段直径 d_1 和 BC 段直径 d_2 是多少？

（2）若全轴选同一直径，应为多少？

（3）主动轮与从动轮如何安排才合理？

解：（1）外力偶矩为

$$M_{e1} = 7.024 \frac{P_1}{n} = 7.024 \times \frac{500}{500} \text{kN} \cdot \text{m} = 7.024 \text{kN} \cdot \text{m}$$

$$M_{e2} = 7.024 \frac{P_2}{n} = 7.024 \times \frac{200}{500} \text{kN} \cdot \text{m} = 2.8096 \text{kN} \cdot \text{m}$$

图 7-15 受扭圆轴的相对扭转角

$$M_{e3} = 7.024 \frac{P_3}{n} = 7.024 \times \frac{300}{500} \text{kN} \cdot \text{m} = 4.21 \text{kN} \cdot \text{m}$$

（2）扭矩图如图 7-15b 所示。

（3）求解第一问：AB 段直径 d_1 和 BC 段直径 d_2 是多少？

考察强度条件：

由 $\tau_{max} = \frac{M_{x,max}}{W_P} \leqslant [\tau]$，即 $W_P = \frac{\pi d^3}{16} \geqslant \frac{M_{x,max}}{[\tau]}$

求得

$$d_1' \geqslant \sqrt[3]{\frac{16 M_{e1}}{\pi[\tau]}} = \sqrt[3]{\frac{16 \times 7024}{3.14 \times 70 \times 10^6}} \text{m} = 80 \text{mm}$$

$$d_2' \geqslant \sqrt[3]{\frac{16 M_{e2}}{\pi[\tau]}} = \sqrt[3]{\frac{16 \times 4210}{3.14 \times 70 \times 10^6}} \text{m} = 67.4 \text{mm}$$

再考察刚度条件：

由 $\theta_{max} = \frac{M_x}{GI_P} \frac{180}{\pi} \leqslant [\theta]$，即 $I_P = \frac{\pi d^4}{32} \geqslant \frac{M_x \cdot 180}{\pi G [\theta]}$

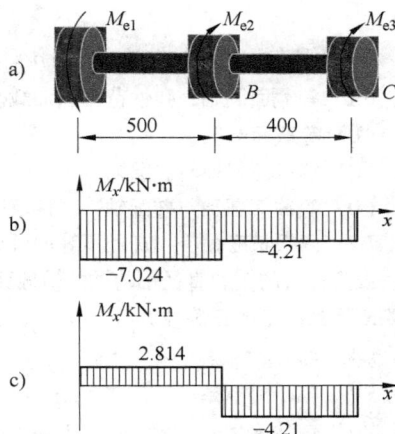

求得

$$d_1'' \geqslant \sqrt[4]{\frac{32 M_{e1} \times 180}{\pi^2 G [\theta]}} = \sqrt[4]{\frac{32 \times 7024 \times 180}{3.14^2 \times 80 \times 10^9 \times 1}} \text{m} = 84\text{mm}$$

$$d_2'' \geqslant \sqrt[4]{\frac{32 M_{e2} \times 180}{\pi^2 G [\theta]}} = \sqrt[4]{\frac{32 \times 4210 \times 180}{3.14^2 \times 80 \times 10^9 \times 1}} \text{m} = 74.4\text{mm}$$

综上所述，考察强度和刚度可确定 $[d_1] = 85\text{mm}$，$[d_2] = 75\text{mm}$

（4）求解第二问：若全轴选同一直径，应为多少？

$$[d] = [d_1] = 85\text{mm}$$

（5）求解第三问：如何安排主动轮和从动轮？

轴力的绝对值最大的扭矩越小越合理。将轮 1 和轮 2 应该换位。换位后的扭矩如图 7-15c 所示，此时轴的最大直径只需 75mm。

习　题

7-1　扭转切应力公式 $\tau(\rho) = M_x \rho / I_p$ 的应用范围有以下几种，试判断哪一种是正确的。

（A）等截面圆轴，弹性范围内加载。

（B）等截面圆轴。

（C）等截面圆轴与椭圆轴。

（D）等截面圆轴与椭圆轴，弹性范围内加载。

7-2　两根长度相等、直径不等的圆轴承受相同的扭矩的作用，受扭后，轴表面上母线转过相同的角度。设直径大的轴和直径小的轴的横截面上的最大切应力分别为 τ_{1max} 和 τ_{2max}，切变模量分别为 G_1 和 G_2。试判断下列结论的正确性。

（A）$\tau_{1max} > \tau_{2max}$。

（B）$\tau_{1max} < \tau_{2max}$。

（C）若 $G_1 > G_2$，则有 $\tau_{1max} > \tau_{2max}$。

（D）若 $G_1 > G_2$，则有 $\tau_{1max} < \tau_{2max}$。

7-3　承受相同扭矩且长度相等的直径为 d_1 的实心圆轴与内、外径分别为 d_2、D_2 （$\alpha = d_2/D_2$）的空心圆轴，二者横截面上的最大切应力相等。关于二者重量之比 （W_1/W_2）有如下结论，试判断哪一种是正确的。

（A）$(1 - \alpha^4)^{3/2}$。

（B）$(1 - \alpha^4)^{3/2} (1 - \alpha^2)$。

（C）$(1 - \alpha^4)(1 - \alpha^2)$。

（D）$(1 - \alpha^4)^{2/3} / (1 - \alpha^2)$。

7-4　变截面轴受力如图 7-16 所示，图中尺寸单位为 mm。若已知 $M_{e1} = 1765\text{N} \cdot \text{m}$，$M_{e2} = 1171\text{N} \cdot \text{m}$，材料的切变模量 $G = 80.4\text{GPa}$，试求：

（1）轴内最大切应力，并指出其作用位置。

（2）轴的最大相对扭转角 φ_{max}。

7-5　图 7-17 所示实心圆轴承受外加扭转力偶，其力偶矩 $M_e = 3\text{kN} \cdot \text{m}$。试求：

（1）轴横截面上的最大切应力。

（2）轴横截面上半径 $r = 15\text{mm}$ 以内部分承受的扭矩所占全部横截面上扭矩的百分比。

（3）去掉 $r = 15\text{mm}$ 以内部分，横截面上的最大切应力增加的百分比。

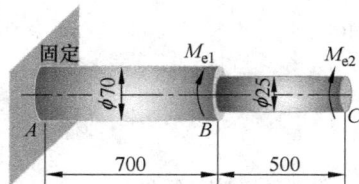

图 7-16　习题 7-4 图

7-6 同轴线的芯轴 *AB* 与轴套 *CD*，在 *D* 处二者无接触，而在 *C* 处焊成一体。轴的 *A* 端承受扭转力偶作用，如图 7-18 所示。已知轴直径 $d = 66$mm，轴套外直径 $D = 80$mm，厚度 $\delta = 6$mm；材料的许用切应力 $[\tau] = 60$MPa。试求结构所能承受的最大外力偶矩。

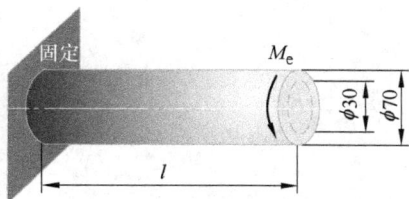

图 7-17 习题 7-5 图

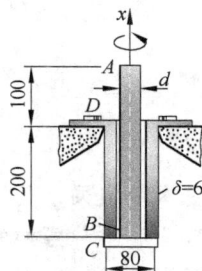

图 7-18 习题 7-6 图

7-7 图 7-19 所示为由同一材料制成的实心和空心圆轴，二者长度和重量均等。设实心轴半径为 R_0，空心圆轴的内、外半径分别为 R_1 和 R_2，且 $R_1/R_2 = n$；二者所承受的外加扭转力偶矩分别为 M_{es} 和 M_{eh}。若二者横截面上的最大切应力相等，试证明：$\dfrac{M_{es}}{M_{eh}} = \dfrac{\sqrt{1-n^2}}{1+n^2}$

7-8 图 7-20 所示圆轴的直径 $d = 50$mm，外力偶矩 $M_e = 1$kN·m，材料的 $G = 82$GPa。试求：（1）横截面上 *A* 点处（$\rho_A = d/4$）的切应力和相应的切应变；（2）最大切应力和单位长度相对扭转角。

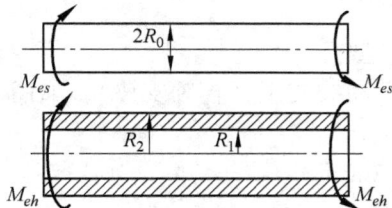

图 7-19 习题 7-7 图

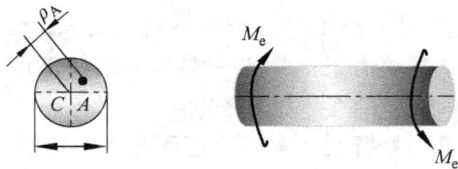

图 7-20 习题 7-8 图

7-9 已知圆轴的转速 $n = 300$r/min，传递功率 450 马力，材料的 $[\tau] = 60$MPa，$G = 82$GPa。要求在 2m 长度内的相对扭转角不超过 1°，试求该轴的直径。

7-10 钢质实心轴和铝质空心轴（内外径比值 $\alpha = 0.6$）的横截面面积相等。$[\tau]_{钢} = 80$MPa，$[\tau]_{铝} = 50$MPa。若仅从强度条件考虑，哪一根轴能承受较大的扭矩？

7-11 化工反应器的搅拌轴由功率 $P = 6$kW 的电动机带动，转速 $n = 30$r/min，轴由外径 $D = 89$mm、壁厚 $t = 10$mm 的钢管制成，材料的许用切应力 $[\tau] = 50$MPa。试校核轴的扭转强度。

7-12 功率为 150kW、转速为 15.4r/s 的电机轴如图 7-21 所示。其中 $d_1 = 135$mm，$d_2 = 90$mm，$d_3 = 75$mm，$d_4 = 70$mm，$d_5 = 65$mm。轴外伸端装有胶带轮。试对轴的扭转强度进行校核。

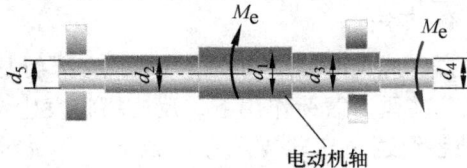

图 7-21 习题 7-12 图

第8章 弯曲内力

内容提要

(1) 三种基本静定梁结构
(2) 平面弯曲和对称弯曲的概念
(3) 弯曲变形的杆件内力、内力方程和内力图
(4) 载荷、剪力、弯矩之间的微分关系及其在绘制剪力图和弯矩图中的应用

8.1 弯曲的概念

8.1.1 工程中承受弯曲的杆件及其力学模型

为了便于工程设计与计算，将所有承受弯曲变形或主要承受弯曲变形的杆件进行符合实际的简化，形成力学模型——梁。

常见的静定梁，按照不同的支承，分为以下三种类型：

1）简支梁：梁的一端为固定铰支座，另一端为可动铰支座（辊轴支座），如图8-1所示。

2）悬臂梁：梁的一端固定，另一端自由，如图8-2所示。

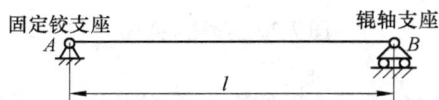

图 8-1 简支梁

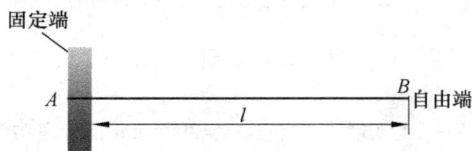

图 8-2 悬臂梁

3）外伸梁：简支梁的一端或两端伸出支座之外，图8-3a所示为两端外伸梁；图8-3b、c所示为一端外伸梁。

工程中可以简化为梁的杆件是很多的。图8-4a所示桥式吊车的大梁可以简化为两端铰支的简支梁。在起吊重量（集中力 F_P）及大梁自身重量（均布载荷 q）的作用下，大梁的轴线将弯曲成曲线，如图8-4b所示。

石油、化工设备中各种直立式反应塔（见图8-5a），底部与基础固定在一起，因此，可以简化为一端固定的悬臂梁。在风力载荷作用下，反应塔将发生弯曲变形，如图8-5b所示。

图8-6a所示的火车轮轴系统通过车轮支承在铁轨上，铁轨对车轮的约束，可以看做铰链支座，因此，火车轮轴可以简化为两端外伸梁。由于轴自身重量与车厢以及车厢内装载的人与货物的重量相比要小得多，可以忽略不计，因此，火车轮轴的受力和变形如图8-6b所示。

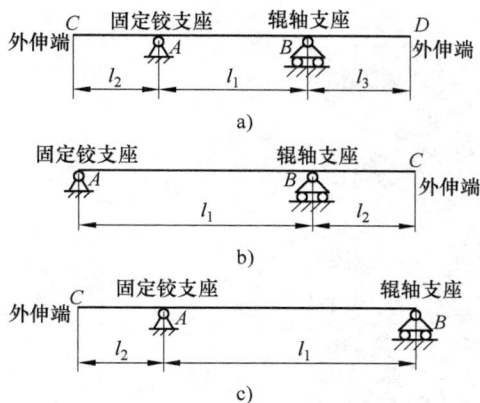
图 8-3 外伸梁

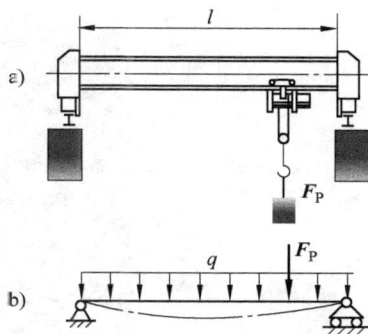
图 8-4 可以简化为简支梁的桥式吊车大梁

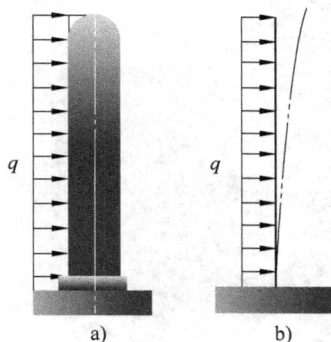
图 8-5 可以简化为悬臂梁的化工容器

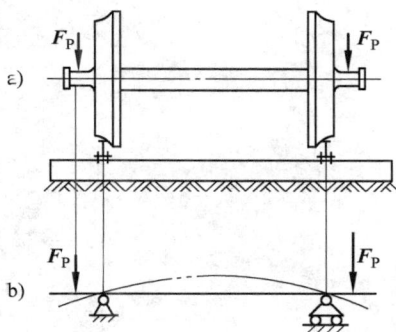
图 8-6 可以简化为外伸梁的火车轮轴系统

图 8-7 所示为美国科罗拉多大峡谷的"玻璃人行桥"及其结构，此桥从大峡谷南端的飞鹰峰延伸至大峡谷上空，长约 21m，距离谷底约 1220m。桥道宽约 3m，两边由强化玻璃包围。这座桥是悬臂式设计，即 U 形一端用钢桩固定在峡谷岩石中，另一端则悬在半空。为了避免"玻璃人行桥"延伸在外的部分发生倾斜下坠，在岩石中的固定端还安放了重达 220t 左右的钢管，以保证桥身具有足够的强度和刚度。整座"玻璃人行桥"重约 485t，相当于 4 架波音 757 喷气式飞机的总重量。尽管如此，由于人行桥底部是钢梁，足以承载两万人的重量，还能承受时速 160km 的大风。因此，可以说这是架在"空中的巨型悬臂梁"。

图 8-8 所示为大自然中的"悬臂梁"——独根草，多年生草本植物，具有粗壮的根状茎，生长在山谷和悬崖石缝处，为我国特有。

8.1.2 对称弯曲与平面弯曲概念

工程中梁的横截面有的具有对称轴（一根对称轴或两根对称轴），有的则没有对称轴。有对称轴的截面，如矩形、工字形、T 形以及圆形等，如图 8-9 所示。

横截面上所有相同对称轴所组成的平面，称为梁的**纵向对称面**（见图 8-10a），简称为**对称面**。

图 8-7   架在空中的悬臂梁

图 8-8   大自然中的"悬臂梁"——独根草

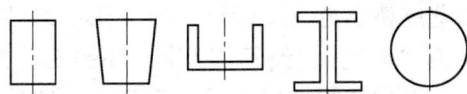

图 8-9   具有对称轴的截面

    当梁上所有外力（包括力偶）都作用在对称面内，并且力的作用线垂直于梁的轴线时，变形后的梁轴线也将在相同对称平面内（见图 8-10b），这种弯曲称为**对称弯曲**，如图 8-10 所示。对称弯曲是平面弯曲的一种特殊情形。

    梁的横截面如果没有对称轴，载荷只要施加在特定平面内，梁变形后的轴线也会位于载荷作用面内，这种弯曲统称为**平面弯曲**。所谓特定平面就是横截面的惯性主轴所组成的平面。关于惯性主轴将在下一章介绍。

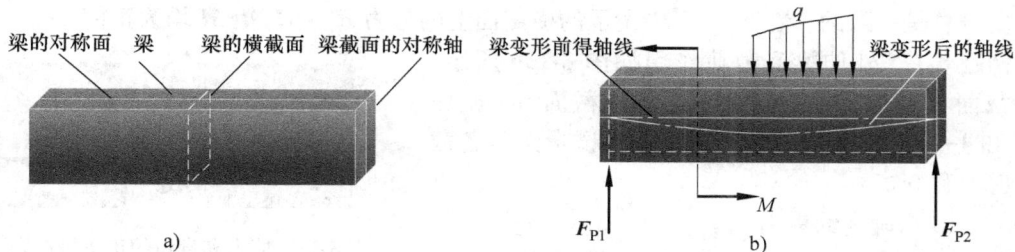

图 8-10 具有纵向对称面梁的对称弯曲

需要指出的是，由于对称轴也是主轴，所以对称面也是主轴平面，因此，对称弯曲一定是平面弯曲，而平面弯曲既可以是对称弯曲，也可以不是对称弯曲。

8.2 剪力和弯矩

8.2.1 截面法确定梁的剪力与弯矩

以图 8-11a 为例，研究承受任意外力产生平面弯曲的梁的横截面内力。为确定梁的任意截面上的剪力和弯矩，在坐标为 x 处，用假想截面将梁分为两部分，因为梁的整体处于平衡状态，所以截出的任意一部分也应是平衡的。

以左侧为研究对象（见图 8-11b），由于原来的梁处于平衡状态，所以梁的左侧仍应处于平衡状态。作用于左段的力，除外力之外，还有横截面的内力。内力和外力一起要满足平衡条件，根据平衡方程（第二个方程中的 C 为截面的形心）

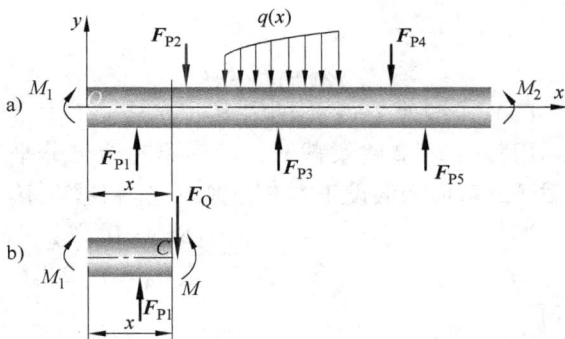

$$\sum F_y = 0$$
$$\sum M_C = 0$$

即可求得截开截面上内力包含两个：一

图 8-11 截面法确定内力分量

个是垂直于轴线的力，称为**剪力** F_Q，它是垂直于轴线的内力系的合力；一个是内力偶矩，称为**弯矩** M，它是垂直于横截面的内力系的合力偶矩。

8.2.2 剪力和弯矩的正负号规则

为了使同一截面上的剪力和弯矩各自具有相同的正负号，对剪力和弯矩的正负号作如下规定：

1）剪力 F_Q——使杆件截开部分产生顺时针方向转动者为正；逆时针方向转动者为负。

2）弯矩 M——作用在右侧面上使截开部分逆时针方向转动，或者作用在左侧面上使截开部分顺时针方向转动者为正；反之为负。

按这一规定，对同一截面，无论是以左段梁还是以右段梁为分析对象，所求剪力或弯矩的正负号总是一致的。在图 8-12 中所示的横截面上的剪力 F_Q 和弯矩 M 均为正值。

例题 8-1 外伸梁受载荷作用如图 8-13a 所示。图中截面 1—1 和 2—2 都无限接近于截面 A，截面 3—3 和 4—4 也都无限接近于截面 D。试求图示各截面的剪力和弯矩。

解：（1）确定约束力

根据平衡方程

$$\sum M_B = 0$$
$$\sum M_A = 0$$

求得

$$F_{Ay} = \frac{5}{4}F_P, \quad F_{By} = -\frac{1}{4}F_P$$

（2）求截面 1—1 上的剪力和弯矩

用截面 1—1 将梁截开，考察梁左边部分平衡，在截开的截面上假设正方向的剪力 F_{Q1} 和弯矩 M_1，受力如图 8-13b 所示。根据平衡方程

$$\sum F_y = 0, \quad -F_P - F_{Q1} = 0$$
$$\sum M_1 = 0, \quad 2F_P l + M_1 = 0$$

求得

$$F_{Q1} = -F_P$$
$$M_1 = -2F_P l$$

（3）求截面 2—2 上的内力

用截面 2—2 将梁截开，考察梁左边部分平衡，在截开的截面上假设正方向的剪力 F_{Q2} 和弯矩 M_2，受力如图 8-13c 所示。根据平衡方程

$$\sum F_y = 0, \quad F_{Ay} - F_P - F_{Q2} = 0$$
$$\sum M_2 = 0, \quad 2F_P l + M_2 = 0$$

得到

$$F_{Q2} = F_{Ay} - F_P = \frac{5}{4}F_P - F_P = \frac{1}{4}F$$

$$M_2 = -2F_P l$$

（4）求截面 3—3 的内力

用截面 3—3 将梁截开，考察梁右边部分平衡，在截开的截面上假设正方向的剪力 F_{Q3} 和弯矩 M_3，受力如图 8-13d 所示。根据平衡方程

$$\sum F_y = 0, \quad F_{Q3} + F_{By} = 0$$
$$\sum M_3 = 0, \quad -M_3 - M_e + 2F_{By} l = 0$$

解出

$$F_{Q3} = -F_{By} = \frac{F_P}{4}$$

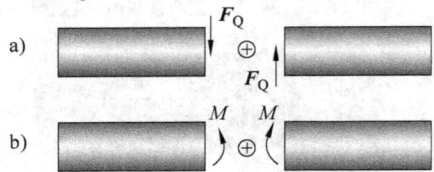

图 8-12　剪力和弯矩的正负号规则

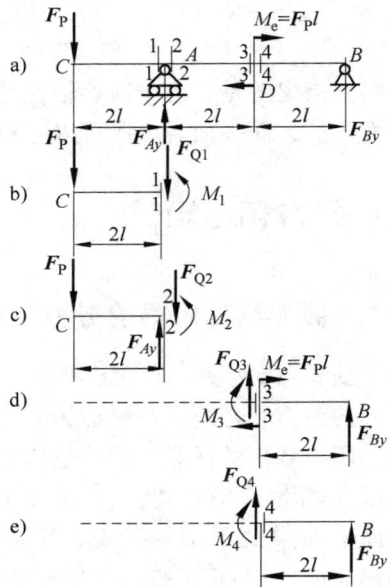

图 8-13　例题 8-1 图

$$M_3 = -F_\mathrm{P}l - 2 \times \frac{F_\mathrm{P}}{4}l = -\frac{3}{2}F_\mathrm{P}l$$

（5）求截面 4—4 的内力

用截面 4—4 将梁截开，考察梁右边部分平衡，在截开的截面上假设正方向的剪力 F_{Q4} 和弯矩 M_4，受力如图 8-13e 所示。根据平衡方程

$$\Sigma F_y = 0, \quad F_{Q4} + F_{By} = 0$$
$$\Sigma M_4 = 0, \quad -M_4 + F_{By} \times 2l = 0$$

解得

$$F_{Q4} = -F_{By} = \frac{F_\mathrm{P}}{4}$$

$$M_4 = 2F_{By}l = -\frac{1}{2}F_\mathrm{P}l$$

（6）本例小结

1）比较所得到的截面 1—1 和 2—2 的计算结果

$$F_{Q2} - F_{Q1} = \frac{F}{4} - (-F) = \frac{5}{4}F = F_{Ay}$$

$$M_2 = M_1$$

可以发现，在集中力左右两侧无限接近的横截面上弯矩相同，而剪力不同，剪力相差的数值等于该集中力的数值。这表明，在集中力的两侧截面上，弯矩没有变化，剪力却有突变，突变值等于集中力的数值。

2）比较截面 3—3 和 4—4 的计算结果

$$F_{Q4} = F_{Q3}$$

$$M_4 - M_3 = \frac{-Fl}{2} - \left(-\frac{3}{2}Fl\right) = Fl = M$$

可以发现，在集中力偶两侧无限接近的横截面上剪力相同，而弯矩不同。这表明，在集中力偶的两侧截面上，剪力没有变化，弯矩却有突变，突变值等于集中力偶的数值。

上述结果为以后建立剪力方程与弯矩方程和绘制剪力图和弯矩图提供了重要的启示：在集中力作用处的两侧必须分段建立剪力方程，在集中力偶作用处的两侧必须分段建立弯矩方程。

8.3 剪力方程和弯矩方程 剪力图和弯矩图

一般受力情形下，梁内剪力和弯矩将随横截面位置的改变而发生变化。描述梁的剪力和弯矩沿长度方向变化的代数方程，分别称为**剪力方程**和**弯矩方程**，即

$$F_Q = F_Q(x) \text{ 和 } M = M(x)$$

与绘制轴力图和扭矩图一样，也可以用图形表示剪力和弯矩沿梁轴线方向的变化情况，分别称为**剪力图**和**弯矩图**，简称 F_Q 图和 M 图。

依据剪力方程和弯矩方程绘制剪力图和弯矩图的解题步骤具体如下：

（1）求解外力（包括载荷和约束力）

（2）确定分段点

在以下几种载荷作用处，均需要分段：

1）集中力作用处；

2）集中力偶作用处；

3）均布载荷（集度相同）起点和终点处。

（3）建立坐标系

为了建立剪力方程和弯矩方程，必须首先建立 Oxy 坐标系，其中 O 为坐标原点，x 坐标轴与梁的轴线一致，坐标原点 O 一般取在梁的左端，x 坐标轴的正方向自左至右 y 轴的正方向铅垂向上。

（4）应用截面法建立剪力方程和弯矩方程

首先在每一段中任意取一横截面，假设这一横截面的坐标为 x；然后从这一横截面处将梁截开，并假设所截开的横截面上的剪力 $F_Q(x)$ 和弯矩 $M(x)$ 都是正方向；最后分别应用力的平衡方程和力矩的平衡方程，即可得到剪力 $F_Q(x)$ 和弯矩 $M(x)$ 的表达式，这就是所要求的剪力方程 $F_Q(x)$ 和弯矩方程 $M(x)$。

（5）根据剪力方程和弯矩方程分别绘制 F_Q 图和 M 图

一般规定：坐标原点定在梁的左端，表示横截面位置的横轴 x 轴自左向右。对于剪力图采用 F_Q-x 坐标系，表示剪力 F_Q 的纵轴垂直于 x 轴指向上方；对于弯矩图采用 M-x 坐标系，表示弯矩 M 的纵轴垂直于 x 轴指向上方。

例题 8-2　图 8-14a 中所示简支梁，承受集度为 q 的均布载荷作用，梁的长度为 $2l$。试写出该梁的剪力方程和弯矩方程。

解：（1）确定约束力

因为只有铅垂方向的外力，所以支座 A 的水平约束力等于零。又因为梁的结构及受力都是对称的，故支座 A 与支座 B 处铅垂方向的约束力相同。于是，根据平衡条件不难求得

$$F_A = F_B = ql$$

（2）确定分段点

因为梁上只作用有连续分布载荷（载荷集度没有突变），没有集中力和集中力偶的作用，所以，从 A 到 B，梁的横截面上的剪力和弯矩可以分别用一个方程描述，无需分段建立剪力方程和弯矩方程。

（3）建立 Oxy 坐标系

以梁的左端 A 为坐标原点 O，建立 Oxy 坐标系，如图 8-14a 所示。

图 8-14　例题 8-2 图

（4）应用截面法建立剪力方程和弯矩方程

以 A、B 之间坐标为 x 的任意截面为假想截面，将梁截开，考察左边部分的平衡，在截开的截面上标出剪力 $F_Q(x)$ 和弯矩 $M(x)$ 的正方向，如图 8-14b 所示。由平衡方程

$$\sum F_y = 0, \quad F_{RA} - qx - F_Q(x) = 0$$

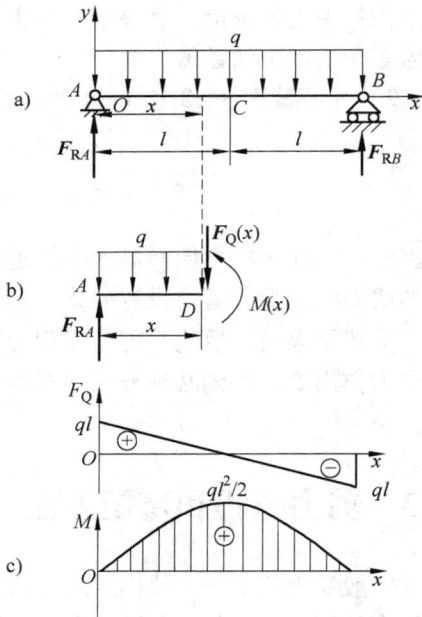

$$\sum M = 0, \quad M(x) - F_{RA} \times x + qx \times \frac{x}{2} = 0$$

得到梁的剪力方程和弯矩方程分别为

$$F_Q(x) = F_{RA} - qx = ql - qx \qquad (0 < x < 2l)$$

$$M(x) = qlx - \frac{qx^2}{2} \qquad (0 \leqslant x \leqslant 2l)$$

这一结果表明，梁上的剪力方程是 x 的线性函数；弯矩方程是 x 的二次函数。

（5）根据剪力方程和弯矩方程分别绘制 F_Q 图和 M 图

正确建立坐标系，分别根据剪力方程和弯矩方程，描点绘制剪力图和弯矩图（见图 8-14c）。

例题 8-3　悬臂梁在 B、C 二处分别承受集中力 F_P 和集中力偶 $M = 2F_P l$ 作用，如图 8-15a 所示。梁的全长为 $2l$。试写出梁的剪力方程和弯矩方程。

解：（1）确定分段点

由于是悬臂梁，故可以不求解固定端约束，以自由端为研究对象。在中点 C 处作用有集中力偶，因此需要分为 AC 和 CB 两段建立剪力和弯矩方程。

（2）建立 Oxy 坐标系

以梁的左端 A 为坐标原点 O，建立 Oxy 坐标系，如图 8-15a 所示。

（3）建立剪力方程和弯矩方程

在 AC 和 CB 两段分别以坐标为 x_1 和 x_2 的横截面将梁截开，并在截开的横截面上，假设剪力 $F_Q(x_1)$、$F_Q(x_2)$ 和弯矩 $M(x_1)$、$M(x_2)$ 都是正方向，然后考察截开的右边部分梁的平衡，由平衡方程即可确定所需要的剪力方程和弯矩方程。

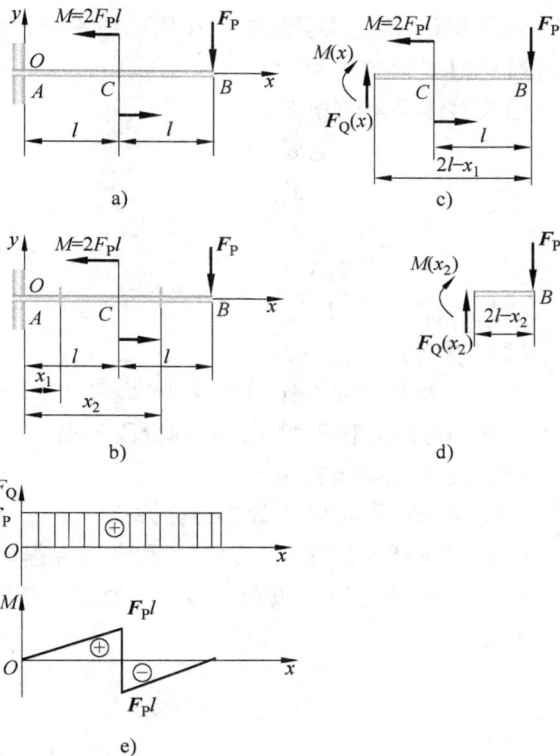

图 8-15　例题 8-3 图

AC 段：由平衡方程

$$\sum F_y = 0, \quad F_Q(x_1) - F_P = 0$$

$$\sum M = 0, \quad -M(x_1) + M - F_P \times (2l - x_1) = 0$$

解得

$$F_Q(x_1) = F_P \quad (0 < x_1 \leqslant l)$$

$$M(x_1) = M - F_P(2l - x_1) = 2F_P l - F_P(2l - x_1) = F_P x_1 \quad (0 < x_1 < l)$$

CB 段：由平衡方程

$$\sum F_y = 0, \quad F_Q(x_2) - F_P = 0$$

$$\sum M = 0, \quad -M(x_2) - F_P \times (2l - x_2) = 0$$

得到

$$F_Q(x_2) = F_P \quad (l \leqslant x_2 < 2l)$$
$$M(x_2) = -F_P(2l - x_2) \quad (l < x_2 \leqslant 2l)$$

上述结果表明，AC 段和 CB 段的剪力方程是相同的；弯矩方程则不同，但都是 x 的线性函数。

（4）根据剪力方程和弯矩方程分别绘制 F_Q 图和 M 图

正确建立坐标系，分别根据剪力方程和弯矩方程，描点绘制剪力图和弯矩图，如图 8-15e 所示。

需要指出的是，本例中，因为所考察的是截开后右边部分梁的平衡，与固定端 A 处的约束力无关，所以无需先确定约束力。

例题 8-4 简支梁受集中力作用如图 8-16a 所示，作梁的剪力图和弯矩图。

解:（1）确定约束力

由梁整体平衡建立方程

$$\sum M_B = 0$$
$$\sum M_A = 0$$

得

$$F_{Ay} = \frac{F_P b}{l}, \qquad F_{By} = \frac{F_P a}{l}$$

（2）确定分段点

梁在 C 处有集中力作用，故 AC 段和 CB 段的剪力方程和弯矩方程不相同，必须分段列出。

（3）建立 Oxy 坐标系

AC 段和 BC 段均以 A 处为坐标原点。

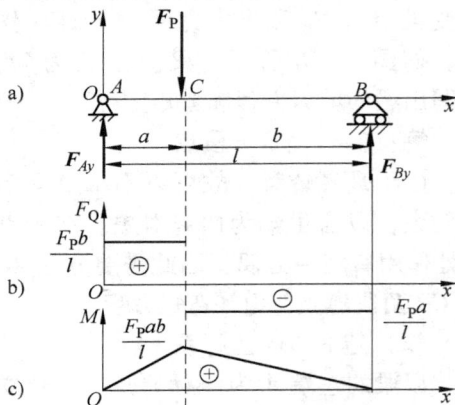

图 8-16　例题 8-4 图

（4）应用截面法建立剪力方程和弯矩方程

分别在 AC 段和 BC 段距左端为 x 处取一横截面，列出剪力方程和弯矩方程。

AC 段:

$$F_Q(x) = F_{Ay} = \frac{F_P b}{l} \qquad (0 < x < a) \tag{a}$$

$$M(x) = F_{Ay} x = \frac{F_P b x}{l} \qquad (0 \leqslant x \leqslant a) \tag{b}$$

CB 段:

$$F_Q(x) = F_{Ay} - F_P = \frac{F_P b}{l} - F_P = \frac{F_P a}{l} \ (a < x < l) \tag{c}$$

$$M(x) = F_{Ay} x - F_P(x - a) = \frac{F_P a}{l}(l - x) \qquad (a \leqslant x \leqslant l) \tag{d}$$

（5）根据剪力方程和弯矩方程分别绘制 F_Q 图和 M 图

根据式（a）、式（c），两段梁的剪力图均为平行于 x 轴的直线；由式（b）、式（d），两段梁的弯矩图都是斜直线。于是，可以绘出梁的剪力图和弯矩图如图 8-16b 和图 8-16c 所示。

从剪力图中可以看出，在集中作用点 C 稍左的截面上

$$F_{QC} = \frac{F_P b}{l}$$

在 C 点稍右的截面上

$$F_{QC} = \frac{-F_P a}{l}$$

可见，剪力图在集中力作用截面处发生突变，其突变值为

$$\left| -\frac{F_P a}{l} - \frac{F_P b}{l} \right| = F_P$$

即等于该集中力的大小；而弯矩图在截面 C 处斜率发生转折（由正变负）。

8.4　载荷集度、剪力和弯矩间的微分关系

绘制剪力图和弯矩图的第二种方法是：先在 F_Q-x 和 M-x 坐标系中标出控制面上的剪力和弯矩数值，然后应用弯矩、剪力与载荷集度之间的微分关系，确定控制面之间的剪力和弯矩图线的形状，因而无需首先建立剪力方程和弯矩方程。

8.4.1　弯矩、剪力与载荷集度之间的微分关系

为了直接由一段杆上的外力，判断这一段杆内各横截面上内力的变化规律，即建立外力与内力之间的函数关系，必须考察杆上的微段受力与平衡。

考察仅在 Oxy 平面内作用有外力的情形（见图 8-17a），其中分布载荷集度 $q(x)$ 向上为正。在坐标为 x 处取长为 dx 的微段，其受力如图 8-17b 所示。设左截面上的剪力和弯矩分别为 F_Q 和 M，则右截面相应地增加一增量，分别为 $F_Q + dF_Q$，和 $M + dM$。作用在微段梁上的分布载荷可视为均匀分布，在 x 处的载荷集度为 $q(x)$，且规定 $q(x)$ 向上为正（与 y 轴方向一致）。

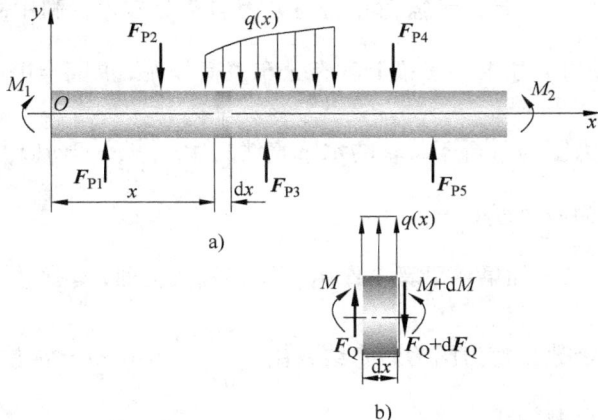

图 8-17　弯矩、剪力与载荷集度之间的关系

根据平衡方程

$$\sum F_y = 0$$
$$\sum M_c = 0$$

得到

$$F_Q + q(x)\,dx - F_Q - dF_Q = 0$$

$$-M(x) - F_Q(x)\,dx - q(x)\,dx\,\frac{dx}{2} + M(x) + dM(x) = 0$$

略去上述第二个方程中的二阶微量，得到

$$\frac{\mathrm{d}F_Q}{\mathrm{d}x} = q(x) \tag{a}$$

$$\frac{\mathrm{d}M(x)}{\mathrm{d}x} = F_Q(x) \tag{b}$$

将式(b)再对 x 求一次导数，并利用式(a)，得到

$$\frac{\mathrm{d}^2 M}{\mathrm{d}x^2} = q(x) \tag{c}$$

综上所述，在平面载荷作用情形下，剪力、弯矩与载荷集度之间存在下列关系：

$$\frac{\mathrm{d}F_Q(x)}{\mathrm{d}x} = q(x) \tag{8-1}$$

$$\frac{\mathrm{d}M(x)}{\mathrm{d}x} = F_Q(x) \tag{8-2}$$

$$\frac{\mathrm{d}^2 M(x)}{\mathrm{d}x^2} = q(x) \tag{8-3}$$

8.4.2 平衡微分方程在绘制剪力图、弯矩图中的应用

根据上述微分关系，在几何上，剪力图在某一点处的斜率等于作用在梁上相应截面处的载荷集度；弯矩图在某一点处的斜率等于对应截面处剪力的数值。

应用上述几何解释可以由梁上的载荷作用状况直接确定剪力图和弯矩图图线的几何形状，加上每段端点的剪力和弯矩数值，就可以确定剪力图和弯矩图在 F_Q-x 和 M-x 坐标系的位置。于是，无需建立剪力方程与弯矩方程，利用微分关系就可直接画出剪力图和弯矩图。

1）如果一段梁上没有分布载荷作用，即 $q = 0$，由 $\dfrac{\mathrm{d}F_Q(x)}{\mathrm{d}x} = q(x) = 0$，可得 $F_Q =$ 常数，剪力图为平行于 x 轴的水平直线；由 $\dfrac{\mathrm{d}^2 M(x)}{\mathrm{d}x^2} = q(x) = 0$，可得 $M(x)$ 是 x 的一次函数，弯矩图为斜直线。

2）如果一段梁上作用有均布载荷，即 $q =$ 常数，由 $\dfrac{\mathrm{d}F_Q(x)}{\mathrm{d}x} = q(x) =$ 常数，可得 F_Q 为一次函数，剪力图为斜直线；由 $\dfrac{\mathrm{d}^2 M(x)}{\mathrm{d}x^2} = q(x) =$ 常数，可得 $M(x)$ 是 x 的二次函数，弯矩图为二次抛物线。

当 q 为正（向上）时，$\dfrac{\mathrm{d}^2 M(x)}{\mathrm{d}x^2} = q(x) > 0$，弯矩图向下凸；

当 q 为负（向下）时，$\dfrac{\mathrm{d}^2 M(x)}{\mathrm{d}x^2} = q(x) < 0$，弯矩图向上凸。

3）在集中力作用处，剪力图有突变，突变的数值等于该集中力的大小。M 图的斜率发生突变。

4）在集中力偶作用处，其两侧截面的剪力图连续无变化；弯矩图产生突变，突变的数值等于该集中力偶矩的大小。

利用以上各点，除可以校核已作出的剪力图和弯矩图是否正确外，还可以利用微分关系直接绘制剪力图和弯矩图，具体解题步骤如下：

（1）求解外力（包括载荷和约束力）

（2）确定分段点

（3）建立坐标系

建立 F_Q-x 和 M-x 坐标系。

（4）应用截面法

将每段端点上的剪力和弯矩值标在相应的坐标系中。

（5）应用微分关系绘制 F_Q 图和 M 图

应用微分关系确定各段控制面之间的剪力图和弯矩图的形状，进而画出剪力图与弯矩图。

例题 8-5 简支梁受力如图 8-18a 所示。试作出其剪力图和弯矩图，并确定二者绝对值的最大值 $|F_Q|_{max}$ 和 $|M|_{max}$。

解：（1）确定约束力

由整体平衡方程

$$\sum M_A = 0$$
$$\sum M_F = 0$$

解得 $F_{Fy} = 1.11 \text{kN}$，$F_{Ay} = 0.89 \text{kN}$，方向如图所示。

（2）确定分段点

在集中力和集中力偶作用处要分段，因此分三段处理。

（3）建立坐标系

建立 F_Q-x、M-x 坐标系，分别如图 8-18b 和图 8-18c 所示。

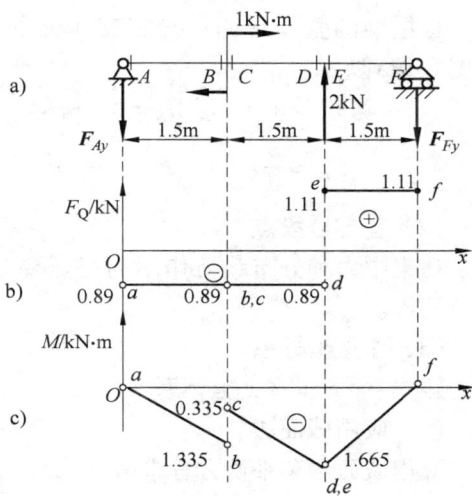

图 8-18 例题 8-5 图

（4）应用截面法

应用截面法和平衡方程，求得每段两端点上的剪力和弯矩值分别为：

A 截面：　　　　　　　$F_Q = -0.89 \text{kN}$，$M = 0$

B 截面：　　　　　　　$F_Q = -0.89 \text{kN}$，$M = -1.335 \text{kN} \cdot \text{m}$

C 截面：　　　　　　　$F_Q = -0.89 \text{kN}$，$M = -0.335 \text{kN} \cdot \text{m}$

D 截面：　　　　　　　$F_Q = -0.89 \text{kN}$，$M = -1.665 \text{kN} \cdot \text{m}$

E 截面：　　　　　　　$F_Q = 1.11 \text{kN}$，$M = -1.665 \text{kN} \cdot \text{m}$

F 截面：　　　　　　　$F_Q = 1.11 \text{kN}$，$M = 0$

将这些值分别标在 F_Q-x、M-x 坐标系中，便得到 a、b、c、d、e、f 各点，如图 8-18b、c 所示。

（5）应用微分关系绘制 F_Q 图和 M 图

因为梁上没有分布载荷作用，所以 $F_Q(x)$ 图形均为平行于 x 轴的直线；$M(x)$ 图形均为斜直线。于是，按顺序连接 F_Q-x、M-x 坐标系中的 a、b、c、d、e、f 各点，便得到梁的剪力图与弯矩图，分别如图 8-18b、c 所示。

从图中不难得到剪力与弯矩的绝对值的最大值分别为

$$|F_Q|_{max} = 1.11\text{kN} \quad (\text{在 } EF \text{ 段})$$

$$|M|_{max} = 1.665\text{kN} \cdot \text{m} \quad (\text{在 } D \text{、} E \text{ 截面上})$$

从图中不难看出，AB 段与 CD 段的剪力相等，因而这两段内的弯矩图具有相同的斜率。此外，在集中力作用点两侧截面上的剪力有突变，而在集中力偶作用处两侧截面上的弯矩也有突变。

例题 8-6 外伸梁受力如图 8-19a 所示。试作出其剪力图与弯矩图，并确定 $|F_Q|_{max}$ 和 $|M|_{max}$ 值。

解：（1）确定约束力

根据梁的整体平衡，确定支座处的约束力，如图 8-19a 所示。

$$\sum M_A = 0, \quad \sum M_B = 0, \quad \text{解得}$$

$$F_{Ay} = \frac{9}{4}qa, \quad F_{By} = \frac{3}{4}qa$$

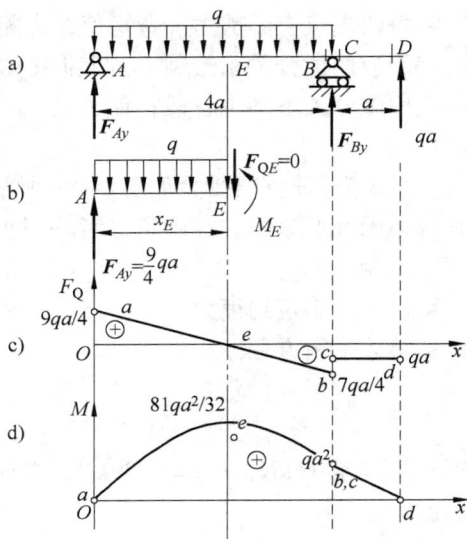

图 8-19　例题 8-6 图

（2）确定分段点

在集中力和分布载荷作用的终点要分段，因此分两段。

（3）建立坐标系。

建立 F_Q-x 和 M-x 坐标系。

（4）应用截面法

应用截面法和平衡方程求得 A、B、C、D 四个控制面上的 F_Q、M 数值分别为

A 截面：
$$F_Q = \frac{9}{4}qa, \ M = 0$$

B 截面：
$$F_Q = -\frac{7}{4}qa, \ M = qa^2$$

C 截面：
$$F_Q = -qa, \ M = qa^2$$

D 截面：
$$F_Q = -qa, \ M = 0$$

将其分别标在 F_Q-x、和 M-x 坐标系中，得到相应的 a、b、c、d 各点，如图 8-19c、d 所示。

（5）应用微分关系绘制 F_Q 图和 M 图

对于剪力图：在 AB 段，因有均布载荷作用，剪力图为一斜直线，于是连接 a、b 两点，即得这一段的剪力图；在 CD 段，因无分布载荷作用，故剪力图为平行于 x 轴的直线，由连接 c、d 两点而得，或者由其中任一点作平行于 x 轴的直线而得。

对于弯矩图：在 AB 段，因为有均布载荷作用，图形为二次抛物线。又因为 q 向下为负，所以有 $\dfrac{d^2M}{dx^2} < 0$，故弯矩图为凸向 M 坐标正方向的曲线。这样，AB 段内弯矩图的形状便大致确定。为了确定曲线的位置，除 AB 段上两个控制面上弯矩数值外，还需确定在这一段内二次抛物线有没有极值点，以及极值点的位置和弯矩数值。从剪力图上可以看出，在 e 点

剪力为零。根据 $\dfrac{dM}{dx} = F_Q = 0$，弯矩图在 e 点有极值点。利用 $F_Q = 0$ 这一条件，可以确定极值点 e 的位置 x_E。

为了确定 x_E 的数值，由图 8-193b 所示之隔离体的平衡方程

$$\sum F_y = 0, \qquad \sum M_A = 0$$

可得

$$\frac{9}{4}qa - qx_E = 0$$

$$M_E - \frac{qx_E^2}{2} = 0$$

由此解得

$$x_E = \frac{9}{4}a$$

$$M_E = \frac{qx_E^2}{2} = \frac{81}{32}qa^2$$

将其标在 M-x 坐标系中，得到 e 点，根据 a、b、c 三点以及图形为凸曲线，并在 e 点取极值，即可画出 AB 段的弯矩图。在 CD 段因无分布载荷作用，故弯矩图为一斜直线，它由 c、d 两点直接连得。

从图中可以看出

$$|F_Q|_{max} = \frac{9}{4}qa$$

$$|M|_{max} = \frac{81}{32}qa^2$$

注意到在右边支座处，由于约束力的作用，该处剪力图有突变，弯矩图在该处出现折点。

习　题

8-1　平衡微分方程中的正负号由哪些因素所确定？简支梁受力及 Ox 坐标取向如图 8-20 所示。试分析下列平衡微分方程中哪一个是正确的。

(A) $\dfrac{dF_Q}{dx} = q(x)$，$\dfrac{dM}{dx} = F_Q$；

(B) $\dfrac{dF_Q}{dx} = -q(x)$，$\dfrac{dM}{dx} = -F_Q$；

(C) $\dfrac{dF_Q}{dx} = -q(x)$，$\dfrac{dM}{dx} = F_Q$；

(D) $\dfrac{dF_Q}{dx} = q(x)$，$\dfrac{dM}{dx} = -F_Q$。

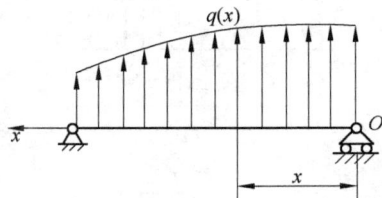

图 8-20　习题 8-1 图

8-2　求图 8-21 所示各梁指定截面上的剪力 F_Q 和弯矩 M。

8-3　试建立图 8-22 所示各梁的剪力方程和弯矩方程。

8-4　应用平衡微分方程，试画出图 8-23 所示各梁的剪力图和弯矩图，并确定 $|F_Q|_{max}$、$|M|_{max}$。

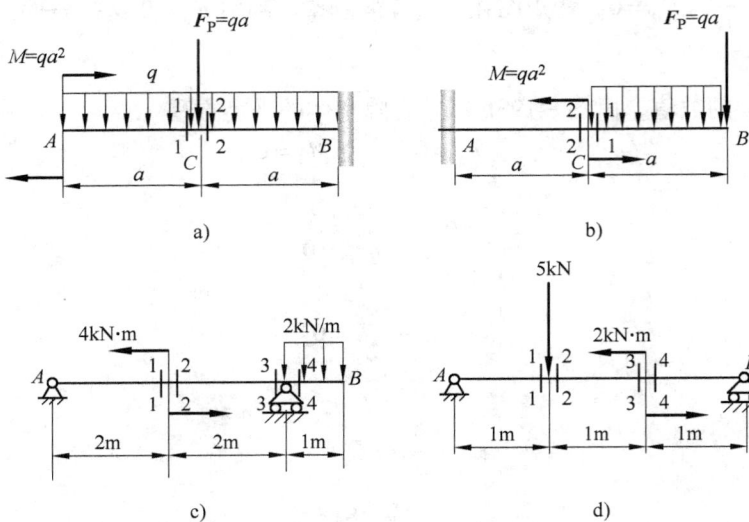

图 8-21　习题 8-2 图

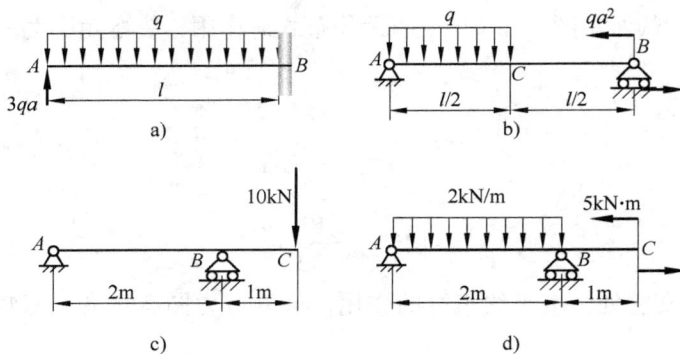

图 8-22　习题 8-3 图

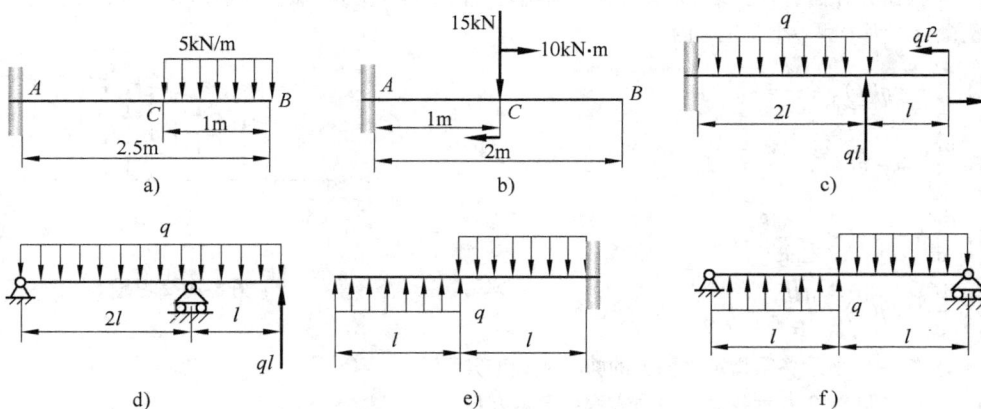

图 8-23　习题 8-4 图

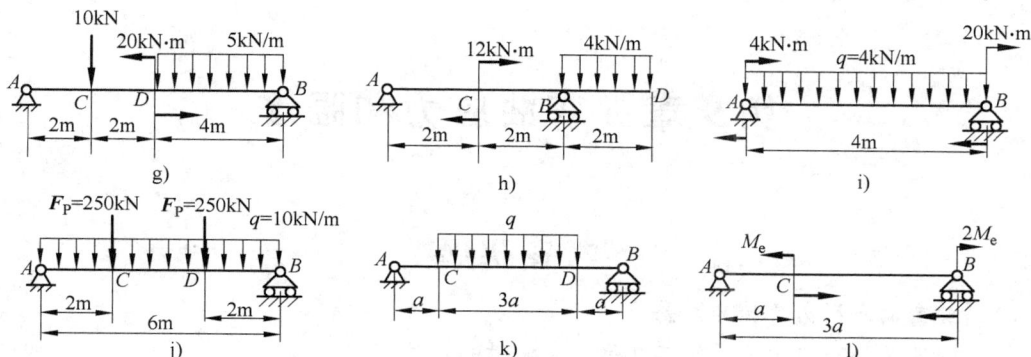

图 8-23 习题 8-4 图（续）

8-5 静定梁承受平面载荷，但无集中力偶作用，其剪力图如图 8-24 所示。若已知 A 端弯矩 $M(A)=0$，试确定梁上的载荷及梁的弯矩图。并指出梁在何处有约束，且为何种约束。

8-6 已知静定梁的剪力图和弯矩图（见图 8-25），试确定梁上的载荷及梁的支承。

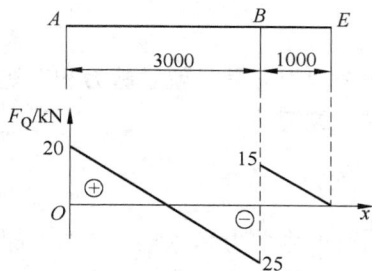

图 8-24 习题 8-5 图

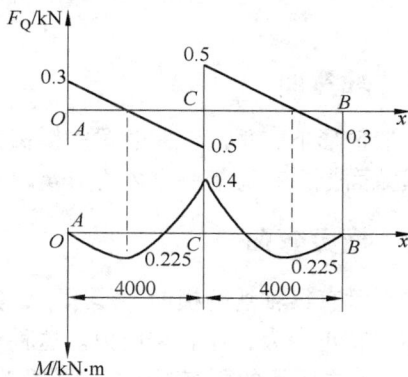

图 8-25 习题 8-6 图

8-7 试作图 8-26 所示各刚架的内力图。

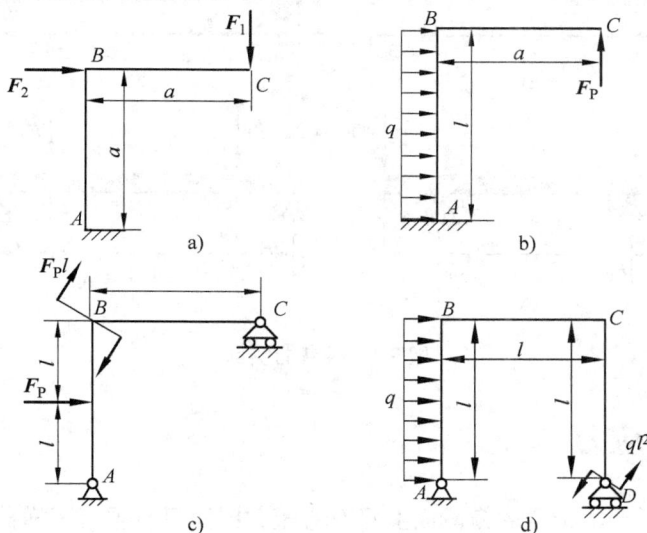

图 8-26 习题 8-7 图

第 9 章　弯曲应力和强度

内 容 提 要

(1) 纯弯曲和横力弯曲的概念
(2) 纯弯曲的正应力公式及其在横力弯曲时的应用
(3) 弯曲切应力的公式
(4) 基于弯曲正应力和弯曲切应力的强度计算

9.1　纯弯曲和横力弯曲

9.1.1　纯弯曲

　　一般情形下，平面弯曲时梁的横截面上一般将有两个内力分量，就是剪力和弯矩。如果梁的横截面上只有弯矩一个内力分量，这种平面弯曲称为**纯弯曲**。

9.1.2　横力弯曲

　　梁在垂直梁轴线的横向力作用下，其横截面上将同时产生剪力和弯矩。这时，梁的横截面上不仅有正应力，还有切应力。这种弯曲称为横力弯曲，简称**横弯曲**。

　　图 9-1 中所示的所有梁上的 *AB* 段都承受纯弯曲，其余部分都是横弯曲。

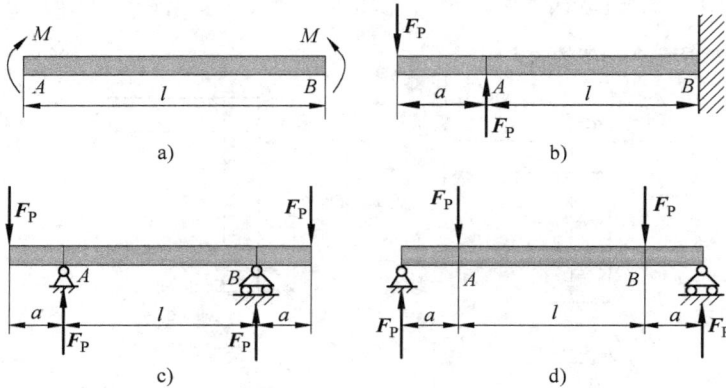

图 9-1　纯弯曲实例

9.2　纯弯曲正应力

　　在纯弯曲情形下，由于梁的横截面上只有弯矩，因而只有垂直于横截面的正应力。分析梁横截面上的正应力，就是要确定梁横截面上各点的正应力与弯矩、横截面的形状与尺寸之间的关系。横截面上的应力是不可见的，但变形却是可见的，且二者之间通过材料的物性关系相联系，因此，可以根据梁的变形情形推知梁横截面上的正应力分布。这一过程与分析圆轴扭转时横截面上的切应力的过程是相同的。

用容易变形的材料，例如橡胶或海绵，制成梁的模型，然后让梁的模型产生纯弯曲，如图 9-2 所示。可以看到梁弯曲后，底部一些层纵向发生伸长变形，靠顶面另一些层则发生缩短变形。如果把梁看成是平行于轴线的众多纵向纤维组成，弯曲时一侧纵向纤维伸长，另一侧纵向纤维缩短缩短，总有一层既不伸长，也不缩短，称为**中性层**。横截面与中性层交线称为**中性轴**。

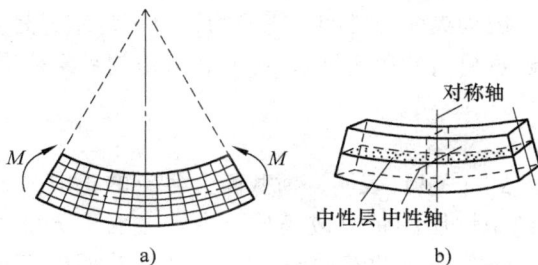

图 9-2　纯弯曲变形现象

横向线仍为直线，只是发生相对转动，与弯曲后的纵线正交。根据上述实验观察到的纯弯曲的变形现象可作出如下假设：梁的横截面在纯弯曲变形后仍保持为平面，并垂直于梁弯曲后的轴线，横截面只是绕其面内的中性轴刚性地转了一个角度。这就是弯曲变形的**平面假设**。

以上对弯曲变形作了概括的描述。在纯弯曲变形中，还认为各纵向纤维间并无相互作用的正应力。至此，对纯弯曲变形提出了两个假设：①平面假设；②纵向纤维间无正应力假设。根据这两个假设得出的理论结果在长期工程实践中符合实际情况，经得住实践的检验。而且，在纯弯曲的情况下，与弹性理论的结果也是一致的。

9.2.1　变形几何关系

用相邻的两个横截面从梁上截取长度为 dx 的一微段（见图 9-3a），在横截面上建立 $Oxyz$ 坐标系，其中 z 轴与中性轴重合（中性轴的位置尚未确定），y 轴沿横截面高度方向并与加载方向重合。在中性轴未确定之前，x 轴只能暂时认为是通过原点的横截面的法线。根据平面假设，横截面间相对转过的角度为 $d\theta$，中性层 OO' 的曲率半径为 ρ，微段上距中性层为 y 处的任一纵向线段长度的改变量为

$$\Delta dx = (\rho + y)\,d\theta - \rho d\theta = y d\theta \qquad (9\text{-}1)$$

式中，负号表示 y 坐标为正的线段产生压缩变形；y 坐标为负的线段产生伸长变形。

将线段的长度改变量除以原长 dx，即为线段的正应变

$$\varepsilon = \frac{\Delta dx}{dx} = y\frac{d\theta}{dx} = \frac{y}{\rho} \qquad (9\text{-}2)$$

可见，纵向纤维的正应变与它到中性层的距离成正比，其中

$$\frac{1}{\rho} = \frac{d\theta}{dx} \qquad (9\text{-}3)$$

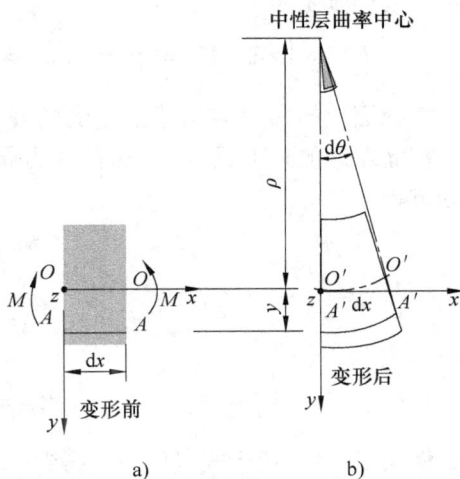

图 9-3　弯曲时微段梁的变形

从图 9-3b 可以看出，ρ 为中性层弯曲后的曲率半径。

9.2.2 物理关系

因为纵向纤维间无正应力，每一纤维只是发生了单向拉伸或压缩。当横截面上的正应力不超过材料的比例极限 σ_p 时，可由胡克定律得到横截面上坐标为 y 处各点的正应力为

$$\sigma = E\varepsilon = \frac{E}{\rho}y \tag{9-4}$$

式 (9-4) 表明，横截面上各点的正应力 σ 与它到中性层的距离成正比。由于截面上 E/ρ 为常数，横截面上的弯曲正应力，沿横截面的高度方向从中性轴为零开始呈线性分布，如图 9-4 所示。中性轴 z 上各点的正应力均为零，距中性轴最远的上、下边缘上各点处正应力最大。

式 (9-4) 虽然给出了横截面上的应力分布，但仍然不能用于计算横截面上各点的正应力。这是因为：第一，y 坐标是从中性轴开始计算的，但中性轴的位置还没有确定；第二，中性层的曲率半径 ρ 也没有确定。

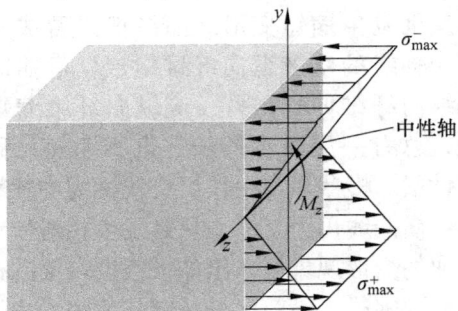

图 9-4 横截面上正应力分布图

9.2.3 静力学关系

为了确定中性轴的位置以及中性层的曲率半径，现在需要应用正应力与内力之间的静力学关系。

根据横截面存在正应力这一事实，正应力这一分布力系在横截面上只可能简化为三个内力分量，即平行于 x 轴的轴力 F_N，对 y 轴的弯矩 M_y 和对 z 轴的弯矩 M_z，如图 9-5 所示。它们分别是

$$F_N = \int_A \sigma dA, M_y = \int_A z\sigma dA, M_z = -\int_A y\sigma dA$$

图 9-5 横截面上正应力组成的内力分量

横截面上的内力应与截面左侧的外力平衡。在纯弯曲时，截面左侧的外力只有对 z 轴的外力偶矩 M_e，考察平衡，得到方程

$$F_N = \int_A \sigma dA = 0 \tag{9-5}$$

$$M_y = \int_A z\sigma dA = 0 \tag{9-6}$$

$$M_z = -\int_A y\sigma dA = -M \tag{9-7}$$

将式 (9-4) 代入式 (9-5)，得到

$$F_N = \frac{E}{\rho} \int_A y dA = \frac{E}{\rho} S_z = 0$$

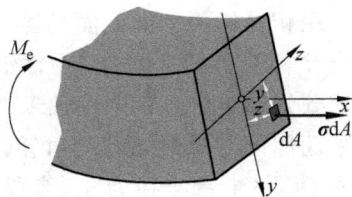

式中 E/ρ = 常量，故有 $S_z = 0$，即横截面对 z 轴的静矩为零，亦即中性轴 z 轴必通过横截面的形心（见附录 A.1）。

将式（9-4）代入式（9-6），得到

$$M_y = \int_A z\sigma\mathrm{d}A = \frac{E}{\rho}\int_A zy\mathrm{d}A = \frac{E}{\rho}I_{yz} = 0$$

式中 E/ρ = 常量，故有 $I_{yz} = 0$，即横截面对 yz 轴的惯性积为零，亦即 y 和 z 为横截面的主轴（见附录 A.3）。将式（9-4）代入式（9-7），得到

$$M_z = \int_A y\sigma\mathrm{d}A = \frac{E}{\rho}\int_A y^2\mathrm{d}A = \frac{E}{\rho}I_z = M$$

式中，I_z 为横截面对 z 轴的惯性矩（见附录 A.2），即

$$\int_A y^2\mathrm{d}A = I_z$$

代入上式后，得到梁中性层的曲率

$$\frac{1}{\rho} = \frac{M_z}{EI_z} \tag{9-8}$$

将该式代入式（9-4），即可得到纯弯曲时梁的横截面上的正应力公式

$$\sigma = \frac{M_z y}{I_z} \tag{9-9}$$

式中，弯矩 M_z 由截面法平衡条件求得；截面对于中性轴的惯性矩 I_z 既与截面的形状有关，又与截面的尺寸有关；EI_z 称为梁的**弯曲刚度**，EI_z 越大，则曲率 $\frac{1}{\rho}$ 越小。

在分析正应力、设置坐标系时，指定 z 轴与中性轴重合。因此，上述结果表明，中性轴 z 通过截面形心，并且是截面的形心主轴，所以，确定中性轴的位置就是要确定截面的形心位置。

对于有两根对称轴的截面，两根对称轴的交点就是截面的形心。例如，矩形截面、圆截面、圆环截面等，这些截面的形心很容易确定。对于只有一根对称轴的截面，或者没有对称轴的截面的形心，也可以从有关的设计手册中查到。

工程上最感兴趣的是横截面上的最大正应力，也就是横截面上到中性轴最远处点上的正应力。这些点的 y 坐标值最大，即 $y = y_{\max}$。于是，有

$$\sigma_{\max} = \frac{M_z y_{\max}}{I_z} \tag{9-10}$$

引入记号

$$W_z = \frac{I_z}{y_{\max}}$$

则截面上最大弯曲正应力公式为

$$\sigma_{\max} = \frac{M_z}{W_z} \tag{9-11}$$

W_z 称为截面图形的**抗弯截面系数**。它只与截面图形的几何性质有关。矩形截面和圆截面的抗弯截面系数分别如下。

对于高度为 h、宽为 b 的矩形截面（见图 9-6a）：

$$I_z = \frac{bh^3}{12}, \qquad y_{max} = \frac{h}{2}, \qquad W_z = \frac{bh^2}{6}$$

对于直径为 d 的圆形截面（见图 9-6b）：

$$I_z = \frac{\pi d^4}{64}, \qquad y_{max} = \frac{d}{2}, \qquad W_z = \frac{\pi d^3}{32}$$

对于外径为 D、内径为 d 的空心圆截面（图 9-6c）：

$$I_z = \frac{\pi}{64}(D^4 - d^4), \qquad y_{max} = \frac{D}{2}, \quad W_z = \frac{\pi D^3}{32}\left[1 - \left(\frac{d}{D}\right)^4\right]$$

对于各种型钢截面，其抗弯截面系数可从型钢规格表中查到。

以上有关纯弯曲的正应力的公式，对于横力弯曲，也就是横截面上除了弯矩之外还有剪力的情形，如果是细长梁，也是近似适用的。理论与实验结果都表明，由于切应力的存在，梁的横截面在梁变形之后将不再保持平面，而是要发生翘曲，这种翘曲对正应力分布的影响是很小的。对于细长梁这种影响更小，通常都可以忽略不计。此时，

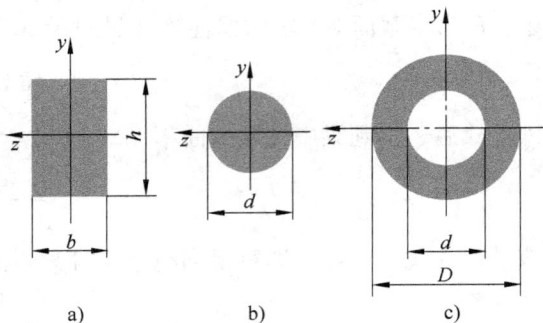

图 9-6　不同形状的横截面惯性矩和弯曲截面模量

$$\sigma = \frac{M(x) \cdot y}{I_z} \tag{9-12}$$

如果梁的横截面具有一对相互垂直的对称轴，并且加载方向与其中一根对称轴一致时，则中性轴与另一对称轴一致。此时最大拉应力与最大压应力绝对值相等。

如果梁的横截面只有一根对称轴，而且加载方向与对称轴一致，则中性轴过截面形心并垂直对称轴。这时，横截面上最大拉应力与最大压应力绝对值不相等，如图 9-7 所示，可由下列二式分别计算：

$$\sigma_{max}^+ = \frac{M_z y_{max}^+}{I_z}$$

$$\sigma_{max}^- = \frac{M_z y_{max}^-}{I_z} \tag{9-13}$$

在实际计算中，可以不注明应力的正负号，只要在计算结果的后面用括号注明"拉"或"压"。

例题 9-1　如图 9-8a 所示，矩形截面悬臂梁有两个对称面：由横截面铅垂对称轴所组成的平面，称为铅垂对称面；由横截面水平对称轴所组成的平面，称为水平对称面。梁在自由端承受外加力偶作用，

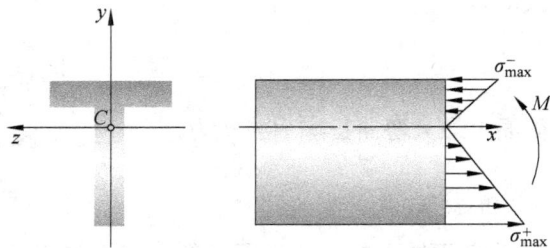

图 9-7　最大拉、压应力不等的情形

力偶矩为 M_e，力偶作用在铅垂对称面内。试画出梁在固定端处横截面上的正应力分布图。

解：（1）确定固定端处横截面上的弯矩

根据梁的受力，从固定端处将梁截开，考虑右边部分的平衡，可以求得固定端处梁截面上的弯矩

$$M = M_e$$

方向如图 9-8b 所示，这一梁的所有横截面上的弯矩都等于外加力偶的力偶矩 M_e。

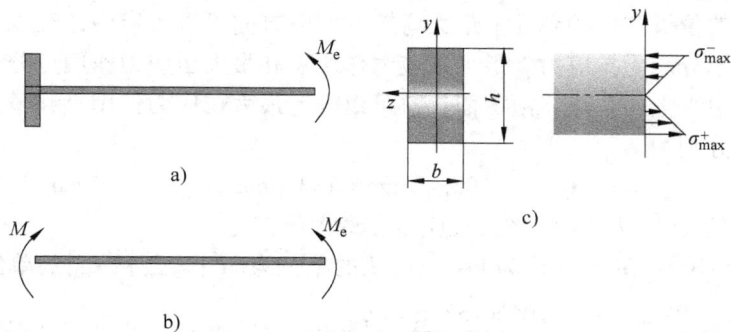

图 9-8　例题 9-1 图

（2）确定中性轴的位置

中性轴通过截面形心并与截面的铅垂对称轴（y）垂直。因此，图 9-8c 中的 z 轴就是中性轴。

（3）判断横截面上承受拉应力和压应力的区域

根据弯矩的方向可判断横截面中性轴以上各点均受压应力；横截面中性轴以下各点均受拉应力。

（4）画出固定端截面上正应力分布图

根据正应力公式，横截面上正应力沿截面高度（y）按直线分布，在上、下边缘正应力最大。本例题中，上边缘承受最大压应力；下边缘承受最大拉应力。于是，可以画出固定端截面上的正应力分布图，如图 9-8c 所示。

例题 9-2　如图 9-9a 所示，T 形截面简支梁在中点承受集中力 $F_P = 32\text{kN}$，梁的长度 $l = 2\text{m}$。T 形截面的形心坐标 $y_C = 96.4\text{mm}$，横截面对于 z 轴的惯性矩 $I_z = 1.02 \times 10^8 \text{mm}^4$。求弯矩最大截面上的最大拉应力和最大压应力。

解：（1）确定弯矩最大截面以及最大弯矩数值

根据静力学平衡方程

$$\sum M_A = 0$$
$$\sum M_B = 0$$

可以求得支座 A 和 B 处的约束力为

$$F_{RA} = F_{RB} = 16\text{kN}$$

根据内力分析，梁中点的截面上弯矩最大，数值为

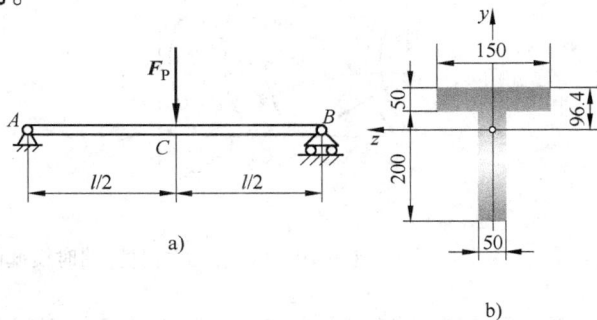

图 9-9　例题 9-2 图

$$M_{max} = \frac{F_P l}{4} = 16 \text{kN} \cdot \text{m}$$

（2）确定中性轴的位置

T形截面只有一根对称轴，而且载荷方向沿着对称轴方向，因此，中性轴通过截面形心并且垂直于对称轴，z 轴就是中性轴。

（3）确定最大拉应力和最大压应力点到中性轴的距离

根据中性轴的位置和中间截面上最大弯矩的实际方向可以确定中性轴以上部分承受压应力；中性轴以下部分承受拉应力。最大拉应力作用点和最大压应力作用点分别为到中性轴最远的下边缘和上边缘上的各点。由截面尺寸可以确定最大拉应力作用点和最大压应力作用点到中性轴的距离分别为

$$y_{max}^+ = (200 + 50 - 96.4)\text{mm} = 153.6\text{mm}, \quad y_{max}^- = 96.4\text{mm}$$

（4）计算弯矩最大截面上的最大拉应力和最大压应力

应用公式（9-10），M 的单位为 kN·m；I_z 的单位为 m^4；y_{max}^+ 和 y_{max}^- 的单位为 m，得到

$$\sigma_{max}^+ = \frac{M y_{max}^+}{I_z} = \frac{16 \times 10^3 \times 153.6 \times 10^{-3}}{1.02 \times 10^8 \times (10^{-3})^4}\text{Pa} = 24.09 \times 10^6 \text{Pa} = 24.09\text{MPa}$$

$$\sigma_{max}^- = \frac{M y_{max}^-}{I_z} = \frac{16 \times 10^3 \times 96.4 \times 10^{-3}}{1.02 \times 10^8 \times (10^{-3})^4}\text{Pa} = 15.12 \times 10^6 \text{Pa} = 15.12\text{MPa}$$

9.3 弯曲切应力

9.3.1 薄壁截面梁横截面上的切应力

对于承受横向弯曲的薄壁截面杆件，与剪力相对应的切应力具有下列显著特征：

1）根据切应力互等定理，若杆件表面无切向力作用，则薄壁截面上的切应力作用线必平行于截面周边的切线方向，并形成**切应力流**。

2）由于壁很薄，故切应力沿壁厚方向可视为均匀分布。

由此可见，在薄壁截面上与剪力相对应的切应力可能与剪力方向一致，也可能不一致。如图 9-10a 所示。

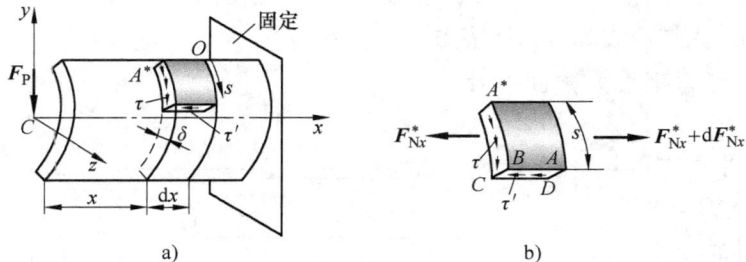

图 9-10　薄壁截面杆件弯曲时横截面与纵截面上的切应力

假定平面弯曲正应力公式成立所需的条件都得以满足，则采用考察局部平衡的方法，可以确定相关纵截面上切应力的方向，进而应用切应力互等定理，即可确定薄壁横截面在截开

处切应力的方向，如图 9-10b 所示。

以图 9-11a 所示的壁厚为 δ 的槽形截面梁为例。首先沿梁长方向截取长度为 dx 的微段，并确定其上剪力和弯矩的实际方向，如图 9-11b 所示；其次再从微段的上、下翼缘截取一局部，其上受力如图 9-11c 所示。根据局部平衡的要求，即可确定上、下翼缘上切应力的方向。腹板上的切应力方向亦可采用类似方法确定。当薄壁截面周边与剪力作用线平行时，切应力方向与剪力方向一致。

从要求切应力处截出局部（见图 9-11c），考察其受力与平衡，由平衡方程 $\Sigma F_x = 0$，得

$$F_N^* - (F_N^* + dF_N^*) + \tau'(\delta dx) = 0 \qquad (a)$$

其中

$$\begin{cases} F_{Nx}^* = \int_{A^*} \sigma_x dA \\ F_{Nx}^* + dF_{Nx}^* = \int_{A^*} (\sigma_x + d\sigma_x) dA \end{cases} \qquad (b)$$

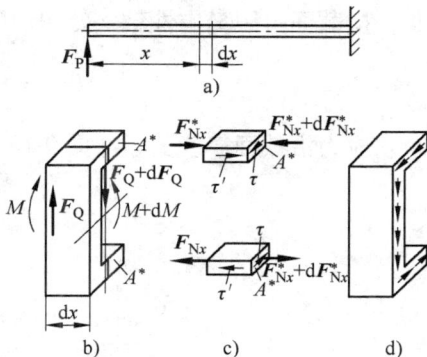

图 9-11 切应力流方向的确定

将正应力 $\sigma_x = My^*/I_z$ 代入上式，考虑到 $S_z^* = \int_{A^*} y^* dA$，得

$$\begin{cases} F_{Nx}^* = \dfrac{MS_z^*}{I_z} \\ F_{Nx}^* + dF_{Nx}^* = \dfrac{(M+dM)\ S_z^*}{I_z} \end{cases} \qquad (c)$$

将式（c）、式（a）代入式（a），利用 $dM/dx = F_Q$，并由切应力互等定理，得

$$\tau = \tau' = \frac{F_Q S_z^*}{\delta I_z} \qquad (9\text{-}14)$$

此即薄壁截面梁弯曲切应力的一般表达式。式中，F_Q 为所要求切应力横截面上的剪力；I_z 为整个横截面对于中性轴的惯性矩；δ 为通过所要求切应力点处薄壁截面的厚度；S_z^* 为过所要求切应力点，沿薄壁横截面厚度方向将横截面分为两部分，其中任意部分对中性轴的静矩。

在上述切应力表达式中，F_Q、I_z 对于某一截面为确定量，而 δ 和 S_z^* 则不然，它们对于同一截面上的不同点，数值有可能不等。其次，上述 4 个量中，F_Q 和 S_z^* 都有正负号，从而导致切应力的正负号。实际计算中可以不考虑这些正负号，直接由局部平衡先确定 τ' 的方向，再根据切应力互等定理，由 τ' 的方向确定 τ 的方向。

9.3.2 实心截面梁的弯曲切应力公式

薄壁截面梁的切应力公式（9-14），也可以近似地推广应用于实心截面梁。

1. 宽度和高度分别为 b 和 h 的矩形截面

对于截面宽度与高度之比小于 1 的矩形截面梁（见图 9-12a），切应力沿截面宽度方向仍可认为是均匀分布的。因此，前面所得到的薄壁截面杆件横截面上的弯曲切应力表达式（9-14）也是近似适用的。

式（9-14）中的静矩

$$S_z^*(y) = A^* y_C^* = b\left(\frac{h}{2} - y\right)\left(\frac{h}{4} + \frac{y}{2}\right) = \frac{bh^2}{8}\left(1 - \frac{4y^2}{h^2}\right)$$

$$\delta = b$$

于是，横截面上距离中性轴 y 处的切应力

$$\tau(y) = \frac{F_Q S_z^*(y)}{\delta I_z} = \frac{3}{2}\frac{F_Q}{bh}\left(1 - \frac{4y^2}{h^2}\right) \tag{9-15}$$

切应力沿截面高度分布如图 9-12a 所示。最大切应力发生在中性轴上各点，其值为

$$\tau_{max} = \frac{3}{2}\frac{F_Q}{bh} \tag{9-16}$$

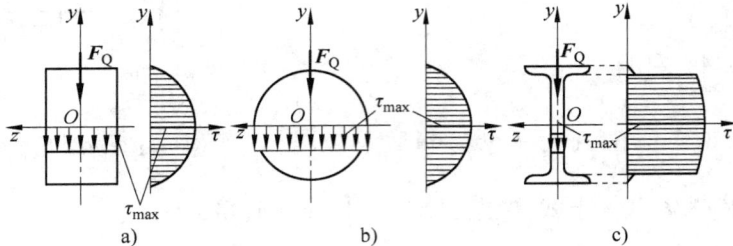

图 9-12　几种不同截面上的弯曲切应力分布

2. 直径为 d 的圆截面

$$S_z^*(y) = \int_0^{d/2} y\,dA = \frac{2}{3}\left(\frac{d^2}{4} - y^2\right)^{3/2}$$

$$\tau_{xy}(y) = \frac{F_Q S_z^*(y)}{\delta I_z} = \frac{4}{3}\frac{F_Q}{A}\left[1 - \left(\frac{2y}{d}\right)^2\right] \tag{9-17}$$

在中性轴上各点，切应力取最大值

$$\tau_{max} = \frac{4}{3}\frac{F_Q}{A} \tag{9-18}$$

式中

$$A = \frac{\pi d^2}{4}$$

切应力分布如图 9-12b 所示。

需要指出的是，除 z 和 y 轴上各点的切应力方向与 $\boldsymbol{F}_Q$ 方向一致外，其余各点的切应力都与 $\boldsymbol{F}_Q$ 方向不一致。例如，在截面边界上各点的切应力则沿着边界切线方向。

3. 内、外直径分别为 d、D 的圆环截面

$$\tau_{max} = 2.0 \times \frac{F_Q}{A} \tag{9-19}$$

也在中性轴上，式中

$$A = \frac{\pi(D^2 - d^2)}{4}$$

4. 工字形截面

工字形截面由上、下翼缘和腹板组成，由于二者宽度相差较大，铅垂方向的切应力值将有较大差异，其铅垂方向的切应力分布如图 9-12c 所示。不难看出，铅垂方向的切应力主要分布在腹板上。最大切应力也在中性轴上，由下式计算：

$$\tau_{max} = \frac{F_Q}{\delta \dfrac{I_z}{S_{zmax}^*}} \tag{9-20}$$

式中，δ 为工字钢腹板厚度。对于轧制的工字钢，式中的 I_z/S_{zmax}^* 可由型钢规格表中查得。

例题 9-3　外伸梁受力与截面尺寸如图 9-13a 所示。

求：（1）梁内最大弯曲正应力；

（2）梁内最大弯曲切应力；

（3）剪力最大的横截面上翼板与腹板交界处的切应力。

解：（1）画弯矩图确定最大弯矩和最大剪力作用面

首先画剪力图和弯矩图分别如图 9-13b 和图 9-13c 所示。从图中可以看出：B 支承左侧与之相邻的横截面上剪力最大，其值为

$$|F_Q|_{max} = 250\text{kN} = 2.50 \times 10^5 \text{N}$$

支座 B 处截面上弯矩最大，其值为

$$|M|_{max} = 400\text{kN} \cdot \text{m} = 4.0 \times 10^5 \text{N} \cdot \text{m}$$

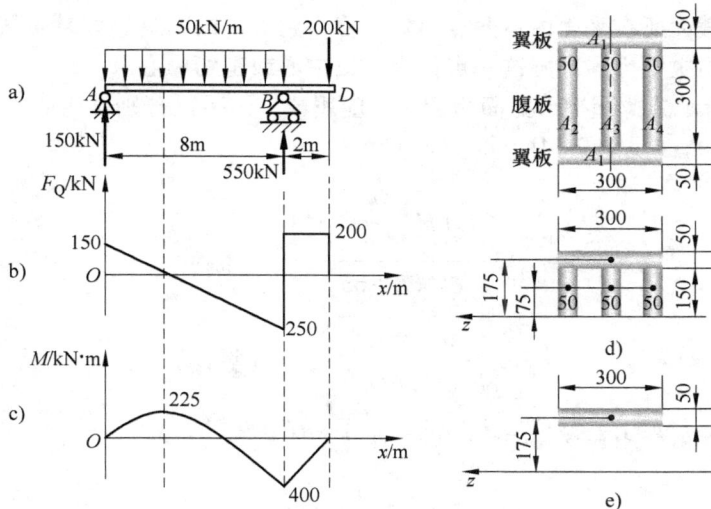

图 9-13　例题 9-3 图

（2）计算截面的几何性质

整个截面对中性轴的惯性矩

$$I_z = 3 \times \frac{50 \times 10^{-3} \times (300 \times 10^{-3})^3}{12}\text{m}^4 + 2 \times \frac{(300 \times 10^{-3}) \times (50 \times 10^{-3})^3}{12}\text{m}^4$$

$$+ 2 \times (300 \times 10^{-3} \times 50 \times 10^{-3})(175 \times 10^{-3})^2 \text{m}^4$$

$$= 1.26 \times 10^{-3} \text{m}^4$$

中性轴以上面积对于中性轴的静矩

$$S_{zmax}^* = A_1 \bar{z}_{C1} + A_2 \bar{z}_{C2} + A_3 \bar{z}_{C3} + A_4 \bar{z}_{C4} = A_1 \bar{z}_{C1} + 3A_2 \bar{z}_{C2}$$
$$= (50 \times 10^{-3} \times 300 \times 10^{-3})(175 \times 10^{-3}) \text{m}^3 + 3(50 \times 10^{-3} \times 150 \times 10^{-3})(75 \times 10^{-3}) \text{m}^3$$
$$= 4.31 \times 10^{-3} \text{m}^3$$

翼板面积 A_1 对于中性轴的静面矩（计算翼板与腹板连接处的切应力）为

$$S_{zmax}^* = A_1 \bar{z}_{C1} = (50 \times 10^{-3} \times 300 \times 10^{-3})(175 \times 10^{-3}) \text{m}^3 = 2.62 \times 10^{-3} \text{m}^3$$

（3）计算梁的最大弯曲正应力

$$\sigma_{max} = \frac{|M|_{max} y_{max}}{I_z} = \frac{4.0 \times 10^5 \times 200 \times 10^{-3}}{1.26 \times 10^{-3}} \text{Pa} = 63.5 \times 10^6 \text{Pa} = 63.5 \text{MPa}$$

（4）计算梁的最大弯曲切应力

$$\tau_{max} = \frac{|F_Q|_{max} S_{zmax}^*}{\delta I_z} = \frac{2.5 \times 10^5 \times 4.31 \times 10^{-3}}{(3 \times 50 \times 10^{-3}) \times 1.26 \times 10^{-3}} \text{Pa} = 5.7 \times 10^6 \text{Pa} = 5.7 \text{MPa}$$

（5）计算剪力最大截面上翼板与腹板连接处的切应力

$$\tau = \frac{|F_Q|_{max} S_{zmax}^*}{\delta I_z} = \frac{2.5 \times 10^5 \times 2.62 \times 10^{-3}}{(3 \times 50 \times 10^{-3}) \times 1.26 \times 10^{-3}} \text{Pa} = 3.47 \times 10^6 \text{Pa} = 3.47 \text{MPa}$$

*9.3.3 薄壁截面梁的弯曲中心

对于薄壁截面，由于切应力方向必须平行于截面周边的切线方向，所以与切应力相对应的分布力系向横截面所在平面内不同点简化，将得到不同的结果。如果向某一点简化结果所得的主矢不为零而主矩为零，则这一点称为**弯曲中心**或**剪切中心**。

以图 9-14a 所示的薄壁槽形截面为例，先应用式（9-14）分别确定腹板和翼缘上任意点处的切应力 τ_1 和 τ_2（见图 9-14b、c）分别为

$$\tau_1 = \frac{6F_Q\left(bh + \dfrac{h^2}{4} - y^2\right)}{\delta h^2 (h + 6b)} \quad \text{（腹板）}$$

$$\tau_2 = \frac{6F_Q s}{\delta h^2 (h + 6b)} \quad \text{（翼缘）}$$

然后由积分求得作用在翼缘上合力的大小 F_T 为

$$F_T = \int_0^b \tau_2 \delta \text{d}s$$

作用在腹板上的剪力 $\boldsymbol{F}_Q$ 仍由平衡条件求得。于是，横截面上所受的剪切内力如图 9-14d 所示。

这时，如果将 $\boldsymbol{F}_T$、$\boldsymbol{F}_Q$ 等向截面形心 C 简化，将得到主矢 $\boldsymbol{F}_Q$ 和主矩 $\boldsymbol{M}$，其中 $\boldsymbol{M} = \boldsymbol{F}_T h + \boldsymbol{F}_Q e'$，如图 9-14e 所示。若将 $\boldsymbol{F}_T$、$\boldsymbol{F}_Q$ 等向截面左侧某点 O 简化，则有可能使 $M = 0$。点 O 便为弯曲中心，如图 9-14f 所示。

设弯曲中心 O 与形心 C 之间的距离为 e，则 $e = e' + \dfrac{F_T h}{F_Q}$。

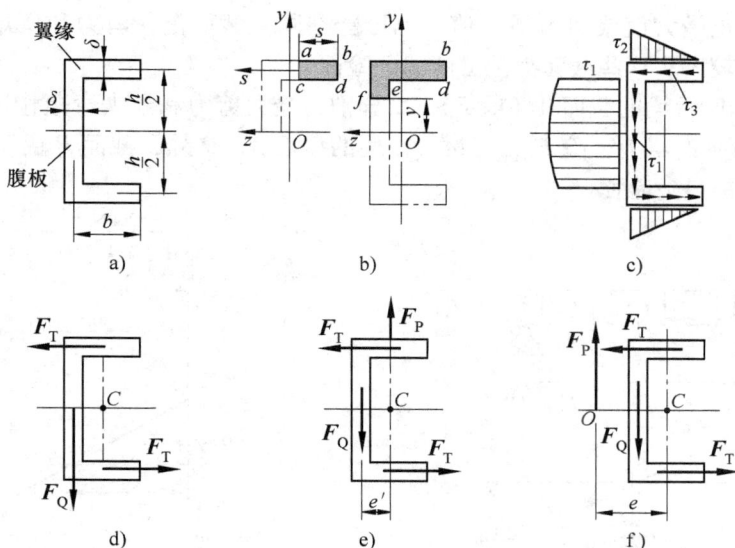

图 9-14　弯曲中心

表 9-1 中所列为几种常见薄壁截面弯曲中心的位置。对于具有两个对称轴的薄壁截面，二对称轴的交点即为弯曲中心。

表 9-1　常见薄壁截面弯曲中心的位置

截面形状					
弯曲中心 O 的位置	$e = \dfrac{b^2 h^2 \delta}{4 I_z}$	$e = r_0$	$e = \left(\dfrac{4}{\pi} - 1\right) r_0$	两个狭长矩形中线的交点	与形心重合

9.4　弯曲强度的计算

9.4.1　弯曲强度问题概述

1. 弯曲时的可能危险面

一般情形下，弯曲时梁的各个横截面上的剪力和弯矩是不相等的，有可能在一个或几个横截面上出现弯矩最大值或剪力最大值；也可能在同一截面上，剪力和弯矩虽然不是最大值，但数值都比较大。这些截面都是可能的危险面。

例如图 9-15 所示梁的截面 A（或 B）、C 分别为最大剪力和最大弯矩作用面，故为危险面；而图 9-16 所示的梁上，除 F_{Qmax}、M_{max} 作用的截面 A、D 外，截面 B 由于其上的 F_Q、M 都比较大，也可能是危险面。

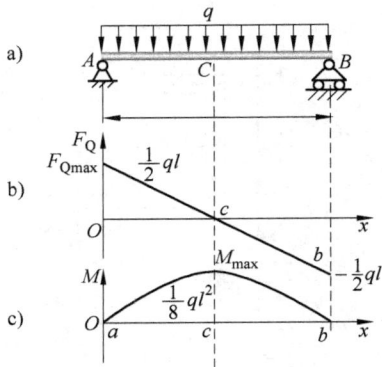

图 9-15 最大剪力与最大弯矩作用面

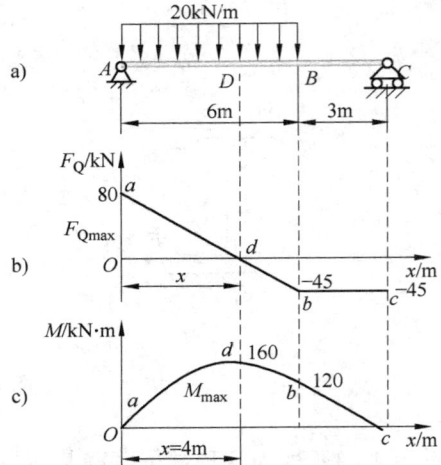

图 9-16 三种可能的危险面

除了根据剪力图和弯矩图判断可能的危险面外，有时还要根据截面的形状和尺寸以及材料的力学性能等方面综合考虑，确定其他可能的危险面。

例如图 9-17 所示的外伸梁，其截面只有纵向一个对称轴，而且材料的压缩强度极限高于拉伸强度极限。这时，从弯矩图看，因为 $M_B = 1.5F_Pl > M_C = F_Pl$，故截面 B 为危险面。但是，由于截面 C 上作用有负弯矩，其横截面上最大拉应力发生在距中性轴最远的边缘上各点，这些点的坐标 y_{max} 大于截面 B 上受拉应力点的坐标 $|y'|_{max}$，因此，截面 C 也可能是危险面。

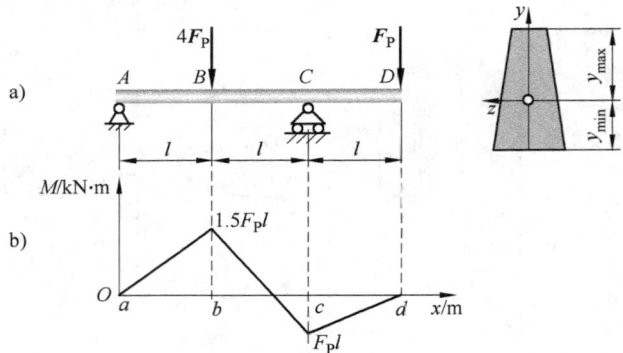

图 9-17 截面只有一个纵向对称轴以及拉、压强度不等时危险面的确定

2. 弯曲时的可能危险点

除了存在危险面外，承受弯曲杆件强度问题的另一特点是，大多数情形下，横截面上既有正应力又有切应力，而且二者都是非均匀分布的。

于是，承受弯曲杆件的横截面内可能存在着三类危险点：

（1）正应力最大点 这些点一般位于弯矩最大的截面上且为距中性轴最远的点。

（2）切应力最大点 这些点一般位于剪力最大的截面上，对于常见的实心截面，这些点位于中性轴上，对于开口薄壁截面则不一定在中性轴上。

（3）正应力和切应力都比较大的点　这些点一般位于剪力和弯矩（F_Q、和 M）都比较大的截面上，既不在最大正应力处，也不在最大切应力处，而是在截面上平行于中性轴的边缘与中性轴之间的某个位置上，例如工字形截面的翼缘与腹板交界处。

图 9-18 所示的外伸梁，支座 B 的左侧截面既是 $|F_Q|_{max}$ 的作用面，又是 $|M|_{max}$ 的作用面，故为危险面。其上的点 1 和点 5 为 σ_{max} 的作用点；点 3 为 τ_{max} 的作用点；点 2 和点 4 为 σ 和 τ 都较大的点。这些点都是可能的危险点。

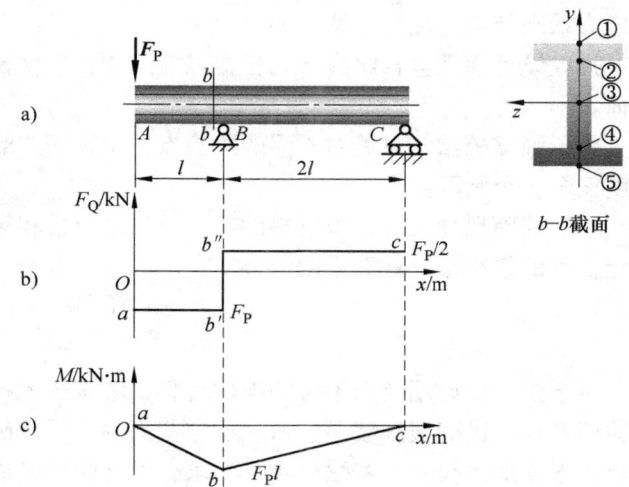

图 9-18　承受弯曲杆件三类不同的危险点

9.4.2　梁的强度条件

1. 弯曲正应力强度条件

工程设计中，为了保证梁具有足够的安全强度，梁的危险截面上的最大正应力必须小于许用应力，许用应力等于 σ_s 或 σ_b 除以一个大于 1 的安全因数。于是有

$$\sigma_{max} \leqslant \frac{\sigma_s}{n_s} = [\sigma]$$

$$\sigma_{max} \leqslant \frac{\sigma_b}{n_b} = [\sigma]$$

上述二式就是基于最大正应力的梁弯曲强度条件，式中 $[\sigma]$ 为弯曲许用应力；n_s 和 n_b 分别为对应于屈服强度和强度极限的安全因数。

对于最大拉（压）应力作用的危险点，其上切应力为零，无论是脆性材料还是韧性材料，强度条件为

$$\sigma_{max} = \frac{M_{max}}{W} \leqslant [\sigma] \tag{9-21}$$

对于拉压强度不等的材料，强度条件为

$$\sigma_{max}^+ \leqslant [\sigma]^+ \tag{9-22}$$

$$\sigma_{max}^- \leqslant [\sigma]^- \tag{9-23}$$

式中

$$[\sigma]^+ = \frac{\sigma_b^+}{n_b}, \ [\sigma]^- = \frac{\sigma_b^-}{n_b}$$

σ_b^+ 和 σ_b^- 分别为拉伸和压缩时的强度极限。

2. 弯曲切应力强度条件

对于最大切应力作用的危险点，通常发生在中性轴上，这里的 $\sigma = 0$，其强度条件为

$$\tau_{max} \leqslant [\tau] \tag{9-24}$$

需要指出的是，对于实心截面细长梁，在一般受力形式下，横截面上的正应力远大于切

应力，多数情形下，只要保证最大正应力点具有足够的强度，就可以保证其他可能的危险点具有足够的强度，因而可以不对切应力进行强度校核。对于薄壁截面，特别是非轧制型钢的组合截面，对正应力和切应力同时都较大的位置处梁的强度，则必须考虑其切应力，将在本书应力状态与强度理论一章中加以讨论。

强度设计通常包含解决下列三类强度问题：强度校核、截面形状与尺寸设计、确定许可载荷。

对于强度校核，只需对不同的危险点，验算相关的强度条件是否满足。若满足，则杆件强度安全；否则不安全。

对于截面尺寸设计，若材料的拉、压许用应力相等，可先按照最大正应力点的强度条件确定所需的最小抗弯截面系数

$$W_{min} \geqslant \frac{M_{max}}{[\sigma]} \tag{9-25}$$

对于拉、压许用应力不等的脆性材料，则按最大拉应力和最大压应力计算所需的最小抗弯截面系数，进而根据截面的形状确定截面的尺寸。确定截面尺寸之后，再对其他可能的危险点的强度加以校核。若强度满足要求，设计即告完成；否则，还要改变截面或尺寸，重复上述运算，直至所有可能危险点都满足强度条件为止。

对于确定梁的许可载荷，也是先从最大正应力点的强度条件出发，计算出许可载荷值，然后再对其他可能的危险点按前述步骤作强度校核。

9.4.3 梁的强度算例

根据前述强度条件，强度设计一般应遵循以下计算过程。

1）首先，要正确地画出剪力图和弯矩图，确定剪力绝对值和弯矩绝对值最大（$|F_Q|_{max}$、$|M|_{max}$）作用面以及 $|F_Q|_{max}$、$|M|_{max}$ 的数值，以便确定可能危险面。

2）根据危险面上内力的实际方向，确定应力分布以及 σ_{max} 的作用点，综合考虑材料的力学性能，确定可能的危险点。

3）根据脆性材料与韧性材料，选择合适的强度条件，解决不同类型的强度问题。

下面举例说明梁的强度设计。

例题 9-4 由铸铁制造的外伸梁，受力及横截面尺寸如图 9-19 所示，其中 z 轴为中性轴。已知铸铁的拉伸许用应力 $[\sigma]^+$ = 39.3MPa，压缩许用应力为 $[\sigma]^-$ = 58.8MPa，$I_z = 7.65 \times 10^6 mm^4$。试校核该梁的正应力强度。

解： 因为梁的截面没有水平对称轴，所以其横截面上的最大拉应力与最大压应力不相等。同时，梁

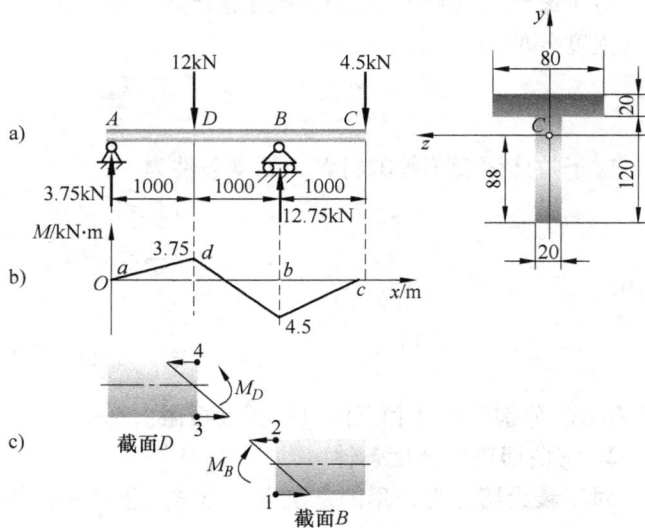

图 9-19 例题 9-4 图

的材料为铸铁，其拉伸与压缩许用应力不等。因此，判断危险面位置时，除弯矩图外，还应考虑上述因素。

梁的弯矩图如图 9-19b 所示。可以看出，截面 B 上弯矩绝对值最大，为可能的危险面之一。在截面 D 上，弯矩虽然比截面 B 上的小，但根据该截面上弯矩的实际方向，如图 9-19c 所示，其上边缘各点受压应力，下边缘各点受拉应力，并且由于受拉边到中性轴的距离较大，拉应力也比较大，而材料的拉伸许用应力低于压缩许用应力，所以截面 D 也可能为危险面。现分别校核这两个截面的强度。

对于截面 B，弯矩为负值，其绝对值为

$$|M| = (4.5 \times 10^3 \times 1) \, \text{N} \cdot \text{m} = 4.5 \times 10^3 \text{N} \cdot \text{m} = 4.5 \text{kN} \cdot \text{m}$$

其方向如图 9-19c 所示。由弯矩实际方向可以确定该截面上点 1 受压、点 2 受拉，应力值分别为

点 1：

$$\sigma^- = \frac{M y_{\max}^-}{I_z} = \frac{4.5 \times 10^3 \times 88 \times 10^{-3}}{7.65 \times 10^{-6}} \text{Pa} = 51.8 \times 10^6 \text{Pa} = 51.8 \text{MPa} < [\sigma]^- = 58.8 \text{MPa}$$

点 2：

$$\sigma^+ = \frac{M y_{\max}^+}{I_z} = \frac{4.5 \times 10^3 \times 52 \times 10^{-3}}{7.65 \times 10^{-6}} \text{Pa} = 30.6 \times 10^6 \text{Pa} = 30.6 \text{MPa} < [\sigma]^+ = 39.3 \text{MPa}$$

因此，截面 B 的强度是安全的。

对于截面 D，其上的弯矩为正值，其值为

$$|M| = (3.75 \times 10^3 \times 1) \, \text{N} \cdot \text{m} = 3.75 \times 10^3 \text{N} \cdot \text{m} = 3.75 \text{kN} \cdot \text{m}$$

方向如图 9-19c 所示。已经指出，点 3 受拉，点 4 受压，但点 4 的压应力要比截面 B 上点 1 的压应力小，所以只需校核点 3 的拉应力。

点 3：

$$\sigma^+ = \frac{M y_{\max}^+}{I_z} = \frac{3.75 \times 10^3 \times 88 \times 10^{-3}}{7.65 \times 10^{-6}} \text{Pa} = 43.1 \times 10^6 \text{Pa} = 43.1 \text{MPa} > [\sigma]^+ = 39.3 \text{MPa}$$

因此，截面 D 的强度是不安全的，亦即该梁的强度不安全。

请读者思考：在不改变载荷大小及截面尺寸的前提下，可以采用什么办法，使该梁满足强度安全的要求？

例题 9-5 图 9-20a 所示的简支梁，由 No. 20a 普通热轧工字钢制成。若已知工字钢材料的许用应力 $[\sigma] = 157 \text{MPa}$，$[\tau] = 78.5 \text{MPa}$，$l = 2000 \text{mm}$。试求梁的许可载荷 $[F_P]$。

解： 因为在细长梁中，正应力对强度的影响是主要的，所以本例中先按最大正应力作用点的强度计算许可载荷，然后，再对最大切应力作用点进行强度校核。

（1）按最大正应力作用点的强度计算许可载荷

首先，画出梁的剪力图和弯矩图分别如图 9-20b、c 所示。由弯矩图可以看出，C、D 两处截面上的弯矩最大，故为危险面，其上的弯矩值为

$$|M|_{\max} = \frac{F_P l}{3}$$

由型钢表查得 No. 20a 普通热轧工字钢的抗弯截面系数（表中为 W_z）为

$$W = 237\text{cm}^3 = 237 \times 10^{-6}\text{m}^3$$

于是由

$$\sigma_{\max} = \frac{|M|_{\max}}{W} \leqslant [\sigma]$$

得

$$\frac{\dfrac{F_\text{P}l}{3}}{237 \times 10^{-6}\text{m}^3} \leqslant 157 \times 10^6\text{Pa}$$

由此解得

$$F_\text{P} \leqslant \frac{237 \times 10^{-6} \times 157 \times 10^6 \times 3}{2}\text{N} = 55.8 \times 10^3\text{N} = 55.8\text{kN}$$

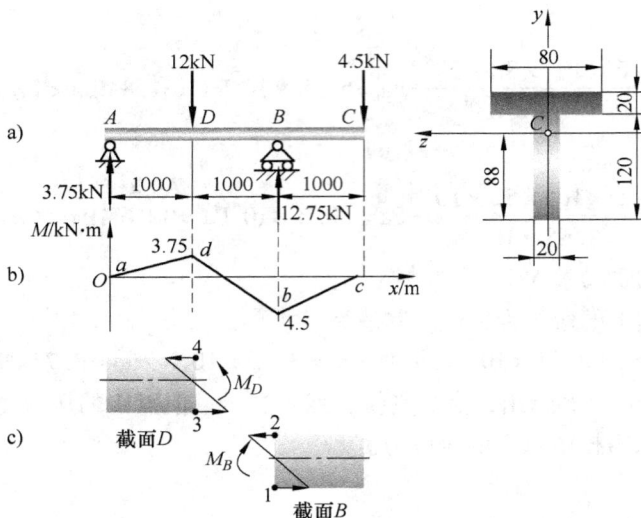

图 9-20 例题 9-5 图

（2）对于工字钢，梁内最大弯曲切应力

$$\tau_{\max} = \frac{|F_\text{Q}|_{\max}S_{\max}^*}{\delta I} = \frac{|F_\text{Q}|_{\max}}{\delta \dfrac{I}{S_{\max}^*}}$$

由剪力图可得最大剪力

$$|F_\text{Q}|_{\max} = \frac{2}{3}F_\text{P}$$

上述最大切应力表达式中，δ 为工字钢腹板厚度（型钢表中为 d），δ 以及 $I/S_{\max}^*$（型钢表中为 I_x/S_x）均可由型钢表查得。对于 No. 20a 普通热轧工字钢，查得

$$\delta = d = 7\text{mm}$$

$$I/S_{\max}^* = 17.2\text{cm} = 0.172\text{m}$$

将上述数值连同所求得的 F_P 值一并代入上述最大切应力表达式中，得

$$\tau_{max} = \frac{|F_Q|_{max}}{\delta \frac{I}{S^*_{max}}} = \frac{\frac{2}{3}F_P}{\delta \frac{I}{S^*_{max}}} = \frac{2 \times 55.8 \times 10^3}{3 \times 7 \times 10^{-3} \times 0.172} Pa = 30.9 \times 10^6 Pa = 30.9 MPa$$

根据弯曲切应力强度条件

$$\tau_{max} \leqslant 78.5 MPa$$

故梁上最大切应力作用点的强度是足够的。因此，该梁的许可载荷为

$$[F_P] = 55.8 kN$$

（3）讨论

请读者思考下列问题：

如果作用在梁上的两个集中力分别向两边的支承处移近，这时梁的内力和应力将会发生什么样的变化？梁的许可载荷又将发生什么变化？当 C、D 两个加力点距支承 500mm 时，这时的许可载荷为多少？

9.5　提高梁强度的措施

弯曲正应力是控制梁的主要因素。式（9-21）弯曲正应力的强度条件 $\sigma_{max} = \frac{M_{max}}{W} \leqslant [\sigma]$ 往往是设计梁的主要依据。因此，提高梁的承载能力从两方面考虑：一方面是合理安排梁的受力情况，以降低 M_{max} 的数值；另一方面采用合理的截面形状，以提高 W 的数值，充分利用材料的性能。据此探讨提高梁强度的具体办法：

9.5.1　合理安排梁的受力

为了改善梁的受力情况，应尽量降低梁内最大弯矩，从而提高梁的强度。具体有以下几种方法：

1. 使集中力分散

图 9-21a 所示简支主梁，若没有次梁，集中载荷直接作用在梁中点时，最大弯矩值为 $M_{max} = F_P l/4$。采用次梁之后，作用在主梁上的加力点发生变化，梁内最大弯矩值变为 $M_{max} = F_P l/8$。

2. 减小跨度

例如，图 9-21b 中所示的压力容器，支承向中间移动时，中间截面上的正值弯矩逐渐减少，但支承处截面上的负值弯矩数值却逐渐增大，当二者绝对值相近时，这时的支承位置最为合理。

图 9-21c 所示简支梁最大弯矩为 $ql^2/8$，当跨度减少一半时，最大弯矩变为 $ql^2/32$，是原来的 1/4。因此，减小跨度可以有效地降低最大弯矩值。

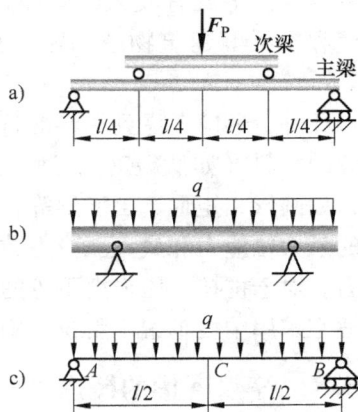

图 9-21　减小梁最大弯矩的措施

9.5.2 合理选择截面

例如，根据梁横截面上正应力分布，在中性轴附近的材料没有充分利用，故可在不改变横截面面积的情形下，将中性轴附近的材料移至距中性轴较远处。据此，将截面设计成工字形、圆管形或其他形状的空心截面，就能达到不增加材料而使强度提高的目的。因为

$$\sigma_{\max} = \frac{M_{\max}}{W}$$

显然，加大抗弯曲截面系数 W，可以达到提高强度的目的，但增加 W 的同时还应使横截面面积不增加或很少增加，因为面积的增加意味着增加材料的消耗，这是不经济的。

工程上利用抗弯截面系数与横截面面积的比值 W/A 来衡量截面的合理性与经济效益。图 9-22 中所示的不同截面形状的 W/A 的比值列于表 9-2 中。

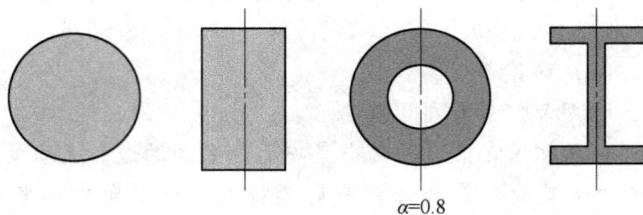

图 9-22 不同截面形状

$\alpha=0.8$

表 9-2　常见薄壁截面弯曲中心的位置 $(d = h)$

截面形状	圆形	矩形	环形	工字钢
W/A	$0.125d$	$0.167h$	$0.205h$	$0.27 \sim 0.31h$

可见，工字钢和槽钢的经济性要比实心矩形截面为优；圆管截面比实心圆截面更合理、更经济。

对于矩形截面梁，摆放的方式不一样，差别也很大。如图 9-23a 所示，把梁截面竖放，$W_z' = \frac{1}{6}bh^2$；如图 9-23b 把梁截面平放，$W_z'' = \frac{1}{6}b^2h$。两者之比为

$$\frac{W_z'}{W_z''} = \frac{h}{b} > 1$$

所以竖放比平放有较大的弯曲强度，更为合理。因此，房屋和桥梁等建筑物中的矩形截面梁，一般都是竖放的。

此外，还应考虑到材料的特性。对于抗拉、压强度相等的材料（如低碳钢），适宜采用对中性轴对称的截面，如圆形、矩形、工字形等，这样可使截面上下边缘处的最大拉应力和最大压应力数值相等，同时接近许用

图 9-23　梁的摆放方式对强度影响

应力。对于抗拉、压强度不等的材料（如铸铁），由于这类材料抗压能力强于抗拉能力，因此适宜采用中性轴偏于受拉一侧的截面形状，如 T 形截面。

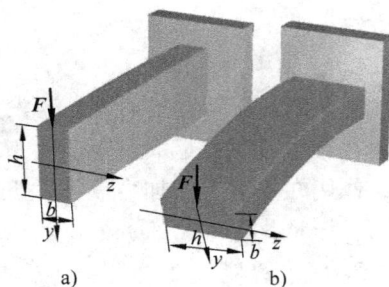

9.5.3 等强度梁的概念

前面讨论的梁都是等截面的，W 为常数，但梁在各截面上的弯矩却随截面的位置不同

而不同。由式（9-21）可知，对于等截面的梁来说，只有在弯矩为最大值的截面上，最大应力才有可能接近许用应力。其余各截面上弯矩较小，应力也就较低，材料没有充分利用。为了节约材料，减轻自重，可改变截面尺寸，使抗弯截面系数随弯矩变化而变化。在弯矩较大处采用较大截面，而在弯矩较小处采用较小截面。变截面梁的正应力计算仍可近似地用等截面梁的公式。如变截面梁各横截面上的最大正应力都相等，且都等于许用应力，就是**等强度梁**。设梁在任一截面上的弯矩为 $M(x)$，而截面的抗弯截面系数为 $W(x)$。根据上述等强度梁的要求，应有

$$\sigma_{\max} = \frac{M(x)}{W(x)} = [\sigma] \tag{9-26}$$

即

$$W(x) = \frac{M(x)}{[\sigma]} \tag{9-27}$$

这是等强度梁的抗弯截面系数 $W(x)$ 沿轴线变化的规律。

　　工程上有很多应用到等强度梁的概念。如图 9-24 所示的厂房大梁、图 9-25 所示汽车的板簧减振机构、图 9-26 所示的机械上的阶梯轴、图 9-27 所示的鱼腹梁等，都很好地利用了等强度梁的概念。

图 9-24　厂房大梁

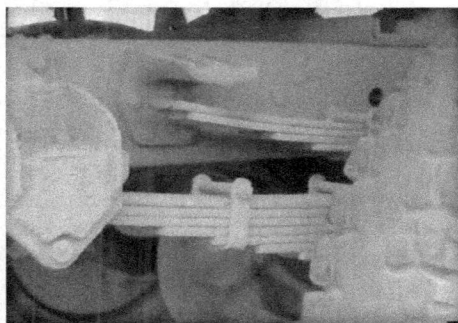

图 9-25　汽车板簧

图 9-26　阶梯轴

图 9-27　鱼腹梁

习 题

9-1 悬臂梁受力及截面尺寸如图 9-28 所示。图中的尺寸单位为 mm。求梁的 1—1 截面上 A、B 两点的正应力。

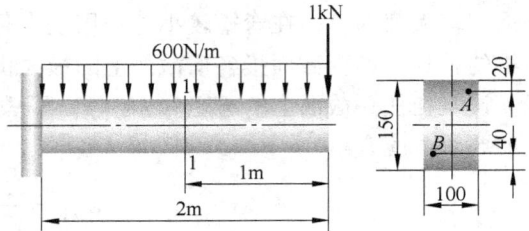

9-2 简支梁的尺寸如图 9-29 所示，作用有载荷集度为 20kN/m 的均布载荷，梁截面是宽度为 100mm，高为 120mm 的矩形，求：

（1）1—1 截面的 a、b、c 点的正应力；

（2）梁的最大正应力。

9-3 矩形截面简支梁如图 9-30 所示。试计算 1—1 截面上 a 点和 b 点的正应力和切应力。

图 9-28　习题 9-1 图

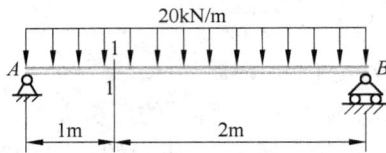

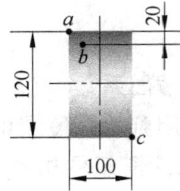

图 9-29　习题 9-2 图

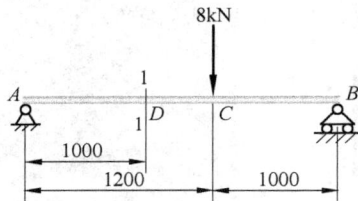

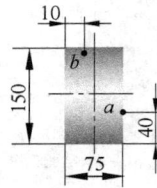

图 9-30　习题 9-3 图

9-4 加热炉炉前机械操作装置如图 9-31 所示，图中的尺寸单位为 mm。其操作臂由两根无缝钢管组成。外伸端装有夹具，夹具与所夹持钢料的总重 $F_P = 2200N$，平均分配到两根钢管上。试求梁内最大正应力（不考虑钢管自重）。

9-5 圆截面外伸梁，其外伸部分是空心的，梁的受力与尺寸如图 9-32 所示。图中尺寸单位为 mm。已知 $F_P = 10kN$，$q = 5kN/m$，许用应力 $[\sigma] = 140MPa$，试校核梁的强度。

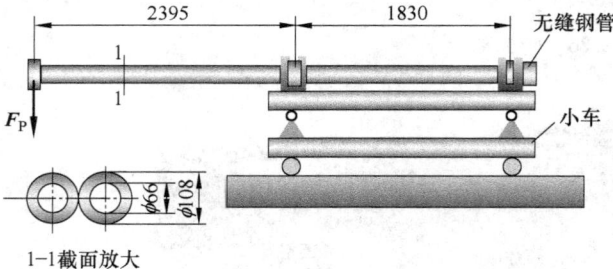

图 9-31　习题 9-4 图

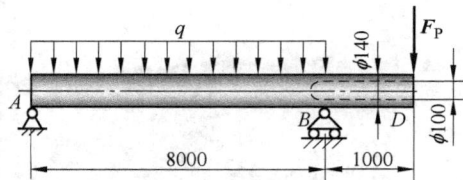

图 9-32　习题 9-5 图

9-6 悬臂梁 AB 受力如图 9-33 所示，其中 $F_P = 10kN$，$M = 70kN \cdot m$，$a = 3m$。梁横截面的形状及尺寸均示于图中（单位为 mm），C 为截面形心，截面对中性轴的惯性矩 $I_z = 1.02 \times 10^8 mm^4$，拉伸许用应力

$[\sigma]^+ = 40$MPa，压缩许用应力 $[\sigma]^- = 120$MPa。试校核梁的强度是否安全。

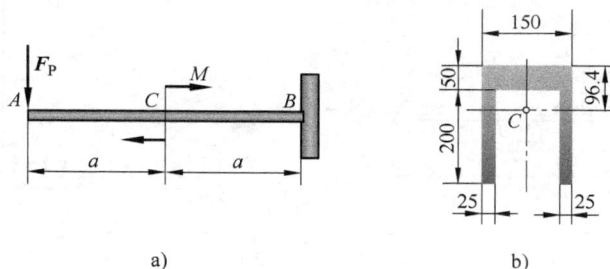

图 9-33 习题 9-6 图

9-7 T 形截面铸铁梁的载荷和截面尺寸如图 9-34 所示。铸铁的许用拉应力 $[\sigma]^+ = 30$MPa，许用压应力为 $[\sigma]^- = 160$MPa。已知截面对形心轴 z 的惯性矩为 $I_z = 763$cm^4，且 $y_1 = 52$mm。试校核梁的强度。

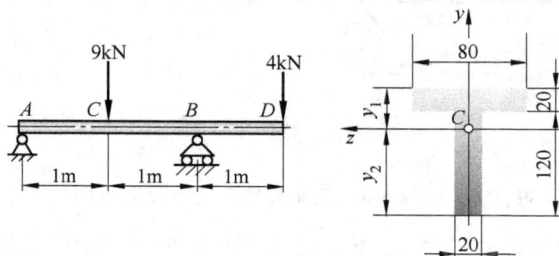

图 9-34 习题 9-7 图

9-8 图 9-35 所示 T 形截面铸铁梁承受载荷作用。已知铸铁的许用拉应力 $[\sigma]^+ = 40$MPa，许用压应力 $[\sigma]^- = 160$MPa。试按正应力强度条件校核梁的强度。若载荷不变，但将 T 形横截面倒置成⊥形，是否合理？为什么？

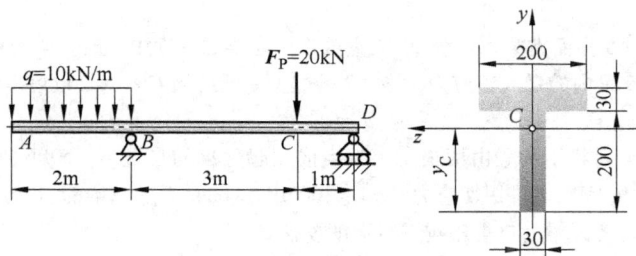

图 9-35 习题 9-8 图

9-9 若图 9-36 所示梁的许用正应力 $[\sigma] = 160$MPa，许用切应力 $[\tau] = 100$MPa，试选择工字钢的型号。

9-10 由 No.10 工字钢制成的 ABD 梁，左端 A 处为固定铰链支座，B 点处用铰链与钢制圆截面杆 BC 连接，BC 杆在 C 处用铰链悬挂，如图 9-37 所示。已知圆截面杆直径 $d = 20$mm，梁和杆的许用应力均为 $[\sigma] = 160$MPa，试求结构的许用均布载荷集度 $[q]$。

9-11 工字形钢梁，截面尺寸如图 9-38 所示，已知 $I_z = 1184$cm^2，材料容许应力 $[\sigma] = 170$MPa，梁长 6m，支座 B 的位置可以调节，试求：最大容许载荷及支座 B 的位置。

（注：可用 AB 跨中截面弯矩代替 M_{max}）

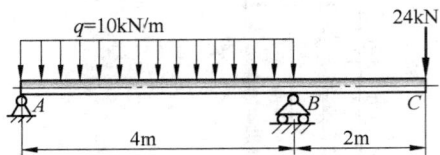

图 9-36 习题 9-9 图

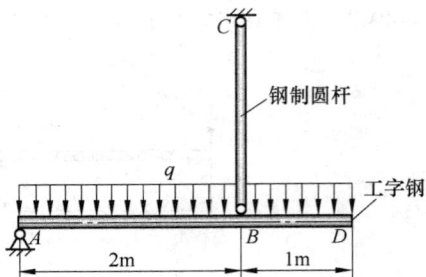

图 9-37 习题 9-10 图

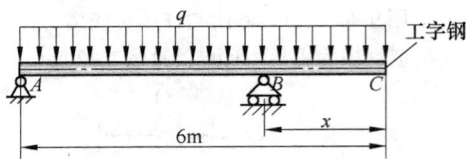

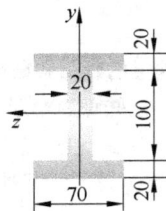

图 9-38 习题 9-11 图

9-12 矩形截面梁如图 9-39 所示，若 $h > b$，截面放置哪一个较为合理？

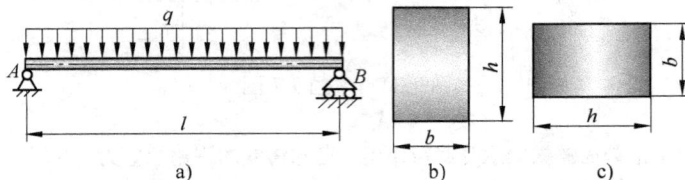

图 9-39 习题 9-12 图

9-13 图 9-30 所示 AB 为简支梁，当载荷 F_P 直接作用在梁的跨度中点时，梁内最大弯曲正应力超过许用应力 30%。为减小 AB 梁内的最大正应力，在 AB 梁配置一辅助梁 CD，CD 也可以看作是简支梁。试求辅助梁的长度 a。

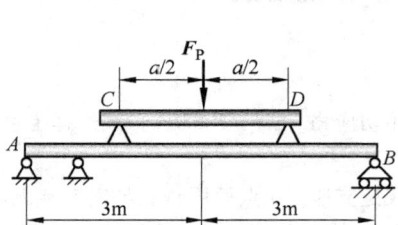

9-14 图 9-41 所示起重机下的梁由两根工字钢组成，起重机的自重 $G = 50\text{kN}$，最大起重量 $F = 10\text{kN}$。钢的许用正应力 $[\sigma] = 160\text{MPa}$，许用切应力 $[\tau] = 100\text{MPa}$。试先不考虑梁的自重影响按正应力强度条件选择工字钢型号，然后再考虑梁的自重影响进行强度校核。

图 9-40 习题 9-13 图

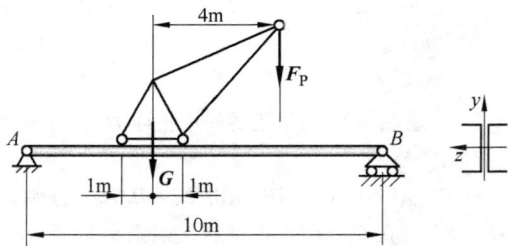

图 9-41 习题 9-14 图

9-15 从圆木中锯成的矩形截面梁，受力及尺寸如图 9-42 所示。试求下列两种情形下 h 与 b 的比值：

（1）横截面上的最大正应力尽可能小；

（2）曲率半径尽可能大。

9-16　梁的受力及横截面尺寸如图 9-43 所示。试：

（1）绘出梁的剪力图和弯矩图；

（2）确定梁内横截面上的最大拉应力和最大压应力；

（3）确定梁内横截面上的最大切应力；

（4）画出横截面上的切应力流。

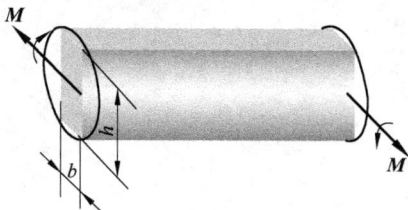

图 9-42　习题 9-15 图　　　　图 9-43　习题 9-16 图

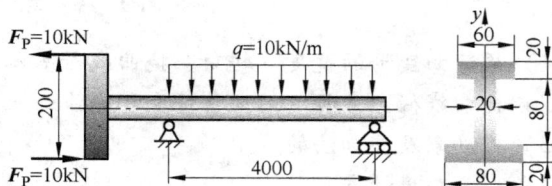

第 10 章　弯曲变形和刚度

内 容 提 要

（1）梁弯曲变形的挠度、转角、挠曲线等基本概念
（2）挠曲线微分方程、约束条件和积分法的应用
（3）挠度表及叠加法的应用
（4）弯曲刚度计算
（5）简单的静不定梁计算

10.1　弯曲变形的基本概念

10.1.1　工程中的弯曲变形问题

工程中梁的变形和位移虽然都是弹性的，但设计中，对于结构或构件的弹性变形和位移都有一定的限制。弹性变形和位移过大会使结构或构件丧失正常功能，即发生刚度失效。

例如，图 10-1 中所示机械传动机构中的齿轮轴，当变形过大时（图中双点画线所示），两齿轮的啮合处将产生较大的挠度和转角，这不仅会影响两个齿轮之间的啮合，以致不能正常工作，还会加大齿轮磨损，同时将在转动的过程中产生很大的噪声；此外，当轴的变形很大时，轴在支承处也将产生较大的转角，从而使轴和轴承的磨损大大增加，致使轴和轴承的使用寿命缩短。

工程设计中还有另外一类问题，所考虑的不是限制构件的弹性变形和位移，而是希望在构件不发生强度失

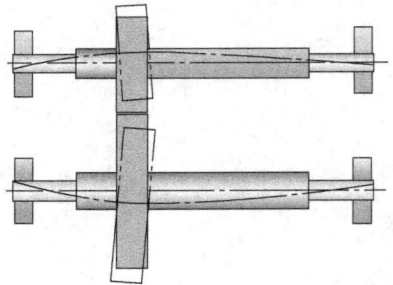

图 10-1　变形前后的齿轮轴

效的前提下，尽量产生较大的弹性位移。例如，各种车辆中用于减振的板簧，都是采用厚度不大的板条叠合而成，采用这种结构，板簧既可以承受很大的力而不发生破坏，同时又能承受较大的弹性变形，吸收车辆受到振动和冲击时产生的动能，收到抗振和抗冲击的效果。

10.1.2　梁弯曲后的挠度曲线

图 10-2a、b 所示分别为弯曲变形前后的梁模型。如果在弹性范围内加载，梁的轴线在弯曲后将变成一连续光滑曲线，如图 10-2c 所示。这一连续光滑曲线称为**弹性曲线**，或**挠度曲线**，简称**弹性线**或**挠曲线**。

根据第 9 章所得到的结果，弹性范围内的挠度曲线在一点的曲率与这一点处横截面上的弯矩、弯曲刚度之间存在下列关系：

$$\frac{1}{\rho} = \frac{M}{EI} \tag{10-1}$$

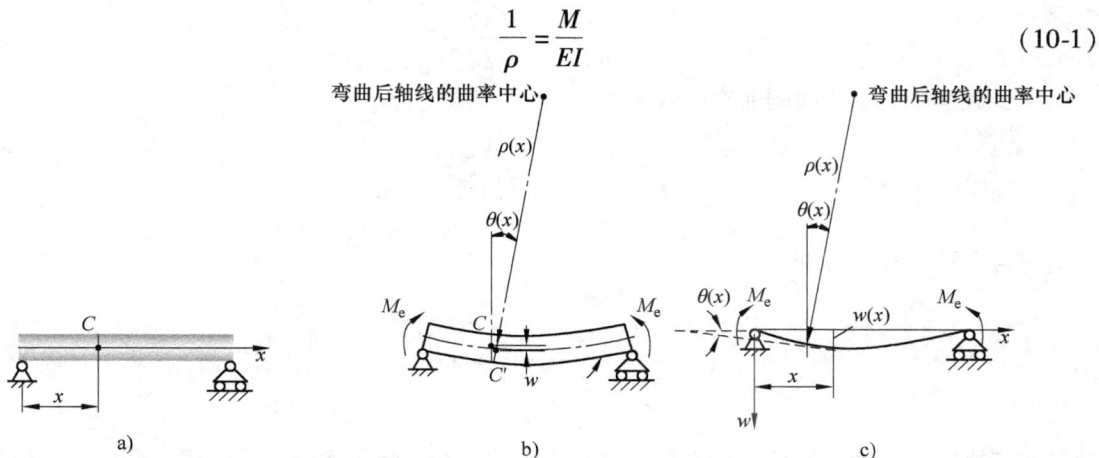

图 10-2 梁的弹性曲线与梁的位移

10.1.3 梁的挠度与转角

梁在弯曲变形后，横截面的位置将发生改变，这种位置的改变称为**位移**。梁的位移包括三部分：

1）挠度——横截面的形心在垂直于梁轴方向的位移，称为**挠度**，用 w 表示。

2）转角——变形后的横截面相对于变形前位置绕中性轴转过的角度，称为**转角**，用 θ 表示。

3）轴向位移——梁变形后，其横截面形心将产生水平方向位移，称为**轴向位移**或**水平位移**，用 u 表示。

在小变形情形下，对于大多数工程问题，上述位移中，水平位移 u 与挠度 w 相比为高阶小量，故通常不予考虑。

在图 10-2c 所示 Owx 坐标系中，挠度与转角存在下列关系：

$$\frac{dw}{dx} = \tan\theta \tag{10-2}$$

在小变形条件下，挠曲线较为平坦，即 θ 很小，因而上式中 $\tan\theta \approx \theta$。于是有

$$\frac{dw}{dx} = \theta \tag{10-3}$$

上述二式中 $w = w(x)$，称为**挠度方程**。

10.2 挠曲线微分方程 积分法

10.2.1 小挠度微分方程

对于细长梁，横力弯曲时剪力对弯曲变形的影响很小，可以忽略不计。所以式（10-1）可以推广应用于横力弯曲。然而，横力弯曲时，弯矩 M 和曲率半径 ρ 不再是常量，而是位置坐标 x 的函数，因此，式（10-1）应改写为

$$\frac{1}{\rho(x)} = \frac{M(x)}{EI} \tag{10-4}$$

又，数学中关于曲线的曲率公式为

$$\frac{1}{\rho} = \frac{|w''|}{\left[1 + \left(\dfrac{\mathrm{d}w}{\mathrm{d}x}\right)^2\right]^{3/2}} \tag{10-5}$$

综合上述两式，得到

$$\frac{\dfrac{\mathrm{d}^2 w}{\mathrm{d}x^2}}{\left[1 + \left(\dfrac{\mathrm{d}w}{\mathrm{d}x}\right)^2\right]^{3/2}} = \pm\frac{M}{EI} \tag{10-6}$$

这是关于挠度曲线的非线性微分方程，其解答比较复杂。为了便于工程应用，利用小变形条件可以进行适当简化，使之线性化。

在小变形情形下

$$\frac{\mathrm{d}w}{\mathrm{d}x} = \theta \ll 1$$

上式分母中的第二项与 1 相比，小到可以忽略不计。于是，上述非线性微分方程便简化为线性微分方程，得到确定梁的挠度和转角的微分方程：

$$\frac{\mathrm{d}^2 w}{\mathrm{d}x^2} = \pm\frac{M}{EI} \tag{10-7}$$

式（10-7）中的正负号与坐标取向有关：在图 10-3a 中，负弯矩 M 对应着正号的 w 的二阶导数是正号；而在图 10-3b 的坐标系中，正弯矩 M 对应着负号的 w 的二阶导数是负号。也就是说，弯矩和 w 的二阶导数符号刚好相反，因此，式（10-7）中保留负号，舍去正号，得到

$$\frac{\mathrm{d}^2 w}{\mathrm{d}x^2} = -\frac{M}{EI} \tag{10-8}$$

称为**挠曲线微分方程**。

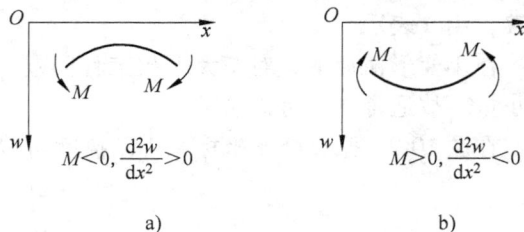

图 10-3 正负号的取舍

需要指出的是，剪力对梁的位移是有影响的。但是，对于细长梁，在大多数受力情形下，这种影响很小，因而常常忽略不计。

对于等截面梁，应用确定弯矩方程的方法写出弯矩方程 $M(x)$，代入式（10-8）后，分别对 x 作两次不定积分，得到以下包含积分常数的挠度方程与转角方程：

$$\frac{\mathrm{d}w}{\mathrm{d}x} = \theta = -\int_l \frac{M(x)}{EI}\mathrm{d}x + C \tag{10-9}$$

$$w = -\int_l \left(\int \frac{M(x)}{EI}\mathrm{d}x\right)\mathrm{d}x + Cx + D \tag{10-10}$$

式中，C、D 为积分常数，其值可以通过梁的边界条件来确定。

10.2.2　积分常数的确定

上述积分中出现的积分常数由梁的约束条件与连续条件确定。约束条件是指约束对于挠度和转角的限制：

1）对于简支梁，其两端约束条件为

$$x = 0, \ w = 0$$
$$x = l, \ w = 0$$

2）对于一端固定（$x = 0$ 处），一端自由（$x = l$ 处）的悬臂梁，固定端处的约束条件为

$$x = 0, \quad w = 0$$
$$x = 0, \quad \frac{\mathrm{d}w}{\mathrm{d}x} = 0 \ （或 \ \theta = 0）$$

3）载荷不连续处（例如集中力作用点、分布载荷集度变化处等），由于梁的挠度曲线必须是光滑连续的，梁挠曲线既不可能间断，也不可能有折点，故该点处两侧的挠度相等、转角相等

$$w_1 = w_2$$
$$\theta_1 = \theta_2$$

4）如果两根梁由中间铰连接，在中间铰处，挠度连续，但转角不连续，即中间铰两侧的挠度相等，转角不相等

$$w_1 = w_2$$

例题 10-1　左端固定、右端自由的悬臂梁承受均布载荷如图 10-4 所示。均布载荷集度为 q，梁的弯曲刚度为 EI、长度为 l。q、EI、l 均为已知。试求梁的挠度与转角方程，以及最大挠度和最大转角。

解：（1）建立 Owx 坐标系，写弯矩方程

建立 Owx 坐标系如图 10-4 所示。因为梁上作用有连续分布载荷，所以在梁的全长上，弯矩可以用一个函数描述。

从坐标为 x 的任意截面处截开，因为固定端有两个约束力，考虑截面左侧平衡时，建立的弯矩方程比较复杂，所以考虑右侧部分的平衡，得到弯矩方程

$$M(x) = -\frac{1}{2}q(l-x)^2 \qquad (0 \leqslant x \leqslant l)$$

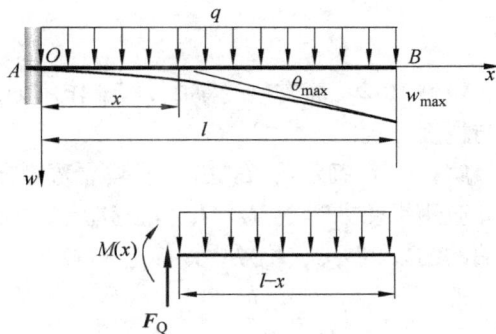

图 10-4　例题 10-1 图

（2）建立挠度微分方程并积分

将上述弯矩方程代入小挠度微分方程，得

$$EIw'' = -M = \frac{1}{2}q(l-x)^2$$

$$EIw' = EI\theta = -\frac{1}{6}q(l-x)^3 + C \qquad (a)$$

$$EIw = \frac{1}{24}q(l-x)^4 + Cx + D \qquad\qquad (b)$$

（3）利用约束条件确定积分常数

固定端处的约束条件为

$$x = 0, \quad \theta = \frac{dw}{dx} = 0$$

$$x = 0, \quad w = 0$$

将其代入式（a）和式（b），得到积分常数

$$C = \frac{ql^3}{6}$$

$$D = -\frac{ql^4}{24}$$

再将其代入式（a）和式（b），得到转角方程与挠度方程，分别为

$$\theta = -\frac{q}{6EI}\left[(l-x)^3 - l^3\right] \qquad\qquad (c)$$

$$w = \frac{q}{24EI}\left[(l-x)^4 + 4l^3x - l^4\right] \qquad\qquad (d)$$

（4）确定转角与挠度的最大值

从图 10-4 中所示之挠度曲线可以看出，悬臂梁在自由端处，挠度和转角均最大值。于是，令转角方程（c）和挠度方程（d）中的 $x = l$，得到最大转角和最大挠度分别为

$$\theta_{max} = \theta_B = \frac{ql^3}{6EI}$$

$$w_{max} = w_B = \frac{ql^4}{8EI}$$

例题 10-2 简支梁受集中力 F_P 作用如图 10-5 所示，F_P、l、EI 均已知。求梁的转角方程与挠度方程。

解：（1）确定约束力并分段建立弯矩方程

应用平衡方程 $\sum M_B = 0$ 和 $\sum M_A = 0$ 得到 A、B 两端的约束力 F_{Ay}、F_{By} 分别为

$$F_{Ay} = \frac{F_P b}{l}, \qquad F_{By} = \frac{F_P a}{l}$$

因为在 C 点作用有集中力，所以必须分成两段建立弯矩方程。AC 和 CB 两段的弯矩方程分别为

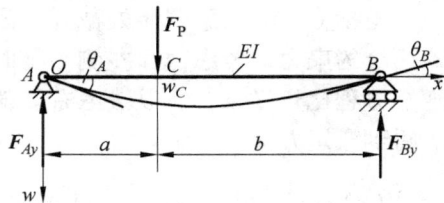

图 10-5 例题 10-2 图

AC 段：
$$M_1(x) = \frac{F_P b}{l}x \qquad (0 \leqslant x \leqslant a)$$

CB 段：
$$M_2(x) = \frac{F_P b}{l}x - F_P(x-a) \qquad (a \leqslant x \leqslant l)$$

（2）建立挠度微分方程并积分

将弯矩方程代入小挠度微分方程，并积分两次：

AC 段：

$$EIw_1'' = -M_1(x) = -\frac{F_P b}{l}x$$

$$EIw_1' = -\frac{F_P b}{2l}x^2 + C_1 \tag{a}$$

$$EIw_1 = -\frac{F_P b}{6l}x^3 + C_1 x + D_1 \tag{b}$$

CB 段：

$$EIw_2'' = -M_2(x) = -\frac{F_P b}{l}x + F_P(x-a)$$

$$EIw_2' = -\frac{F_P b}{2l}x^2 + \frac{1}{2}F_P(x-a)^2 + C_2 \tag{c}$$

$$EIw_2 = -\frac{F_P b}{6l}x^3 + \frac{1}{6}F_P(x-a)^3 + C_2 x + D_2 \tag{d}$$

（3）利用约束条件和连续条件确定积分常数

上式中有四个积分常数 C_1、C_2、D_1、D_2，但简支梁两端只能提供两个约束条件，即

$$x = 0, \quad w(0) = 0$$
$$x = l, \quad w(l) = 0 \tag{e}$$

确定积分常数的另外两个条件由 C 点的连续条件提供，因为在弹性范围内，梁的轴线弯曲成一条连续光滑曲线，因此，AC 和 CB 段的挠度曲线在 C 点处的挠度和转角都相等，即

$$x = a, \quad w_1(a) = w_2(a)$$
$$x = a, \quad \theta_1(a) = \theta_2(a) \tag{f}$$

于是，先利用上述连续条件，有

$$-\frac{F_P b}{2l}a^2 + C_1 = -\frac{F_P b}{2l}a^2 + \frac{F_P}{2}(a-a)^2 + C_2$$

$$-\frac{F_P b}{6l}a^3 + C_1 a + D_1 = -\frac{F_P b}{6l}a^3 + \frac{1}{6}F_P(a-a)^3 + C_2 a + D_2$$

由此解得

$$C_1 = C_2$$
$$D_1 = D_2$$

再利用约束条件，有

$$EIw_1(0) = D_1 = D_2 = 0$$

$$EIw_2(l) = -\frac{F_P b}{6l}l^3 + \frac{1}{6}F_P(l-a)^3 + C_2 l = 0$$

解得

$$C_1 = C_2 = \frac{F_P b}{6l}(l^2 - b^2)$$

（4）确定挠度方程

将所得积分常数代入式（a）~式（d）得到 AC 段和 CB 段的转角方程与挠度方程分别为

AC 段 $(0 \leqslant x \leqslant a)$：

$$EIw_1' = \frac{F_P b}{6l}(l^2 - b^2 - 3x^2) \tag{g}$$

$$EIw_1 = \frac{F_P bx}{6l}(l^2 - b^2 - x^2) \tag{h}$$

CB 段 $(a \leqslant x \leqslant l)$：

$$EIw_2' = \frac{F_P b}{6l}\Big[(l^2 - b^2 - 3x^2) + \frac{3l}{b}(x-a)^2 \Big] \tag{i}$$

$$EIw_2 = \frac{F_P b}{6l}\Big[(l^2 - b^2 - x^2)x + \frac{l}{b}(x-a)^3 \Big] \tag{j}$$

10.3 叠加法

上一节的计算结果表明，在材料服从胡克定律和小挠度的条件下，挠度和转角均与载荷呈线性关系。因此，当梁上作用两个或两个以上的载荷作用时，梁上任意截面处的挠度或转角分别等于各个载荷在同一截面处引起的挠度或转角的代数和。

为了方便工程计算，人们已经将常见静定梁在简单载荷作用下的挠度方程和转角方程以及一些特定点的挠度和转角算出，并形成手册。

叠加法就是应用叠加原理以及常见静定梁在简单载荷作用下的挠度方程和转角方程的计算结果，得到常见静定梁在复杂载荷作用下的挠度与转角。

常用简支梁、悬臂梁受各种载荷的挠度方程、端截面转角和最大挠度列于表 10-1 中，这种简表称为**挠度表**。

表 10-1   梁的挠度与转角公式

序号	梁的简图	挠曲线方程	转角	挠度
1		$w = \dfrac{Mx^2}{2EI}$	$\theta_B = \dfrac{Ml}{EI}$	$w_B = \dfrac{Ml^2}{2EI}$
2		$w = \dfrac{F_P x^2}{6EI}(3l - x)$	$\theta_B = \dfrac{F_P l^2}{2EI}$	$w_B = \dfrac{F_P l^3}{3EI}$

（续）

序号	梁的简图	挠曲线方程	转角	挠度
3		$w = \dfrac{qx^2}{24EI} \times$ $(x^2 - 4lx + 6l^2)$	$\theta_B = \dfrac{ql^3}{6EI}$	$w_B = \dfrac{ql^4}{8EI}$
4		$w = \dfrac{Mx}{6EIl} \times$ $(l-x)(2l-x)$	$\theta_A = \dfrac{Ml}{3EI}$ $\theta_B = -\dfrac{Ml}{6EI}$	$w_{max} = \dfrac{Ml^2}{9\sqrt{3}EI}$ 在 $x = \left(1 - \dfrac{1}{\sqrt{3}}\right)l$ 处
5		$w = -\dfrac{Mx}{6EIl} \times$ $(l^2 - 3b^2 - x^2)$ $(0 \le x \le a)$ $w = -\dfrac{M(l-x)}{6EIl} \times$ $[l^2 - 3a^2 - (l-x)^2]$ $(a \le x \le l)$	$\theta_A = -\dfrac{M}{6EIl} \times$ $(l^2 - 3b^2)$ $\theta_B = -\dfrac{M}{6EIl} \times$ $(l^2 - 3a^2)$ $\theta_C = \dfrac{M}{6EIl} \times$ $(3a^2 + 3b^2 - l^2)$	$w_{max} = -\dfrac{M(l^2 - 3b^2)^{3/2}}{9\sqrt{3}EIl}$ 在 $x = \dfrac{\sqrt{l^2 - 3b^2}}{\sqrt{3}}$ 处 $w_{max} = -\dfrac{M(l^2 - 3a^2)^{3/2}}{9\sqrt{3}EIl}$ 在 $x = \dfrac{\sqrt{l^2 - 3a^2}}{\sqrt{3}}$ 处
6		$w = \dfrac{F_P bx}{6EIl} \times$ $(l^2 - x^2 - b^2)$ $(0 \le x \le a)$ $w = \dfrac{F_P b}{6EIl} \times \left[\dfrac{l}{b}(x-a)^3 \right.$ $\left. + (l^2 - b^2)x - x^3 \right]$ $(a \le x \le l)$	$\theta_A = \dfrac{F_P b(l^2 - b^2)}{6EIl}$ $\theta_B = -\dfrac{F_P ab(2l-b)}{6EIl}$	$w_{max} = \dfrac{F_P b(l^2 - b^2)^{3/2}}{9\sqrt{3}EIl}$ 若 $a > b$，在 $x = \sqrt{\dfrac{l^2 - b^2}{3}}$ 处
7		$w = \dfrac{qx}{24EI} \times$ $(l^3 - 2lx^2 + x^3)$	$\theta_A = \dfrac{ql^3}{24EI}$ $\theta_B = -\dfrac{ql^3}{24EI}$	$w_{max} = \dfrac{5ql^4}{384EI}$ 在 $x = \dfrac{l}{2}$ 处
8		$w = \dfrac{Mx}{6EIl}(l^2 - x^2)$ $0 \le x \le l$ $w = -\dfrac{M}{6EI}(l - 3x)(l-x)$ $l \le x \le l + a$	$\theta_A = \dfrac{Ml}{6EI}$ $\theta_B = -\dfrac{Ml}{3EI}$ $\theta_C = -\dfrac{M}{3EI}(l + 3a)$	$w_C = -\dfrac{M}{16EI}(2al + 3a^2)$

（续）

序号	梁的简图	挠曲线方程	转角	挠度
9		$w = -\dfrac{F_P ax}{6EIl}(l^2 - x^2)$ $0 \le x \le l$ $w = \dfrac{F_P(l-x)}{6EI} \times$ $[(x-l)^2 + a(l-3x)]$ $(l \le x \le l+a)$	$\theta_A = -\dfrac{F_P al}{6EI}$ $\theta_B = \dfrac{F_P al}{3EI}$ $\theta_C = \dfrac{F_P a(2l+3a)}{6EI}$	$w_C = \dfrac{F_P a^2}{3EI}(l+a)$ $w_{max} = -\dfrac{F_P al^2}{9\sqrt{3}EI}$ 在 $x = l/\sqrt{3}$ 处
10		$w = -\dfrac{qa^2 x}{12EIl}(l^2 - x^2)$ $0 \le x \le l$ $w = \dfrac{q(x-l)}{24EI} \times$ $[2a^2(3x-l) + (x-l)^2$ $\times (x-l-4a)]$ $(l \le x \le l+a)$	$\theta_A = -\dfrac{qla^2}{12EI}$ $\theta_B = \dfrac{qla^2}{6EI}$ $\theta_C = \dfrac{qa^2}{6EI}(l+a)$	$w_C = -\dfrac{qa^2}{24EI}(4l+3a)$ $w_{max} = -\dfrac{ql^2 a^2}{18\sqrt{3}EI}$ 在 $x = l/\sqrt{3}$ 处

例如图 10-6a 所示简支梁，承受均布载荷 q 和作用于跨中的集中力 $F_P = ql$ 共同作用。

为求梁中点的挠度，可将均布载荷 q 和集中力 $F_P = ql$ 分别作用在同一简支梁上，如图 10-6b、c 所示。

将两种情形下中点挠度的代数值相加，便得到二者共同作用时所产生的挠度值

$$w\left(\frac{l}{2}\right) = w_1\left(\frac{l}{2}\right) + w_2\left(\frac{l}{2}\right)$$

其中，$w_1\left(\dfrac{l}{2}\right)$ 和 $w_2\left(\dfrac{l}{2}\right)$ 分别为均布载荷 q 和集中力 $F_P = ql$ 作用在简支梁上时梁中点所产生的挠度。这两种挠度都可以从挠度表中查得，其值为

$$w_1\left(\frac{l}{2}\right) = \frac{5}{384EI}ql^4$$

$$w_1\left(\frac{l}{2}\right) = \frac{F_P l^3}{48EI} = \frac{ql^4}{48EI}$$

二者叠加后，得到总挠度为

图 10-6 叠加法求简支梁的挠度

$$w\left(\frac{l}{2}\right) = w_1\left(\frac{l}{2}\right) + w_1\left(\frac{l}{2}\right) = \frac{13}{384EI}ql^4$$

例题 10-3 悬臂梁 AB 在梁中点 C 处作用有集中力 F_P，自由端 B 处承受集中力偶 $M_e = F_P l$，如图 10-7 所示。试用叠加法求自由端（B）处的挠度和转角。

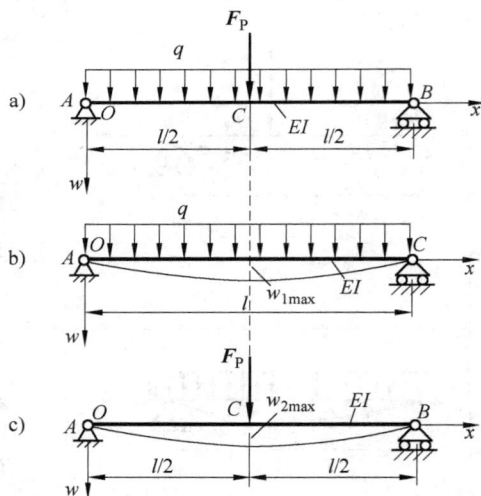

解: 在 M_e、F_P 共同作用下，自由端挠度等于二者分别作用在梁时所产生的自由端挠度之和

$$w_B = w_B(F_P) + w_B(M_e) \qquad (a)$$

$$\theta_B = \theta_B(F_P) + \theta_B(M_e) \qquad (b)$$

其中，$w_B(M_e)$ 可以从挠度表中直接查到:

$$w_B(M_e) = \frac{M_e l^2}{2EI} = \frac{F_P l^3}{2EI}$$

$$\theta_B(M_e) = \frac{M_e l}{EI} = \frac{F_P l^2}{EI} \qquad (c)$$

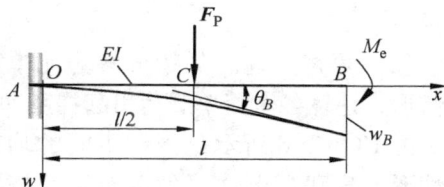

图 10-7　例题 10-3 图

$w_B(F_P)$ 虽然不能直接从挠度表中查到，但是通过自由端作用有集中力的悬臂梁的挠度和转角，也不难得到。因为当集中力作用在 C 处时，CB 段梁由于不受力而保持直线，同时由于挠度曲线连续光滑的要求，CB 段直线必须与 AC 段挠度曲线相切。所以，有

$$w_B(F_P) = w_C(F_P) + \theta_C(F_P) \times \frac{l}{2}$$

$$\theta_B(F_P) = \theta_C(F_P) \qquad (d)$$

其中，$w_C(F_P)$ 和 $\theta_C(F_P)$ 可以由挠度表中的悬臂梁在自由端作用有集中力的结果得到，但是要注意的是，这时的梁长不是 l 而是 $l/2$。于是有

$$w_C(F_P) = \frac{F_P\left(\dfrac{l}{2}\right)^3}{3EI} = \frac{F_P l^3}{24EI}$$

$$\theta_C(F_P) = \frac{F_P\left(\dfrac{l}{2}\right)^2}{2EI} = \frac{F_P l^2}{8EI} \qquad (e)$$

将式(e)代入式(d)的第一式，得到集中力 F_P 引起自由端 B 处挠度为

$$w_B(F_P) = w_C(F_P) + \theta_C(F_P) \times \frac{l}{2} = \frac{F_P l^3}{24EI} + \frac{F_P l^2}{8EI} \times \frac{l}{2} = \frac{5F_P l^3}{48EI} \qquad (f)$$

将式(f)和式(c)的第一式代入式(a)，得到 M_e、F_P 共同作用下自由端 B 的挠度为

$$w_B = w_B(M_e) + w_B(F_P) = \frac{M_e l^2}{2EI} + \frac{5F_P l^3}{48EI} = \frac{F_P l^3}{2EI} + \frac{5F_P l^3}{48EI} = \frac{29F_P l^3}{48EI}$$

根据式(e)、式(d)、式(c)的第二式，由式(b)得到自由端 B 的转角为

$$\theta_B = \theta_B(F_P) + \theta_B(M_e) = \frac{F_P l^2}{8EI} + \frac{F_P l^2}{2EI} = \frac{5F_P l^2}{8EI}$$

对于间断性分布载荷作用的情形，根据受力与约束等效的要求，可以将间断性分布载荷变为梁全长上连续分布载荷，然后在原来没有分布载荷的梁段上，加上集度相同但方向相反的分布载荷，最后应用叠加法。

例题 10-4　图 10-8a 所示悬臂梁，弯曲刚度为 EI。梁承受间断性分布载荷，如图所示。试利用叠加法确定自由端的挠度和转角。

解:（1）将梁上的载荷变成有表可查的情形

为利用挠度表中关于梁全长承受均布载荷的计算结果，计算自由端 C 处的挠度和转角

时，可先将均布载荷延长至梁的全长，为了不改变原来载荷作用的效果，在 *AB* 段还需再加上集度相同、方向相反的均布载荷，如图 10-8b 所示。

（2）再将处理后的梁分解为简单载荷作用的情形，计算各个简单载荷引起挠度和转角

图 10-8c、d 所示是两种不同的均布载荷作用情形，分别画出这两种情形下的挠度曲线大致形状。于是，由挠度表中关于承受均布载荷悬臂梁的计算结果，可得上述两种情形下自由端的挠度和转角：

$$w_{C1} = \frac{1}{8}\frac{ql^4}{EI}$$

$$w_{C2} = w_{B2} + \theta_{B2} \times \frac{l}{2} = -\frac{1}{128}\frac{ql^4}{EI} - \frac{1}{48}\frac{ql^3}{EI} \times \frac{l}{2}$$

$$\theta_{C1} = \frac{1}{6}\frac{ql^3}{EI}$$

$$\theta_{C2} = -\frac{1}{48}\frac{ql^3}{EI}$$

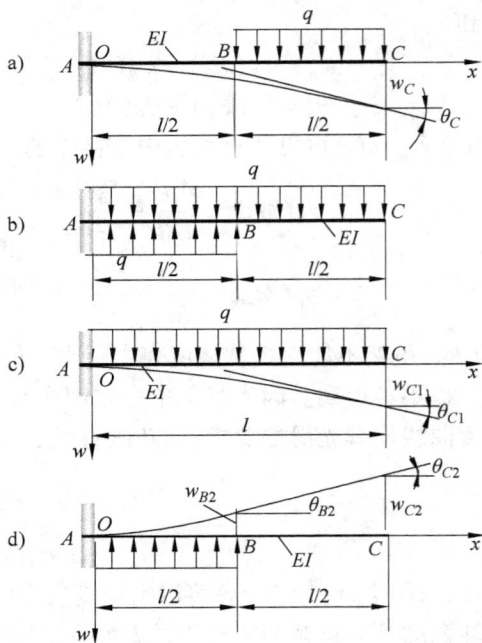

图 10-8　例题 10-4 图

（3）将简单载荷作用的结果叠加

上述结果叠加后，得到

$$w_C = \sum_{i=1}^{2} w_{Ci} = \frac{41}{384}\frac{ql^4}{EI}$$

$$\theta_C = \sum_{i=1}^{2} \theta_{Ci} = \frac{7}{48}\frac{ql^3}{EI}$$

10.4　弯曲刚度计算

对于主要承受弯曲的梁和轴，需要根据对零件和构件的不同工艺要求，将最大挠度和转角（或者指定截面处的挠度和转角）限制在一定范围内，即满足弯曲刚度条件

$$w_{\max} \leqslant [w] \tag{10-11}$$

$$\theta_{\max} \leqslant [\theta] \tag{10-12}$$

在上述二式中，$[w]$ 和 $[\theta]$ 分别称为许用挠度和许用转角，均根据对于不同零件或构件的工艺要求来确定。常见轴的许用挠度和许用转角数值列于表 10-2 中。

需要指出的是，刚度设计与强度设计的重要区别是，它不是以应力是否达到屈服应力或强度极限作为设计的依据，而是以限制弹性位移的大小作为设计的依据。以刚度要求作为依据设计出的杆件，其应力在多数情形下都在比例极限以下。

例题 10-5　图 10-9 所示钢制圆轴，左端受力为 F_P，其他尺寸如图所示。已知 $F_P = 20\text{kN}$，$a = 1\text{m}$，$l = 2\text{m}$，$E = 206\text{GPa}$，轴承 B 处的许用转角 $[\theta] = 0.5°$。试根据刚度要求确定该轴的直径 d。

解： 根据要求，所设计的轴直径必须使轴具有足够的刚度，以保证轴承 B 处的转角不超过许用数值。为此，需按下列步骤计算。

表 10-2　常见轴的弯曲许用挠度与许用转角值

对挠度的限制		对转角的限制	
轴的类型	许用挠度 $[w]$	轴的类型	许用挠度 $[\theta]$/rad
一般传动轴	$(0.0003 \sim 0.0005)l$	滑动轴承	0.001
刚度要求较高的轴	$0.0002l$	向心球轴承	0.005
齿轮轴	$(0.01 \sim 0.03)m$①	向心球面轴承	0.005
涡轮轴	$(0.02 \sim 0.05)m$	圆柱滚子轴承	0.0025
		圆锥滚子轴承	0.0016
		安装齿轮的轴	0.001

① m 为齿轮模数。

（1）由挠度表确定 B 处的转角

由挠度表中承受集中载荷的外伸梁的结果，得

$$\theta_B = -\frac{F_{\mathrm{P}}la}{3EI}$$

（2）根据刚度条件确定轴的直径

根据设计要求，需满足

$$|\theta| \leq [\theta]$$

其中，θ 的单位为 rad（弧度），而 $[\theta]$ 的单位为（°）（度），应考虑到单位的一致性，将有关数据代入后，得到

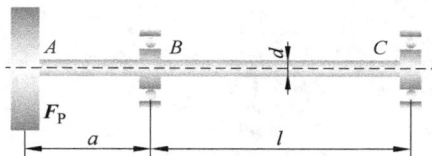

图 10-9　例题 10-5 图

$$d \geq \sqrt[4]{\frac{64 \times 20 \times 1 \times 2 \times 180 \times 10^3}{3 \times \pi^2 \times 206 \times 0.5 \times 10^9}}\mathrm{m} = 111 \times 10^{-3}\mathrm{m} = 111\mathrm{mm}$$

例题 10-6　矩形截面悬臂梁承受均布载荷如图 10-10 所示。已知 $q = 10\mathrm{kN/m}$，$l = 3\mathrm{m}$，$E = 196\mathrm{GPa}$，$[\sigma] = 118\mathrm{MPa}$，许用最大挠度与梁跨度比值 $[w_{\max}/l] = 1/250$，且已知截面高与宽之比为 2，即 $h = 2b$。试确定截面尺寸 b 和 h。

解： 本例既要满足强度要求，又要满足刚度要求。

解决这类问题的办法是，可以先按强度设计准则设计截面尺寸，然后校核刚度条件是否满足；也可以先按刚度条件设计截面尺寸，然后校核强度设计是否满足；

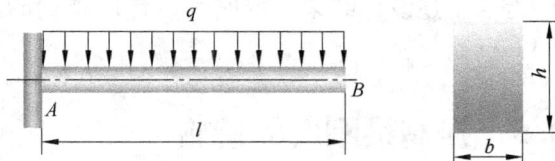

图 10-10　例题 10-6 图

或者同时按强度和刚度条件设计截面尺寸，最后选两种情形下所得的尺寸中之较大者。现按后一种方法计算如下。

（1）强度计算

根据强度设计准则
$$\sigma_{\max} = \frac{|M|_{\max}}{W} \leq [\sigma] \tag{a}$$

于是，有

$$|M|_{max} = \frac{1}{2}ql^2 = \left(\frac{1}{2} \times 10 \times 10^3 \times 3^2\right)N \cdot m$$

$$= 45 \times 10^3 N \cdot m = 45kN \cdot m$$

$$W = \frac{bh^2}{6} = \frac{b(2b)^2}{6} = \frac{2b^3}{3}$$

代入式（a）后，得

$$d \geqslant \sqrt[3]{\frac{3 \times 45 \times 10^3}{2 \times 118 \times 10^6}}m = 83.0 \times 10^{-3}m = 83.0mm$$

$$h = 2b \geqslant 166mm$$

（2）刚度计算
根据刚度条件

$$\frac{w_{max}}{l} \geqslant \left[\frac{w_{max}}{l}\right] \quad (b)$$

由表10-1中受均布载荷作用的悬臂梁的计算结果，得

$$w_{max} = \frac{ql^4}{8EI}$$

于是，有

$$\frac{w_{max}}{l} = \frac{ql^3}{8EI} \quad (c)$$

其中

$$I = \frac{bh^3}{12} \quad (d)$$

由此解得

$$b \geqslant \sqrt[4]{\frac{3 \times 10 \times 10^3 \times 3^3 \times 250}{16 \times 196 \times 10^9}}m = 89.6 \times 10^{-3}m = 89.6mm$$

$$h = 2b \geqslant 179mm$$

（3）根据强度和刚度设计结果，确定梁的最终尺寸

综合上述设计结果，取刚度设计所得到的尺寸，作为梁的最终尺寸，即 $b \geqslant 89.6mm$，$h \geqslant 179mm$。

10.5 提高梁刚度的措施

提高梁的刚度主要是指减小梁的弹性位移。而弹性位移不仅与载荷有关，而且与杆长和梁的弯曲刚度（EI）有关。以悬臂梁在自由端处受集中力作用为例，探索提高梁刚度的措施。此时，挠度 $w_{max} = \frac{F_P l^3}{3EI}$，与梁长的三次方成正比；转角 $\theta_{max} = \frac{F_P l^2}{2EI}$，与梁长的二次方量级成比例。因此，可以通过以下途径有效的提高梁的刚度：

1）减小梁的跨长 l，当梁的长度无法减小时，则可增加中间支座。例如在车床上加工

较长的工件时，为了减小切削力引起的挠度，以提高加工精度，可在卡盘与尾架之间再增加一个中间支架，如图 10-11 所示。

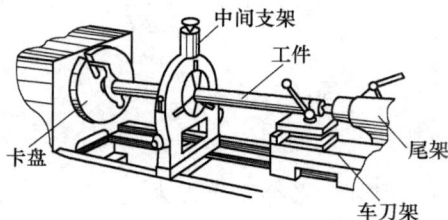

图 10-11　增加中间支架以提高机床加工工件的刚度

2）采用合理的截面形状以增加惯性矩 I。

3）选用弹性模量 E 较高的材料也能提高梁的刚度。但是，对于各种钢材，弹性模量的数值相差甚微，因而与一般钢材相比，选用高强度钢材并不能提高梁的刚度。

10.6　简单的静不定梁

下面以一个例子示范静不定梁的解题过程。

例题 10-7　弯曲刚度 EI 相同的梁，左端固定，右端为辊轴支座，受力如图 10-12 所示。试求梁的全部约束力。

解：（1）判断静不定次数

前已分析，梁的两端共有 4 个未知约束力，只有 3 个独立的平衡方程，所以是一次静不定梁。

（2）平衡方程

将 B 处的辊轴约束作为多余约束解除，代之以约束力 F_{By}，如图 10-12b 所示。于是，可以建立平衡方程

$$\sum F_x = 0, \quad F_{Ax} = 0$$

$$\sum F_y = 0, \quad F_{Ay} - F_{By} + F_P = 0 \qquad (a)$$

$$\sum M_A = 0, \quad F_P \times \frac{l}{2} - F_{By} \times l - M_A = 0$$

（3）变形协调方程

将图 10-12b 中解除约束后得到的静定梁与图 10-12a 中的静不定梁相比较，因为二者的受力和变形应该完全相同，所以在解除的多余约束 B 处可建立变形协调方程

$$w_B = w_B(F_P) + w_B(F_{By}) = 0 \qquad (b)$$

（4）物理方程

考察图 10-12b 中作用在静定梁上的载荷 F_P 与多余约束力 F_{By} 在 B 引起的挠度，即可建立力与挠度之间的关系，亦即物理方程。

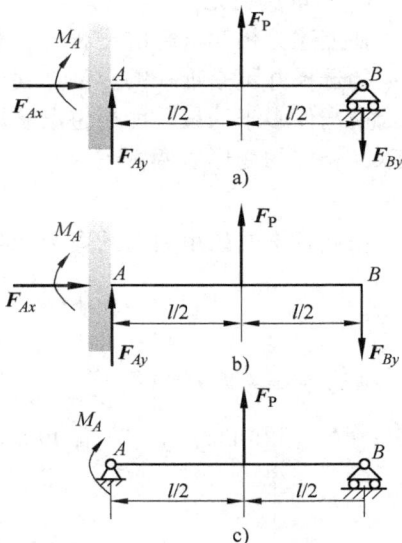

图 10-12　例题 10-7 图

由挠度表查得

$$w_B(F_P) = -\frac{5F_P l^3}{48EI}$$

(c)

$$w_B(F_{By}) = \frac{F_{By} l^3}{3EI}$$

（5）补充方程

将式（c）代入到式（b），得到变形补充方程为

$$\frac{F_{By} l^3}{3EI} - \frac{5F_P l^3}{48EI} = 0$$

(d)

（6）联立方程求解

将方程（a）与式（d）联立解出

$$F_{By} = \frac{5F_P}{16}$$

(e)

所得结果为正，说明所设约束力 $\boldsymbol{F}_{By}$ 的方向正确。

（7）求解全部约束力

多余约束力确定后，将其代入平衡方程（a），即可得到固定端处的约束力和约束力偶

$$F_{Ay} = \frac{11F}{16} \ (\downarrow), \quad M_A = \frac{3Fl}{16} \ (\circlearrowleft)$$

（8）本例讨论

在上述分析和求解的过程中，是将 B 处的辊轴作为多余约束的。在很多情形下，多余约束的选择并不是唯一的。例如对于本例中的静不定梁，也可将固定端处限制截面 A 转动的约束当作多于约束。如果将限制转动的约束解除，应该代之以约束力偶 M_A，如图 10-12c 所示，相应的变形协调方程为

$$\theta_A = 0$$

据此解出的约束力与约束力偶与上述解答完全相同。

习　题

10-1　与小挠度微分方程 $\frac{d^2 w}{dx^2} = -\frac{M}{EI}$ 对应的坐标系有图 10-13a、b、c、d 所示的四种形式。试判断正确的是：（A）图 10-13b、c；（B）图 10-13b、a；（C）图 10-13b、d；（D）图 10-13c、d

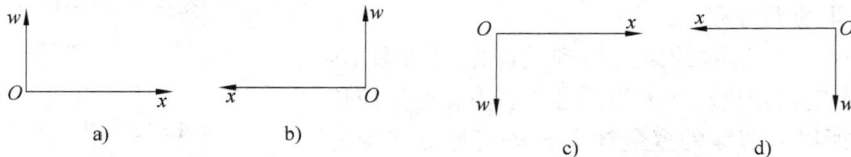

图 10-13　习题 10-1 图

10-2　试写出积分法求图 10-14 所示各梁挠度曲线时，用来确定积分常数的约束条件和连续条件。

10-3　简支梁承受间断性分布载荷，如图 10-15 所示。试说明需要分几段建立小挠度微分方程，积分常数有几个，确定积分常数的条件是什么。

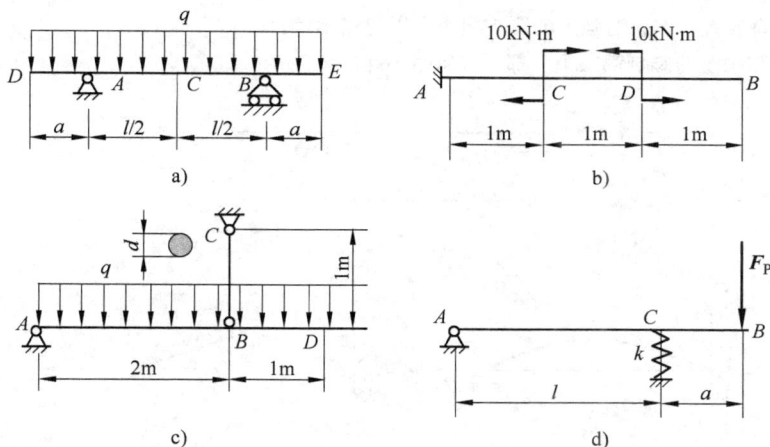

图 10-14　习题 10-2 图

10-4　具有中间铰的梁受力如图 10-16 所示。试画出挠度曲线的大致形状，并说明需要分几段建立小挠度微分方程，积分常数有几个，确定积分常数的条件是什么。

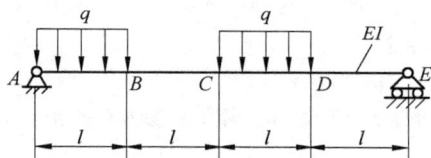

图 10-15　习题 10-3 图

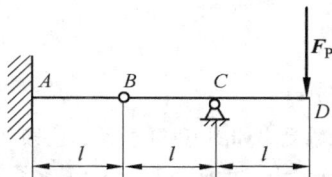

图 10-16　习题 10-4 图

10-5　试用积分法求图 10-17 所示悬臂梁的挠曲线方程及自由端的挠度和转角。设 $EI =$ 常量。

10-6　试用叠加法求图 10-18 所示各梁中截面 A 的挠度和截面 B 的转角。图中 q、l、EI 等均为已知。

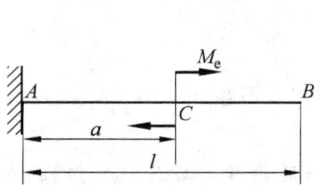

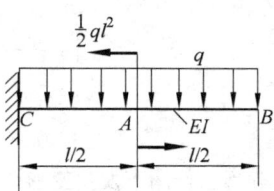

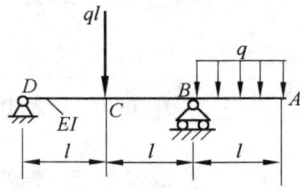

图 10-17　习题 10-5 图

图 10-18　习题 10-6 图

10-7　已知弯曲刚度为 EI 的简支梁的挠度方程为

$$w(x) = \frac{q_0 x}{24EI}(l^3 - 2lx^2 + x^3)$$

据此推知的弯矩图有图 10-19a ~ 图 10-19d 所示四种答案。试分析哪一种是正确的。

10-8　图 10-20 所示承受集中力的细长简支梁，在弯矩最大截面上沿加载方向开一小孔，若不考虑应力集中影响，关于小孔对梁强度和刚度的影响，有如下论述，试判断哪一种是正确的：

（A）大大降低梁的强度和刚度；

（B）对强度有较大影响，对刚度的影响很小可以忽略不计；

（C）对刚度有较大影响，对强度的影响很小可以忽略不计；

（D）对强度和刚度的影响都很小，都可以忽略不计。

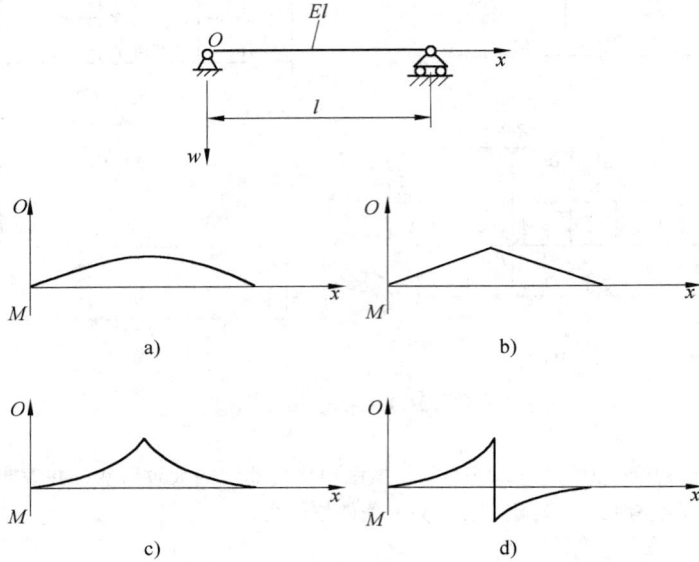

图 10-19 习题 10-7 图

10-9 轴受力如图 10-21 所示，已知 $F_P = 1.6$kN，$d = 32$mm，$E = 200$GPa。若要求加力点的挠度不大于许用挠度 $[w] = 0.05$mm，试校核该轴是否满足刚度要求。

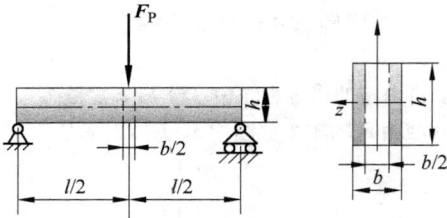

图 10-20 习题 10-8 图

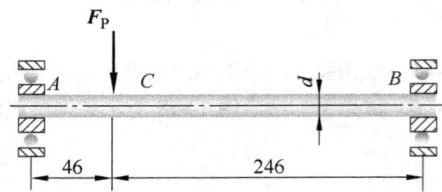

图 10-21 习题 10-9 图

10-10 图 10-22 所示一端外伸的轴在飞轮重量作用下发生变形，已知飞轮重 $W = 20$kN，轴材料的 $E = 200$GPa，轴承 B 处的许用转角 $[\theta] = 0.5°$。试设计轴的直径。

10-11 图 10-23 所示承受均布载荷的简支梁由两根竖向放置的普通槽钢组成。已知 $q = 10$kN/m，$l = 4$m，材料的 $[\sigma] = 100$MPa，许用挠度 $[w] = l/1000$，$E = 200$GPa。试确定槽钢型号。

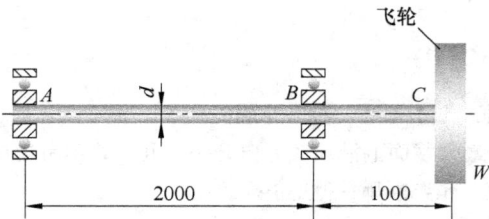

图 10-22 习题 10-10 图

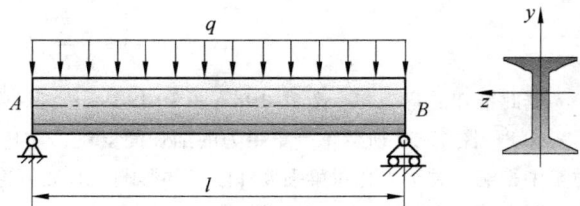

图 10-23 习题 10-11 图

10-12 一简支房梁受力如图 10-24 所示。为避免在梁下顶棚上的灰泥可能开裂，要求梁的最大挠度不超过 $l/360$。材料的弹性模量 $E = 6.9$GPa。试求梁横截面惯性矩 I_z 的许可值。

10-13 两端简支的输气管道，外径 $D = 11.4$mm，壁厚 $t = 4$mm，单位长度的重量 $q = 106$N/m，弹性模量 $E = 210$GPa，管道的许用挠度 $[w] = l/500$。试确定允许的最大跨度 l。

10-14 悬臂梁 AB 在自由端受集中力 F_P 作用。为增加其强度和刚度，用材料和截面均与 AB 梁相同的短梁 DF 加固，二者在 C 处的连接可视为简支支承，如图 10-25 所示。问：

(1) AB 梁在 C 处所受的约束力是多少？

(2) 梁 AB 的最大弯矩和 B 点的挠度比无加固时的数值减小多少？

10-15 梁 AB 和 BC 在 B 处铰接，A、C 两端固定，如图 10-26 所示。梁的弯曲刚度均为 EI，$F_P = 40$kN，$q = 20$kN/m。求 B 处的约束力。

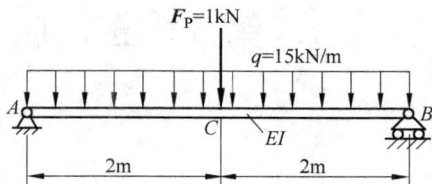

图 10-24 习题 10-12 图

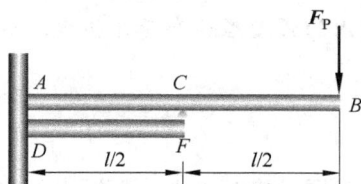

图 10-25 习题 10-14 图

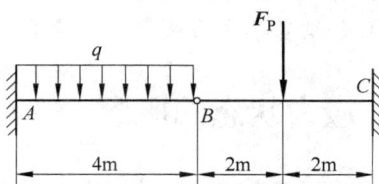

图 10-26 习题 10-15 图

10-16 试判断图 10-27 所示各静不定结构的静不定次数。

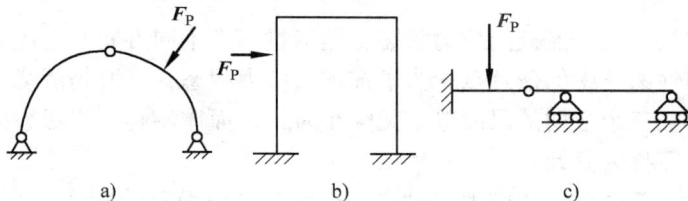

a)　　　　　　　b)　　　　　　　c)

图 10-27 习题 10-16 图

10-17 如图 10-28 所示的梁带有中间铰，在力 F_P 的作用下截面 A、B 的弯矩之比有如下四种答案，试判断哪一种是正确的。

(A) 1:2　　(B) 1:1　　(C) 2:1　　(D) 1:4

10-18 试作图 10-29 所示连续梁的内力图。EI 为常数。

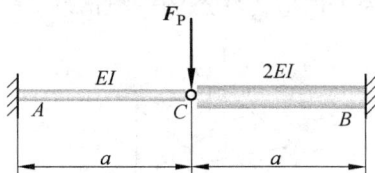

图 10-28 习题 10-17 图

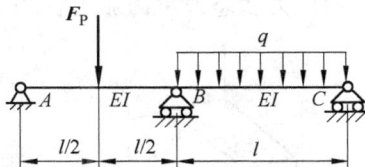

图 10-29 习题 10-18 图

第 11 章　应力状态分析和强度理论

内 容 提 要

（1）一点处的应力状态概念和平面应力状态分析的两种方法：解析法和图解法，三向应力状态

（2）一点处的三对主平面、三个主应力及最大切应力

（3）建立复杂应力状态下的广义胡克定律

（4）介绍复杂应力状态下强度条件的建立：四个常用的强度理论和莫尔强度理论

11.1　应力状态的概念

通过前面基本变形杆件的应力分析可知，在受力杆件同一横截面上，不同点的应力一般是不相同的。实际上，过同一点的不同方向面上的应力一般也是不相同的。因此，当提及应力时，必须指明"哪一个面上或哪一点"的应力或者"哪一点或哪一个方向面"上的应力。此即"应力的点和面的概念"。

所谓**应力状态**又称为**一点处的应力状态**，是指过一点不同方向面上应力的**集合**。

对于受力的弹性物体中的任意点，为了描述其应力状态，一般是围绕这一点截取一个微六面体，当六面体在三个方向的尺度趋于无穷小时，六面体便趋于所考察的点。这时的六面体称为微单元体，简称为**微元**。

一旦确定了微元各个面上的应力，过这一点任意方向面上的应力均可由平衡方法确定，进而还可以确定这些应力中的最大值和最小值以及它们的作用面。因此，一点处的应力状态可用围绕该点的微元及其各面上的应力来描述。

图 11-1 中所示为一般受力物体中任意点处的应力状态，它是应力状态中最一般的情形，称为**空间应力状态**或**三向应力状态**。

当微元只有两对面上承受应力并且所有应力作用线均处于同一平面内时，这种应力状态统称为**二向应力状态**或**平面应力状态**。图 11-2 中所示为平面应力状态的一般情形。

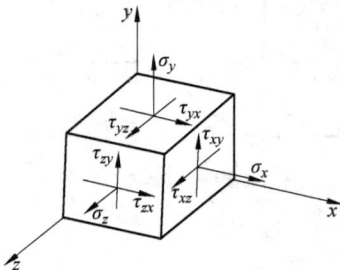

图 11-1　三向应力状态

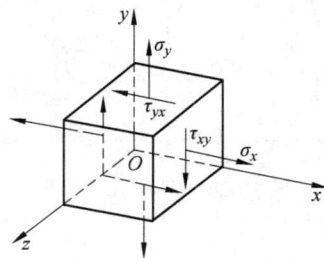

图 11-2　平面应力状态

当图 11-2 所示的平面应力状态微元中，如果切应力 $\tau_{xy}=0$，且只有一个方向的正应力作用时，这种应力状态称为**单向应力状态**；当平面应力状态中正应力 $\sigma_x=\sigma_y=0$ 时，即平面应力状态微元的各个面上只有切应力作用，这种应力状态称为**纯切应力状态**或**纯剪应力状态**。

读者不难分析，横向载荷作用下的梁在横截面上最大和最小正应力作用点处，均为单向应力状态；而在横截面上最大切应力作用点处，大多数情形下为纯切应力状态。同样，对于承受扭矩的圆轴，其上各点均为纯切应力状态。

需要指出的是，平面应力状态实际上是三向应力状态的特例，而单向应力状态和纯切应力状态则为平面应力状态的特殊情形。一般工程中常见的是平面应力状态。

11.2　平面应力状态分析的解析法

11.2.1　斜截面上的应力

1. 方向角与应力分量的正负号约定

图 11-3a、b、c 中所示分别为平面应力状态微元以及任意方向面（法线为 x' 和 y' 的方向面）上的受力图。图中 θ 为 x' 和 y' 坐标轴与 x 和 y 坐标轴之间的夹角，即 Oxy 坐标系旋转的角度。关于 θ 角以及各应力分量正负号，有下列约定：

1）θ 角——从 x 正方向逆时针转至 x' 正方向者为正；反之为负。

2）正应力——拉为正；压为负。

3）切应力——使微元或其局部产生顺时针方向转动趋势者为正；反之为负。

图 11-3 中所示的 θ 角及正应力和切应力 τ_{xy} 均为正；τ_{yx} 为负。

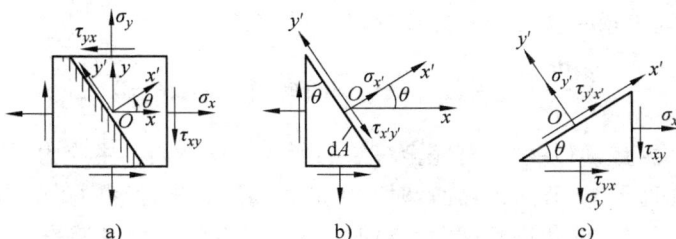

图 11-3　正负号规则

2. 斜截面应力公式的导出

为确定平面应力状态中任意方向面（法线为 x'，方向角为 θ）上的应力，将微元从任意方向面处截为两部分。考察其中任意部分，其受力如图 11-3b 所示，假定任意方向面上的正应力 $\sigma_{x'}$ 和切应力 $\tau_{x'y'}$ 均为正方向。

于是，根据力的平衡方程 $\sum F_{x'}=0$ 和 $\sum F_{y'}=0$，可以写出：

$$\sigma_{x'}\mathrm{d}A-(\sigma_x\mathrm{d}A\cos\theta)\cos\theta+(\tau_{xy}\mathrm{d}A\cos\theta)\sin\theta-$$
$$(\sigma_y\mathrm{d}A\ \sin\theta)\sin\theta+(\tau_{yx}\mathrm{d}A\ \sin\theta)\cos\theta=0 \tag{a}$$
$$-\tau_{x'y'}\mathrm{d}A+(\sigma_x\mathrm{d}A\cos\theta)\sin\theta+(\tau_{xy}\mathrm{d}A\cos\theta)\cos\theta-$$

$$(\sigma_y dA \sin\theta)\cos\theta - (\tau_{yx} dA \sin\theta)\sin\theta = 0 \qquad (b)$$

利用切应力互等定理 $\tau_{x'y'} = -\tau_{y'x'}$，以及三角恒等式 $\sin2\theta = 2\cos\theta\sin\theta$，$\cos2\theta = \cos^2\theta - \sin^2\theta$，$\cos^2\theta = (1 + \cos2\theta)/2$，$\sin^2\theta = (1 - \cos2\theta)/2$，式（a）、式（b）经过整理后，得到**计算平面应力状态中任意方向面上正应力和切应力的公式**：

$$\sigma_{x'} = \frac{\sigma_x + \sigma_y}{2} + \frac{\sigma_x - \sigma_y}{2}\cos2\theta - \tau_{xy}\sin2\theta$$

$$\tau_{x'y'} = \frac{\sigma_x - \sigma_y}{2}\sin2\theta + \tau_{xy}\cos2\theta \qquad (11\text{-}1)$$

11.2.2 主平面、主应力与面内最大切应力

1. 主平面

微元任意方向面上应力分析表明，不同方向面上的应力分量与方向面的取向（方向角 θ）有关，因而有可能存在某种方向面，其上切应力 $\tau_{x'y'} = 0$，这种方向面称为**主平面**，其方向角用 θ_p 表示。由式（11-1），令 $\tau_{x'y'} = 0$，得到**主平面方向角的表达式**

$$\tan2\theta_p = -\frac{2\tau_{xy}}{\sigma_x - \sigma_y} \qquad (11\text{-}2)$$

主平面上的正应力称为**主应力**。主平面法线方向即主应力作用线方向，称为**主方向**，主方向用方向角 θ_p 表示。不难证明：对于确定的主应力，例如 σ_p，其方向角 θ_p 由下式确定：

$$\tan\theta_p = \frac{\sigma_x - \sigma_p}{\tau_{xy}} \qquad (11\text{-}3)$$

式中，θ_p 为 σ_p 的作用线与 x 轴正方向的夹角。

若将式（11-1）对 θ 求一次导数，并令其等于零，有

$$\frac{\mathrm{d}\sigma_{x'}}{\mathrm{d}\theta} = -(\sigma_x - \sigma_y)\sin2\theta - 2\tau_{xy}\cos2\theta = 0$$

由此解出的角度与式（11-2）具有完全一致的形式。这表明，主应力具有极值的性质，即当坐标系绕 z 轴（垂直于 xy 坐标面）旋转时，主应力为所有坐标系中正应力的极值。

读者不难证明，当方向角满足式（11-2）时，$\tau_{y'x'}$ 亦为零，这表示若与 x' 轴垂直的平面为主平面，则与 y' 轴垂直的平面也是主平面。当然，该面上的正应力 $\sigma_{y'}$ 亦为主应力，并且同样具有极值性质。

需要指出的是，对于平面应力状态，平行于 xy 坐标面的平面，其上既没有正应力、也没有切应力作用，这种平面也是主平面。这一主平面上的主应力等于零。

2. 平面应力状态的三个主应力

将由式（11-2）解得的主应力方向角 θ_p 代入式（11-1），得到平面应力状态的两个不等于零的主应力。这两个不等于零的主应力以及上述平面应力状态固有的等于零的主应力，分别用 σ'、σ''、σ''' 表示，即有**主应力计算公式**：

$$\sigma' = \frac{\sigma_x + \sigma_y}{2} + \frac{1}{2}\sqrt{(\sigma_x - \sigma_y)^2 + 4\tau_{xy}^2} \qquad (11\text{-}4a)$$

$$\sigma'' = \frac{\sigma_x + \sigma_y}{2} - \frac{1}{2}\sqrt{(\sigma_x - \sigma_y)^2 + 4\tau_{xy}^2} \tag{11-4b}$$

$$\sigma''' = 0 \tag{11-4c}$$

以后将按三个主应力 σ'、σ''、σ''' 的代数值由大到小顺序排列分别用 σ_1、σ_2、σ_3 表示，即 $\sigma_1 > \sigma_2 > \sigma_3$。

根据主应力的大小与方向可以确定材料何时发生失效或破坏以及失效或破坏的形式。因此，可以说主应力是反映应力状态本质内涵的特征量。

3. 面内最大切应力

与正应力相类似，不同方向面上的切应力也随着坐标的旋转而变化，因而切应力也可能存在极值。为求此极值，将式（11-1）中的 $\tau_{x'y'}$ 对 θ 求一次导数，并令其等于零，得到

$$\frac{\mathrm{d}\tau_{x'y'}}{\mathrm{d}\theta} = (\sigma_x - \sigma_y)\cos2\theta - 2\tau_{xy}\sin2\theta = 0$$

由此得出另一特征角，用 θ_s 表示

$$\tan2\theta_s = -\frac{\sigma_x - \sigma_y}{2\tau_{xy}} \tag{11-5}$$

从中解出 θ_s，将其代入式（11-1），得到 $\tau_{x'y'}$ 的极值。根据切应力成对定理以及切向力的正负号规则，$\tau_{x'y'} = -\tau_{y'x'}$，因此，在 $\tau_{x'y'}$ 和 $\tau_{y'x'}$ 中，若一个为极大值，则另一个必为极小值，其数值由下式确定：

$$\left.\begin{array}{l}\tau' \\ \tau''\end{array}\right\} = \pm\frac{1}{2}\sqrt{(\sigma_x - \sigma_y)^2 + 4\tau_{xy}^2} \tag{11-6}$$

需要特别指出的是，上述切应力极值仅对垂直于 xy 坐标面的方向面而言，因而称为**面内最大切应力与面内最小切应力**。二者不一定是过一点的所有方向面中切应力的最大值和最小值。

11.3　平面应力状态分析的图解法

11.3.1　应力圆方程

由式（11-1）

$$\sigma_{x'} = \frac{\sigma_x + \sigma_y}{2} + \frac{\sigma_x - \sigma_y}{2}\cos2\theta - \tau_{xy}\sin2\theta$$

$$\tau_{x'y'} = \frac{\sigma_x - \sigma_y}{2}\sin2\theta + \tau_{xy}\cos2\theta$$

得到

$$\left(\sigma_{x'} - \frac{\sigma_x + \sigma_y}{2}\right)^2 + \tau_{x'y'}^2 = \left(\frac{1}{2}\sqrt{(\sigma_x - \sigma_y)^2 + 4\tau_{xy}^2}\right)^2 \tag{11-7}$$

在以 $\sigma_{x'}$ 为横轴、$\tau_{x'y'}$ 为纵轴的坐标系中，上述方程为圆方程。这种圆称为**应力圆**。应力圆的圆心坐标为

$$\frac{\sigma_x + \sigma_y}{2}$$

应力圆的半径为

$$\frac{1}{2}\sqrt{(\sigma_x - \sigma_y)^2 + 4\tau_{xy}^2}$$

应力圆最早由德国工程师莫尔(Mohr，O，1835—1918)提出，故又称为**莫尔应力圆**，也可简称为**莫尔圆**。

11.3.2 应力圆的画法

上述分析结果表明，对于平面应力状态，根据其上的应力分量 σ_x、σ_y 和 τ_{xy}，由圆心坐标以及圆的半径，即可画出与给定的平面应力状态相对应的应力圆。但是，这样做并不方便。

为了简化应力圆的绘制方法，需要考察表示平面应力状态微元相互垂直的一对面上的应力与应力圆上点的对应关系。

图 11-4a、b 所示为相互对应的应力状态与应力圆。

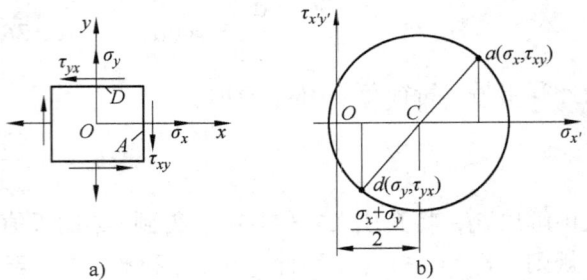

图 11-4 平面应力状态应力圆

假设应力圆上点 a 的坐标对应着微元 A 面上的应力(σ_x，τ_{xy})。将点 a 与圆心 C 相连，并延长 aC 交应力圆于点 d。根据图中的几何关系不难证明，应力圆上点 d 坐标对应微元 D 面上的应力(σ_y，$-\tau_{xy}$)。

根据上述类比，不难得到平面应力状态与其应力圆的几种对应关系：

1) **点面对应**——应力圆上某一点的坐标值对应着微元某一方向面上的正应力和切应力值。

2) **转向对应**——应力圆半径旋转时，半径端点的坐标随之改变，对应地，微元坐标亦沿相同方向旋转，才能保证某一方向面上的应力与应力圆上半径端点的坐标相对应。

3) **2 倍角对应**——应力圆上半径转过的角度，等于方向面法线旋转角度的 2 倍。

11.3.3 应力圆的应用

基于上述对应关系，可以根据微元两相互垂直面上的应力确定应力圆上一直径上的两端点，并由此确定圆心 C，进而画出应力圆，从而使应力图绘制过程大为简化。而且，还可以确定任意方向面上的正应力和切应力，以及主应力和面内最大切应力。

以图 11-5a 中所示的平面应力状态为例。首先在图 11-5b 所示的 $O\sigma_{x'}\tau_{x'y'}$ 坐标系中找到与微元 A、D 面上的应力(σ_x，τ_{xy})、(σ_y，τ_{yx})对应的两点 a、d，连接 ad 交 $\sigma_{x'}$ 轴于点 C，以点 C 为圆心，以 Ca 或 Cd 为半径作圆，即为与所给应力状态对应的应力圆。

其次，为求 x 轴反时针旋转 θ 角至 x' 轴位置时微元方向面 G 上的应力，可将应力圆上的半径 Ca 按相同方向旋转 2θ，得到点 g，则点 g 的坐标值即为 G 面上的应力值，如图 11-5c 所示。这一结论留给读者自己证明。

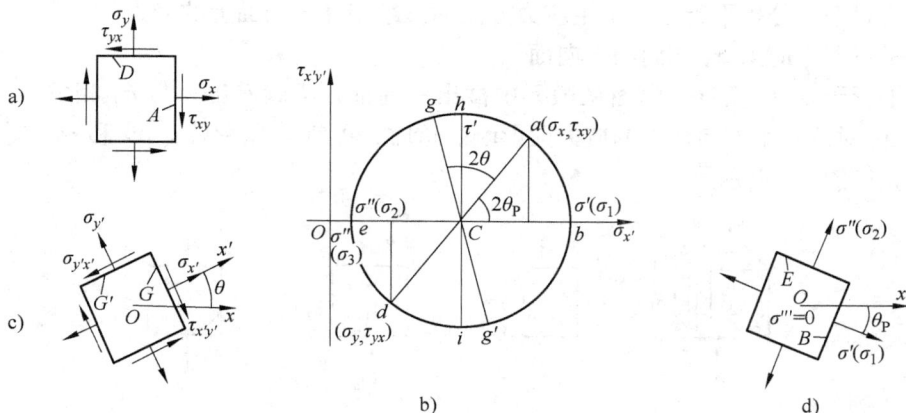

图 11-5　应力圆的应用

应用应力圆上的几何关系可以得到与式(11-4)和式(11-6)完全一致的、平面应力状态主应力与面内最大切应力表达式。

从图 11-5b 中所示应力圆可以看出，应力圆与 $\sigma_{x'}$ 轴的交点 b 和 e，对应着平面应力状态的主平面，其横坐标值即为主应力 σ' 和 σ''。此外，对于平面应力状态，根据主平面的定义，其上没有应力作用的平面亦为主平面，只不过这一主平面上的主应力 σ''' 为零。

图 11-5b 所示为应力圆的最高点和最低点 h 和 i，切应力绝对值最大，均为面内最大切应力。不难看出，在切应力最大处，正应力不一定为零，即在最大切应力作用面上，一般存在正应力。

图 11-5d 所示为用主应力表示的应力状态。

需要指出的是，在图 11-5b 中，应力圆在坐标轴 $\tau_{x'y'}$ 的右侧，因而 σ' 和 σ'' 均为正值。这种情形不具有普遍性。当 $\sigma_x < 0$ 或在其他条件下，应力圆也可能在坐标轴 $\tau_{x'y'}$ 的左侧，或者与坐标轴 $\tau_{x'y'}$ 相交，因此，σ' 和 σ'' 也有可能为负值，或者一正一负。

还需要指出的是，应力圆的功能主要不是作为图解法的工具用以量测某些量。它一方面通过明晰的几何关系帮助读者导出一些基本公式，而不是死记硬背这些公式；另一方面，也是更重要的方面，是作为一种思考问题的工具，用以分析和解决一些难度较大的问题。请读者在分析本章中的某些习题时注意充分利用这种工具。

11.4　三向应力状态简介

11.4.1　三向应力状态的应力圆

三个主应力均不为零的应力状态称为三向应力状态。前面已经提到，平面应力状态也有三个主应力，只是其中有一个或两个主应力等于零。所以，平面应力状态是三向应力状态的特例。

1. 三组特殊的方向面

因为三个主平面和主应力($\sigma_1 > \sigma_2 > \sigma_3$)均为已知，故可以先将这种应力状态分解为三种平面应力状态，分析平行于三个主应力方向的三组特殊方向面上的应力。

（1）平行于主应力 σ_1 方向的方向面

若用平行于 σ_1 的任意方向面从微元中截出一局部，不难看出，与 σ_1 相关的力自相平衡，因而 σ_1 对这一组方向面上的应力无影响。这时，可将其视为只有 σ_2 和 σ_3 作用的平面应力状态，如图 11-6b 所示。

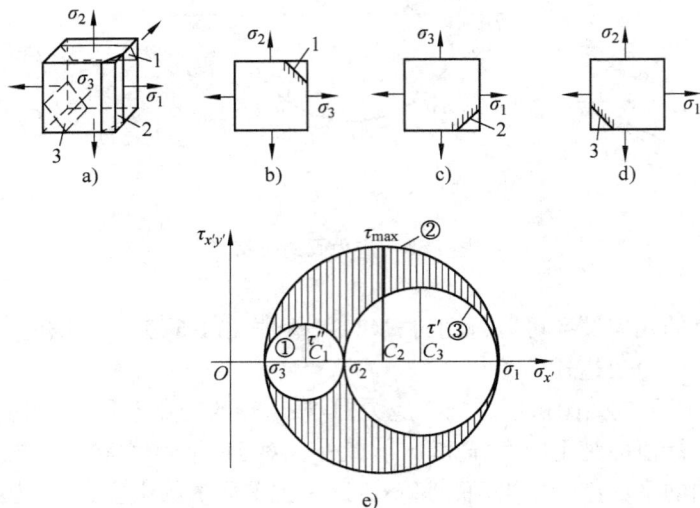

图 11-6 三向应力状态的应力圆

（2）平行于主应力 σ_2 方向的方向面

这一组方向面上的应力与 σ_2 无关，这时，可将其视为只有 σ_1 和 σ_3 作用的平面应力状态，如图 11-6c 所示。

（3）平行于主应力 σ_3 方向的方向面

研究这一组方向面上的应力，可将其视为只有 σ_1 和 σ_2 作用的平面应力状态，如图 11-6d 所示。

2. 三向应力状态的应力圆

根据图 11-6b、c、d 中所示的平面应力状态，可作出三个与其对应的应力圆①、②、③，如图 11-6e 所示。三个应力圆上的点分别对应三向应力状态中三组特殊方向面上的应力。这三个圆统称为三向应力状态应力圆。

应用弹性力学的理论，还可以证明，三向应力状态中任意方向面上的应力对应着上述三个应力圆之间所围区域（图 11-6e 中阴影线部分）内某一点的坐标值。这已超出本课程所涉及范围，故不赘述。

11.4.2　一点处的最大切应力

对于一般情形下的三向应力状态，都可以找到它的三个主应力，因而也都可以作出类似的三向应力状态应力圆。

结果表明，微元内的最大切应力发生在平行于 σ_2 的那一组方向面内，与这一方向面对应的是最大应力圆（由 σ_1 和 σ_3 作出）的最高点和最低点。于是，一点处应力状态中的**最大切应力表示为**

$$\tau_{max} = \frac{\sigma_1 - \sigma_3}{2} \tag{11-8}$$

在由 σ_1 与 σ_2 以及 σ_2 与 σ_3 所画出的应力圆上，其最高点与最低点纵坐标所对应的切应力只是分别平行于 σ_3 和 σ_1 的那两组方向面中最大值，此即前面所提到的平面应力状态中的面内最大切应力。

一般平面应力状态是三向应力状态的特例，即两个不等于零的主应力和一个等于零的主应力。因此，对于平面应力状态也应该可以作出三个应力圆。同样，由 σ_1 和 σ_3 作出的应力圆最高点与最低点的纵坐标值，即为平面应力状态的最大切应力，其表达式与式（11-8）相同。

其余两个面内最大切应力分别用 τ' 和 τ'' 表示，其值为

$$\tau' = \frac{\sigma_1 - \sigma_2}{2} \tag{11-9}$$

$$\tau'' = \frac{\sigma_2 - \sigma_3}{2} \tag{11-10}$$

读者不难发现，对于平面应力状态，式（11-9）、式（11-10）是与式（11-6）等价的。

例题 11-1　单元体如图 11-7 所示，试求：（1）指定斜截面上的应力；

（2）主应力大小及对应的主方向角。

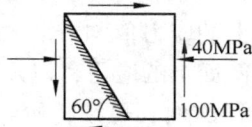

图 11-7　例题 11-1 图

解：（1）确定斜面应力

将已知数据 $\sigma_x = -40$ MPa，$\sigma_y = 0$，$\tau_{xy} = -100$ MPa，$\theta = 30°$ 等代入任意方向面上应力分量的表达式（11-1），求得

$$\sigma_{x'} = \frac{\sigma_x + \sigma_y}{2} + \frac{\sigma_x - \sigma_y}{2}\cos2\theta - \tau_{xy}\sin2\theta$$

$$= \frac{-40}{2} - \frac{40}{2}\cos2 \times 30° + 100\sin2 \times 30° = 56.6 \text{MPa}$$

$$\tau_{x'y'} = \frac{\sigma_x - \sigma_y}{2}\sin2\theta + \tau_{xy}\cos2\theta$$

$$= \frac{-40}{2}\sin2 \times 30° - 100\cos2 \times 30° = -67.3 \text{MPa}$$

（2）确定主应力和主方向

因为 $\sigma_y = 0$，所以由式（11-4a）和式（11-4b），求得两个非零主应力分别为

$$\sigma' = \frac{\sigma_x}{2} + \frac{1}{2}\sqrt{\sigma_x^2 + 4\tau_{xy}^2} > 0$$

$$\sigma'' = \frac{\sigma_x}{2} - \frac{1}{2}\sqrt{\sigma_x^2 + 4\tau_{xy}^2} < 0$$

因为是平面应力状态，故有 $\sigma''' = 0$。于是，根据 $\sigma_1 > \sigma_2 > \sigma_3$ 的排列顺序，得

$$\begin{cases} \sigma_1 = \sigma' = \dfrac{\sigma_x}{2} + \dfrac{1}{2}\sqrt{\sigma_x^2 + 4\tau_{xy}^2} \\[2mm] \sigma_2 = \sigma''' = 0 \\[2mm] \sigma_3 = \sigma'' = \dfrac{\sigma_x}{2} - \dfrac{1}{2}\sqrt{\sigma_x^2 + 4\tau_{xy}^2} \end{cases} \tag{11-11}$$

将已知数据代入后，求得三个主应力

$$\sigma_1 = 82\text{MPa}, \quad \sigma_2 = 0, \quad \sigma_3 = -122\text{MPa}$$

再依式(11-3)，可方便求得主应力 σ_1 的主方向

$$\tan\theta_1 = \frac{\sigma_x - \sigma_1}{\tau_{xy}} = \frac{-40 - 82}{-100} = 1.22$$

得 σ_1 主方向角 $\theta_1 = 50.6°$，而 σ_3 主方向显然与其相垂直。

例题 11-2　三向应力状态如图 11-8a 所示，图中应力的单位为 MPa。试求主应力及微元内的最大切应力。

解： 所给的应力状态中有一个主应力是已知的，即 $\sigma''' = 60\text{MPa}$，故微元上平行于 σ''' 的方向面上的应力值与 σ''' 无关。因此，当确定这一组方向面上的应力，以及这一组方向面中的主应力 σ' 和 σ'' 时，可以将所给的应力状态视为图 11-8b 所示的平面应力状态。这与例题 11-1 中的平面应力状态相类似。于是，例题 11-1 中所得到的主应力 σ' 和 σ'' 公式可直接应用，即

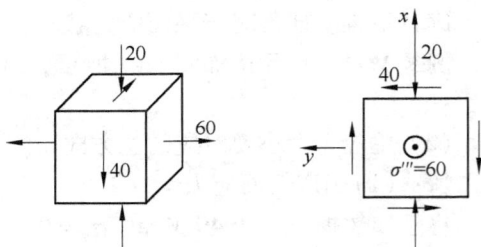

图 11-8　例题 11-2 图

$$\sigma' = \frac{\sigma_x}{2} + \frac{1}{2}\sqrt{\sigma_x^2 + 4\tau_{xy}^2} > 0$$

$$\sigma'' = \frac{\sigma_x}{2} - \frac{1}{2}\sqrt{\sigma_x^2 + 4\tau_{xy}^2} < 0$$

但是，本例中 $\sigma_x = -20\text{MPa}$，$\tau_{xy} = -40\text{MPa}$，$\sigma_y = 0$。据此，求得

$$\sigma' = \left[\frac{(-20)\times 10^6}{2} + \frac{1}{2}\sqrt{(-20\times 10^6)^2 + 4(-40\times 10^6)^2}\right]\text{Pa}$$

$$= 31.23\times 10^6\text{Pa} = 31.23\text{MPa}$$

$$\sigma'' = \left[\frac{(-20)\times 10^6}{2} - \frac{1}{2}\sqrt{(-20\times 10^6)^2 + 4(-40\times 10^6)^2}\right]\text{Pa}$$

$$= -51.23\times 10^6\text{Pa} = -51.23\text{MPa}$$

根据 $\sigma_1 > \sigma_2 > \sigma_3$ 的排列顺序，可以写出

$$\sigma_1 = 60\text{MPa}$$

$$\sigma_2 = 31.23\text{MPa}$$

$$\sigma_3 = -51.23\text{MPa}$$

微元内的最大切应力

$$\tau_{\max} = \frac{\sigma_1 - \sigma_3}{2} = \left(\frac{60 \times 10^6 + 51.23 \times 10^6}{2}\right)\text{Pa} = 55.6 \times 10^6 \text{MPa} = 55.6\text{MPa}$$

例题 11-3　图 11-9a 所示平面应力状态，若要求微元旋转后的应力状态(见图 11-9b)中的 $\sigma_{x'} = 70\text{MPa}$，试求 θ 的取值。图中应力的单位为 MPa。

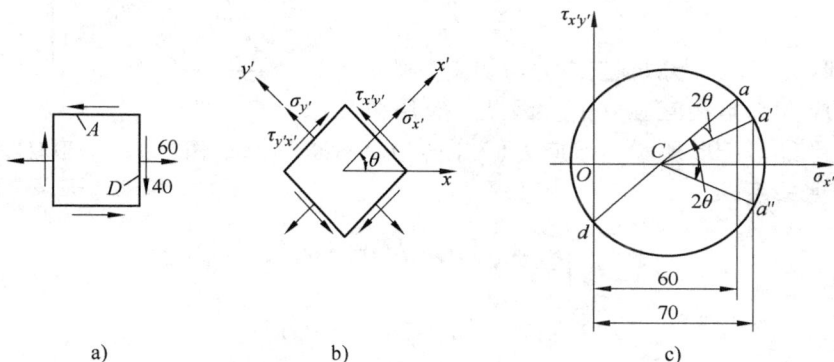

图 11-9　例题 11-3 图

解：由所给的应力状态可以画出图 11-9c 中所示的应力圆。作与纵坐标轴相距 70MPa 的平行线，交应力圆于 a' 和 a'' 两点，这两点便对应着旋转后的微元上 $\sigma_{x'} = 70\text{MPa}$ 的方向面。由图中不难求得

$$2\theta = \angle aCa' \quad 或 \quad 2\theta = \angle aCa''$$

于是，有

$$\theta = \frac{1}{2}\left[\arctan\left(\frac{40 \times 10^6 \text{Pa}}{30 \times 10^6 \text{Pa}}\right) \pm \arccos\left(\frac{70 \times 10^6 \text{Pa} - 30 \times 10^6 \text{Pa}}{50 \times 10^6 \text{Pa}}\right)\right] = \frac{45.08°}{8.13°}$$

其方向都是自 x 轴顺时针方向转动(与图 11-9b 所示方向相反)。

11.5　广义胡克定律

11.5.1　广义胡克定律

根据各向同性材料在弹性范围内应力-应变关系的实验结果，可以得到单向应力状态下微元沿正应力方向的正应变

$$\varepsilon_x = \frac{\sigma_x}{E}$$

实验结果还表明，在 σ_x 作用下，除 x 方向的正应变外，在与其垂直的 y、z 方向亦有反号的

正应变 ε_y、ε_z 存在，二者与 ε_x 之间存在下列关系：

$$\varepsilon_y = -\nu\varepsilon_x = -\nu\frac{\sigma_x}{E}$$

$$\varepsilon_z = -\nu\varepsilon_x = -\nu\frac{\sigma_x}{E}$$

式中，ν 为材料的泊松比。对于各向同性材料，上述二式中的泊松比是相同的。

对于纯切应力状态，前已提到切应力和切应变在弹性范围也存在比例关系，即

$$\gamma = \frac{\tau}{G}$$

在小变形条件下，考虑到正应力与切应力所引起的正应变和切应变都是相互独立的，因此，应用叠加原理，可以得到图 11-10a 所示一般应力（三向应力）状态下的**应力-应变关系**：

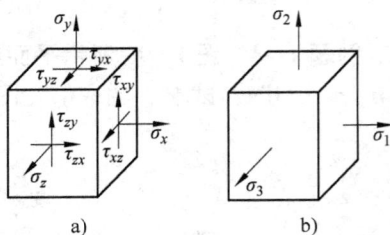

图 11-10　一般应力状态下的应力-应变关系

$$\begin{cases} \varepsilon_x = \dfrac{1}{E}[\sigma_x - \nu(\sigma_y + \sigma_z)] \\[2mm] \varepsilon_y = \dfrac{1}{E}[\sigma_y - \nu(\sigma_z + \sigma_x)] \\[2mm] \varepsilon_z = \dfrac{1}{E}[\sigma_z - \nu(\sigma_x + \sigma_y)] \\[2mm] \gamma_{xy} = \dfrac{\tau_{xy}}{G} \\[2mm] \gamma_{xz} = \dfrac{\tau_{xz}}{G} \\[2mm] \gamma_{yz} = \dfrac{\tau_{yz}}{G} \end{cases} \tag{11-12}$$

式(11-12)称为一般应力状态下的**广义胡克定律**。

若微元的三个主应力已知，其应力状态如图 11-10b 所示，这时广义胡克定律变为

$$\begin{cases} \varepsilon_1 = \dfrac{1}{E}[\sigma_1 - \nu(\sigma_2 + \sigma_3)] \\[2mm] \varepsilon_2 = \dfrac{1}{E}[\sigma_2 - \nu(\sigma_3 + \sigma_1)] \\[2mm] \varepsilon_3 = \dfrac{1}{E}[\sigma_3 - \nu(\sigma_1 + \sigma_2)] \end{cases} \tag{11-13}$$

式中，ε_1、ε_2、ε_3 分别为沿主应力 σ_1、σ_2、σ_3 方向的应变，称为**主应变**。

对于**平面应力状态**（$\sigma_z = 0$），广义胡克定律(11-12)简化为

$$\begin{cases} \varepsilon_x = \dfrac{1}{E}(\sigma_x - \nu\sigma_y) \\[2mm] \varepsilon_y = \dfrac{1}{E}(\sigma_y - \nu\sigma_x) \\[2mm] \varepsilon_z = -\dfrac{\nu}{E}(\sigma_x + \sigma_y) \\[2mm] \gamma_{xy} = \dfrac{\tau_{xy}}{G} \end{cases} \qquad (11\text{-}14)$$

11.5.2　各相同性材料各弹性常数之间的关系

对于同一种各向同性材料，广义胡克定律中的三个弹性常数并不完全独立，它们之间存在下列关系：

$$G = \frac{E}{2(1+\nu)} \qquad (11\text{-}15)$$

需要指出的是，对于绝大多数各向同性材料，泊松比一般在 0 ~ 0.5 之间取值，因此，切变模量 G 的取值范围为 $E/3 < G < E/2$。

例题 11-4　图 11-11a 所示的钢质立方体块，其各个面上都承受均匀静水压力 p。已知边长 AB 的改变量 $\Delta AB = -24 \times 10^{-3}$ mm，$E = 200\text{GPa}$，$\nu = 0.29$。试：

（1）求 BC 和 BD 边的长度改变量；

（2）确定静水压力值 p；

（3）证明体积应变 $\varepsilon_V = \dfrac{\Delta dV}{dV} = \varepsilon_x + \varepsilon_y + \varepsilon_z$，并以此为依据，计算本例中立方体块的体积改变量。

图 11-11　例题 11-4 图

解：（1）计算 BC 和 BD 边的长度改变量

在静水压力作用下，弹性体各方向发生均匀变形，因而任意一点均处于三向等压应力状态，且

$$\sigma_x = \sigma_y = \sigma_z = -p \qquad (\text{a})$$

应用广义胡克定律，得

$$\varepsilon_x = \varepsilon_y = \varepsilon_z = -\frac{p}{E}(1-2\nu) \qquad (\text{b})$$

由已知条件，有

$$\varepsilon_x = \frac{\Delta AB}{AB} = -0.3 \times 10^{-3} \qquad (\text{c})$$

于是，得

$$\Delta BC = \varepsilon_y BC = [(-0.3 \times 10^{-3}) \times 40 \times 10^{-3}]\text{m} = -12 \times 10^{-3}\text{mm}$$

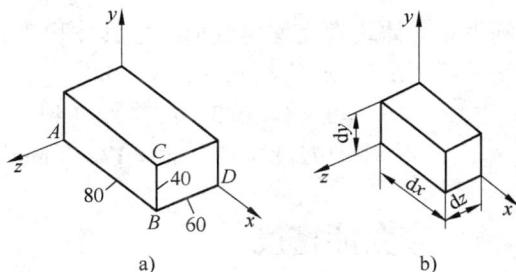

$$\Delta BD = \varepsilon_y BD = [(-0.3 \times 10^{-3}) \times 60 \times 10^{-3}] m = -18 \times 10^{-3} mm$$

（2）确定静水压力值 p

将式（c）中的结果及 E、ν 的数值代入式（b），解出

$$p = -\frac{E\varepsilon_x}{1 - 2\nu} = \left[\frac{-200 \times 10^9 \times (-0.3 \times 10^{-3})}{1 - 2 \times 0.29} \right] Pa = 142.9 \times 10^6 Pa = 142.9 MPa$$

（3）证明体积应变表达式

假设微元三边边长分别为 dx、dy、dz（见图 11-11b）。在 σ_x、σ_y、σ_z 作用下，x、y、z 方向的正应变分别为 ε_x、ε_y、ε_z，则各边的长度改变量分别为

$$\Delta dx = \varepsilon_x dx$$
$$\Delta dy = \varepsilon_y dy$$
$$\Delta dz = \varepsilon_z dz$$

于是，体积应变

$$\varepsilon_V = \frac{\Delta dV}{dV} = \frac{(1 + \varepsilon_x) dx \cdot (1 + \varepsilon_y) dy \cdot (1 + \varepsilon_z) dz - dxdydz}{dxdydz}$$

将其展开并略去其中高阶小量，便得到所要证明的结论

$$\varepsilon_V = \frac{\Delta dV}{dV} = \varepsilon_x + \varepsilon_y + \varepsilon_z \tag{11-16}$$

本例中立方体块发生均匀变形，故其体积改变量

$$\begin{aligned}\Delta V &= \varepsilon_V V = (\varepsilon_x + \varepsilon_y + \varepsilon_z) V \\ &= 3 \times (-0.3 \times 10^{-3}) \times (40 \times 10^{-3} \times 60 \times 10^{-3} \times 80 \times 10^{-3}) Pa \\ &= 172.8 \times 10^{-9} m^3 = 172.8\ mm^3\end{aligned}$$

11.6　应变能密度

11.6.1　总应变能密度

考察图 11-10b 中以主应力表示的三向应力状态，其主应力和主应变分别为 σ_1、σ_2、σ_3 和 ε_1、ε_2、ε_3。假设应力和应变都同时自零开始逐渐增加至终值。

根据能量守恒原理，材料在弹性范围内工作时，微元三对面上的力（其值为应力与面积之乘积）在由各自对应应变所产生的位移上所做的功，全部转变为一种能量，储存于微元内。这种能量称为**弹性应变能**，简称为**应变能**，用 dU_ε 表示。若以 dV 表示微元的体积，则定义 dU_ε/dV 为**应变能密度**，用 u_ε 表示。

当材料的应力-应变满足广义胡克定律时，在小变形的条件下，相应的力和位移亦存在线性关系，如图 11-12 所示。这时力做功为

$$W = \frac{1}{2} F_P \Delta \tag{11-17}$$

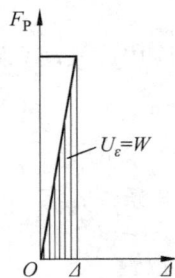

图 11-12　外力功与应变能密度

对于弹性体，此功将转变为弹性应变能 U_ε。

设微元的三对边长分别为 dx、dy、dz，则作用在微元三对面上的力分别为 $\sigma_1 dy dz$、$\sigma_2 dx dz$、$\sigma_3 dx dy$，与这些力对应的位移分别为 $\varepsilon_1 dx$、$\varepsilon_2 dy$、$\varepsilon_3 dz$。这些力在各自位移上所做的功，都可以用式(11-17)计算。于是，作用在微元上的所有力做功之和为

$$dW = \frac{1}{2}(\sigma_1 \varepsilon_1 + \sigma_2 \varepsilon_2 + \sigma_3 \varepsilon_3) dx dy dz = \frac{1}{2}(\sigma_1 \varepsilon_1 + \sigma_2 \varepsilon_2 + \sigma_3 \varepsilon_3) dV$$

储存于微元体内的应变能为

$$dU_\varepsilon = dW = \frac{1}{2}(\sigma_1 \varepsilon_1 + \sigma_2 \varepsilon_2 + \sigma_3 \varepsilon_3) dV$$

根据应变能密度的定义，并应用式(11-13)，得到三向应力状态下**总应变能密度的表达式**：

$$u_\varepsilon = \frac{1}{2E}[\sigma_1^2 + \sigma_2^2 + \sigma_3^2 - 2\nu(\sigma_1 \sigma_2 + \sigma_2 \sigma_3 + \sigma_3 \sigma_1)] \tag{11-18}$$

11.6.2　体积改变能密度与畸变能密度

一般情形下，物体变形时，同时包含了体积改变与形状改变。因此，总应变能密度包含相互独立的两种应变能密度，即

$$u_\varepsilon = u_V + u_d \tag{11-19}$$

式中，u_V 和 u_d 分别称为**体积改变能密度**和**畸变能密度**。

将用主应力表示的三向应力状态(见图 11-13a)分解为图 11-13b、c 中所示两种应力状态的叠加。图中，$\overline{\sigma}$ 称为**平均应力**

$$\overline{\sigma} = \frac{1}{3}(\sigma_1 + \sigma_2 + \sigma_3) \tag{11-20}$$

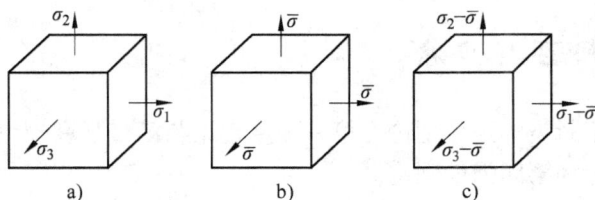

图 11-13　微元的形状改变与体积改变

图 11-13b 中所示为三向等拉应力状态，在这种应力状态作用下，微元只产生体积改变，而没有形状改变。图 11-13c 中所示的应力状态，读者可以证明，它将使微元只产生形状改变，而没有体积改变。

对于图 11-13b 中的微元，将式(11-20)代入式(11-18)，算得其**体积改变能密度**为

$$u_V = \frac{1-2\nu}{6E}(\sigma_1 + \sigma_2 + \sigma_3)^2 \tag{11-21}$$

将式(11-18)和式(11-21)代入式(11-19)，得到微元的**畸变能密度**为

$$u_d = \frac{1+\nu}{6E}[(\sigma_1 - \sigma_2)^2 + (\sigma_2 - \sigma_3)^2 + (\sigma_3 - \sigma_1)^2] \tag{11-22}$$

11.7　强度理论概述

前面几章分别讨论了四种基本变形下杆件的强度问题。这些强度问题的共同特点是,危险点均为单向应力状态或纯切应力状态。因此,只需要通过拉伸(压缩)实验测得单向应力状态下材料的极限应力(纯切应力状态下材料的极限应力通常也由单向应力状态下材料的极限应力确定),这样就不难建立相应的强度条件

$$\sigma \leqslant [\sigma] \text{或} \tau \leqslant [\tau]$$

可见,上述的强度条件是以实验为基础的。

在工程结构中,许多构件危险点的应力状态往往是复杂的。又由于复杂应力状态的形式繁多,不可能一一通过实验来确定材料的极限应力。因而,只能依据部分实验结果来研究强度失效的规律,推测材料失效的原因,从而利用材料拉伸(或压缩)实验结果,建立材料在复杂应力状态下的强度条件。

大量实验表明,材料在常温、静载作用下主要发生两种形式的强度失效:一种是**屈服**,另一种是**断裂**。对于同一种失效形式,有可能在引起失效的原因中包含着共同的因素。建立复杂应力状态下的强度失效判据,就是提出关于材料在不同应力状态下失效共同原因的各种假说,根据这些假说,就有可能利用单向拉伸的实验结果,建立材料在复杂应力状态下的失效判据,就可以预测材料在复杂应力状态下,何时发生失效,以及怎样保证不发生失效,进而建立复杂应力状态下的强度条件。

所谓**强度理论**,就是通过对屈服和断裂原因的假说,直接应用单向拉伸的实验结果,建立材料在各种应力状态下的屈服与断裂的失效判据,以及相应的设计准则。下面介绍常用的四种强度理论和莫尔强度理论。

11.8　常用的四种强度理论

工程上常用的关于断裂的强度理论有第一强度理论与第二强度理论,关于屈服的强度理论主要有第三强度理论和第四强度理论。

11.8.1　第一强度理论

第一强度理论又称为**最大拉应力准则**,是关于无裂纹脆性材料构件断裂失效的判据和设计准则。这一准则最早由英国的兰金(Rankine. W. J. M.)提出,他认为,引起材料断裂破坏的原因是由于最大正应力达到某个共同的极限值。对于拉、压强度相同的材料,这一准则现在已被修正为最大拉应力准则,并且作为断裂失效的准则。

这一准则认为:无论材料处于什么应力状态,只要发生脆性断裂,其共同原因都是由于危险点的最大拉应力 σ_1 达到了材料单向拉伸破坏时的极限值 σ_{max}^0。

由脆性材料单向拉伸试验结果得到的脆性断裂的极限值为

$$\sigma_{max}^0 = \sigma_b$$

因此,材料发生脆性断裂的失效判据为

$$\sigma_1 = \sigma_b \tag{11-23}$$

相应的**强度条件为**

$$\sigma_1 \leqslant [\sigma] = \frac{\sigma_b}{n_b} \qquad (11\text{-}24)$$

式中，σ_b 为材料的强度极限；n_b 为对应的安全因数。

这一准则与均质的脆性材料(如玻璃、石膏以及某些陶瓷)的实验结果吻合得较好。

11.8.2　第二强度理论

第二强度理论又称为**最大伸长线应变准则**。这一准则认为：无论材料处于什么应力状态，只要发生脆性断裂，其共同原因都是由于危险点处的最大伸长线应变达到了材料单向拉伸破坏时的线应变的极限值 ε^0。

假定直到断裂破坏前材料始终服从胡克定律，根据单向应力状态胡克定律

$$\varepsilon^0 = \frac{\sigma_b}{E}$$

则材料发生脆性断裂的失效判据是

$$\varepsilon_1 = \varepsilon^0 \qquad (11\text{-}25)$$

由于

$$\varepsilon_1 = \frac{1}{E}[\sigma_1 - \nu(\sigma_2 + \sigma_3)] = \frac{\sigma_b}{E}$$

引入安全因数 n_b 后，第二强度理论的**强度条件为**

$$\sigma_1 - \nu(\sigma_2 + \sigma_3) \leqslant [\sigma] = \frac{\sigma_b}{n_b} \qquad (11\text{-}26)$$

11.8.3　第三强度理论

第三强度理论又称为**最大切应力准则**。这一准则认为，无论材料处于什么应力状态，只要发生屈服(或剪断)，其共同原因都是由于微元内的最大切应力 τ_{max} 达到了某个共同的极限值 τ_{max}^0。

根据这一准则，由拉伸试验得到的屈服应力 σ_s，即可确定各种应力状态下发生屈服时最大切应力的极限值 τ_{max}^0。在轴向拉伸到屈服时，横截面上的正应力达到屈服应力，即 $\sigma = \sigma_s$，此时最大切应力

$$\tau_{max} = \frac{\sigma_1 - \sigma_3}{2} = \frac{\sigma}{2} = \frac{\sigma_s}{2}$$

因此，$\sigma_s/2$ 即为所有应力状态下发生屈服时最大切应力的极限值。于是，有

$$\tau_{max}^0 = \frac{\sigma_s}{2} \qquad (11\text{-}27)$$

根据最大切应力准则，屈服失效判据可以写成

$$\tau_{max} = \tau_{max}^0 = \frac{\sigma_s}{2} \qquad (11\text{-}28)$$

利用一点应力状态中最大切应力公式

$$\tau_{max} = \frac{\sigma_1 - \sigma_3}{2}$$

式(11-28)可以改写成

$$\sigma_1 - \sigma_3 = \sigma_s \tag{11-29}$$

据此，得到相应的**强度条件为**

$$\sigma_1 - \sigma_3 \leqslant [\sigma] = \frac{\sigma_s}{n_s} \tag{11-30}$$

式中，$[\sigma]$ 为许用应力；n_s 为安全因数。

最大切应力准则最早由法国工程师、科学家库仑(Coulomb，C.—A. de)于 1773 年提出，是关于剪断的准则，并应用于建立土的破坏条件；1864 年特雷斯卡(Tresca)通过挤压实验研究屈服现象和屈服准则，将剪断准则发展为屈服准则，因而这一准则又称为特雷斯卡准则。

试验结果表明，这一准则能够较好地描述低强化韧性材料(例如退火钢)的屈服状态。

11. 8. 4　第四强度理论

第四强度理论又称为**畸变能密度准则**。这一准则认为，无论材料处于什么应力状态，只要发生屈服(或剪断)，其共同原因都是由于微元内的畸变能密度 u_d 达到了某个共同的极限值 u_d^0。

根据这一准则，由拉伸屈服试验结果 σ_s 即可确定各种应力状态下发生屈服时畸变能密度的极限值 u_d^0。

因为单向拉伸至屈服时，$\sigma_1 = \sigma_s$、$\sigma_2 = \sigma_3 = 0$，这时的畸变能密度为

$$u_d^0 = \frac{1+\nu}{6E}[(\sigma_1 - \sigma_2)^2 + (\sigma_2 - \sigma_3)^2 + (\sigma_3 - \sigma_1)^2] = \frac{1+\nu}{3E}\sigma_s^2 \tag{11-31}$$

于是，根据这一准则，主应力为 σ_1、σ_2、σ_3 的任意应力状态屈服失效判据为

$$\frac{1}{2}[(\sigma_1 - \sigma_2)^2 + (\sigma_2 - \sigma_3)^2 + (\sigma_3 - \sigma_1)^2] = \sigma_s^2 \tag{11-32}$$

相应的**强度条件为**

$$\sqrt{\frac{1}{2}[(\sigma_1 - \sigma_2)^2 + (\sigma_2 - \sigma_3)^2 + (\sigma_3 - \sigma_1)^2]} \leqslant [\sigma] = \frac{\sigma_s}{n_s} \tag{11-33}$$

式中，$[\sigma]$ 为许用应力；n_s 为安全因数。

畸变能密度准则是由米泽斯(R. von Mises)于 1913 年从修正最大切应力准则出发提出的。1924 年德国的亨奇(H. Hencky)从畸变能密度出发对这一准则作了解释，从而形成了畸变能密度准则，因此，这一准则又称为**米泽斯准则**。

1926 年，德国的洛德(Lode，W.)通过薄壁圆管同时承受轴向拉伸与内压力时的屈服实验，验证米泽斯准则。他发现：对于碳素钢和合金钢等韧性材料，米泽斯准则与实验结果吻合得相当好。其他大量的试验结果还表明，米泽斯准则能够很好地描述铜、镍、铝等大量工程韧性材料的屈服状态。

11.8.5　四个强度理论的相当应力

工程上为了计算方便起见，常常将强度理论中直接与许用应力 $[\sigma]$ 相比较的量，称为**计算应力**或**相当应力**，用 σ_{ri} 表示，$i=1$，2，3，4，其中数码 1、2、3、4 分别表示了最大拉应力、最大伸长线应变、最大切应力和畸变能密度准则的序号。

近年来，一些科学技术文献中也将相当应力称为应力强度，用 S_i 表示。不论是"计算应力"还是"应力强度"，它们本身都没有确切的物理含义，只是为了计算方便起见而引进的名词和记号。

对于不同的强度理论，σ_{ri} 和 S_i 都是主应力 σ_1、σ_2、σ_3 的不同函数：

$$\begin{cases} \sigma_{r1} = S_1 = \sigma_1 \\ \sigma_{r2} = \sigma_1 - \nu(\sigma_2 + \sigma_3) \\ \sigma_{r3} = S_3 = \sigma_1 - \sigma_3 \\ \sigma_{r4} = S_4 = \sqrt{\dfrac{1}{2}\left[(\sigma_1-\sigma_2)^2 + (\sigma_2-\sigma_3)^2 + (\sigma_3-\sigma_1)^2\right]} \end{cases} \tag{11-34}$$

于是，上述设计准则可以概括为

$$\sigma_{ri} \leqslant [\sigma] \quad (i=1，2，3，4) \tag{11-35}$$

或

$$S_i \leqslant [\sigma] \quad (i=1，2，3，4) \tag{11-36}$$

下面举例说明强度理论的应用。

例题 11-5　已知铸铁构件上危险点处的应力状态如图 11-14 所示。若铸铁拉伸许用应力为 $[\sigma]^+ = 30\text{MPa}$，试校核该点处的强度是否安全。

解：根据所给的应力状态，在微元各个面上只有拉应力而无压应力。因此，可以认为铸铁在这种应力状态下可能发生脆性断裂，故采用最大拉应力准则，即

$$\sigma_1 \leqslant [\sigma]^+$$

对于所给的平面应力状态，可算得非零主应力值为

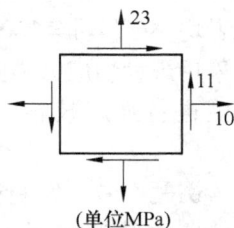

图 11-14　例题 11-5 图

$$\begin{matrix} \sigma' \\ \sigma'' \end{matrix} = \frac{\sigma_x + \sigma_y}{2} \pm \frac{1}{2}\sqrt{(\sigma_x-\sigma_y)^2 + 4\tau_{xy}^2}$$

$$= \left\{\left[\frac{10+23}{2} \pm \frac{1}{2}\sqrt{(10-23)^2 + 4\times(-11)^2}\right] \times 10^6\right\}\text{Pa}$$

$$= (16.5 \pm 12.78)\times 10^6\text{Pa} = \begin{matrix} 29.28\text{MPa} \\ 3.72\ \text{MPa} \end{matrix}$$

因为是平面应力状态，有一个主应力为零，故三个主应力分别为

$$\sigma_1 = 29.28\text{MPa}，\ \sigma_2 = 3.72\text{MPa}，\ \sigma_3 = 0$$

显然，
$$\sigma_1 = 29.28\text{MPa} < [\sigma] = 30\text{MPa}$$

故此危险点强度是足够的。

例题 11-6 某结构上危险点处的应力状态如图 11-15 所示，其中 $\sigma = 116.7\text{MPa}$，$\tau = 46.3\text{MPa}$。材料为钢，许用应力 $[\sigma] = 160\text{MPa}$。试校核此结构是否安全。

解： 对于这种平面应力状态，不难求得非零的主应力为

$$\begin{matrix} \sigma' \\ \sigma'' \end{matrix} = \frac{\sigma}{2} \pm \frac{1}{2}\sqrt{\sigma^2 + 4\tau^2}$$

因为有一个主应力为零，故有

$$\begin{cases} \sigma_1 = \dfrac{\sigma}{2} + \dfrac{1}{2}\sqrt{\sigma^2 + 4\tau^2} \\ \sigma_2 = 0 \\ \sigma_3 = \dfrac{\sigma}{2} - \dfrac{1}{2}\sqrt{\sigma^2 + 4\tau^2} \end{cases} \qquad (11\text{-}37)$$

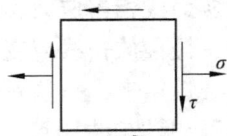

图 11-15　例题 11-6 图

钢材在这种应力状态下可能发生屈服；故可采用最大切应力或畸变能密度准则作强度计算。与最大切应力准则和畸变能密度准则对应的计算应力分别为

$$\sigma_{r3} = \sigma_1 - \sigma_3 = \sqrt{\sigma^2 + 4\tau^2} \qquad (11\text{-}38)$$

$$\sigma_{r4} = \sqrt{\frac{1}{2}\left[(\sigma_1 - \sigma_2)^2 + (\sigma_2 - \sigma_3)^2 + (\sigma_3 - \sigma_1)^2\right]} = \sqrt{\sigma^2 + 3\tau^2} \qquad (11\text{-}39)$$

将已知的 σ 和 τ 数值代入上述两式，得

$$\sigma_{r3} = \sqrt{116.7^2 \times 10^{12} + 4 \times 46.3^2 \times 10^{12}}\,\text{Pa} = 149.0 \times 10^6\,\text{Pa} = 149.0\text{MPa}$$

$$\sigma_{r4} = \sqrt{116.7^2 \times 10^{12} + 3 \times 46.3^2 \times 10^{12}}\,\text{Pa} = 141.6 \times 10^6\,\text{Pa} = 141.6\text{MPa}$$

二者均小于 $[\sigma] = 160\text{MPa}$。可见，无论是采用最大切应力准则还是畸变能密度准则进行强度校核，该结构都是安全的。

例题 11-7 钢制机器零件中危险点处的应力状态如图 11-16a 所示。已知材料的屈服应力 $\sigma_s = 250\text{MPa}$。试按以下二准则确定该零件的安全因数：

（1）最大切应力准则；（2）畸变能密度准则。

图 11-16　例题 11-7 图

解： 首先根据给定的应力状态画出应力圆，如图 11-16b 所示。从图中可得

$$\sigma_1 = 85\text{MPa}, \quad \sigma_2 = 0, \quad \sigma_3 = -45\text{MPa}$$

（1）根据最大切应力准则

$$\sigma_1 - \sigma_3 \leqslant [\sigma] = \frac{\sigma_s}{n_s}$$

将主应力和 σ_s 数值代入后，且取其中等号，解得

$$n_s = \frac{\sigma_s}{\sigma_1 - \sigma_3} = \frac{(250 \times 10^6)\,\text{Pa}}{(85 \times 10^6 + 45 \times 10^6)\,\text{Pa}} = 1.92$$

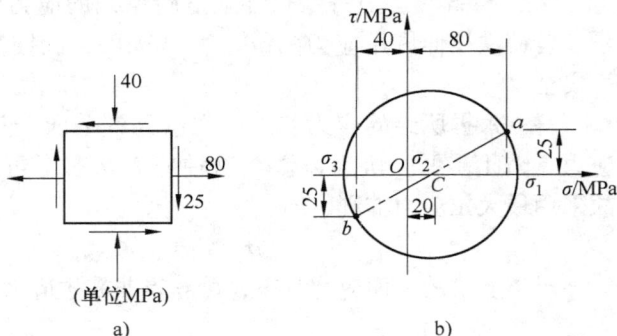

（2）根据畸变能密度准则

$$\sqrt{\frac{1}{2}\left[(\sigma_1-\sigma_2)^2+(\sigma_2-\sigma_3)^2+(\sigma_3-\sigma_1)^2\right]}\leqslant[\sigma]=\frac{\sigma_s}{n_s}$$

$$(\sigma_1-\sigma_2)^2+(\sigma_2-\sigma_3)^2+(\sigma_3-\sigma_1)^2\leqslant2[\sigma]^2=2\left(\frac{\sigma_s}{n_s}\right)^2$$

因为 $\sigma_2=0$，上式可简化为

$$\sigma_1{}^2-\sigma_1\sigma_3+\sigma_3{}^2\leqslant\left(\frac{\sigma_s}{n_s}\right)^2$$

将 σ_1、σ_3 以及 σ_s 数值代人后，且取其中的等号，解得

$$n_s=\frac{250\times10^6}{\sqrt{85^2-85\times(-45)+(-45)^2}\times10^6}=2.19$$

11.9　莫尔强度理论

　　莫尔强度理论是依据综合实验结果而建立的。单向拉伸试验时，失效应力为屈服极限 σ_s 或强度极限 σ_b。在 σ-τ 坐标平面内，以失效应力为直径作应力圆 OA'，称为极限应力圆。如图 11-17 所示。同样，由单向压缩试验确定的极限应力圆 OB'。由纯剪切试验确定的极限应力圆是以 OC' 为半径的圆。对任意的应力状态，设想三个主应力按比例增加，直至屈服或断裂失效。这时，由三个主应力可确定三个应力圆，如图 11-6 所示。现在只作出三个应力圆中最大的一个，亦即由 σ_1 和 σ_3 确定的应力圆，如图 11-17 中的圆周 $D'E'$。按上述方法，在 σ-τ 坐标平面内得到一系列极限应力圆。于是可以作出它们的包络线 $F'G'$。包络线当然与材料的性质有关，不同的材料包络线也不一样，但对同一种材料则认为它是唯一的。

　　对一个已知的应力状态 σ_1、σ_2、σ_3，如由 σ_1 和 σ_3 确定的应力圆在上述包络线之内，则这一应力状态不会引起失效。如恰与包络线相切，就表明这一应力状态已达到失效状态。

　　在实用中，常以单向拉伸和单向压缩的两个极限应力圆的公切线近似代替包络线，再除以安全因数，便得到图 11-18 所示情况。图中 $[\sigma_t]$ 和 $[\sigma_c]$ 分别为材料的抗拉和抗压许用应力。若某应力状态由 σ_1 和 σ_3 确定的应力圆在公切线 ML 和 $M'L'$ 之内，则该应力状态是安全的。当应力圆与公切线相切时，便达到许可状态的最高界限。这时从图 11-18 看出，

$$\frac{\overline{O_1N}}{\overline{O_2F}}=\frac{\overline{O_1O_3}}{\overline{O_2O_3}} \tag{a}$$

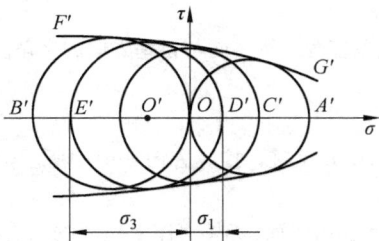

图 11-17　极限应力圆及包络线

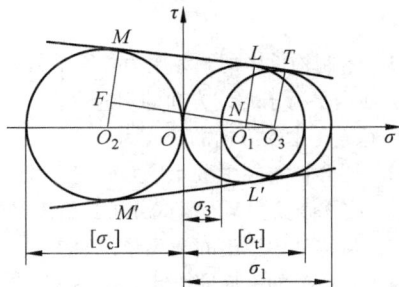

图 11-18　极限应力圆及公切线

容易求得

$$\overline{O_1N} = \overline{O_1L} - \overline{O_3T} = \frac{[\sigma_t]}{2} - \frac{\sigma_1 - \sigma_3}{2}$$

$$\overline{O_2F} = \overline{O_2M} - \overline{O_3T} = \frac{[\sigma_c]}{2} - \frac{\sigma_1 - \sigma_3}{2}$$

$$\overline{O_1O_3} = \overline{OO_3} - \overline{OO_1} = \frac{\sigma_1 + \sigma_3}{2} - \frac{[\sigma_t]}{2}$$

$$\overline{O_2O_3} = \overline{O_2O} + \overline{OO_3} = \frac{[\sigma_c]}{2} + \frac{\sigma_1 + \sigma_3}{2}$$

将上述诸式代入式(a)，简化后得

$$\sigma_1 - \frac{[\sigma_t]}{[\sigma_c]}\sigma_3 = [\sigma_t] \tag{b}$$

对实际的应力状态来说，由 σ_1 和 σ_3 确定的应力圆应该在公切线之内。设想 σ_1 和 σ_3 要加大 k 倍后($k \geqslant 1$)应力圆才与公切线相切，也才满足条件式(b)，于是有

$$k\sigma_1 - \frac{[\sigma_t]}{[\sigma_c]}k\sigma_3 = [\sigma_t]$$

由于 $k \geqslant 1$，故得莫尔强度理论的强度条件

$$\sigma_1 - \frac{[\sigma_t]}{[\sigma_c]}\sigma_3 \leqslant [\sigma_t] \tag{11-40}$$

则莫尔强度理论的相当应力为

$$\sigma_{rM} = \sigma_1 - \frac{[\sigma_t]}{[\sigma_c]}\sigma_3 \tag{11-41}$$

对抗拉和抗压强度相等的材料，$[\sigma_t] = [\sigma_c]$，则强度条件化为

$$\sigma_1 - \sigma_3 \leqslant [\sigma_t] \tag{11-42}$$

这也是最大切应力理论的强度条件。莫尔强度理论考虑了材料抗拉和抗压强度不相等的情况，因此，该理论可视为最大切应力理论的发展。

习　题

11-1　木制构件中的微元受力如图 11-19 所示，其中所示的角度为木纹方向与铅垂方向的夹角。试求：
(1) 面内平行于木纹方向的切应力；
(2) 垂直于木纹方向的正应力。

11-2　层合板构件中微元受力如图 11-20 所示，各层板之间用胶粘接，接缝方向如图中所示。若已知胶层剪应力不得超过 1MPa。试分析是否满足这一要求。

11-3　从构件中取出的微元受力如图 11-21 所示，其中 AC 为自由表面(无外力作用)。试求 σ_x 和 τ_{xy}。

11-4　一点处的平面应力状态如图 11-22 所示。已知 $\alpha = 30°$。试求：(1) α 斜面上的应力；(2) 主应力、主平面；(3) 绘出主应力单元体。

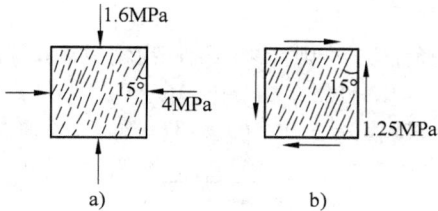

图 11-19 习题 11-1 图

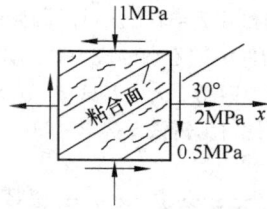

图 11-20 习题 11-2 图

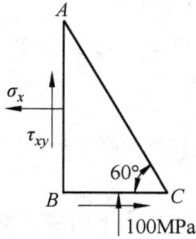

图 11-21 习题 11-3 图

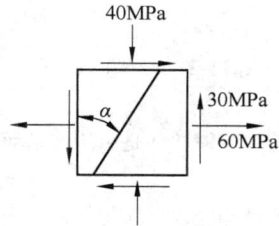

图 11-22 习题 11-4 图

11-5 对于图 11-23 所示的应力状态，若要求其中的最大切应力 $\tau_{max} < 160\text{MPa}$，试求 τ_{xy} 应取的值。

11-6 已知矩形截面梁的某个截面上的切应力 $F_Q = 120\text{kN}$，弯矩 $M = 10\text{kN} \cdot \text{m}$，截面尺寸如图 11-24 所示。试求 1、2、3、4 点的主应力与最大切应力。

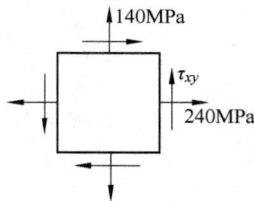

图 11-23 习题 11-5 图

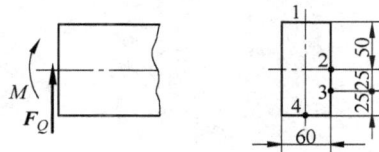

图 11-24 习题 11-6 图

11-7 用实验方法测得空心圆轴表面上某一点（距两端稍远处）与轴之母线夹 45°角方向上的正应变 $\varepsilon_{45°} = 200 \times 10^6$。若已知轴的转速 $n = 120\text{r/min}$，材料的 $G = 81\text{GPa}$，$\nu = 0.28$，尺寸如图 11-25 所示，求轴所受之外力矩 m。$\left(\text{提示}: G = \dfrac{E}{2(1+\nu)}\right)$

11-8 No28a 普通热轧工字钢简支梁如图 11-26 所示，今由贴在中性层上某点 K 处、与轴线夹 45°方向上的应变片测得 $\varepsilon_{45°} = -260 \times 10^{-6}$，已知钢材的 $E = 210\text{GPa}$，$\nu = 0.28$。求作用在梁上的载荷 F_P。

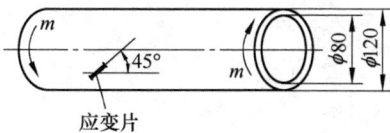

图 11-25 习题 11-7 图

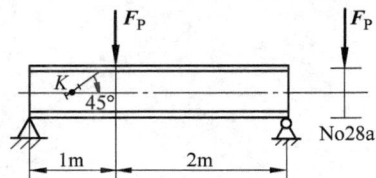

图 11-26 习题 11-8 图

11-9 承受内压的铝合金制的圆筒形薄壁容器如图 11-27 所示。已知内压 $p = 3.5\text{MPa}$，材料的弹性模量

$E = 75$GPa，泊松比 $\nu = 0.33$。试求圆筒的半径改变量。

11-10 构件中危险点的应力状态如图 11-28 所示。试选择合适的准则对以下两种情形作强度校核：

（1）构件为钢制，$\sigma_x = 45$MPa，$\sigma_y = 135$MPa，$\sigma_z = 0$，$\tau_{xy} = 0$，许用应力 $[\sigma] = 160$MPa。

（2）构件材料为铸铁，$\sigma_x = 20$MPa，$\sigma_y = -25$MPa，$\sigma_z = 30$MPa，$\tau_{xy} = 0$，$[\sigma] = 30$MPa。

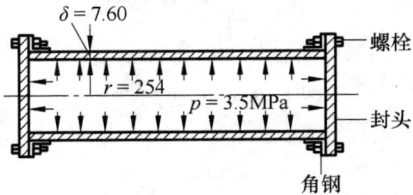

图 11-27 习题 11-9 图

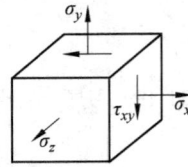

图 11-28 习题 11-10 图

11-11 铸铁压缩试件是由于剪切而破坏的。为什么在进行铸铁受压杆件的强度计算时却用了正应力强度条件？

11-12 若已知脆性材料的拉伸许用应力 $[\sigma]$，试利用它建立纯切应力状态下的强度条件，并建立 $[\sigma]$ 与 $[\tau]$ 之间的数值关系。若为韧性材料，则 $[\sigma]$ 与 $[\tau]$ 之间的关系又怎样。

11-13 在拉伸和弯曲时曾经有 $\sigma_{max} \leqslant [\sigma]$ 的强度条件，现在又讲"对于韧性材料，要用第三、第四强度理论建立强度条件"，二者是否矛盾？从这里你可以得到什么结论。

第 12 章 组 合 变 形

内 容 提 要

（1）组合变形的概念和叠加原理应用
（2）斜弯曲、拉伸（压缩）和弯曲、弯曲与扭转等组合变形时的应力及强度计算

12.1 基本概念

前面几章分别讨论了拉伸、压缩、扭转与弯曲等基本变形。然而，工程结构中有些构件在复杂受力时往往同时产生几种基本变形。例如，图 12-1 所示的烟囱，除自重作用引起轴向压缩外，还会受到水平方向风力引起的弯曲变形；图 12-2 所示的厂房立柱，在平行轴线方向的偏心载荷作用下，也将产生压缩和弯曲的组合变形。

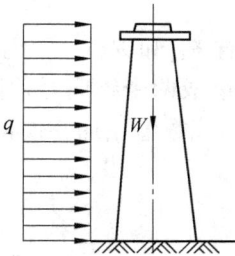

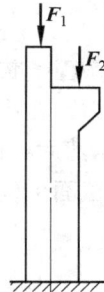

图 12-1　烟囱　　　　　　　　　　　图 12-2　厂房立柱

当组合变形属于小变形范畴，且材料在线弹性范围内工作时，就可以利用叠加原理进行分析。此时可将作用在杆上的载荷进行简化和分解，相应地，杆横截面上将同时产生两个或两个以上内力分量的组合作用，每一内力分量对应一种基本变形，分别计算每一种基本变形下杆件的应力和位移，将所得结果叠加，就得到组合变形的结果。

在组合受力与变形情况下，杆件的危险截面和危险点的位置以及危险点的应力状态都与基本受力与变形时有所差别。

对组合受力与变形的杆件进行强度计算，首先需要综合考虑各种内力分量的内力图，确定可能的危险截面，进而根据各个内力分量在横截面上所产生的应力分布确定可能的危险点以及危险点的应力状态，从而选择合适的强度理论进行强度计算。

本章将介绍杆件在斜弯曲、拉伸（压缩）与弯曲组合、弯曲与扭转组合以及薄壁容器承受内压时的强度问题。

12. 2 斜弯曲

12. 2. 1 横截面正应力与中性轴

当外力施加在梁的对称面(或主轴平面)内时,梁将产生平面弯曲。所有外力都作用在同一平面内,但是这一平面不是对称面(或主轴平面),如图 12-3a 所示,梁也将会产生弯曲,但不是平面弯曲,而是在两个方向同时发生弯曲,这种弯曲称为**斜弯曲**或**双向弯曲**。还有一种情形也会产生斜弯曲,这就是所有外力都作用在对称面(或主轴平面)内,但不是同一对称面或主轴平面内,如图 12-3b 所示。

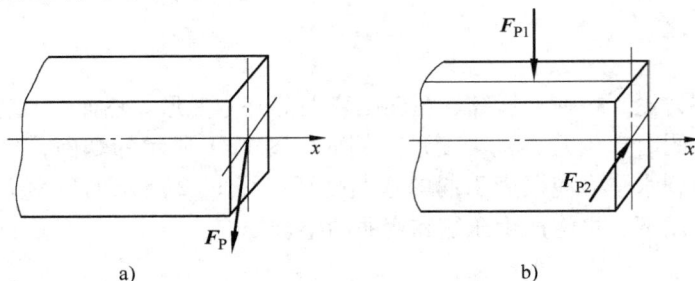

a)   b)

图 12-3 产生斜弯曲的加载条件

这时,梁的横截面上将同时作用有 M_y 和 M_z(可能还会有 F_{Qy} 和 F_{Qz})。为了确定斜弯曲时梁横截面上的应力,在小变形的条件下,可以将斜弯曲分解成两个纵向对称面内(或主轴平面)的平面弯曲,然后将两个平面弯曲引起的同一点应力的代数值相加,便得到斜弯曲在该点的应力值,横截面上任意一点的正应力为

$$\sigma = \frac{M_y z}{I_y} + \frac{M_z y}{I_z}$$ (12-1)

这时的正应力分布如图 12-4 所示。最大正应力作用点的位置需视截面的形状而定。

在平面弯曲和斜弯曲情形下,横截面上正应力为零的点组成的直线,称为**中性轴**。变形时,横截面将绕中性轴转动。

1) 对于平面弯曲,如果加载方向与截面的某一形心主轴一致,则另一形心主轴必为中性轴。

2) 对于斜弯曲,例如图 12-4 中所示的情形,中性轴由下列方程确定:

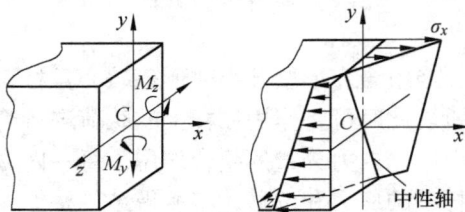

图 12-4 斜弯曲时杆件截面上的正应力分布

$$\sigma = \frac{M_y z}{I_y} + \frac{M_z y}{I_z} = 0$$ (12-2)

3) 不难证明,无论是平面弯曲还是斜弯曲,中性轴都通过截面形心。

12. 2. 2 最大正应力与强度条件

以矩形截面为例,当梁的横截面上同时作用两个弯矩 M_y 和 M_z(二者分别都作用在梁的两个对称面内)时，两个弯矩在同一点引起的正应力叠加后，得到总的正应力分布图如图 12-4 所示。由于两个弯矩引起的最大拉应力发生在同一点，最大压应力也发生在同一点，因此，叠加后横截面上的最大拉伸和压缩正应力必然发生在矩形截面的角点处。**最大拉伸和压缩正应力值由下式确定：**

$$\sigma_{max}^{+} = \frac{M_y}{W_y} + \frac{M_z}{W_z}$$

$$\sigma_{max}^{-} = -\left(\frac{M_y}{W_y} + \frac{M_z}{W_z} \right)$$

（12-3）

上式不仅对于矩形截面，而且对于槽形截面、工字形截面也是适用的。因为这些截面上由两个主轴平面内的弯矩引起的最大拉应力和最大压应力都发生在同一点。

对于圆截面，上述计算公式是不适用的。这是因为，两个对称面内的弯矩所引起的最大拉应力不发生在同一点，最大压应力也不发生在同一点，如图 12-5a 所示。

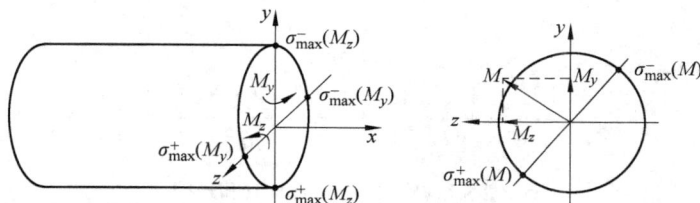

图 12-5 斜弯曲时圆截面上的最大拉应力和最大压应力

对于圆截面，因为过形心的任意轴均为截面的对称轴，所以当横截面上同时作用有两个弯矩时，可以将弯矩用矢量表示，然后求二者的矢量和，如图 12-5b 所示，这一合矢量仍然沿着横截面的对称轴方向，所以平面弯曲的公式依然适用。于是，圆截面上的最大拉应力和最大压应力计算公式为

$$\sigma_{max}^{+} = \frac{M}{W} = \frac{\sqrt{M_y^2 + M_z^2}}{W}$$

$$\sigma_{max}^{-} = -\frac{M}{W} = -\frac{\sqrt{M_y^2 + M_z^2}}{W}$$

（12-4）

斜弯曲时的强度设计原则和设计过程与一般弯曲强度设计基本相同，即都要根据内力图确定危险面。但与一般弯曲强度设计不同的是，斜弯曲情形下，危险面上有两个不同方向的弯矩作用。因此，需要根据两个弯矩所引起的应力分布确定危险点的位置以及危险点的应力数值。由于在危险点上只有一个方向的正应力作用，故该点处为单向应力状态，其强度条件与平面弯曲时完全相同，即下式依然适用：

$$\sigma_{max} \leqslant [\sigma]$$

（12-5）

例题 12-1 图 12-6a 所示矩形截面梁，截面宽度 $b = 90\text{mm}$，高度 $h = 180\text{mm}$。梁在两个互相垂直的平面内分别受有水平力 F_{P1} 和铅垂力 F_{P2} 的作用。若已知 $F_{P1} = 800\text{N}$，$F_{P2} =$

*1650*N，*l* =1m，试求梁内的最大弯曲正应力并指出其作用点的位置。

解：为求梁内的最大弯曲正应力，必须分析水平力 F_{P1} 和铅垂力 F_{P2} 所产生的弯矩在何处取最大值。不难看出，两个力均在固定端处产生最大弯矩，其作用方向如图 12-6b 所示。其中 $M_{y\max}$ 由 F_{P1} 引起，$M_{z\max}$ 由 F_{P2} 引起，

$$M_{y\max} = -F_{P1} \times 2l$$
$$M_{z\max} = -F_{P2} \times l$$

对于矩形截面，在 $M_{y\max}$ 作用下最大拉应力和最大压应力分别发生在

图 12-6　例题 12-1 图

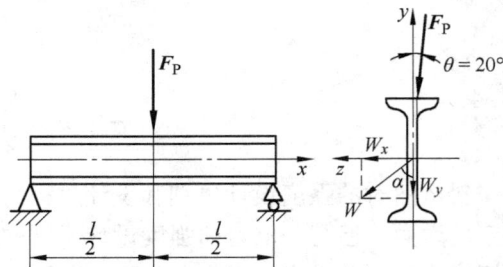

AD 边和 *CB* 边；在 $M_{z\max}$ 作用下，最大拉应力和最大压应力分别发生在 *AC* 边和 *BD* 边。在图 12-6b 中，最大拉应力和最大压应力作用点分别用"＋"和"－"表示。

二者叠加的结果，点 *A* 和点 *B* 分别为最大拉应力和最大压应力作用点。于是，这两点的正应力分别为

点 *A*：

$$\sigma_{x\max}^{+} = \frac{|M_{y\max}|}{W_y} + \frac{|M_{z\max}|}{W_z} = \frac{6 \times 2 \times F_{P1}l}{hb^2} + \frac{6 \times F_{P2}l}{bh^2}$$

$$= \left(\frac{6 \times 2 \times 800 \times 1}{180 \times 90^2 \times 10^{-9}} + \frac{6 \times 1650 \times 1}{90 \times 180^2 \times 10^{-9}} \right) \text{Pa}$$

$$= 9.979 \times 10^6 \text{Pa} = 9.979 \text{MPa}$$

点 *B*：

$$\sigma_{x\max}^{-} = -\left(\frac{|M_{y\max}|}{W_y} + \frac{|M_{z\max}|}{W_z} \right) = -9.979 \text{MPa}$$

请读者思考：如果将本例中的梁改为圆截面，其他条件不变，上述确定最大拉应力和最大压应力的方法是否仍然有效？这种情形下的最大拉应力和最大压应力怎样确定？

例题 12-2　图 12-7 中所示的简支梁，由普通热轧工字钢制成。在梁跨度中点作用一集中载荷 F_P，其作用线通过截面形心并与铅垂对称轴夹角为 20°。已知 *l* =4m，F_P =7kN，材料的许用应力 $[\sigma]$ =160MPa。试确定工字钢的型号。

图 12-7　例题 12-2 图

解：（1）内力与应力分析

由于载荷作用线与形心主轴方向不一致，故将产生斜弯曲。先求出梁横截面上的总弯矩的最大值 $M_{\max}$，再将其矢量沿 *y*、*z* 轴分解，得

$$M_{y,\max} = M_{\max}\sin\theta$$
$$M_{z,\max} = M_{\max}\cos\theta$$

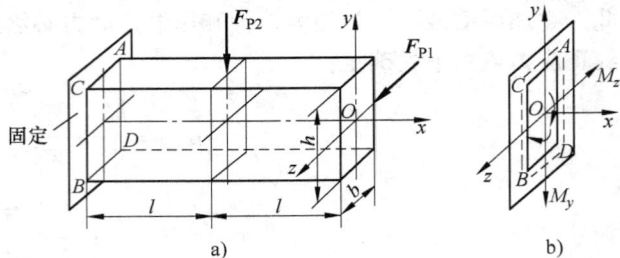

二者分别为 xz 平面和 xy 平面内弯曲时危险面上的弯矩值。于是梁内最大正应力

$$\sigma_{max} = \frac{M_{y,max}}{W_y} + \frac{M_{z,max}}{W_z} = M_{max}\left(\frac{\sin\theta}{W_y} + \frac{\cos\theta}{W_z}\right)$$

将

$$M_{max} = \frac{F_P l}{4}, \quad \theta = 20°$$

代入，并令其满足最大正应力点的强度条件

$$\sigma_{max} = \frac{F_P l}{4W_z}\left(\frac{W_z}{W_y}\sin20° + \cos20°\right) \leqslant [\sigma] \qquad (a)$$

可解得

$$W_z \geqslant \frac{F_P l}{4[\sigma]}\left(\frac{W_z}{W_y}\sin20° + \cos20°\right) \qquad (b)$$

上述结果表明，必须先已知比值 W_z/W_y 才能确定 W_z。在本例的情形下，比值 W_z/W_y 是未知的。所以，需先设定一 W_z/W_y 值，代入式 (b) 求得 W_z，由型钢表查得对应的工字钢号，进而查得该号工字钢的 W_y，将其代入式 (a)，校核 $\sigma_{max} \leqslant [\sigma]$ 是否满足。若二者相差不超过 5%，即满足

$$\frac{\sigma_{max} - [\sigma]}{[\sigma]} \leqslant 5\%$$

或

$$\frac{|[\sigma] - \sigma_{max}|}{[\sigma]} \leqslant 5\%$$

则认为选择的工字钢号合适，否则，再加大或减小工字钢号，查得新的 W_z 与 W_y，代入式 (a) 再一次进行强度校核。依此类推，直到上述要求满足为止。

对于本例，如第一次设定

$$\frac{W_z}{W_y} = 10$$

代入式 (b)，算得

$$W_z = 191 \times 10^3 \text{ mm}^3$$

据此，选择工字钢号为 No.18，进而由型钢表查得

$$W_z = 185 \times 10^3 \text{ mm}^3, \quad W_y = 26 \times 10^3 \text{ mm}^3$$

将其代入式 (a)，可得

$$\sigma_{max} = 127.6\text{MPa}$$

$$\frac{|[\sigma] - \sigma_{max}|}{[\sigma]} = 20.3\%$$

于是，需要进行第二次试算。这时，可选择小一号的工字形钢 No.16。由型钢表查得 $W_z = 141 \times 10^3\text{mm}^3$，$W_y = 21.2 \times 10^3\text{mm}^3$，再将其代入式 (a)，可得

$$\sigma_{max} = 159.6\text{MPa}$$

$$\frac{|[\sigma] - \sigma_{max}|}{[\sigma]} = 0.25\%$$

这一结果已经满足强度设计要求。因此，最终选择 No.16 工字形钢。

12.3 拉伸(压缩)和弯曲的组合变形

当杆件同时受到横向载荷和轴向载荷作用时，横截面上不仅有弯矩和剪力两种内力分量，还会有轴力。因此，横截面上的正应力分布也将不同于弯曲的情形。这种情形下，不仅杆件的危险面和危险点的位置发生变化，而且危险点的应力数值将发生变化。本节将通过具体的问题，说明这种情形下的强度计算过程。

杆件承受的不通过形心的纵向载荷称为偏心载荷，如图 12-8 所示，这时横截面上同时存在 M_y、M_z、F_N 三个内力分量，横截面上任意点的正应力为

$$\sigma = \frac{F_N}{A} + \frac{M_z y}{I_z} + \frac{M_y z}{I_y} \tag{12-6}$$

式中，当 F_N 为偏心拉伸载荷时取正号，F_N 为偏心压缩载荷时取负号。这就是计算在轴力 F_N、弯矩 M_y、M_z 三个内力分量作用下，横截面上任意点处正应力的一般表达式。式中，F_N、M_y、M_z 可由截面法求得；A 为横截面面积；I_y、I_z 分别为横截面对其形心主轴的惯性矩。

这时横截面上可能存在中性轴，也可能不存在中性轴，主要取决于横截面上是否存在应力异号的区域，而这要视 M_y、M_z、F_N 的大小和方向而定。但是，只要 $F_N \neq 0$，即使横截面上存在中性轴，中性轴也一定不通过截面形心。

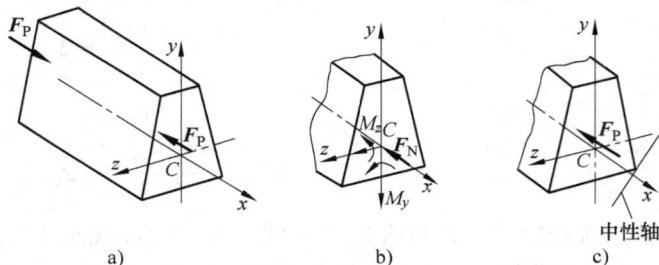

图 12-8 偏心载荷

上述分析对于横截面上同时存在 F_N 和 M_y，或者同时存在 F_N 和 M_z 的情形也是成立的。在偏心载荷作用下，中性轴可能位于横截面内，这时横截面上既有拉应力也有压应力；中性轴也可能位于截面之外，这时截面上只有拉应力(偏心拉伸的情形)，或者只有压应力(偏心压缩的情形)。后一种情形对于某些工程(例如土木建筑工程)有着重要意义。对于以脆性材料制成的杆件(例如混凝土柱、砖石构件)，由于其抗压性能远远优于抗拉性能，所以当这些构件承受偏心压缩时，总是希望在构件的截面上只出现压应力，而不出现拉应力。这就要求中性轴必须在截面以外(不能相交，可以相切)。为此，对偏心压缩载荷的加力点需有一定的限制。当在离截面形心足够近的某一区域内施加偏心压缩载荷时，就有可能达到上述要求，这一区域称为**截面核心**。

例题 12-3 开口链环由直径 $d = 12\text{mm}$ 的圆钢弯制而成，其形状如图 12-9a 所示。链环的受力及其他尺寸均示于图中。试求：

(1) 链环直段部分横截面上的最大拉应力和最大压应力；

(2) 中性轴与截面形心之间的距离。

解：（1）计算直段部分横截面上的最大拉、压应力

将链环从直段的某一横截面处截开，根据平衡，截面上将作用有内力分量 $\boldsymbol{F}_N$ 和 $\boldsymbol{M}_z$，如图 12-9b 所示。由平衡方程 $\sum F_x = 0$ 和 $\sum M_C = 0$，得

$$F_N = 800\text{N}, \quad M_z = 800 \times 15 \times 10^{-3}\text{N} \cdot \text{m} = 12\text{N} \cdot \text{m}$$

轴力 $\boldsymbol{F}_N$ 引起的正应力在截面上均匀分布（见图 12-9c），其值为

$$\sigma(F_N) = \frac{F_N}{A} = \frac{4F_N}{\pi d^2} = \left(\frac{4 \times 800}{\pi \times 12^2 \times 10^{-6}}\right)\text{Pa} = 7.1 \times 10^6 \text{Pa} = 7.1\text{MPa}$$

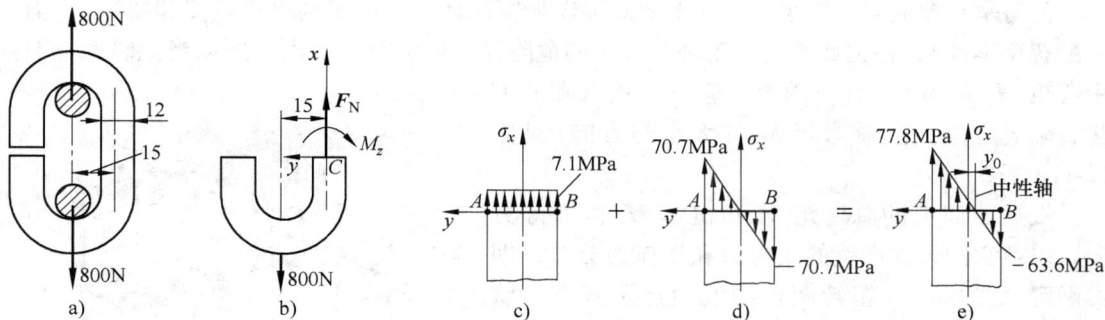

图 12-9 例题 12-3 图

弯矩 $\boldsymbol{M}_z$ 引起的正应力分布如图 12-9d 所示。最大拉、压应力分别发生在 A、B 两点，其绝对值为

$$\sigma_{\max}(M_z) = \frac{M_z}{W_z} = \frac{32M_z}{\pi d^3} = \left(\frac{32 \times 12}{\pi \times 12^3 \times 10^{-9}}\right)\text{Pa} = 70.7 \times 10^6 \text{Pa} = 70.7\text{MPa}$$

将上述两个内力分量引起的应力分布叠加，便得到由载荷引起的链环直段横截面上的正应力分布，如图 12-9e 所示。

从图中可以看出，横截面上的 A、B 两点处分别承受最大拉应力和最大压应力，其值分别为

$$\sigma_{\max}^+ = \sigma(F_N) + \sigma(M_z) = 77.8\text{MPa}$$

$$\sigma_{\max}^- = \sigma(F_N) - \sigma(M_z) = -63.6\text{MPa}$$

（2）计算中性轴与形心之间的距离

令 $\boldsymbol{F}_N$ 和 $\boldsymbol{M}_z$ 引起的正应力之和等于零，即

$$\sigma = \frac{F_N}{A} - \frac{M_z(y_0)}{I_z} = 0$$

其中，y_0 为中性轴到形心的距离（见图 12-9e）。

于是，由上式解出

$$y_0 = \frac{F_N I_z}{M_z A} = \frac{F_N \dfrac{\pi d^4}{64}}{M_z \dfrac{\pi d^2}{4}} = \frac{4 \times 800 \times 12^2 \times 10^{-6}}{64 \times 12}\text{m} = 0.6 \times 10^{-3}\text{m} = 0.6\text{mm}$$

12.4 弯曲和扭转的组合变形

借助于带轮或齿轮传递功率的传动轴，如图 12-10a 所示。工作时在齿轮的齿上均有外力作用。将作用在齿轮上的力向轴的截面形心简化便得到与之等效的力和力偶，这表明，轴将承受横向载荷和扭转载荷，如图 12-10b 所示。为简单起见，可以用轴线受力图代替图 12-10b 中的受力图，如图 12-10c 所示，这种图称为传动轴的计算简图。

为对承受弯曲与扭转组合作用下的圆轴作强度设计，一般需画出弯矩图和扭矩图（剪力一般忽略不计），并据此确定传动轴上可能的危险面。因为是圆截面，所以当危险面上有两个弯矩 M_y 和 M_z 同时作用时，应按矢量求和的方法，确定危险面上总弯矩 M 的大小与方向（见图 12-11a、b）。

根据截面上的总弯矩 M 和扭矩 M_x 的实际方向，以及它们分别产生的正应力和切应力分布，即可确定承受弯曲与扭转圆轴的危险点及其应力状态，如图 12-12a、b 所示。微元截面上的正应力和切应力分别为

$$\sigma = \frac{M}{W}, \quad \tau = \frac{M_x}{W_P}$$

其中，

$$W = \frac{\pi d^3}{32}, \quad W_P = \frac{\pi d^3}{16}$$

式中，d 为圆轴的直径。

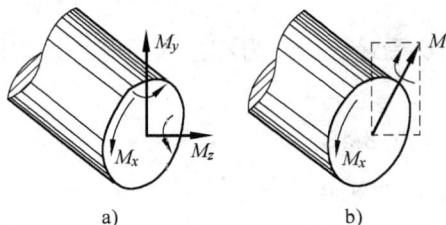

图 12-10 传动轴及其计算简图

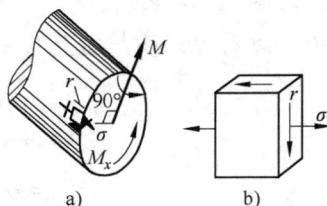

图 12-11 危险截面上的内力分量

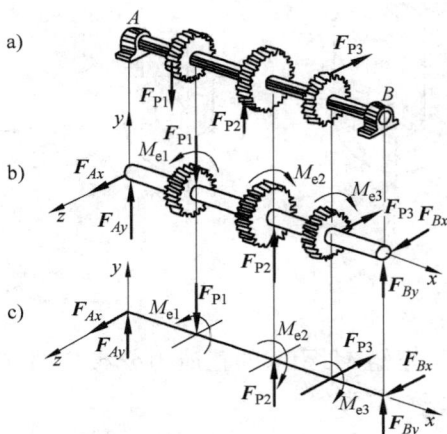

图 12-12 承受弯曲与扭转圆轴的
危险点及其应力状态

因为承受弯曲与扭转的圆轴一般由韧性材料制成，故可用最大切应力准则或畸变能密度准则作为强度设计的依据。

对于图 12-12b 所示应力状态

$$\sigma_1 = \frac{\sigma}{2} + \frac{1}{2}\sqrt{\sigma^2 + 4\tau^2}$$

$$\sigma_2 = 0$$

$$\sigma_3 = \frac{\sigma}{2} - \frac{1}{2}\sqrt{\sigma^2 + 4\tau^2}$$

可根据最大切应力准则

$$\sigma_1 - \sigma_3 \leqslant [\sigma]$$

或畸变能密度准则

$$\sqrt{\frac{1}{2}\left[(\sigma_1 - \sigma_2)^2 + (\sigma_2 - \sigma_3)^2 + (\sigma_3 - \sigma_1)^2\right]} \leqslant [\sigma]$$

分别得到**强度条件**

$$\sqrt{\sigma^2 + 4\tau^2} \leqslant [\sigma] \tag{12-7}$$

$$\sqrt{\sigma^2 + 3\tau^2} \leqslant [\sigma] \tag{12-8}$$

将 σ 和 τ 的表达式代入上式，并考虑到 $W_P = 2W$，便分别得到

$$\frac{\sqrt{M^2 + M_x^2}}{W} \leqslant [\sigma] \tag{12-9}$$

$$\frac{\sqrt{M^2 + 0.75 M_x^2}}{W} \leqslant [\sigma] \tag{12-10}$$

引入记号

$$M_{r3} = \sqrt{M^2 + M_x^2} = \sqrt{M_x^2 + M_y^2 + M_z^2} \tag{12-11}$$

$$M_{r4} = \sqrt{M^2 + 0.75 M_x^2} = \sqrt{0.75 M_x^2 + M_y^2 + M_z^2} \tag{12-12}$$

式(12-9)、式(12-10)变为

$$\frac{M_{r3}}{W} \leqslant [\sigma] \tag{12-13}$$

$$\frac{M_{r4}}{W} \leqslant [\sigma] \tag{12-14}$$

式中，M_{r3} 和 M_{r4} 分别称为基于最大切应力准则和基于畸变能密度准则的**计算弯矩**或**相当弯矩**。将 $W = \pi d^3/32$ 代入式(12-13)和式(12-14)，便得到承受弯曲与扭转的圆轴直径的设计公式

$$d \geqslant \sqrt[3]{\frac{32 M_{r3}}{\pi [\sigma]}} \approx \sqrt[3]{10 \frac{M_{r3}}{[\sigma]}} \tag{12-15}$$

$$d \geqslant \sqrt[3]{\frac{32 M_{r4}}{\pi [\sigma]}} \approx \sqrt[3]{10 \frac{M_{r4}}{[\sigma]}} \tag{12-16}$$

例题 12-4 图 12-13 所示圆截面轴的危险面上，受弯矩 M_y、M_z(且 $M_z = M_y$)、和扭矩 M_x 作用，其上之危险点是：

(A) 点 a、b、c、d；

(B) 点 c；

(C) 点 f、g；

(D) 点 e、f、g。

解： 由 $M_y = M_z$

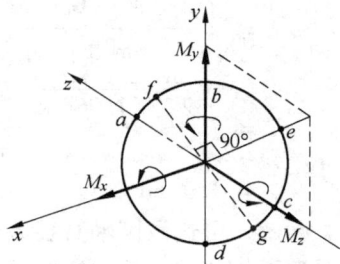

图 12-13 例题 12-4 图

$$\sigma_{r3}^a = \sigma_{r3}^b = \sigma_{r3}^c = \sigma_{r3}^d = \frac{\sqrt{M_z^2 + M_x^2}}{W}$$

$$\sigma_{r3}^f = \sigma_{r3}^g = \frac{\sqrt{M_y^2 + M_z^2 + M_x^2}}{W} = \frac{\sqrt{2M_z^2 + M_x^2}}{W}$$

可知点 f、g 为危险点。

正确答案是(C)。

例题 12-5　图 12-14a 所示钢制实心圆轴，齿轮 C 上作用有铅垂切向力 5kN，径向力 1.82kN，齿轮 D 上作用有水平切向力 10kN，径向力 3.64kN。齿轮 C 的节圆直径 $d_C = 400$m，齿轮 D 的节圆直径 $d_D = 200$mm，设材料的许用应力 $[\sigma] = 100$MPa。试按第四强度理论设计轴的直径。

解: 将每个齿轮上的切向外力向该轴的截面形心简化，如图 12-14b 所示。该轴将产生在 xy 和 xz 两个纵对称平面内弯曲和扭转的组合变形。分别作轴的扭矩图以及在 xy 和 xz 平面内的弯矩图，如图 12-14c、d、e 所示。

根据内力图，圆轴 B 截面总弯矩最大，其上的扭矩与 CD 段其他截面相同，故该截面为危险面。因为两个弯矩作用面互相垂直，所以危险面上的总弯矩为

$$M = \sqrt{M_y^2 + M_z^2}$$

应用基于第四强度理论得到的设计公式(12-16)，有

$$d \geqslant \sqrt[3]{\frac{32 M_{r4}}{\pi [\sigma]}}$$

$$= \sqrt[3]{\frac{32 \sqrt{M^2 + 0.75 M_x^2}}{\pi [\sigma]}}$$

$$= \sqrt[3]{\frac{32 \sqrt{(1.064 \times 10^6)^2 + 0.75(-1 \times 10^6)^2}}{\pi \times 100}} \text{mm}$$

$$= 51.9 \text{mm}$$

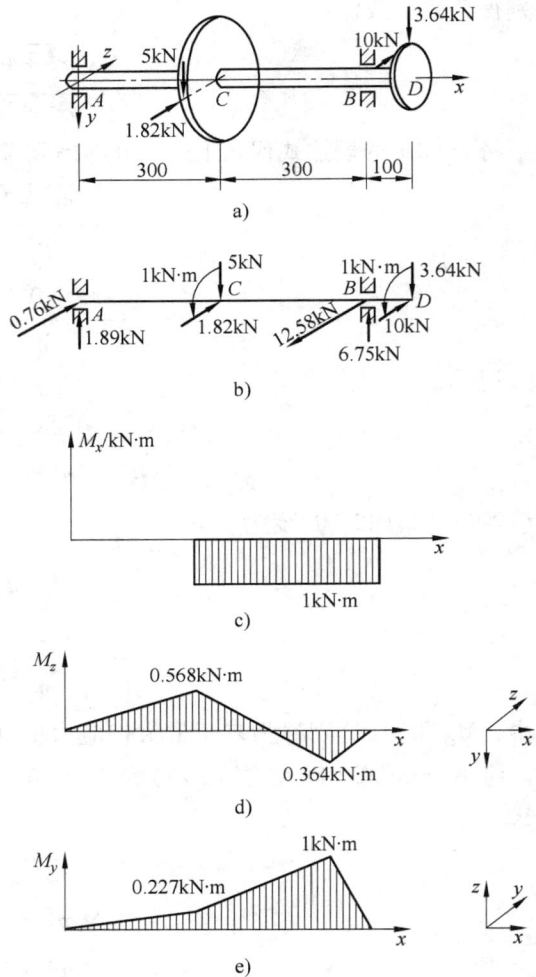

图 12-14　例题 12-5 图

因此，可选取圆轴直径 $d = 52$mm。

例题 12-6　承受内压的圆柱形薄壁容器如图 12-15 所示，已知内压 $p = 1.5$MPa，平均直径 $D = 1$m，材料为钢，其许用应力 $[\sigma] = 100$MPa。试按最大切应力准则设计此容器的壁厚 δ。

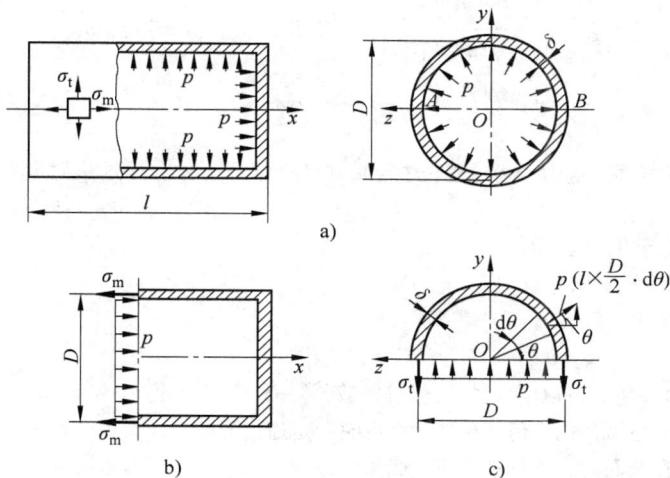

图 12-15 例题 12-6 图

解：薄壁圆柱形容器在内压作用下将产生环向应力 σ_t 和纵向应力 σ_m。用横截面和纵截面分别将容器截开，其受力分别如图 12-15b、c 所示。根据平衡方程 $\sum F_x = 0$，$\sum F_y = 0$，可以写出

$$\sigma_m(\pi D\delta) - p \times \frac{\pi D^2}{4} = 0$$

$$\sigma_t(l \times 2\delta) - p \times D \times l = 0$$

由此解出

$$\begin{cases} \sigma_m = \dfrac{pD}{4\delta} \\ \sigma_t = \dfrac{pD}{2\delta} \end{cases}$$

因此，主应力分别为

$$\sigma_1 = \sigma_t = \frac{pD}{2\delta}$$

$$\sigma_2 = \sigma_m = \frac{pD}{4\delta}$$

$$\sigma_3 = 0$$

于是，最大切应力设计准则的表达式可以写成

$$\sigma_{r3} = \sigma_1 - \sigma_3 = \frac{pD}{2\delta} - 0 \leqslant [\sigma]$$

由此解得

$$\delta \geqslant \frac{pD}{2[\sigma]}$$

将已知数据代入上式，得到容器的壁厚应为

$$\delta \geqslant \left(\frac{1.5 \times 10^6 \times 1}{2 \times 100 \times 10^6} \right) \text{m} = 7.5 \times 10^{-3} \text{m} = 7.5 \text{mm}$$

习　题

12-1　根据杆件横截面正应力分析过程，中性轴在什么情形下才会通过截面形心？试分析下列答案中哪一个是正确的。

(A) $M_y = 0$ 或 $M_z = 0$，$F_N \neq 0$;

(B) $M_y = M_z = 0$，$F_N \neq 0$;

(C) $M_y = 0$，$M_z = 0$，$F_N \neq 0$;

(D) $M_y \neq 0$ 或 $M_z \neq 0$，$F_N = 0$。

12-2　关于中性轴位置，有以下几种论述，试判断哪一种是正确的。

(A) 中性轴不一定在截面内，但如果在截面内它一定通过形心;

(B) 中性轴只能在截面内，并且必须通过截面形心;

(C) 中性轴只能在截面内，但不一定通过截面形心;

(D) 中性轴不一定在截面内，而且也不一定通过截面形心。

12-3　在图 12-16 所示悬臂梁中，集中力 F_{P1} 和 F_{P2} 分别作用在铅垂对称面和水平对称面内，并且垂直于梁的轴线，如图所示。已知 $F_{P1} = 1.6$kN，$F_{P2} = 800$N，$l = 1$m，许用应力 $[\sigma] = 160$MPa。试确定以下两种情形下梁的横截面尺寸：

(1) 截面为矩形，$h = 2b$;

(2) 截面为圆形。

12-4　图 12-17 所示旋转式起重机由工字梁 AB 及拉杆 BC 组成，A、B、C 三处均可以简化为铰链约束。起重荷载 $F_p = 22$kN，$l = 2$m。已知 $[\sigma] = 100$MPa。试选择 AB 梁的工字钢的号码。

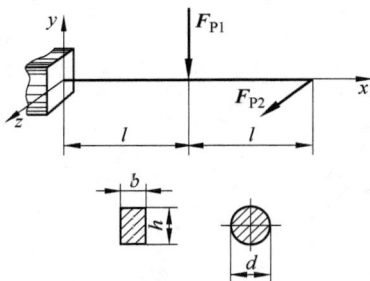

图 12-16　习题 12-3 图　　　　　　　图 12-17　习题 12-4 图

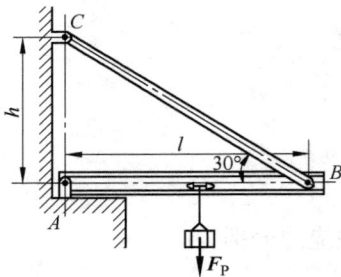

12-5　钩头螺栓受力简化如图 12-18 所示。已知螺栓材料的许用应力 $[\sigma] = 120$MPa。求此螺栓所能承受的许可预紧力 $[F_P]$。

12-6　标语牌由钢管支撑，如图 12-19 所示。若标语牌的重量为 F_{P1}，作用在标语牌上的水平风力为 F_{P2}，试分析此钢管的受力，指出危险截面和危险点的位置，并画出危险点的应力状态。

12-7　试求图 12-20a 和图 12-20b 中所示两杆横截面上最大正应力及其比值。

12-8　承受偏心拉力的矩形截面杆如图 12-21 所示。今用实验法测得杆左右两侧的纵向应变 ε_1 和 ε_2。证明偏心距 e 与 ε_1、ε_2 之间满足下列关系：

$$e = \frac{\varepsilon_1 - \varepsilon_2}{\varepsilon_1 + \varepsilon_2} \times \frac{h}{6}$$

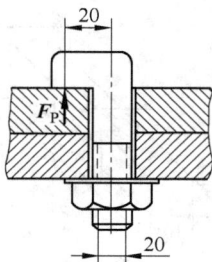

图 12-18 习题 12-5 图

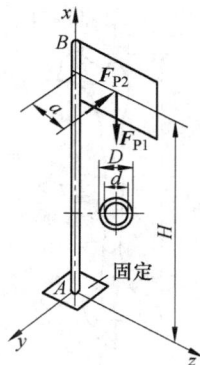

图 12-19 习题 12-6 图

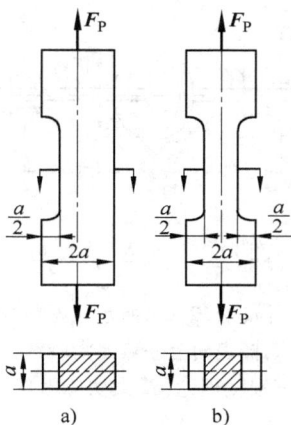

图 12-20 习题 12-7 图

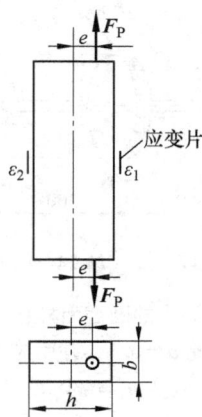

图 12-21 习题 12-8 图

12-9 图 12-22 中所示为承受纵向荷载的人骨受力简图。

(1) 假定骨骼为实心圆截面,试确定横截面 B—B 上的应力分布;

(2) 假定骨骼中心部分(其直径为骨骼外直径的一半)由海绵状骨质所组成,忽略海绵状承受应力的能力,试确定横截面 B—B 上的应力分布;

(3) 确定以上两种情形下,骨骼在横截面 B—B 上最大压应力之比。

12-10 正方形截面杆一端固定,另一端自由,中间部分开有切槽。杆自由端受有平行于杆轴线的纵向力 F_P。若已知 $F_P = 1\text{kN}$,杆各部分尺寸如图 12-23 所示。试求杆内横截面上的最大正应力,并指出其作用位置。

12-11 等截面钢轴如图 12-24 所示。轴材料的许用应力 $[\sigma] = 60\text{MPa}$。若轴传递的功率 $N = 2.5$ 马力,转速 $n = 12\text{r/min}$,试用最大切应力理论确定轴的直径。

12-12 图 12-25 所示传动轴 AB 的直径 $d = 80\text{mm}$,轴长 $l = 2\text{m}$,$[\sigma] = 100\text{MPa}$,轮缘所挂重物的作用力大小 $F = 8\text{kN}$,轮的直径 $D = 0.7\text{m}$。试作轴的内力图,并用第三强度理论校核轴的强度。

12-13 No32a 普通热轧工字钢简支梁,受力如图 12-26 所示。已知 $F_P = 60\text{kN}$,材料的许用应力 $[\sigma] = 160\text{MPa}$。试校核梁的强度。

12-14 承受内压的圆柱形薄壁容器,若已知内压 $p = 1.5\text{MPa}$,平均直径 $D = 1\text{m}$,材料为低碳钢,其许用应力 $[\sigma] = 100\text{MPa}$,试按第三强度理论设计此容器的壁厚 δ。

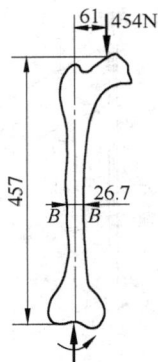

图 12-22 习题 12-9 图

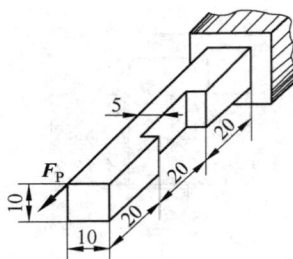

图 12-23 习题 12-10 图

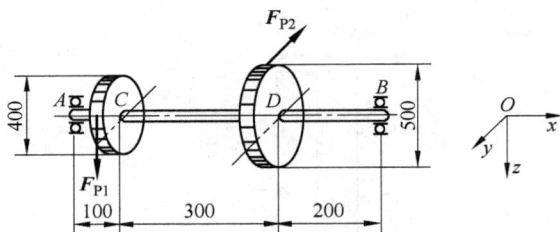

图 12-24 习题 12-11 图

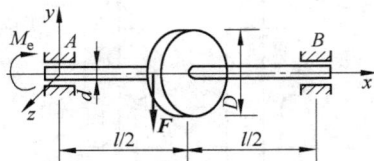

图 12-25 习题 12-12 图

12-15 一端固支的圆截面杆在自由端受轴向力 F 和力偶 M_x 作用如图 12-27 所示，材料的弹性模量 E = 200GPa，泊松比 μ = 0.3，许用应力 $[\sigma]$ = 150MPa。若已分别测得圆杆表面上一点 a 沿轴线 x 以及沿与轴线成45°方向的线应变 $\varepsilon_x = 4.0 \times 10^{-4}$、$\varepsilon_{45°} = -2.0 \times 10^{-4}$，试按第三强度理论(最大切应力理论)校核该圆杆的强度。

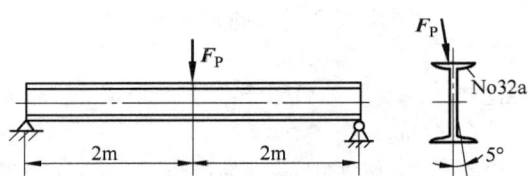

图 12-26 习题 12-13 图

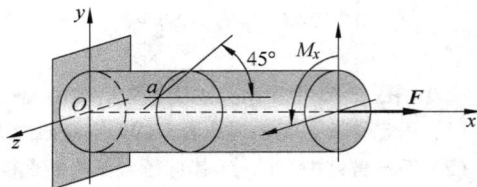

图 12-27 习题 12-15 图

12-16 圆柱形锅炉的受力情况及截面尺寸如图 12-28 所示。锅炉的自重为 600kN，可简化为均布载荷，其集度为 q；锅炉内的压强 p = 3.4MPa。已知材料为 20 锅炉钢，σ_s = 200MPa，规定安全系数 n = 2，试校核锅炉壁的强度。

12-17 一圆截面悬臂梁如图 12-29 所示，同时受到轴向力、横向力和扭转力矩的作用。

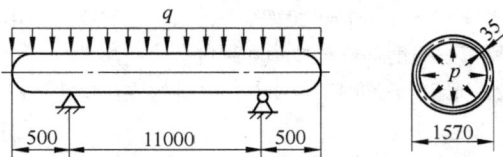

图 12-28 习题 12-16 图

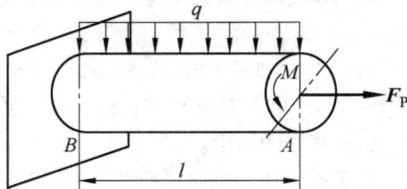

图 12-29 习题 12-17 图

（1）试指出危险截面和危险点的位置。

（2）画出危险点的应力状态。

（3）按最大切应力理论建立的下面两个强度条件哪一个正确？

$$\frac{F_P}{A} + \sqrt{\left(\frac{M}{W}\right)^2 + 4\left(\frac{M_x}{W_P}\right)^2} \leqslant [\sigma]$$

$$\sqrt{\left(\frac{F_P}{A} + \frac{M}{W}\right)^2 + 4\left(\frac{M_x}{W_P}\right)^2} \leqslant [\sigma]$$

第13章 压杆稳定

内 容 提 要

(1) 压杆稳定的概念
(2) 临界应力的欧拉公式
(3) 临界应力总图
(4) 介绍压杆稳定设计的安全因数法和折减因数法

13.1 压杆稳定的概念

前面几章讨论了受力杆件的强度和刚度计算。然而，有些特定的受力构件其失效形式往往表现出与强度和刚度失效完全不同的性质。

例如取一根细长钢尺竖立在桌面上，用手压其上端，在压力还远没有达到其强度极限载荷时，钢尺便被明显压弯而丧失承载能力。而减小钢尺的长度，其能承受的压力也相应提高。当钢尺很短时，它受压后不再发生弯曲变形，能承受的压力才接近强度极限载荷。这说明，细长压杆之所以丧失承载能力，不是因为压缩强度不够，而是因为不能保持原有直线平衡状态所致。

工程结构中类似的受压杆件还有很多，如液压机的活塞杆（见图 13-1）、起重机的撑杆（见图 13-2）等。

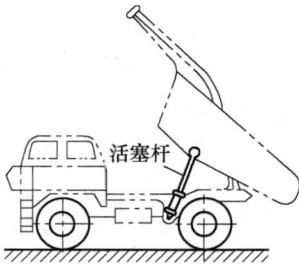

图 13-1 液压机的活塞杆

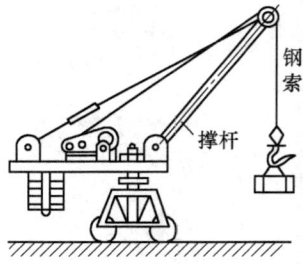

图 13-2 起重机的撑杆

本章的主要内容就是分析并解决这类受压杆件的失效形式及其设计计算等问题。

轴向受压的理想细长直杆如图 13-3a 所示，当轴向压力 F 不大时，在任意小的扰动下使压杆发生微弯，扰动除去后，压杆又回到原来直线平衡状态，则称原来的平衡状态是稳定的，如图 13-3b 所示；而当轴向压力 F 大于某一界限值时，外界扰动使其发生微弯，扰动去除后，构件不能回复到初始平衡状态，则称原来的平衡状态是不稳定的，如图 13-3c 所示。

稳定的平衡状态与不稳定的平衡状态之间的分界点称为临界点。临界点所对应的载荷称为临界载荷，用 F_{Pcr} 表示。

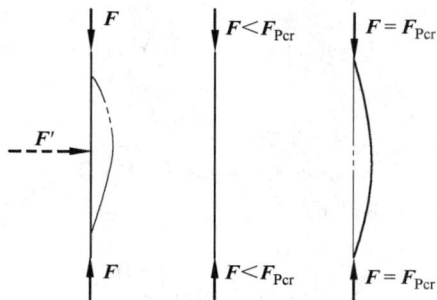

图 13-3　轴向受压的理想细长直杆

压杆从直线平衡状态转变为其他形式平衡状态的过程称为失稳，也称为屈曲。由于屈曲失效往往具有突发性，常常会产生灾难性后果，因此，在工程设计中需要认真加以考虑。

13.2　压杆的临界载荷　欧拉公式

为了简化分析并得到可应用于工程的、简明的表达式。在确定压杆的临界载荷时作如下简化：

1）剪切变形的影响可以忽略不计。

2）不考虑杆的轴向变形。

13.2.1　两端铰支的压杆

考察图 13-4a 所示两端铰支、承受轴向压缩载荷的理想直杆，由图 13-4b 所示与直线平衡状态无限接近的微弯曲状态的局部（见图 13-4c）的平衡条件，得到任意截面（位置坐标为 x）上的弯矩为

$$M(x) = F_P w(x) \qquad (a)$$

由小挠度微分方程

$$M(x) = -EI\frac{\mathrm{d}^2 w(x)}{\mathrm{d}x^2} \qquad (b)$$

得到

$$\frac{\mathrm{d}^2 w}{\mathrm{d}x^2} + k^2 w = 0 \qquad (13\text{-}1)$$

这是压杆在微弯曲状态下的平衡微分方程。这一微分方程是确定临界载荷的主要依据，其中

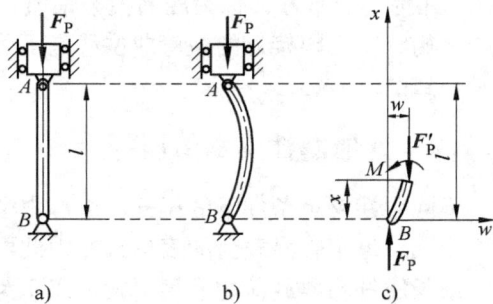

图 13-4　两端铰支的压杆

$$w = w(x), \quad k^2 = \frac{F_P}{EI} \qquad (13\text{-}2)$$

方程（13-1）的通解是

$$w = A\sin kx + B\cos kx \qquad (13\text{-}3)$$

利用两端的边界条件

$$w(0) = 0, \quad w(l) = 0$$

得到

$$\begin{cases} 0 \cdot A + B = 0 \\ \sin kl \cdot A + \cos kl \cdot B = 0 \end{cases} \tag{c}$$

方程组(c)中，A、B 不全为零的条件是

$$\begin{vmatrix} 0 & 1 \\ \sin kl & \cos kl \end{vmatrix} = 0 \tag{d}$$

由此解得

$$\sin kl = 0 \tag{13-4}$$

于是，有

$$kl = n\pi, \quad (n = 1, 2, \cdots)$$

将 $k = n\pi/l$ 代入式(13-2)，即可得到所要求的临界载荷的表达式

$$F_{\mathrm{Pcr}} = \frac{n^2 \pi^2 EI}{l^2} \tag{13-5}$$

当其中 $n = 1$ 时，所得到的就是具有实际意义的、最小的临界载荷值

$$F_{\mathrm{Pcr}} = \frac{\pi^2 EI}{l^2} \tag{13-6}$$

上述两式中，E 为压杆材料的弹性模量；I 为压杆横截面的形心主惯性矩；如果两端在各个方向上的约束都相同，I 则为压杆横截面的最小形心主惯性矩。

从式(c)中的第 1 式解出 $B = 0$，连同 $k = n\pi/l$ 一起代入式(13-3)，得到与直线平衡状态无限接近的屈曲位移函数，又称为**屈曲模态**：

$$w(x) = A\sin\frac{n\pi x}{l} \tag{13-7}$$

式中，A 为不定常数，称为**屈曲模态幅值**；n 为屈曲模态的正弦半波数。式(13-7)表明，与直线平衡状态无限接近的微弯曲位移是不确定的，这与本小节一开始所假定的任意微弯曲状态是一致的。

13.2.2　其他刚性支承的压杆

不同刚性支承条件下的压杆，由静力学平衡方法得到的平衡微分方程和边界条件都可能各不相同，确定临界载荷的表达式亦因此而异，但基本分析方法和分析过程却是相同的。因此，**细长压杆临界载荷的通用形式可表示为**

$$F_{\mathrm{Pcr}} = \frac{\pi^2 EI}{(\mu l)^2} \tag{13-8}$$

这一表达式称为**欧拉公式**。其中 μl 为不同压杆屈曲后挠曲线上正弦半波的长度(见图13-5)称为**有效长度**；μ 为反映不同支承影响的系数，称为**长度系数**，可由屈曲后的正弦半波长度与两端铰支压杆初始屈曲时的正弦半波长度的比值确定。

需要注意的是，上述临界载荷公式只有在压杆的微弯曲状态下压杆仍然处于弹性状态时才成立。

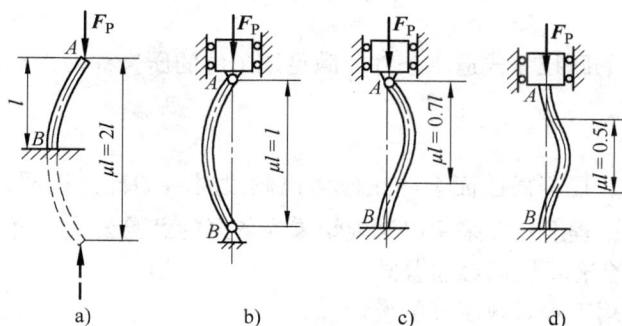

图 13-5 有效长度与长度系数

13.3 经验公式 临界应力总图

13.3.1 压杆长细比

前面已经提到，欧拉公式只有在弹性范围内才是适用的。这就要求在临界载荷作用下，压杆在直线平衡状态时，其横截面上的正应力小于或等于材料的比例极限，即

$$\sigma_{cr} = \frac{F_{Pcr}}{A} \leqslant \sigma_p \tag{13-9}$$

式中，σ_{cr} 称为**临界应力**；σ_p 为材料的比例极限。

对于某一压杆，当临界载荷 F_P 尚未算出时，不能判断式(13-9)是否满足；当临界载荷算出后，如果式(13-9)不满足，则还需采用超过比例极限的临界载荷计算公式。这些都会给计算带来不便。

为了在计算临界载荷之前，预先判断哪一类压杆将发生弹性屈曲，从而适用欧拉公式，哪一类压杆不适用欧拉公式，需要引进**长细比**的概念。

长细比又称**柔度**，用 λ 表示。长细比是综合反映压杆长度、约束条件、截面尺寸和截面形状对压杆分叉载荷影响的量，由下式确定：

$$\lambda = \frac{\mu l}{i} \tag{13-10}$$

式中，i 为压杆横截面的惯性半径，其值为

$$i = \sqrt{\frac{I}{A}} \tag{13-11}$$

通过引入长细比可将式(13-9)改写成

$$\sigma_{cr} = \frac{F_{Pcr}}{A} = \frac{\pi^2 EI}{(\mu l)^2 A} = \frac{\pi^2 E}{\left(\dfrac{\mu l}{i}\right)^2} = \frac{\pi^2 E}{\lambda^2} \leqslant \sigma_p$$

即

$$\lambda \geqslant \sqrt{\frac{\pi^2 E}{\sigma_{\mathrm{p}}}} = \lambda_{\mathrm{p}} \qquad (13\text{-}12)$$

这是用长细比 λ 表示的欧拉公式适用条件，满足该条件的压杆称为**大柔度杆**或**细长杆**。

13.3.2　经验公式

当压杆 $\lambda < \lambda_{\mathrm{p}}$ 时，压杆横截面上的正应力已超过材料的比例极限，欧拉公式已不再适用。这类压杆的计算工程上一般采用以试验结果为依据的经验公式。对于不同的材料，在不同的长细比范围内，会有不同的经验公式。

下面介绍几种常用工程材料压杆的设计公式。

1. 铸铁、铝合金与木材

这类材料做成的压杆通常分成三类：

（1）大柔度杆　压杆长细比 $\lambda \geqslant \lambda_{\mathrm{p}}$，即**大柔度杆**或**细长杆**，显然这类压杆可以应用欧拉公式。

（2）中柔度杆　长细比 $\lambda_{\mathrm{s}} \leqslant \lambda \leqslant \lambda_{\mathrm{p}}$ 时（λ_{s} 由经验公式给出），压杆也会发生屈曲。这时，压杆在直线平衡状态下横截面上的正应力已经超过材料的比例极限，截面上某些部分已进入塑性状态。这种屈曲称为非弹性屈曲。这类压杆称为**中柔度杆**或**中长杆**。

（3）小柔度杆　长细比 $\lambda < \lambda_{\mathrm{s}}$，压杆不会发生屈曲，但将会发生屈服。这类压杆称为小柔度杆或粗短杆。

下面分别列出这**三类压杆**的临界应力计算公式。

1）**对于细长压杆**，临界应力仍然采用由欧拉公式得到的结果即

$$\sigma_{\mathrm{cr}} = \frac{\pi^2 E}{\lambda^2} \quad (\lambda > \lambda_{\mathrm{p}}) \qquad (13\text{-}13)$$

2）**对于粗短压杆**，临界应力为

$$\sigma_{\mathrm{cr}} = \sigma_{\mathrm{s}} \ 或 \ \sigma_{\mathrm{cr}} = \sigma_{\mathrm{b}} \quad (\lambda \leqslant \lambda_{\mathrm{s}}) \qquad (13\text{-}14)$$

3）**对于中长杆**，采用直线经验公式

$$\sigma_{\mathrm{cr}} = a - b\lambda \quad (\lambda_{\mathrm{s}} \leqslant \lambda \leqslant \lambda_{\mathrm{p}}) \qquad (13\text{-}15)$$

式中，$\lambda_{\mathrm{s}} = \dfrac{a - \sigma_{\mathrm{s}}}{b}$，常数 a 和 b 均与材料有关，见表 13-1。

表 13-1　直线经验公式中的常数值

材　　料	a/MPa	b/MPa
铸　　铁	332. 2	1454
铝合金	373	2. 15
木　　材	28. 7	0. 19

2. 结构钢

1）对于 $\lambda \geqslant \lambda_{\mathrm{p}}$ 细长杆，用欧拉公式得到以下的结果：

$$\sigma_{\mathrm{cr}} = \frac{\pi^2 E}{\lambda^2} \quad (\lambda \geqslant \lambda_{\mathrm{p}}) \qquad (13\text{-}16)$$

2）对于 $\lambda < \lambda_{\mathrm{p}}$ 压杆，用抛物线公式得到以下结果：

$$\sigma_{\mathrm{cr}} = \sigma_0 - k\lambda^2 \quad (\lambda \leqslant \lambda_{\mathrm{p}}) \qquad (13\text{-}17)$$

因为 $\lambda = 0$ 时，$\sigma_{cr} = \sigma_s$，所以，式(13-17)中的 $\sigma_0 = \sigma_s$。

在欧拉双曲线与抛物线连接点处一般取 $\sigma_{cr} = \sigma_s/2$。于是，由式(13-16)得到

$$k = \frac{\sigma_s}{2\lambda_p^2} \tag{13-18}$$

再利用式(13-16)，当 $\lambda = \lambda_p$ 时，$\sigma_{cr} = \sigma_s/2$，求得

$$\lambda_p = \sqrt{\frac{2\pi^2 E}{\sigma_s}} \tag{13-19}$$

代入式(13-18)有

$$k = \frac{\sigma_s^2}{4\pi^2 E} \tag{13-20}$$

对于 Q235 钢，$\sigma_s = 235\text{MPa}$，$E = 206\text{GPa}$；对于 16Mn 钢，$\sigma_s = 343\text{MPa}$，$E = 206\text{GPa}$ 由式(13-17)、式(13-20)得到 $\lambda \leqslant \lambda_p$（Q235 钢和 16Mn 钢的 λ_p 分别为 132 和 109）时的临界应力表达式分别为

Q235 钢：

$$\sigma_{cr} = (235 - 0.006\ 8\lambda^2)\text{MPa} \quad (\lambda \leqslant 132) \tag{13-21}$$

16Mn 钢：

$$\sigma_{cr} = (343 - 0.001\ 61\lambda^2)\text{MPa} \quad (\lambda \leqslant 109) \tag{13-22}$$

需注意，这里的 λ_p 是指取临界应力 $\sigma_{cr} = \sigma_s/2$ 时对应的长细比，与由式(13-12)（这里取 $\sigma_{cr} = \sigma_p$）算得的 λ_p 不同，比如 Q235 钢取 $\sigma_{cr} = \sigma_p$ 时对应的 $\lambda_p \approx 101$。

13.3.3　临界应力总图

材料为**铸铁、铝合金或木材**的压杆，由式(13-13)、式(13-14)和式(13-15)可绘出 σ_{cr}-λ 曲线，即临界应力总图，如图 13-6 所示。与 λ_p、λ_s 对应的临界应力值分别为材料的比例极限 σ_p 和屈服强度 σ_s（或强度极限 σ_b）。

材料为**结构钢**的压杆，根据式(13-16)和式(13-17)，相应得到的 σ_{cr}-λ 曲线，即其临界应力总图，如图 13-7 所示。

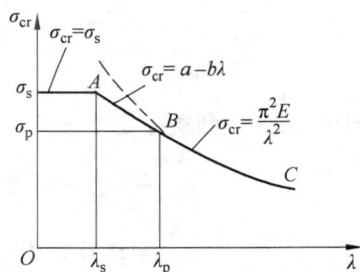

图 13-6　几种材料的 σ_{cr}-λ 曲线

例题 13-1　图 13-8a、b 中所示两压杆，其直径均为 d，材料都是 Q235 钢，但二者长度和约束条件各不相同。试：

(1) 分析哪一根杆的临界载荷较大；

(2) 计算 $d = 160\text{mm}$，$E = 206\text{GPa}$ 时，两杆的临界载荷。

解：(1) 计算柔度，判断哪一根杆的临界载荷大。

因为 $\lambda = ul/i$，其中 $i = \sqrt{I/A}$，而二者均为圆截面且直径相同，故有

$$i = \sqrt{\frac{\pi d^4/64}{\pi d^2/4}} = \frac{d}{4}$$

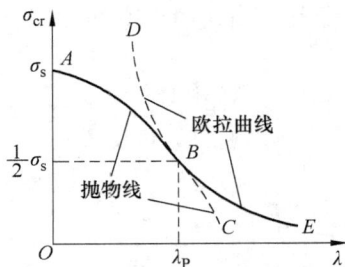

图 13-7 结构钢的的 σ_{cr}-λ 曲线

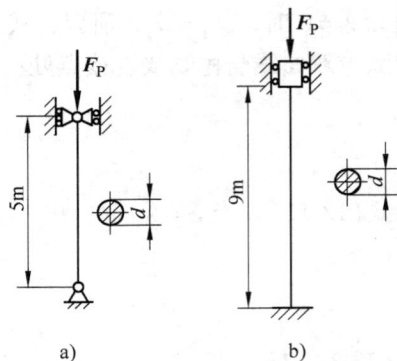

图 13-8 例题 13-1 图

因二者约束条件和杆长都不相同，所以 λ 也不一定相同。

对于两端铰支的压杆（见图 13-8a），$\mu = 1$，$l = 5000\text{mm}$

$$\lambda_a = \frac{\mu l}{i} = \frac{1 \times 5\text{m}}{\dfrac{d}{4}} = \frac{20\text{m}}{d}$$

对于两端固定的压杆（见图 13-8b），$\mu = 0.5$，$l = 9000\text{mm}$，

$$\lambda_b = \frac{\mu l}{i} = \frac{0.5 \times 9\text{m}}{\dfrac{d}{4}} = \frac{18\text{m}}{d}$$

可见，本例中两端铰支压杆的临界载荷小于两端固定压杆的临界载荷。

（2）计算各杆的临界载荷

对于两端铰支的压杆

$$\lambda_a = \frac{\mu l}{i} = \frac{1 \times 5\text{m}}{\dfrac{d}{4}} = \frac{20\text{m}}{0.16\text{m}} = 125 < \lambda_p = 132$$

属于中长杆，利用抛物线公式

$$F_{Pcr} = \sigma_{cr} A = \left[(235 - 0.0068 \times 125^2) \times 10^6 \times \frac{\pi \times 160^2 \times 10^{-6}}{4} \right] \text{N}$$

$$= 2587 \times 10^3 \text{N} = 2587 \text{kN}$$

对于两端固定的压杆，

$$\lambda_a = \frac{\mu l}{i} = \frac{0.5 \times 9\text{m}}{\dfrac{d}{4}} = \frac{18\text{m}}{0.16\text{m}} = 112.5 < \lambda_p = 132$$

也属于中长杆，

$$F_{Pcr} = \sigma_{cr} A = \left[(235 - 0.0068 \times 112.5^2) \times 10^6 \times \frac{\pi \times 160^2 \times 10^{-6}}{4} \right] \text{N}$$

$$= 2994 \times 10^3 \text{N} = 2994 \text{kN}$$

最后，请读者思考以下几个问题：

1）若 Q235 钢依式(13-12)计算，则 λ_p 取为 101。显然，两杆也可用欧拉公式计算临界压力，但其结果与例题结果之间有偏差，这说明什么问题？

2）对于以上两杆，如果改用高强度钢（屈服强度比 Q235 钢高 2 倍以上，E 相差不大），那么能否提高临界载荷？

例题 13-2 一压杆由 Q235 钢制成，在两形心主惯性平面的约束情况如图 13-9 所示，已知 $l = 4\text{m}$，$a = 0.12\text{m}$，$b = 0.2\text{m}$，$E = 210\text{GPa}$，$\sigma_p = 200\text{MPa}$，试求此杆的临界压力。

解：

（1）计算两形心主惯性平面内失稳的柔度，判断失稳平面

图 13-9 例题 13-2 图

xz 平面内：

$$i_y = \sqrt{\frac{I}{A}} = \sqrt{\frac{ab^3/12}{ab}} = \frac{b}{\sqrt{12}}$$

$$\lambda_y = \frac{\mu_y l}{i_y} = \frac{\sqrt{12} \times 2 \times 4}{0.2} = 138.6$$

xy 平面内：

$$i_z = \sqrt{\frac{ab^3/12}{ab}} = \frac{a}{\sqrt{12}}$$

$$\lambda_z = \frac{\mu_z l}{i_z} = \frac{\sqrt{12} \times 0.5 \times 4}{0.12} = 57.8$$

$$\lambda_y > \lambda_z$$

显然压杆在 xz 平面稳定性最弱。

（2）判别压杆类别，并选择公式计算

$$\lambda_p = \pi \sqrt{\frac{E}{\sigma_p}} = \pi \sqrt{\frac{210 \times 10^9}{200 \times 10^6}} = 102$$

$\lambda_y > \lambda_p$，此杆属于大柔度的压杆，用欧拉公式计算临界压力

$$F_{\text{Pcr}} = \frac{\pi^2 E I_y}{(\mu_y l)^2} = \frac{3.14^2 \times 210 \times 10^9 \times 0.12 \times 0.2^3/12}{(2 \times 4)^2}\text{N} = 2588\text{kN}$$

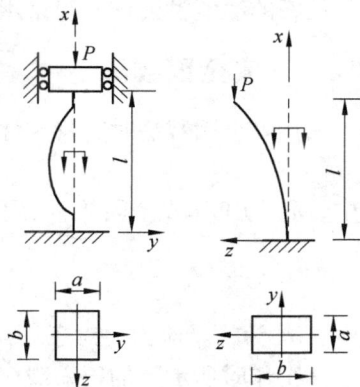

13.4 压杆稳定性设计

压杆稳定性设计一般包括：

（1）**确定临界载荷** 当杆件的几何尺寸与材料性能已知时，根据压杆的材料和压杆的柔度可以选择压杆的临界应力计算公式[式(13-12)~式(13-22)]，从而确定压杆的临界载荷。

（2）**稳定性安全校核** 当外加载荷、杆件各部分尺寸以及材料性能均为已知时，验证压杆是否满足稳定性设计准则。

压杆的稳定性设计一般采用安全因数法与折减因数法。

13. 4. 1 安全因数法

采用安全因数法时，**稳定性条件**一般可表示为

$$n_w \geq [n]_{st} \tag{13-23}$$

式中，n_w 为工作安全因数，由下式确定：

$$n_w = \frac{F_{Pcr}}{F} = \frac{\sigma_{cr} A}{F} \tag{13-24}$$

式中，σ_{cr} 为临界应力，对于不同材料和不同柔度的压杆需分别采用不同的表达式计算；F 为压杆工作时所承受的压缩载荷；A 为压杆的横截面面积。

式（13-23）中，$[n]_{st}$ 为规定的稳定安全因数。在静载荷作用下，稳定安全因数应略高于强度安全因数。这是因为实际压杆不可能是理想直杆，而具有一定的初始缺陷（例如初曲率），压缩载荷也可能具有一定的偏心度。这些因素都会使压杆的临界载荷降低。对于钢材，取 $[n]_{st} = 1.8 \sim 3.0$；对于铸铁，取 $[n]_{st} = 5.0 \sim 5.5$；对于木材，取 $[n]_{st} = 2.8 \sim 3.2$。

需要指出的是，稳定安全因数 $[n]_{st}$ 与长细比有关。例如，对于钢结构 $\lambda_p \leq \lambda \leq 200$ 时，$[n]_{st} = 1.92$；当 $\lambda \leq \lambda_p$ 时，稳定安全因数由下式确定：

$$[n]_{st} = \frac{5}{3} + \frac{3}{8} \frac{\lambda}{\lambda_p} - \frac{1}{8} \left(\frac{\lambda}{\lambda_p} \right)^3 \tag{13-25}$$

13. 4. 2 折减因数法

在土木工程设计中，对于压杆，通常采用折减因数法，这时，稳定性设计准则一般可表示为

$$\sigma_{cr} \leq [\sigma]_{st} = \varphi [\sigma] \tag{13-26}$$

式中，$[\sigma]_{st}$ 称为稳定许用应力；φ 称为折减因数。稳定折减因数与压杆材料及长细比 λ 有关。折减因数的数值可在钢结构设计规范（GBJ 17—1988）和木结构设计规范（GBJ 5—1988）中查得。

13. 4. 3 应用举例

例题 13-3 图 13-10 所示压杆的两端为球铰约束，杆长 $l = 2.4$m，压杆由两根 125mm × 125mm × 12mm 的等边角钢铆接而成，铆钉孔直径为 23mm。若压杆所受压力 $F_P = 800$kN，材料为 Q235 钢，稳定安全因数 $[n]_{st} = 1.48$。试校核此压杆是否安全。

解：因为铆接时在角钢上开孔，所在此例中的压杆可能发生以下两种失效：

一是屈曲失效，这时，整体平衡状态发生突然转变（由直变弯）。局部截面的削弱，即个别截面上的铆钉孔对这种失效影响不大。因此在稳定计算中，仍采用未开孔时的横截面面积（称为"毛面积"用 A_g 表示）。

二是强度失效，即在开有铆钉孔的截面上其应力由于截面削弱将增加，有可能超过许用应力值，所以在强度计算时，要用削弱后的面积（称为"净面积"用 A_n 表示）。

现分别对这两类问题校核如下：

（1）稳定校核

因为两端为球铰链，各个方向的约束都相同，所以 $\mu = 1$；又因为两根角钢铆接在一起，故屈曲时，二者将形成一整体发生弯曲。这时，截面将绕惯性矩最小的主轴（图中 z 轴）转动。根据已知条件

$$I_z = 2I_{z1}, \quad A = 2A_1$$

$$i_z = \sqrt{\frac{I_z}{A}} = \sqrt{\frac{2I_{z1}}{2A_1}} = \sqrt{\frac{I_{z1}}{A_1}} = i_{z1}$$

其中 I_{z1}、i_{z1} 和 A_1 分别为单根角钢横截面对 z 轴的惯性矩、惯性半径和横截面面积，它们都可以由型钢表中查得。现由型钢表中查得 $125\,\text{mm} \times 125\,\text{mm} \times 12\,\text{mm}$ 的等边角钢的参数为

$$i_{z1} = 3.83\,\text{cm} = 38.3\,\text{mm}, \quad A_1 = 28.9\,\text{cm}^2 = 2.89 \times 10^{-3}\,\text{m}^2$$

于是有 $i_z = i_{z1} = 38.3\,\text{mm}$，由此算得给定压杆的长细比

$$\lambda_z = \frac{\mu l}{i_z} = 62.66$$

对于 Q235 钢，此压杆属于非细长杆，故需采用式（13-21）计算其临界应力

$$\sigma_{\text{cr}} = (235 - 6.8 \times 10^{-3} \times 62.66^2)\,\text{MPa} = 208.3\,\text{MPa}$$

压杆的临界载荷

$$F_{\text{Pcr}} = \sigma_{\text{cr}} A_g = (208.3 \times 10^3 \times 2 \times 2.89 \times 10^{-3})\,\text{N} = 1203.97 \times 10^3\,\text{N} = 1203.97\,\text{kN}$$

压杆工作安全因数

$$n_{\text{w}} = \frac{F_{\text{Pcr}}}{F_{\text{P}}} \approx 1.50$$

上述结果表明

$$n_{\text{w}} > [n]_{\text{st}}$$

故压杆稳定性是安全的。

（2）强度校核

角钢由于铆钉孔削弱后的面积为

$$A_{\text{n}} = (2 \times 2.89 \times 10^{-3} - 2 \times 23 \times 10^{-3} \times 12 \times 10^{-3})\,\text{m}^2$$
$$= 5.288 \times 10^{-3}\,\text{m}^2 = 5.288 \times 10^3\,\text{mm}^2$$

该截面上的应力为

$$\sigma = \frac{F_{\text{P}}}{A_{\text{n}}} = \left(\frac{800 \times 10^3}{5.288 \times 10^{-3}}\right)\,\text{Pa} = 153 \times 10^6\,\text{Pa} = 153\,\text{MPa} < [\sigma]$$

这表明，铆钉孔处的强度也是安全的。

以上讨论的是两根角钢连成一体的情形。如果两根角钢只在两端连接在一起，上述稳定计算与强度计算是否仍然有效？这一问题，请读者结合稳定问题的基本概念加以思考并作出解答。

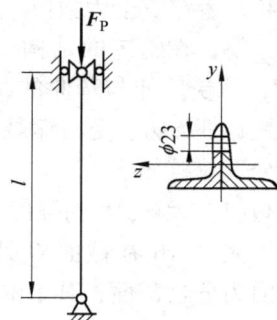

图 13-10 例题 13-3 图

例题 13-4　图 13-11 所示的结构中，梁 *AB* 为 No. 14 普通热轧工字钢，*CD* 为圆截面直杆，其直径为 $d = 20\text{mm}$，二者材料均为 Q235 钢。结构受力如图中所示，*A*、*C*、*D* 三处均为球铰约束。若已知 $F = 25\text{kN}$，$l_1 = 1.25\text{m}$，$l_2 = 0.55\text{m}$，$\sigma_\text{s} = 235\text{MPa}$，强度安全因数 $n_\text{s} = 1.45$，稳定安全因数 $[n]_\text{st} = 1.8$。试校核此结构是否安全。

解：在给定的结构中共有两个构件：梁 *AB*，承受拉伸与弯曲的组合作用，属于强度问题；杆 *CD* 承受压缩载荷，属于稳定问题。现分别校核如下：

（1）大梁 *AB* 的强度校核

大梁 *AB* 在截面 *C* 处弯矩最大，该处横截面为危险截面，其上的弯矩和轴力分别为

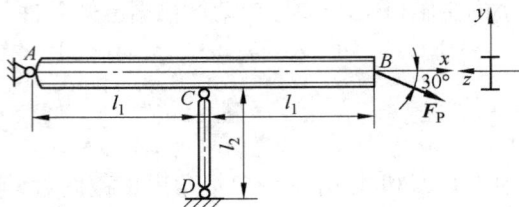

图 13-11　例题 13-4 图

$$M_\text{max} = (F\sin 30°)l_1 = (25 \times 10^3 \times 0.5 \times 1.25)\text{N}\cdot\text{m} = 15.63 \times 10^3 \text{N}\cdot\text{m} = 15.63\text{kN}\cdot\text{m}$$

$$F_\text{Nx} = F\cos 30° = (25 \times 10^3 \times \cos 30°)\text{N} = 21.65 \times 10^3 \text{N} = 21.65\text{kN}$$

由型钢表查得 No. 14 普通热轧工字钢的

$$W_z = 102\text{cm}^3 = 102 \times 10^{-6}\text{m}^3$$

$$A = 21.5\text{cm}^2 = 21.5 \times 10^{-4}\text{m}^2$$

由此得到

$$\sigma_\text{max} = \frac{M_\text{max}}{W_z} + \frac{F_\text{Nx}}{A} = \left(\frac{15.63 \times 10^3}{102 \times 10^{-6}} + \frac{21.65 \times 10^3}{21.5 \times 10^{-4}}\right)\text{Pa}$$

$$= 163.2 \times 10^6 \text{Pa} = 163.2\text{MPa}$$

Q235 钢的许用应力

$$[\sigma] = \frac{\sigma_\text{s}}{n_\text{s}} = \frac{235\text{MPa}}{1.45} = 162\text{MPa}$$

σ_max 略大于 $[\sigma]$，但 $(\sigma_\text{max} - [\sigma]) \times 100\% / [\sigma] = 0.7\% < 5\%$，工程上仍认为是安全的。

（2）压杆 *CD* 的稳定校核

由平衡方程求得压杆 *CD* 的轴向压力

$$F_{NCD} = 2F\sin 30° = F = 25\text{kN}$$

因为是圆截面杆，故惯性半径

$$i = \sqrt{\frac{I}{A}} = \frac{d}{4} = 5\text{mm}$$

又因为两端为球铰约束，$\mu = 1.0$，所以

$$\lambda = \frac{\mu l}{i} = \frac{1.0 \times 0.55\text{m}}{5 \times 10^{-3}\text{m}} = 110 < 132$$

这表明，压杆 *CD* 为非细长杆，故需采用式（13-17）计算其临界应力

$$\sigma_{\mathrm{cr}} = (235 - 6.8 \times 10^{-3} \times 110^2)\mathrm{MPa} = 152.7\mathrm{MPa}$$

压杆 *CD* 的工作应力

$$\sigma_{\mathrm{w}} = \frac{F_{NCD}}{A} = \left(\frac{25 \times 4 \times 10^3}{\pi \times 20^2 \times 10^{-6}}\right)\mathrm{Pa} = 79.6 \times 10^6\mathrm{Pa} = 79.6\mathrm{MPa}$$

于是，压杆的工作安全因数

$$n_{\mathrm{w}} = \frac{\sigma_{\mathrm{cr}}}{\sigma_{\mathrm{w}}} = \frac{152.7\mathrm{MPa}}{79.6\mathrm{MPa}} = 1.92 > [n]_{\mathrm{st}} = 1.8$$

这一结果说明，压杆的稳定性是安全的。

13.5 提高压杆稳定性的措施

为了提高压杆承载能力，防止屈曲失效，必须综合考虑杆长、支承性质、截面的合理性以及材料性能等因素的影响。

1. 尽量减小压杆长度

对于细长杆，其临界载荷与杆长平方成反比。因此，减小压杆长度可以显著地提高压杆的承载能力。在某些情况下，通过改变结构或增加支点可以达到减小压杆长度、提高压杆承载能力的目的。例如，图 13-12a、b 所示的两种桁架，读者不难分析，其中的杆④均为压杆，但图 13-12b 中的压杆承载能力要远远高于图 13-12a 中的压杆承载能力。

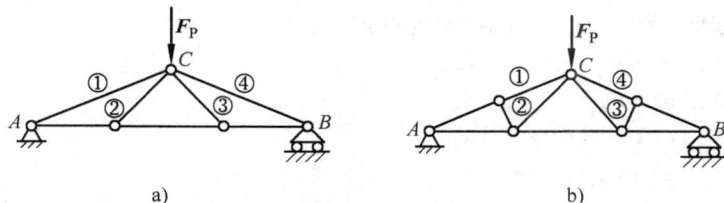

图 13-12 减小压杆长度以提高承载能力

2. 增强支承的刚性

支承的刚性越大，压杆长度系数 μ 值越低，临界载荷也就越大。例如，将两端铰支的细长杆，变成两端固定约束的情形，临界载荷将成数倍增加。

3. 合理选择截面形状

当压杆两端在各个方向上都具有相同的约束条件时，压杆将在刚度最小的主轴平面内屈曲。这时，如果只增加截面某个方向的惯性矩（例如，增加矩形截面高度），并不能提高压杆的承载能力。最经济的办法是将截面设计成中空的，并且尽量使截面在各个方向上的惯性矩都相等，也就是使 $I_y = I_z$。从这一角度考虑，对于一定的横截面面积，正方形截面或圆截面比矩形截面好；空心正方形或圆环形截面比实心截面好。

当压杆端部在不同的方向上具有不同的约束条件时，应采用最大与最小主惯性矩不等的截面（例如矩形截面），并使压杆在惯性矩较小的方向具有较刚性的约束，尽量使压杆在两个主惯性矩方向的长细比相互接近（参见例题 13-2）。

4. 合理选用材料

在其他条件均相同的情形下，选用弹性模量 E 数值大的材料可以提高大柔度压杆的承载能力。例如钢杆临界载荷大于铜、铸铁或铝制压杆的临界载荷。但是，普通碳素钢、合金钢以及高强度钢的弹性模量数值相差不大。因此，对于细长钢制压杆，若选用高强度钢，对压杆临界载荷的影响甚微，意义不大，反而造成材料的浪费。但是，对于粗短杆或中长杆。其临界载荷与材料的比例极限和屈服强度有关，这时选用高强度钢会使临界载荷有所提高。

习　题

13-1　关于钢制细长压杆承受轴向压力达到临界载荷之后还能不能继续承载，有如下四种答案，试判断哪一种是正确的。

（A）不能。因为载荷达到临界值时屈曲位移将无限制地增加。

（B）能。因为压杆一直到折断时为止都有承载能力。

（C）能。只要横截面上的最大正应力不超过比例极限。

（D）不能。因为超过临界载荷后，变形不再是弹性的。

13-2　图 13-13a、b、c、d 所示四桁架的几何尺寸、圆杆的横截面直径、材料、加力点及加力方向均相同。关于四桁架所能承受的最大外力 F_{Pmax} 有如下四种结论，试判断哪一种是正确的。

（A）$F_{Pmax}(a) = F_{Pmax}(c) < F_{Pmax}(b) = F_{Pmax}(d)$；

（B）$F_{Pmax}(a) = F_{Pmax}(c) = F_{Pmax}(b) = F_{Pmax}(d)$；

（C）$F_{Pmax}(a) = F_{Pmax}(d) < F_{Pmax}(b) = F_{Pmax}(c)$；

（D）$F_{Pmax}(a) = F_{Pmax}(b) < F_{Pmax}(c) = F_{Pmax}(d)$。

13-3　图 13-14 中所示四杆均为圆截面直杆，杆长相同，且均为轴向加载，关于四者临界载荷的大小，有四种解答，试判断哪一种是正确的(其中弹簧的刚度较大)。

（A）$F_{Pcr}(a) < F_{Pcr}(b) < F_{Pcr}(c) < F_{Pcr}(d)$；

（B）$F_{Pcr}(a) > F_{Pcr}(b) > F_{Pcr}(c) > F_{Pcr}(d)$；

（C）$F_{Pcr}(b) > F_{Pcr}(c) > F_{Pcr}(d) > F_{Pcr}(a)$；

（D）$F_{Pcr}(b) > F_{Pcr}(a) > F_{Pcr}(c) > F_{Pcr}(d)$。

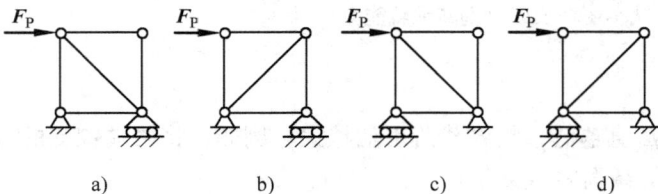

图 13-13　习题 13-2 图

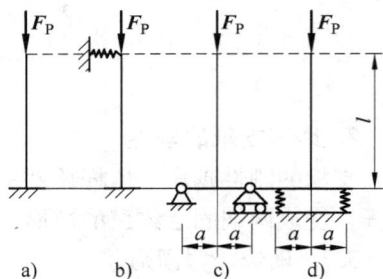

图 13-14　习题 13-3 图

13-4　一端固定、另一端由弹簧侧向支承的细长压杆，可采用欧拉公式 $F_{Pcr} = \pi^2 EI/(\mu l)^2$ 计算。试确定压杆的长度系数 μ 的取值范围：

（A）$\mu > 2.0$；

（B）$0.7 < \mu < 2.0$；

（C）$\mu < 0.5$；

（D）$0.5 < \mu < 0.7$。

13-5　提高钢制大柔度压杆承载能力有如下几种方法，试判断哪一种是最正确的。

（A）减小杆长，减小长度系数，使压杆沿横截面两形心主轴方向的柔度相等。

（B）增加横截面面积，减小杆长。

（C）增加惯性矩，减小杆长。

（D）采用高强度钢。

13-6　图 13-15 所示立柱由两根 10 号槽钢组成，立柱上端为球铰，下端固定，柱长 $l=6m$，问两槽钢距离 a 值取多少立柱的临界力最大？最大临界力是多少？已知材料的弹性模量 $E=200GPa$，比例极限 $\sigma_P=200MPa$。

13-7　图 13-16 所示结构中两根柱子下端固定，上端与一可活动的刚性块固结在一起。已知 $l=3m$ 直径 $d=20mm$，柱子轴线之间的间距 $a=60mm$。柱子的材料均为 Q235 钢，$E=200GPa$，柱子所受载荷 F_P 的作用线与两柱子等间距，并作用在两柱子的轴线所在的平面内。假设各种情形下欧拉公式均适用，试求结构的临界载荷。

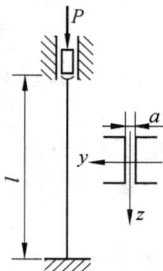

图 13-15　习题 13-6 图

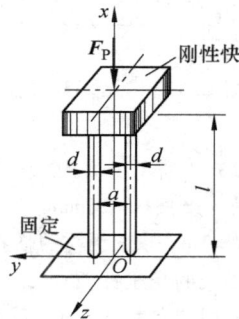

图 13-16　习题 13-7 图

13-8　图 13-17 所示托架中杆 AB 的直径 $d=4cm$，长度 $l=0.8m$，两端可视为铰支，材料是 A3 钢。

（1）试按杆 AB 的稳定条件求托架的临界力 Q_{cr}；

（2）若已知实际载荷 $Q=70kN$，稳定安全系数 $n_{st}=2$，问此托架是否安全？

13-9　蒸汽机车的连杆如图 13-18 所示，截面为工字形，材料为 A3 钢。连杆所受最大轴向压力为 465kN。连杆在摆动平面（xy 平面）内发生弯曲时，两端可认为铰支；而在与摆动平面垂直的 xz 平面内发生弯曲时，两端可认为是固定支座。试确定其工作安全因数。

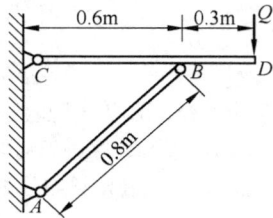

图 13-17　习题 13-8 图

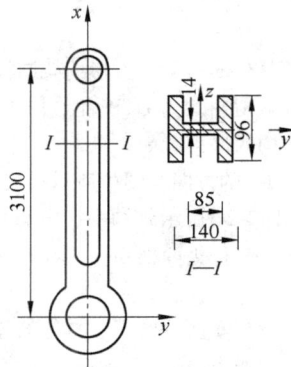

图 13-18　习题 13-9 图

13-10 图 13-19 所示结构中，*AB* 及 *AC* 两杆皆为圆截面直杆，直径 $d = 80.0\text{mm}$，$BC = 4\text{m}$，材料为 Q235 钢，$[n]_{st} = 2.0$。

（1）F_P 沿铅垂方向时，求结构的许可载荷；

（2）若 F_P 作用线与 *CA* 杆轴线延长线夹角为 θ，求在保证结构不发生屈曲时，F_P 为最大时的 θ 值。

13-11 图 13-20 所示结构中 *AC* 与 *CD* 杆均用 3 号钢制成，*C*、*D* 两处均为球铰。已知 $d = 20\text{mm}$，$b = 100\text{mm}$，$h = 180\text{mm}$；$E = 200\text{GPa}$，$\sigma_s = 235\text{MPa}$，$\sigma_b = 400\text{MPa}$；强度安全系数 $n = 2.0$，稳定安全因数 $n_{st} = 3.0$。试确定该结构的最大许可荷载。

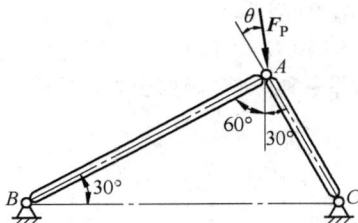

图 13-19 习题 13-10 图

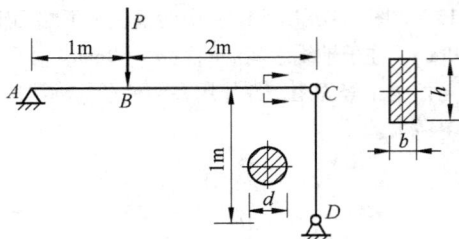

图 13-20 习题 13-11 图

13-12 图 13-21 所示结构 *AB* 为圆截面直杆，直径 $d = 80\text{mm}$，*A* 端固定，*B* 端与 *BC* 直杆球铰连接。*BC* 杆为正方形截面，边长 $a = 70\text{mm}$，*C* 端也是球铰。两杆材料相同，弹性模量 $E = 200\text{GPa}$，比例极限 $\sigma_p = 200\text{MPa}$，长度 $l = 3\text{m}$，求该结构的临界力。

13-13 某桁架的受压杆长 4m，由缀板焊成一体，截面形式如图 13-22 所示，材料为 3 号钢，$[\sigma] = 160\text{MPa}$。若按两端铰支考虑，试求此杆所能承受的最大安全压力。

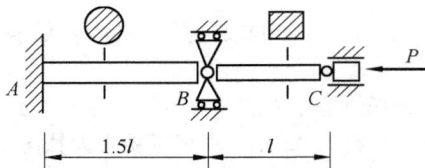

图 13-21 习题 13-12 图

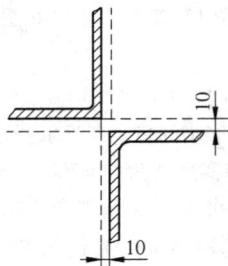

图 13-22 习题 13-13 图

$2 - \angle 125 \times 125 \times 10$

13-14 图 13-23 所示正方形桁架结构，由五根圆截面钢杆组成，连接处均为铰链，各杆直径均为 $d = 40\text{mm}$，$a = 1\text{m}$。材料均为 Q23S 钢，$[n]_{st} = 1.8$。

（1）求结构的许可载荷；

（2）若力 F_P 的方向与图中所示相反，问：许可载荷是否改变，若有改变，那应为多少？

13-15 图 13-24 所示结构中，梁与柱的材料均为 Q235 钢 $E = 200\text{GPa}$。$\sigma_s = 240\text{MPa}$。均匀分布载荷集度 $q = 24\text{kN/m}$。竖杆为两根 63mm × 63mm × 5mm 等边角钢（连结成一整体）。试确定梁与柱的工作安全因数。

13-16 图 13-25 所示圆杆，材料的弹性模量 $E = 200\text{GPa}$，线膨胀系数 $\alpha_T = 125 \times 10^{-7}\text{℃}^{-1}$，比例极限 $\sigma_p = 200\text{MPa}$，屈服极限 $\sigma_s = 240\text{MPa}$，直线公式的系数 $a = 304\text{MPa}$，$b = 1.12\text{MPa}$，稳定安全因数 $[n]_{st} = 3$，试求允许升高的最高温度。

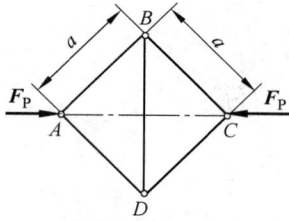

图 13-23 习题 13-14 图

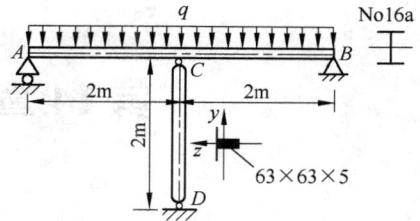

图 13-24 习题 13-15 图

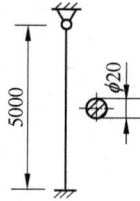

图 13-25 习题 13-16 图

第14章 能 量 法

内 容 提 要

(1) 功能原理及杆件应变能
(2) 功的互等定理和位移互等定理
(3) 莫尔积分及图乘法

14.1 杆件的应变能计算

14.1.1 外力功

对于材料满足胡克定律、又在小变形条件下工作的弹性杆件，作用在杆件上的力与位移成线性关系，如图 14-1 所示。这时，力所做的功为

$$W = \frac{1}{2} F_P \Delta \qquad (14\text{-}1)$$

需要指出的是，在上述功的表达式（14-1）中，力和位移都是广义的。F_P 可以是一个力，也可以是一个力偶。当 F_P 是一个力时，对应的位移 Δ 和 Δ' 都是线位移；当 F_P 是一个力偶时，对应的位移 Δ 和 Δ' 都是角位移。

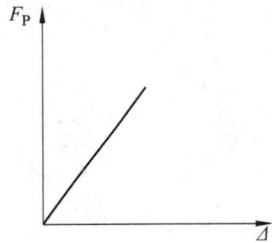

图 14-1　力与位移的线性关系

14.1.2 功能原理及杆件的应变能

杆件在外力作用下发生弹性变形时，外力功转变为一种能量，储存于杆件内，从而使弹性杆件具有对外做功的能力，这种能量称为弹性应变能，简称应变能。

如果忽略加载过程中的能量损失，则作用在弹性体上的力在弹性体变形过程中所做的功，就等于弹性体因此而增加的应变能，这就是功能原理。利用功能原理可以方便地求得变形杆件的应变能。

考察微段杆件的受力和变形，应用弹性范围内力和变形之间的线性关系可以得到微段应变能表达式，然后通过积分即可得到计算杆件应变能的公式。

对于拉伸和压缩杆件，微段的应变能为

$$dU = \frac{1}{2} F_N d(\Delta l)$$

式中，$d(\Delta l)$ 微段的轴向变形量；Δl 为杆件的伸长或缩短量：

$$\Delta l = \frac{F_N l}{EA}$$

代入上式后，得到杆件的应变能表达式

$$U = \frac{1}{2} F_N \Delta l = \frac{F_N^2 l}{2EA} \tag{14-2}$$

对于承受弯曲的梁，忽略剪力影响，微段的应变能为

$$dU = \frac{1}{2} M d\theta$$

式中，$d\theta$ 为微段两截面绕中性轴相对转的角度：

$$d\theta = \frac{d^2 w}{dx^2} dx = \frac{M}{EI} dx$$

代入上式积分后，得到梁的应变能的表达式

$$U = \frac{1}{2} \int_0^l \frac{M^2}{EI} dx = \frac{M^2 l}{2EI} \tag{14-3}$$

对于承受扭转的圆轴，微段的应变能

$$dU = \frac{1}{2} M_x d\varphi$$

式中，$d\varphi$ 为微段两截面绕杆轴线的相对扭转角：

$$d\varphi = \frac{M_x}{GI_P} dx$$

代入上式积分后，得到圆轴扭转时的应变能表达式

$$U = \frac{1}{2} \int_0^l \frac{M_x^2}{GI_P} dx = \frac{M_x^2 l}{2GI_P} \tag{14-4}$$

上述应变能表达式必须在小变形条件下、并且在弹性范围内加载时才适用。

对于一般受力形式，杆件的横截面上同时有轴力、弯矩和扭矩作用时，由于这三种内力分量引起的变形是互相独立的，因而总应变能等于三者单独作用时的应变能之和。于是，有

$$U = \frac{F_N^2 l}{2EA} + \frac{M^2 l}{2EI} + \frac{M_x^2 l}{2GI_P} \tag{14-5}$$

对于杆件长度上各段的内力分量不等的情形，需要分段计算然后相加：

$$U = \sum_i \frac{F_{Ni}^2 l_i}{2EA} + \sum_i \frac{M_i^2 l_i}{2EI} + \sum_i \frac{M_{xi}^2 l_i}{2GI_P} \tag{14-6}$$

或者采用积分计算：

$$U = \int_0^l \frac{F_N^2}{2EA} dx + \int_0^l \frac{M^2}{2EI} dx + \int_0^l \frac{M_x^2}{2GI_P} dx \tag{14-7}$$

14.2 互等定理

应用能量守恒原理和叠加原理可以导出功的互等定理与位移互等定理。

14.2.1 功的互等定理

假设两个不同的力系 $F_{Pi}(i=1, 2, \cdots, m)$ 和 $F_{Sj}(j=1, 2, \cdots, n)$ 作用在两个相同的

梁(或结构)上，在弹性范围内加载和小变形的条件下，有下列重要结论：

力系 $F_{Pi}(i=1, 2, \cdots, m)$ 在力系 $F_{Sj}(j=1, 2, \cdots, n)$ 引起的位移上所做之功，等于力系 $F_{Sj}(j=1, 2, \cdots, n)$ 在力系 $F_{Pi}(i=1, 2, \cdots, m)$ 引起的位移上所做之功。

这一结论称为**功的互等定理**。这一定理的数学表达式为

$$\sum_{i=1}^{m} F_{Pi}\Delta_{ij}(F_{Sj}) = \sum_{j=1}^{n} F_{Si}\Delta_{ji}(F_{Pi}) \tag{14-8}$$

式中，Δ_{ij} 是力系 F_{Sj} 在 F_{Pi} 作用点处沿 F_{Pi} 方向引起的位移；Δ_{ji} 是力系 F_{Pi} 在 F_{Sj} 作用点处沿 F_{Sj} 方向引起的位移。

现在，以图 14-2 中所示梁为例，证明如下。

考察两种加载过程：一种是先加 F_{Pi} ($i=1, 2, \cdots, m$) 后加 $F_{Sj}(j=1, 2, \cdots, n)$；另一种是先加 F_{Sj} ($j=1, 2, \cdots, n$) 再加 F_{Pi} ($i=1, 2, \cdots, m$)。

对于线性问题，根据叠加原理，变形状态与加力的顺序无关。因此，两种加力过程所产生的最后变形状态是相同的，故两种情形下所引起的应变能相等，即

$$U_{P \to S} = U_{S \to P} \tag{a}$$

应用能量守恒原理，

$$U_{P \to S} = \sum \frac{1}{2} F_{Pi}\Delta_{ii} + \sum \frac{1}{2} F_{Sji}\Delta_{jj} + \sum F_{Pi}\Delta_{ij}$$

$$U_{S \to P} = \sum \frac{1}{2} F_{Sj}\Delta_{jj} + \sum \frac{1}{2} F_{Pi}\Delta_{ii} + \sum F_{Sj}\Delta_{ji} \tag{b}$$

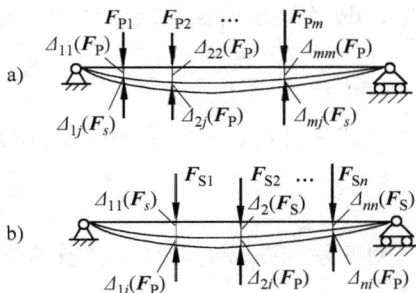

图 14-2 功的互等定理

其中，Δ_{ii} 和 Δ_{jj} 分别为力 F_{Pi} 和 F_{Sj} 在自身作用点处、沿自身作用线方向引起的位移。

将式(b)代入式(a)，即可得到式(14-8)。

14.2.2 位移互等定理

当力系 $F_{Pi}(i=1, 2, \cdots, m)$ 和力系 $F_{Sj}(j=1, 2, \cdots, n)$ 中各自只有一个力 F_{Pi} 和 F_{Sj} 时，功的互等定理表达式(14-8)变为

$$F_{Pi}\Delta_{ij} = F_{Si}\Delta_{ji} \tag{14-9}$$

如果这两个力在数值上又相等，则由上式得到

$$\Delta_{ij} = \Delta_{ji} \tag{14-10}$$

这表明：力 F_{Sj} 在点 i 引起的与力 F_{Pi} 相对应的位移，在数值上等于 F_{Pi} 力在点 j 引起的与 F_{Sj} 相对应的位移。这就是**位移互等定理**。

需要注意的是，Δ_{ij} 和 Δ_{ji} 中的第一个下标表示产生位移的点；第二个下标表示加力点。

还需要指出的是，在式(14-9)中，若力 F_{Pi}、F_{Sj} 数值均等于 1 单位时，此时的位移称为单位位移，用 δ 表示。这时，式(14-10)可以写成

$$\delta_{ij} = \delta_{ji} \tag{14-11}$$

同样，在上述功的互等定理表达式(14-8)和式(14-9)中，力和位移都是广义的。F_{Pi}、F_{Sj} 可以是力，也可以是力偶；位移 Δ_{ij} 和 Δ_{ji} 可以是线位移，也可以是角位移。

图 14-3 中所示为几种位移互等的实例。

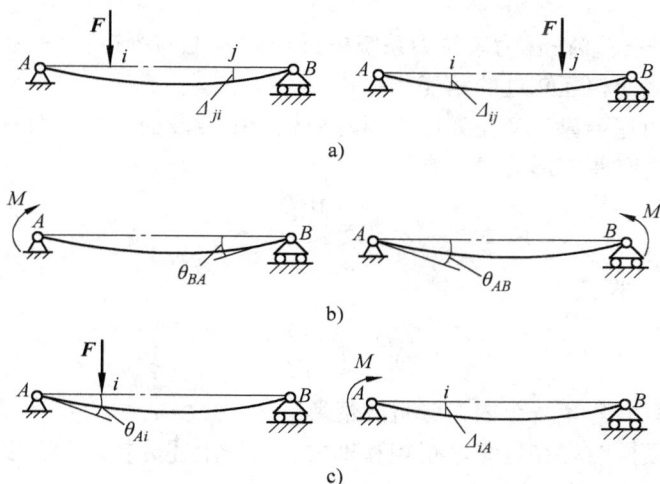

图 14-3 位移互等定理应用实例

在图 14-3a 中，$\Delta_{ij} = \Delta_{ji}$；在图 14-3b 中，$\theta_{BA} = \theta_{AB}$；在图 14-3c 中，当 F 和 M 数值相等时，$\theta_{Ai} = \Delta_{iA}$。

14.3 莫尔积分及图乘法

14.3.1 莫尔积分

通过建立**单位力系统**，以真实位移作为单位载荷系统的虚位移，可以得到确定线性材料弹性杆件上任意点、沿着任意方向的位移。

以图 14-4a 中承受均布力的悬臂梁为例，为了确定点 A 处沿铅垂方向的位移，首先需要建立一个单位力系统。这一系统中的结构与所要求位移的结构完全相同。例如，原来的结构是外悬臂梁，单位力系统中的结构也是悬臂梁。其次，在单位力系统的结构上与原来结构上所要求的那一点、沿所要求的位移方向施加**单位力**。然后，将原来结构的真实位移作为单位力系统中结构的虚位移（见图 14-4b），并应用虚位移原理。

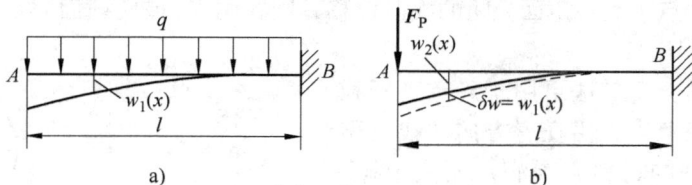

图 14-4 由虚位移原理导出莫尔积分

对于图 14-4 中的问题，将图 14-4a 中的悬臂梁的真实位移作为图 14-4b 中悬臂梁的虚位移，由虚位移原理得到

$$1 \times \Delta_A = \int_l \overline{M} \times \mathrm{d}\theta \qquad\qquad (\text{a})$$

式中，Δ_A 为所要求的位移；$\overline{M}$ 为单位力系统中梁横截面上的弯矩；$\mathrm{d}\theta$ 为所要求位移的梁在载荷作用下，微段截面相互转过的角度。

如果材料满足胡克定律，又在弹性范围内加载，则微段的变形与微段横截面上的内力成线性关系。对于承受弯曲变形的梁，有

$$\mathrm{d}\theta = \frac{M}{EI}\mathrm{d}x \qquad\qquad (\text{b})$$

将式(b)代入式(a)，得到

$$\Delta_A = \int_l \frac{\overline{M}M}{EI}\mathrm{d}x \qquad\qquad (\text{c})$$

这是杆件横截面上只有弯矩一个内力分量的情形。

如果杆件横截面同时存在弯矩、扭矩和轴力，根据上述分析过程可以得到包含所有内力分量的积分表达式

$$\Delta = \int_l \frac{\overline{F}_N F_N}{EA}\mathrm{d}x + \int_l \frac{\overline{M}M}{EI}\mathrm{d}x + \int_l \frac{\overline{M}_x M_x}{GI_P}\mathrm{d}x \qquad\qquad (14\text{-}12)$$

这就是确定结构上任意点、沿任意方向位移的**莫尔积分**，这种方法称为**莫尔法**，又称为**单位力法**或**单位载荷法**。其中，F_N、M、M_x 为所要求位移的结构在外载荷作用下杆件横截面上的轴力、弯矩和扭矩；$\overline{F}_N$、$\overline{M}$、$\overline{M}_x$ 为结构在单位力作用下杆件横截面上的轴力、弯矩和扭矩。

对于由两根及两根以上杆组成的系统，当各杆内力分量为常量时，式(14-12)变为

$$\Delta = \sum_i \frac{\overline{F}_{Ni} F_{Ni}}{EA_i}\mathrm{d}x + \sum_i \frac{\overline{M}_i M_i}{EI_i}\mathrm{d}x + \sum_i \frac{\overline{M}_{xi} M_{xi}}{GI_P}\mathrm{d}x \qquad\qquad (14\text{-}13)$$

当各杆内力分量沿杆件长度方向变化时，式(14-13)变为

$$\Delta = \sum_i \int_l \frac{\overline{F}_{Ni} F_{Ni}}{EA_i}\mathrm{d}x + \sum_i \int_l \frac{\overline{M}_i M_i}{EI_i}\mathrm{d}x + \sum_i \int_l \frac{\overline{M}_{xi} M_{xi}}{GI_P}\mathrm{d}x \qquad\qquad (14\text{-}14)$$

需要指出的是，莫尔方法中的单位力是广义力：可以是力，也可以是力偶；与之相对应的位移也是广义的：既可以是线位移，也可以是角位移。当所求的位移为线位移时，单位力为集中力；当所求位移为角位移时，单位力为集中力偶。单位力和单位力偶的数值均为1。

若要求的是两点(或两截面)间的相对位移，则在两点(或两截面)处同时施加一对方向相反的单位力。

需要指出的是，莫尔法可用于确定直杆和曲杆及其系统上任意点、沿任意方向的线位移和角位移，但杆件的材料必须满足胡克定律，并且是在弹性范围内加载，这是因为在导出莫尔积分的过程中，利用了弹性变形 $\mathrm{d}\theta$、$\mathrm{d}\varphi$、$\mathrm{d}(\Delta l)$ 等与弯矩、扭矩、轴力的线弹性关系式。

例题 14-1 图 14-5a 所示的线弹性结构中，杆各部分的弯曲刚度 EI 均相同。若 F_P、EI、R

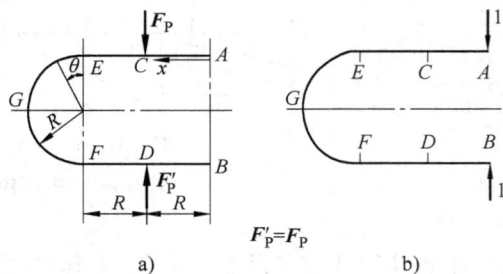

图 14-5 例题 14-1 图

等均为已知，试用莫尔法求 A、B 两点的相对位移。

解： 为求相对位移，需在所求位移的那两点上、沿着所要求相对位移方向施加一对大小相等、方向相反的单位力，建立单位力系统，如图 14-5b 所示。

本例中，构件受轴力、剪力和弯矩的同时作用，但轴力、剪力对所求位移的影响与弯矩相比要小得多，故常略去。

设 A、B 两点的相对位移记为 Δ_{AB}，结构由两段直杆和一段半圆弧杆组成，所以采用式 (14-14) 计算所要求的相对位移不考虑轴力，又没有扭矩作用，故有

$$\Delta_{AB} = \sum_{i=1}^{3} \int_l \frac{\overline{M}_i M_i}{EI_i} dx \tag{a}$$

由于结构和受力的对称性，上述积分只需沿直杆 ACE 和曲杆 EG 分别进行，但需将所得结果乘以 2。

对于曲杆，规定使曲率减少的弯矩为正，使曲率增大的弯矩为负。由图 14-5a 和图 14-5b 有

$$\begin{cases} M_1 = 0 \quad AC：(0 \leqslant x \leqslant R) \\ M_2 = -F_P(x-R) \quad CE：(R \leqslant x \leqslant 2R) \\ M_3 = -F_P R(1 + \sin\theta) \quad EG：\left(0 \leqslant x \leqslant \frac{\pi}{2}\right) \end{cases} \tag{b}$$

$$\begin{cases} \overline{M}_1 = -1 \times x \quad AC：(0 \leqslant x \leqslant R) \\ \overline{M}_2 = -1 \times x \quad CE：(R \leqslant x \leqslant 2R) \\ \overline{M}_3 = -1 \times R(2 + \sin\theta) \quad EG：\left(0 \leqslant x \leqslant \frac{\pi}{2}\right) \end{cases} \tag{c}$$

将式 (b) 和式 (c) 代入式 (a)，得到

$$\Delta_{AB} = 2\left[\int_0^R \frac{x}{EI}dx + \int_R^{2R} \frac{F_P(x-R)x}{EI}dx + \int_0^{\frac{\pi}{2}} \frac{F_P R(1+\sin\theta)R(2+\sin\theta)}{EI}d\theta \right]$$

$$= \frac{F_P R^3}{EI}\left(\frac{23}{3} + \frac{5\pi}{2}\right)$$

所得结果为正，表示 A、B 两点相对位移的方向与所加单位力的方向相同。

例题 14-2 桁架受力如图 14-6a 所示，各杆的 EA 为常量。杆 1、3、5 长为 l，杆 2、4 长为 $\sqrt{2}l$，试求点 c 的水平位移。

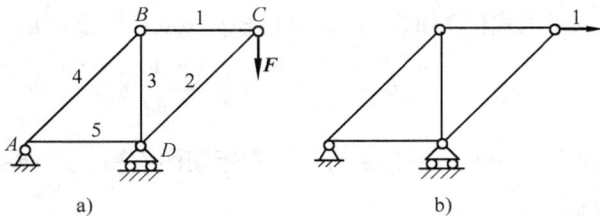

图 14-6 例题 14-2 图

解： 先求原外力作用下（见图 14-6a）各杆的轴力 F_{Ni}，再求单位力作用下（见图 14-6b）各

杆的轴力 F_{Ni}，将所求 F_{Ni} 及 $\overline{F}_{Ni}$ 列于下表中。

表 14-1 例题 14-2 表

杆号 i	l_i	F_{Ni}	$\overline{F}_{Ni}$	$F_{Ni}\overline{F}_{Ni}l_i$
1	l	F	1	Fl
2	$\sqrt{2}l$	$-\sqrt{2}F$	0	0
3	l	$-F$	-1	Fl
4	$\sqrt{2}l$	$\sqrt{2}F$	$\sqrt{2}$	$2\sqrt{2}Fl$
5	l	$-F$	0	0

$$\Delta_C = \sum_{i=1}^{5} \frac{F_{Ni}\overline{F}_{Ni}l_i}{EA} = \frac{2(1+\sqrt{2})Fl}{EA}(\rightarrow)$$

从此例可以看出，用能量法求位移要比先计算各杆伸长缩短，再通过几何关系求位移方便得多。

14.3.2 计算莫尔积分的图乘法

当杆件为等截面直杆时，莫尔积分中各项的分母 EA、EI、GI_P 等均为常量，可以移至积分号外。这时，单位力引起的内力分量 $\overline{F}_N$、$\overline{M}$、$\overline{M}_x$ 图形与载荷引起的各个内力分量 F_N、M、M_x 图形中，只要一个为直线，另一个无论是何种形状，都可以采用图形相乘的方法（简称图乘法）计算莫尔积分。

现以仅含弯矩项的莫尔积分为例，说明图乘法的原理和应用。

当 EI 为常数时，有

$$\Delta = \int_l \frac{\overline{M}M}{EI}dx = \frac{1}{EI}\int_l \overline{M}Mdx \tag{a}$$

假设载荷引起的弯矩图（简称载荷弯矩图）为任意形状，如图 14-7a 所示，单位力的弯矩图（简称单位弯矩图）则为任意直线，如图 14-7b 所示。

从图中可以看出，简称载荷弯矩图的微元面积为

$$dA_\Omega = Mdx \tag{b}$$

单位弯矩图上任意点的纵坐标可以表示为

$$\overline{M} = a + x\tan\alpha \tag{c}$$

式中，α 为单位弯矩图直线的倾角。

利用式(b)和式(c)，莫尔积分式(a)可以写成

$$\Delta = \frac{1}{EI}\int_l \overline{M}Mdx = \frac{1}{EI} \times a \int_{A_\Omega} dA_\Omega + \frac{1}{EI} \times \tan\alpha \int_{A_\Omega} xdA_\Omega \tag{d}$$

记式中 $\int_{A_\Omega} dA_\Omega = A_\Omega$，为载荷弯矩图的面积；$\int_{A_\Omega} xdA_\Omega = x_C A_\Omega$，为载荷弯矩图的面积对 $\overline{M}$ 坐标轴的静矩。

式(d)可改写为

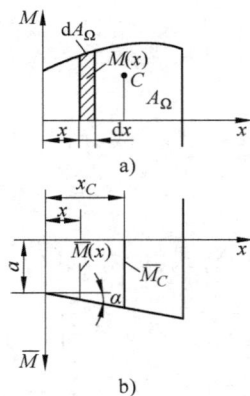

图 14-7 计算莫尔积分的图乘法

$$\Delta = \frac{1}{EI}\int_l \overline{M}M\mathrm{d}x = \frac{A_\Omega}{EI}(a + x_C\tan\alpha) = \frac{A_\Omega\overline{M}_C}{EI} \tag{14-15}$$

式中，

$$\overline{M}_C = a + x_C\tan\alpha$$

即为单位弯矩图上与载荷弯矩图形心处对应的纵坐标值。

上述图乘法的基本原理也适用于计算其他内力分量 F_N、M_x 的莫尔积分。

为方便计算，表 14-2 中列出了一些常见图形的面积与形心坐标。

表 14-2　几种基本图形的面积与形心坐标

序号	图　形	面　积 A_Ω	形心坐标 x_C	形心坐标 $l-x_C$
1	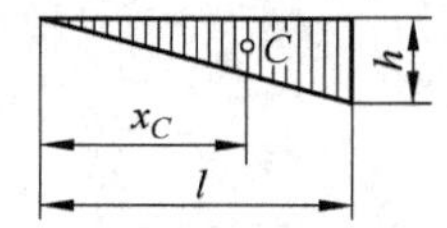	$\frac{lh}{2}$	$\frac{2}{3}l$	$\frac{1}{3}l$
2	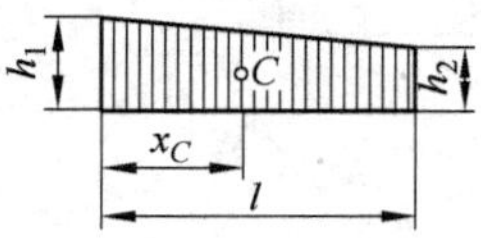	$\frac{(h_1+h_2)l}{2}$	$\frac{h_1+2h_2}{3(h_1+h_2)}l$	$\frac{2h_1+h_2}{3(h_1+h_2)l}$
3	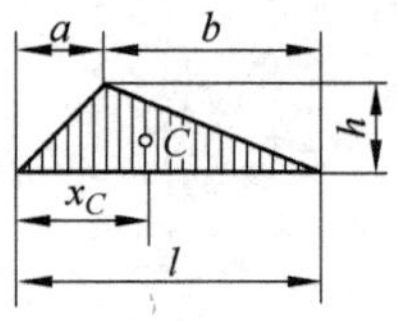	$\frac{lh}{2}$	$\frac{a+l}{3}$	$\frac{b+l}{3}$
4	二次抛物线 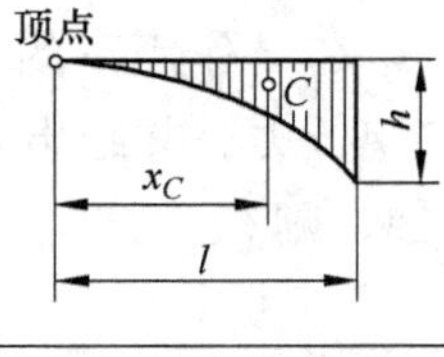	$\frac{lh}{3}$	$\frac{3}{4}l$	$\frac{1}{4}l$
5	二次抛物线之半 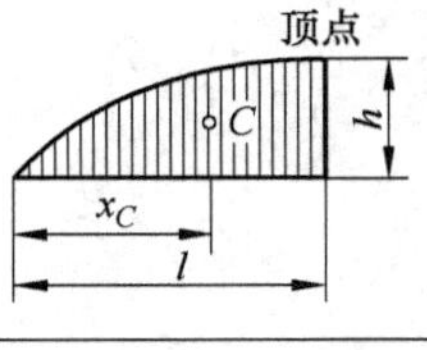	$\frac{2}{3}lh$	$\frac{5}{8}l$	$\frac{3}{8}l$
6	二次抛物线 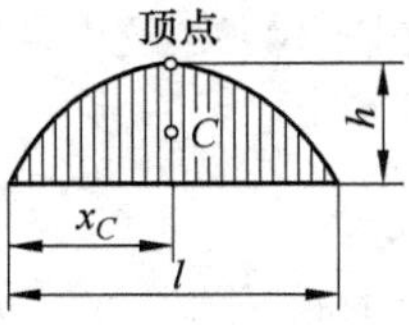	$\frac{2}{3}lh$	$\frac{1}{2}l$	$\frac{1}{2}l$

需要指出的是，如果载荷弯矩图和单位弯矩图均为直线，则应用式(14-15)时，其等号右边的项也可以写成

$$\Delta = \frac{\overline{A}_\Omega M_C}{EI} \tag{14-16}$$

这在很多情形下会给具体计算带来方便。这一问题请读者在练习的过程中自己研究。

例题 14-3 平面刚架受力如图 14-8a 所示，若 $F = ql$，且 AB，BC 两段长度均为 l。杆 BC 弯曲刚度为 EI，拉压刚度为 EA；杆 AB 弯曲刚度为 $2EI$，拉压刚度为 $2EA$，且 EI，EA，q，l 均为已知，

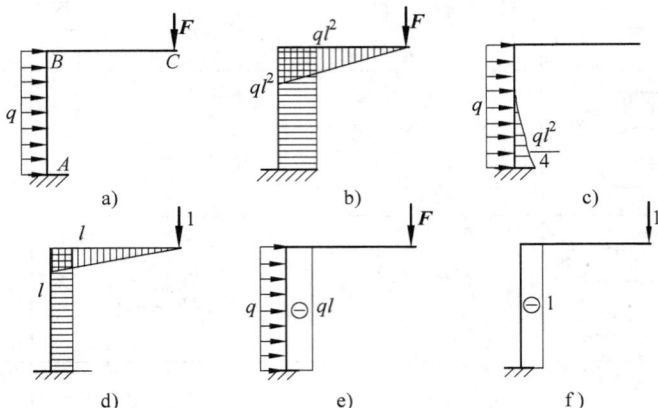

图 14-8 例题 14-3 图

(1) 求 C 处的铅垂位移 Δ_C(只考虑弯曲变形)；

(2) 讨论轴力对 Δ_C 的影响。

解：(1) 只考虑弯矩的影响计算位移 Δ_C

首先绘制刚架在载荷作用下的弯矩图。将集中载荷 F 及均布载荷 q 作用下的弯矩图分别绘出，如图 14-8b 和图 14-8c 所示，然后在 C 处沿铅垂方向施加单位力，并绘出 $\overline{M}$ 图，如图 14-8d 所示。分别将图 14-8b 和图 14-8c 与图 14-8d 互乘，再叠加，则有

$$\Delta_{CM} = \sum_{i=1}^{2} \frac{\omega_i \overline{M}_\alpha}{E_i I_i}$$

$$= \frac{1}{EI}\Big[\Big(\frac{1}{2} \times l \times ql^2\Big) \times \frac{2}{3}l\Big] + \frac{l}{2EI}\Big[(ql^2 \times l) \times l + \Big(\frac{1}{3} \times l \times \frac{1}{2}ql^2\Big) \times l\Big]$$

$$= \frac{11qa^4}{12EI}(\downarrow)$$

(2) 考虑轴力影响

分别画出刚架在载荷及单位力作用下的轴力图 F_N 及 $\overline{F}_N$，如图 14-8e 及图 14-8f 所示。于是轴力引起的 C 处铅垂位移 Δ_{CF_N} 为

$$\Delta_{CF_N} = \sum_{i=1}^{2} \frac{\omega_{F_{Ni}} \overline{F}_{NC5}}{E_i A_i} = 0 + \frac{1}{2EI}[(ql \times l) \times 1] = \frac{qa^2}{2EA}(\downarrow)$$

轴力和弯矩引起的 Δ_C 之比为

$$\frac{\Delta_{CF_N}}{\Delta_{CM}} = \frac{\dfrac{ql^2}{2EA}}{\dfrac{11ql^4}{12EI}} = \frac{6I}{11Al^2}$$

以矩形截面为例，$I = \dfrac{bh^3}{12}$，$A = bh$，则

$$\frac{\Delta_{CF_N}}{\Delta_{CM}} = \frac{6}{11}\frac{\dfrac{bh^3}{12}}{bhl^2} = \frac{h^2}{22l^2}$$

当 $l/h = 10$ 时，上述比值仅为 0.045%。可见在细长杆的情况下，当弯矩和轴力同时存在时，可以忽略轴力对变形的影响。

习　题

14-1　一简支梁分别承受两种形式的单位力及其变形情况如图 14-9 所示，试根据位移互等定理判断以下四种答案中哪一种是正确的。

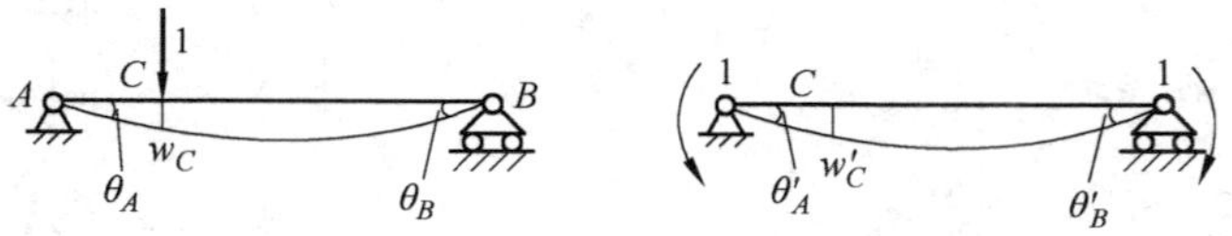

图 14-9　习题 14-1 图

（A）$W_C = \theta_A'$　　　　　　　　　　（B）$W_C = \theta_A' + \theta_B'$
（C）$W_C' = \theta_A$　　　　　　　　　　（D）$W_C' = \theta_A + \theta_B$

14-2　设一梁在 n 个广义力 F_1、F_2、$\cdots$、F_n 的共同作用下做的功 $W = \dfrac{1}{2}\sum F_i\Delta_i$，关于式中 Δ_i 有以下四种答案，试判断哪一种是正确的。
（A）广义力 F_i 在其作用处产生的挠度
（B）广义力 F_i 在其作用处产生的相应的位移
（C）n 个广义力在 F_i 作用处产生的挠度
（D）n 个广义力在 F_i 作用处产生的广义位移

14-3　图 14-10 所示 M 和 $\overline{M}$ 图分别为同一等截面梁的载荷弯矩图和单位弯矩图，则在下列四种情形下，$\overline{A}_\Omega$ 与 M_{Ci} 或 $A_{\Omega i}$ 与 $\overline{M}_{Ci}$ 相乘，试判断哪一种是正确的。

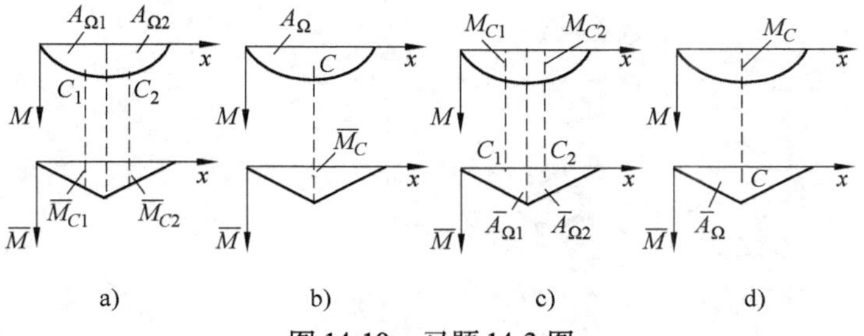

图 14-10　习题 14-3 图

14-4 图 14-11 所示刚架，弯曲刚度 EI 为常数。试用单位载荷法计算截面 A 的转角及截面 D 的水平或铅垂位移。

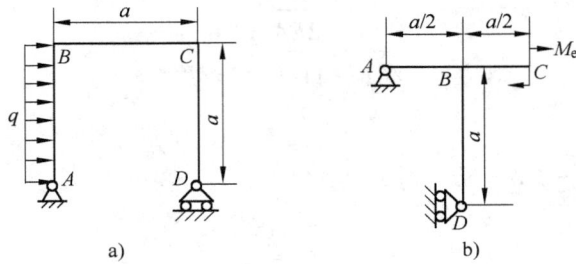

图 14-11 习题 14-4 图

14-5 图 14-12 所示圆弧形小曲率杆，横截面 A 与 B 间存在一夹角为 $\Delta\theta$ 的微小缝隙。试问在横截面 A 与 B 上需加何种外力，才能使该二截面恰好密合。设弯曲刚度 EI 为常数。

14-6 试求图 14-13 所示梁在已知荷载作用下 A 截面的转角 θ_A 及 C 点的竖向位移 Δ_c。EI 为常数。

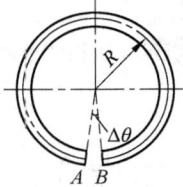

图 14-12 习题 14-5 图

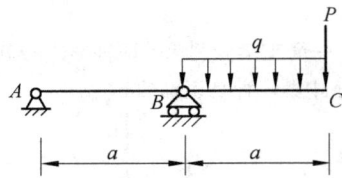

图 14-13 习题 14-6 图

14-7 求图 14-14 所示刚架 C、D 两点间的相对水平位移。设各杆的 EI 均相等，并为常数。

14-8 图 14-15 所示各梁中 F、M、q、l 以及弯曲刚度 EI 等均已知，忽略剪力影响。试用图乘法求点 A 的挠度；截面 B 的转角。

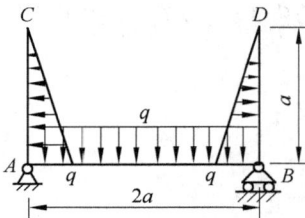

图 14-14 习题 14-7 图

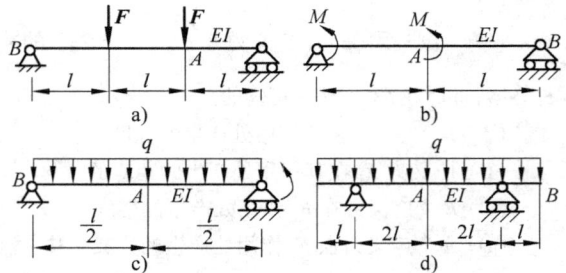

图 14-15 习题 14-8 图

第15章 动载荷和疲劳强度

内 容 提 要

（1）静载荷和动载荷

（2）等加速直线运动、等角速转动和冲击时的动荷因数及动应力

（3）交变应力和构件疲劳强度

15.1 基本概念

本书前面讨论的都是构件在静载荷作用下的强度、刚度及稳定性问题。所谓静载荷是指从零开始平缓增加，以致在加载过程中，构件各点的加速度可以忽略不计，且载荷加到最终值后也不再变化。

在实际问题中，以很高的加速度运动或者高速旋转的构件、承受冲击物作用的构件等，其上各点的加速度明显较大，大量长期在周期性变化载荷作用下工作的机械零件，它们所受的载荷属于动载荷。

实验结果表明，只要应力不超过构件材料的比例极限，胡克定律仍适用于动载荷下应力、应变的计算，弹性模量也与静载荷下的数值相同。

本章首先讨论构件分别作等加速直线运动、高速旋转及承受冲击物作用等三类动载荷问题，最后简要介绍机械零件在周期性变化的载荷作用下的应力及疲劳强度等概念。

15.2 等加速直线运动构件的动应力

15.2.1 动应力分析

对于以等加速度作直线运动的构件，只要确定其上各点的加速度 a，就可以应用达朗贝尔原理施加惯性力。如果为集中质量 m，则惯性力为集中力，

$$F_I = -ma \qquad (15\text{-}1)$$

如果是连续分布质量，则作用在质量微元上的惯性力为

$$F_I = -\mathrm{d}ma \qquad (15\text{-}2)$$

然后，就可以按照弹性静力学中的方法对构件进行应力分析和强度与刚度计算。

以图 15-1 中所示的起重机起吊重物为例，在开始吊起重物的瞬时，重物具有向上的加速度 a，重物上便有方向向下的惯性力，如式（15-1）所示。这时，吊起重物的钢丝绳除了承受重物的重量外，还承受由此而产生的惯性力，这一惯性力

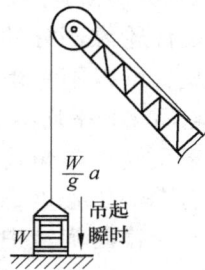

图 15-1 吊起重物时钢丝
绳的动载荷与动应力

就是钢丝绳所受的**动载荷**；而重物的重量则是钢丝绳的**静载荷**。作用在钢丝绳的总载荷是动载荷与静载荷之和：

$$F_T = F_I + F_{st} = ma + W = \frac{W}{g}a + W \tag{15-3}$$

式中，F_t 为总载荷；F_I 与 F_{st} 分别为动载荷与静载荷。

按照单向拉伸时杆件横截面上的总正应力，有

$$\sigma_T = \sigma_{st} + \sigma_I = \frac{F_{Nx}}{A} = \frac{F_T}{A} \tag{15-4}$$

其中，

$$\sigma_{st} = \frac{W}{A}, \quad \sigma_I = \frac{W}{Ag}a \tag{15-5}$$

它们分别称为**静应力**和**动应力**。

15.2.2   动荷因数

式(15-3)可以写成

$$F_T = F_I + F_{st} = \left(1 + \frac{a}{g}\right)W = K_d W \tag{15-6}$$

其中，

$$K_d = 1 + \frac{a}{g} \tag{15-7}$$

K_d 为大于 1 的系数，称为**动荷因数**。它表示作等加速度直线运动构件承受的总载荷是静载荷的若干倍数。

15.3   等角速旋转构件的动应力

旋转构件由于动应力而引起的失效问题在工程中也是很常见的。处理这类问题时，首先是分析构件的运动，确定其加速度，然后应用达朗贝尔原理，在构件上施加惯性力，最后按照弹性静力学方法确定构件的内力和应力。

考察图 15-2a 中所示的以等角速度 ω 旋转的飞轮。飞轮材料密度为 ρ，轮缘平均半径为 R，轮缘部分的横截面积为 A。

在设计轮缘部分的截面尺寸时，为简单起见，可以不考虑轮辐的影响，从而将飞轮简化为平均半径等于 R 的圆环。

由于飞轮作等角速度转动，其上各点均只有向心加速度，故惯性力均沿着半径方向、背向旋转中心，且为沿圆周方向连续均匀分布力。图 15-2b 所示为半圆环上惯性力的分布情形。

为求惯性力，沿圆周方向截取 ds 微

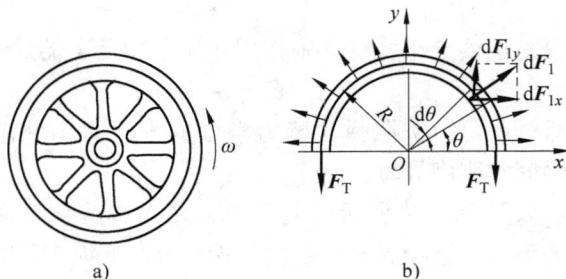

图 15-2   飞轮中的动应力

弧段，

$$ds = Rd\theta \tag{a}$$

微段圆环的质量为

$$dm = \rho A ds = \rho A R d\theta \tag{b}$$

于是，微段圆环上的惯性力大小为

$$F_I = R\omega^2 dm = R\omega^2 \rho A R d\theta \tag{c}$$

为计算圆环横截面上的应力，采用截面法，沿直径将圆环截为两个半环，其中一半环的受力如图 15-2b 所示。其中 F_T 为环向拉力，其值等于应力与面积乘积。

以圆心为原点，建立 Oxy 坐标系，由平衡方程

$$\sum F_y = 0 \tag{d}$$

有

$$\int_0^\pi dF_{Iy} - 2F_T = 0 \tag{e}$$

式中，dF_{Iy} 为半圆环质量微元惯性力 dF_I 在 y 轴上的投影，根据式（c），其值为

$$dF_{Iy} = \rho A R^2 \omega^2 \sin\theta d\theta \tag{f}$$

将式（f）代入式（d），飞轮轮缘横截面上的轴为

$$F_T = \frac{1}{2}\int_0^\pi \rho A R^2 \omega^2 \sin\theta d\theta = \rho A R^2 \omega^2 = \rho A v^2 \tag{g}$$

式中，v 为飞轮轮缘上任意点的速度。

当轮缘厚度远小于半径 R 时，圆环横截面上的正应力可视为均匀分布，并用 σ_T 表示。于是，由式（g），飞轮轮缘横截面上的总应力为

$$\sigma_T = \sigma_{st} + \sigma_I = \frac{F_{Nx}}{A} = \frac{F_T}{A} = \rho v^2 \tag{h}$$

可见，由于飞轮以等角速度转动，其轮缘中的正应力与轮缘上点的速度平方成正比。

设计时必须使总应力满足设计准则

$$\sigma_T \leqslant [\sigma] \tag{i}$$

于是，由式（h）和式（i），得到一个重要结果

$$v \leqslant \sqrt{\frac{[\sigma]}{\rho}} \tag{15-8}$$

这一结果表明，为保证飞轮强度，对飞轮轮缘点的速度必须加以限制，使之满足式（15-8）。工程上将这一速度称为**极限速度**；对应的转动速度称为**极限转速**。

上述结果还表明：飞轮中的总应力与轮缘的横截面积无关。因此，增加轮缘部分的横截面积无助于降低飞轮轮缘横截面上的总应力，对于提高飞轮的强度没有任何意义。

例题 15-1　图 15-3a 所示结构中，钢制 AB 轴的中点处固结一与之垂直的均质杆 CD，二者的直径均为 d。长度 $AC = CB = CD = l$。轴 AB 以等角速度 ω 绕自身轴旋转。已知：$l = 0.6m$，$d = 80mm$，$\omega = 40rad/s$；材料重度 $\gamma = 7.8 \times 10^4 N/m^3$，许用应力 $[\sigma] = 70MP$。试校核轴 AB 和杆 CD 的强度是否安全。

解：（1）分析运动状态，确定动载荷

当轴 AB 以 ω 等角速度旋转时，杆 CD 上的各个质点具有数值不同的向心向加速度，其值为

$$a_n = x\omega^2 \tag{a}$$

式中，x 为质点到 AB 轴线的距离。AB 轴上各质点因距轴线 AB 极近，加速度 a_n 很小，故不予考虑。

杆 CD 上各质点到轴线 AB 的距离各不相等，因而各点的加速度和惯性力亦不相同。

为了确定作用在杆 CD 上的最大轴力，以及杆 CD 作用在轴 AB 上的最大载荷，首先必须确定杆 CD 上的动载荷——沿杆 CD 轴线方向分布的惯性力。

为此，在杆 CD 上建立 Ox 坐标，如图 15-3b 所示。设沿杆 CD 轴线方向单位长度上的惯性力为 q_I，则微段长度 $\mathrm{d}x$ 上的惯性力为

$$q_I\mathrm{d}x = (\mathrm{d}m)a_n = \left(\frac{A\gamma}{g}\mathrm{d}x\right)(x\omega^2) \tag{b}$$

由此得到

$$q_I = \frac{A\gamma x}{g}\omega^2 \tag{c}$$

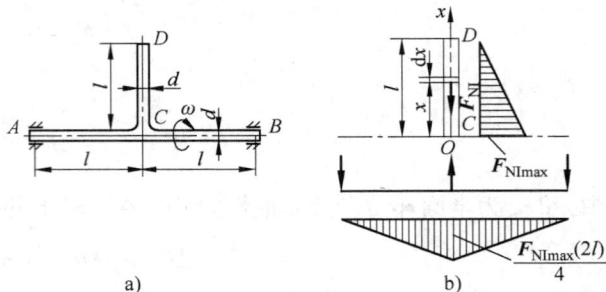

图 15-3　例题 15-1 图

式中，A 为杆 CD 的横截面积；g 为重力加速度。

式（c）表明：杆 CD 上各点的轴向惯性力与各点到轴线 AB 的距离成正比。

为求杆 CD 横截面上的轴力，并确定轴力最大的截面，用假想截面从任意处（坐标为 x）将杆截开，考虑上半部分的平衡，如图 15-3b 中所示。

建立平衡方程

$$\sum F_x = 0: \quad F_{NI} - \int_x^l q_I\mathrm{d}x = 0 \tag{d}$$

由式（c）和式（d）解出

$$F_{NI} = \int_x^l q_I\mathrm{d}x = \int_x^l \frac{A\gamma\omega^2}{g}x\mathrm{d}x = \frac{A\gamma\omega^2}{2g}(l^2 - x^2) \tag{e}$$

根据上述结果，在 $x = 0$ 的横截面上，即杆 CD 与轴 AB 相交处的 C 截面上，杆 CD 横截面上的轴力最大，其值为

$$F_{NImax} = \int_x^l q_I\mathrm{d}x = \int_x^l \frac{A\gamma\omega^2}{g}x\mathrm{d}x = \frac{A\gamma\omega^2 l^2}{2g} \tag{f}$$

这一力也是作用在轴 AB 上的横向载荷，于是可以画出轴 AB 的弯矩图，如图 15-3b 所示。轴中点截面上的弯矩最大，其值为

$$M_{Imax} = \frac{F_{NImax}(2l)}{4} = \frac{A\gamma\omega^2 l^3}{4g} \tag{g}$$

（2）应力计算与强度校核

对于杆 CD，最大拉应力发生 C 截面处，其值为

$$\sigma_{\text{Imax}} = \frac{F_{\text{NImax}}}{A} = \frac{\gamma\omega^2 l^2}{2g} \qquad (\text{h})$$

将已知数据代入上式后，得到

$$\sigma_{\text{Imax}} = \frac{\gamma\omega^2 l^2}{2g} = \frac{7.8 \times 10^4 \times 40^2 \times 0.6^2}{2 \times 9.81}\text{Pa} = 2.29\text{MPa}$$

对于轴 AB，最大弯曲正应力为

$$\sigma_{\text{Imax}} = \frac{M_{\text{Imax}}}{W} = \frac{A\gamma\omega^2 l^3}{4g} \times \frac{1}{W} = \frac{2\gamma\omega^2 l^3}{gd}$$

将已知数据代入后，得到

$$\sigma_{\text{Imax}} = \frac{2 \times 7.8 \times 10^4 \times 40^2 \times 0.6^3}{9.81 \times 80 \times 10^{-3}}\text{Pa} = 68.7\text{MPa}$$

15.4　冲击载荷和冲击应力

15.4.1　基本假定

当具有一定速度的运动物体向着静止的构件冲击时，冲击物的速度在很短的时间内将发生很大变化，即冲击物得到了很大的负值加速度。这表明，冲击物受到与其运动方向相反的很大的作用力。同时，冲击物也将很大的力施加于被冲击的构件上，工程上称这种力为"**冲击力**"或"**冲击载荷**"。

由于在冲击过程中，构件上的应力和变形分布比较复杂，所以精确地计算冲击载荷，以及被冲击构件中由冲击载荷引起的应力和变形是很困难的。工程中大都采用简化计算方法，它以如下假设为前提：

1）假设冲击物的变形可以忽略不计；从开始冲击到冲击产生最大位移时，冲击物与被冲击构件一起运动，而不发生回弹。

2）忽略被冲击构件的质量，认为冲击载荷引起的应力和变形在冲击瞬时遍及被冲击构件，并假设被冲击构件仍处在弹性范围内。

3）假设冲击过程中没有其他形式的能量转换，机械能守恒定理仍成立。

15.4.2　机械能守恒定律的应用

现以简支梁为例，说明应用机械能守恒定律计算冲击载荷的简化方法。

图 15-4 中所示为简支梁，在其上方高度 H 处，有一重量为 W 的物体，自由下落后，冲击在梁的中点。

冲击终了时，冲击载荷及梁中点的位移都达到最大值，二者分别用 F_{d} 和 Δ_{d} 表示，其中的下标 d 表示由冲击力引起的动载荷，以区别惯性力引起的动载荷。

该梁可以视为一线性弹簧，弹簧的刚度系数为 k。

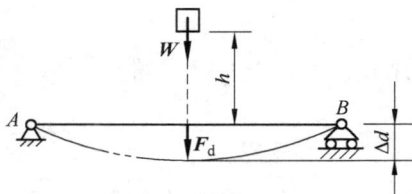

图 15-4　冲击载荷的简化计算方法

设冲击之前，梁没有发生变形时的位置为位置1；冲击终了的瞬时，即梁和重物运动到梁的最大变形时的位置为位置2。考察这两个位置时系统的动能和势能。

重物下落前和冲击终了时，其速度均为零，因而在位置1和2系统的功能均为零，即

$$E_{k1} = E_{k2} = 0 \tag{a}$$

以位置1为势能零点，即系统在位置1的势能为零，即

$$E_{p1} = 0 \tag{b}$$

重物和梁(弹簧)在位置2时的势能分别记为 $E_{p2}(W)$ 和 $E_{p2}(k)$：

$$E_{p2}(W) = -W(h + \Delta_d) \tag{c}$$

$$E_{p2}(k) = -\frac{1}{2}k\Delta_d^2 \tag{d}$$

在上述二式中，$E_{p2}(W)$ 为重物的重力从位置2回到位置1(势能零点)所做的功，因为力与位移方向相反，故为负值；$E_{p2(k)}$ 为梁发生变形(从位置1到位置2)后储存在梁内的应变能，在数值上等于冲击力从位置1到位置2时所做的功。

因为假设在冲击过程中被冲击构件仍在弹性范围内，故冲击力的大小 F_d 和冲击位移的大小 Δ_d 之间存在线性关系，即

$$F_d = k\Delta_d \tag{e}$$

这一表达式与静载荷作用下力与位移的关系相似：

$$F_s = k\Delta_s \tag{f}$$

上述二式中 k 为类似线性弹簧刚度系数，动载与静载时弹簧的刚度系数相同。式(f)中的 Δ_s 为 F_d 作为静载施加在冲击处时梁在该处的位移。

因为系统上只作用有惯性力和重力，二者均为保守力，故重物下落前到冲击终了后，系统的机械能守恒，即

$$E_{k1} + E_{p2} = E_{k2} + E_{p2} \tag{g}$$

将式(a)、式(b)、式(c)、式(d)代入式(g)后，有

$$\frac{1}{2}k\Delta_d^2 - W(h + \Delta_d) = 0 \tag{h}$$

再从式(f)中解出常数 k，并且考虑到静载荷时 $F_s = W$，一并代入上式，即可消去常数 k，从而得到关于 Δ_d 的二次方程：

$$\Delta_d^2 - 2\Delta_s\Delta_d - 2\Delta_s h = 0 \tag{i}$$

由此解出

$$\Delta_d = \Delta_s \left(1 + \sqrt{1 + \frac{2h}{\Delta_s}} \right) \tag{15-9}$$

利用式(e)和式(f)，可得到

$$F_d = F_s \times \frac{\Delta_d}{\Delta_s} = W \left(1 + \sqrt{1 + \frac{2h}{\Delta_s}} \right) \tag{15-10}$$

这一结果表明，最大冲击载荷与静位移有关，即与梁的刚度有关：梁的刚度愈小、静位移愈大，冲击载荷将相应地减小。设计承受冲击载荷的构件时，应当利用这一特性，以减小构件所承受的冲击力。

若令式(15-10)中 $h = 0$，得到

$$F_d = 2W \tag{15-11}$$

这等于将重物突然放置在梁上，这时梁上的实际载荷是重物重量的两倍。这时的载荷称为**突加载荷**。

15.4.3　动荷因数

为计算方便，工程上通常将式(15-10)写成如下形式：

$$F_d = K_d F_s \tag{15-12}$$

其中 K_d 大于 1，是构件承受冲击载荷时的**动荷因数**。它表示构件承受的冲击载荷是静载荷的若干倍数。

对于图 15-4 中所示简支梁，由式(15-10)，**动荷因数为**

$$K_d = 1 + \sqrt{1 + \frac{2h}{\Delta_s}} \tag{15-13}$$

构件中由冲击载荷引起的应力和位移也可以写成动荷因数的形式：

$$\sigma_d = K_d \sigma_s \tag{15-14}$$

$$\Delta_d = K_d \Delta_s \tag{15-15}$$

例题 15-2　图 15-5a 所示结构，重量为 Q 的重物自高度 H 下落冲击于梁上的 C 点，已知简支梁的 EI 及抗弯截面系数 W，试求梁内最大正应力及梁的跨度中点的挠度。

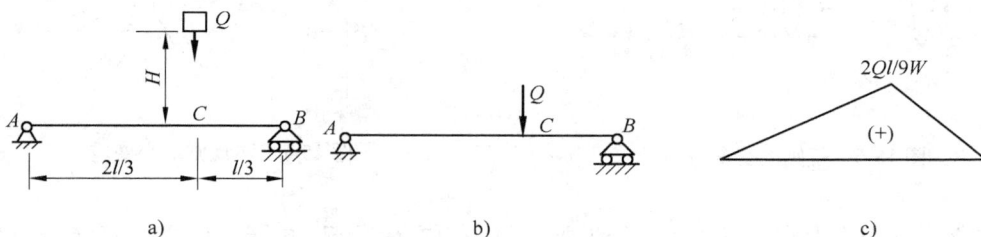

图 15-5　例题 15-2 图

解：（1）当重物静止作用在 C 处时（见图 15-5b），图 15-5c 为梁对应的弯矩图，查表得静挠度为

$$\Delta_s = \frac{Q \cdot \dfrac{l}{3} \cdot \dfrac{2l}{3}}{6EIl} \left[l^2 - \left(\frac{2l}{3}\right)^2 - \left(\frac{l}{3}\right)^2 \right] = \frac{4Ql^3}{243EI} (\downarrow)$$

最大静应力为

$$\sigma_{stmax} = \frac{M_{max}}{W} = \frac{2Ql}{9W}$$

查表得梁中点的静挠度为

$$\Delta_{s\frac{l}{2}} = \frac{Q \cdot \dfrac{l}{3}\left(3l^2 - \dfrac{4l^2}{9}\right)}{48EI} = \frac{23Ql^3}{1296EI} (\downarrow)$$

（2）计算自由落体的动荷因数

$$K_d = 1 + \sqrt{1 + \frac{2H}{\Delta_s}} = 1 + \sqrt{1 + \frac{243EIH}{2Ql^3}}$$

（3）求最大动应力和跨度中点的动挠度

$$\sigma_{dmax} = K_d \delta_{smax} = \frac{2Ql}{9W}\left(1 + \sqrt{1 + \frac{243EIH}{2Ql^3}}\right)$$

$$\Delta_{d\frac{1}{2}} = K_d \Delta_{s\frac{1}{2}} = \frac{23Ql^3}{1296EI}\left(1 + \sqrt{1 + \frac{243EIH}{2Ql^3}}\right)$$

15.5 交变应力和疲劳破坏

15.5.1 交变应力

一点的应力随着时间的改变而变化，这种应力称为交变应力

承受交变应力作用的构件或零部件大部分都在规则（见图 15-6）或不规则（见图 15-7）变化的应力作用下工作。

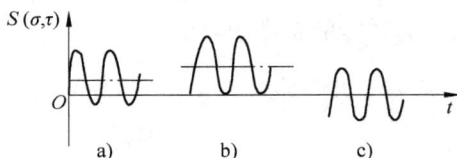

图 15-6   规则的交变应力

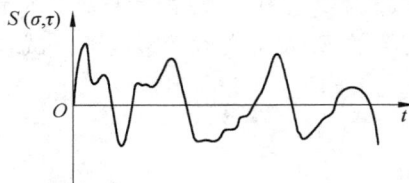

图 15-7   不规则的交变应力

材料在交变应力作用下的力学行为首先与应力变化状况（包括应力变化幅度）有很大关系，因此，在强度设计中必然涉及有关应力变化的若干名词和术语，现简单介绍如下。

图 15-8 中所示为杆件横截面上一点应力随时间 t 的变化曲线。其中 S 为广义应力，它可以是正应力，也可以是切应力

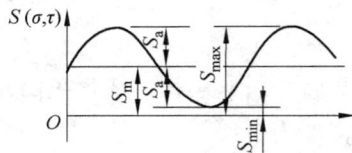

图 15-8   一点应力随时间变化曲线

根据应力随时间变化的状况，定义下列名词与术语：

应力循环：应力变化一个周期称为应力的一次循环。例如，应力从最大值变到最小值，再从最小值变到最大值。

应力比（也称循环特征）：应力循环中最小应力与最大应力的比值，用 r 表示。

$$r = \frac{S_{min}}{S_{max}}（当 |S_{min}| \leqslant |S_{max}| 时） \tag{15-16a}$$

或

$$r = \frac{S_{max}}{S_{min}}（当 |S_{min}| \geqslant |S_{max}| 时） \tag{15-16b}$$

平均应力：最大应力与最小应力的平均值，用 S_m 表示，即

$$S_m = \frac{S_{max} + S_{min}}{2} \tag{15-17}$$

应力幅值：应力变化幅度的一半，用 S_a 表示，其值为

$$S_a = \frac{S_{max} - S_{min}}{2} \tag{15-18}$$

最大应力：应力循环中的最大值，即

$$S_{max} = S_m + S_a \tag{15-19}$$

最小应力：应力循环中的最小值，即

$$S_{min} = S_m - S_a \tag{15-20}$$

对称循环：应力循环中应力数值与正负号都反复变化，且有 $S_{max} = -S_{min}$，的应力循环。这时，

$$r = -1, \ S_m = 0, \ S_a = S_{max}$$

脉冲循环：只是应力数值随时间变化而应力正负号不发生变化，且最小应力等于零（$S_{min} = 0$）的应力循环。这时，

$$r = 0$$

静应力：是交变应力的特例，此时，

$$r = 1, \ S_{max} = S_{min} = S_m, \ S_a = 0$$

需要注意的是：应力循环指一点的应力随时间的变化循环，最大应力与最小应力等都是指一点的应力循环中的数值。它们既不是指横截面上由于应力分布不均匀所引起的最大和最小应力，也不是指一点应力状态中的最大应力和最小应力。

上述广义应力记号 S 泛指正应力和切应力。若为拉、压交变或反复弯曲交变，则所有符号中的 S 均为 σ；若为反复扭转交变，则所有 S 均为 τ，其余关系不变。

上述应力均未计及应力集中的影响，即由理论应力公式算得。如

$$\sigma = \frac{F_N}{A} \quad (拉伸)$$

$$\sigma = \frac{M_z y}{I_z} \quad (平面弯曲)$$

$$\tau = \frac{M_x \rho}{I_p} \quad (圆截面杆扭转)$$

这些应力统称为**名义应力**。

15.5.2　疲劳破坏特征

结构的构件或机械、仪表的零部件在**交变应力**作用下发生的失效，称为**疲劳失效**，简称为**疲劳**。对于矿山、冶金、动力、运输机械以及航空航天等工业部门，疲劳是零件或构件的主要失效形式。统计结果表明，在各种机械的断裂事故中，大约有 80% 以上是由于疲劳失

效引起的。因此，对于承受交变应力的设备，疲劳分析在设计中占有重要的地位。

大量的试验结果以及实际零件和部件的破坏现象表明，构件在交变应力作用下发生破坏时，具有以下明显的特征：

1）破坏时的名义应力值远低于材料在静载荷作用下的强度极限，甚至也低于材料的屈服极限。

2）构件在一定量的交变应力作用下发生破坏有一个过程，即需要经过一定数量的应力循环。

3）构件在破坏前没有明显的塑性变形，即使塑性很好的材料，也会呈现脆性断裂。

4）同一疲劳破坏断口，一般都有明显的光滑区域与颗粒状区域。

上述破坏特征与疲劳破坏的起源和传递过程（统称"损伤传递过程"）密切相关。

较早的经典理论认为：在一定数值的交变应力作用下，金属零件或构件表面处的某些晶粒（见图15-9a）经过若干次应力循环之后，其原子晶格开始发生剪切与滑移，逐渐形成滑移带。随着应力循环次数的增加，滑移带变宽并不断延伸。这样的滑移带可以在某个滑移面上产生初始疲劳裂纹，如图15-9b所示；也可以逐步积累，在零件或构件表面形成切口样的凸起与凹陷，在"切口"尖端处由于应力集中，因而产生初始疲劳裂纹，如图15-9c所示。初始疲劳裂纹最初只在单个晶粒中发生，并沿着滑移面扩展，在裂纹尖端应力集中作用下，裂纹从单个晶粒贯穿到若干晶粒。图15-10中所示为滑移带的微观图形。

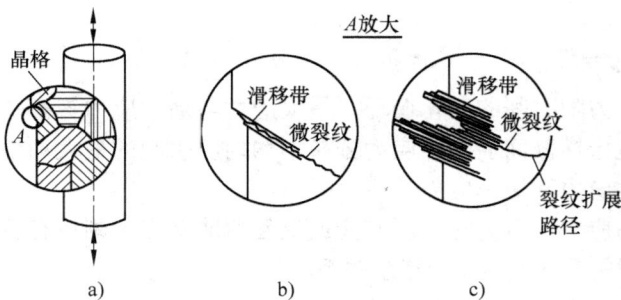

图 15-9　由滑移带形成的初始疲劳裂纹

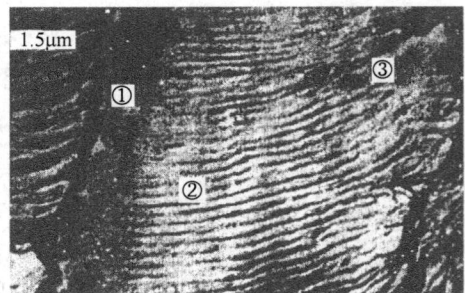

①—晶界 ②—滑移带 ③—初始裂纹

图 15-10　滑移带的微观图形

金属晶粒的边界以及夹杂物与金属相交界处，由于强度较低，因而也可能是初始裂纹的发源地。

近年来，新的疲劳理论认为，疲劳起源于位错运动。所谓位错，是指金属原子晶格的某些空穴、缺陷或错位。微观尺度的塑性变形就能引起位错在原子晶格间运动。从这个意义上可以认为，位错通过运动聚集在一起，便形成了初始的疲劳裂纹。这些裂纹长度一般为 $10^{-4} \sim 10^{-7}$ m 的量级，故称为**微裂纹**。

形成微裂纹后，在微裂纹处又形成新的应力集中，在这种应力集中和应力反复交变的条件下，微裂纹不断扩展、相互贯通，形成较大的裂纹，其长度大于 10^{-4} m，能为裸眼所见，故称为**宏观裂纹**。

再经过若干次应力循环后，宏观裂纹继续扩展，致使截面削弱，类似在构件上形成尖锐的"切口"。这种切口造成的应力集中使局部区域内的应力达到很大数值。结果，在较低的名义应力数值下构件便发生破坏。

根据以上分析，由于裂纹的形成和扩展需要经过一定的应力循环次数，因而疲劳破坏需要经过一定的时间过程。由于宏观裂纹的扩展，在构件上形成尖锐的"切口"，在切口的附近不仅形成局部的应力集中，而且使局部的材料处于三向拉伸应力状态，在这种应力状态下，即使塑性很好的材料也会发生脆性断裂。因此，疲劳破坏时没有明显塑性变形。此外，在裂纹扩展的过程中，由于应力反复交变，裂纹时张、时合，类似研磨过程，从而形成疲劳断口上的光滑区；而断口上的颗粒状区域则是脆性断裂的特征。

图 15-11 所示为典型的疲劳破坏断口，其上有三个不同的区域：

①为疲劳源区，初始裂纹由此形成并扩展开去。

②为疲劳扩展区，有明显的条纹，类似贝壳或被海浪冲击后的海滩，它是由裂纹的传播所形成的。

③为瞬间断裂区。

需要指出的是，裂纹的生成和扩展是一个复杂过程，它与构件的外形、尺寸、应力变化情况以及所处的介质等都有关系。因此，对于承受交变应力的构件，不仅在设计中要考虑疲劳问题，而且在使用期间也需进行中修或大修，以检测构件是否发生裂纹及观察裂纹扩展的情

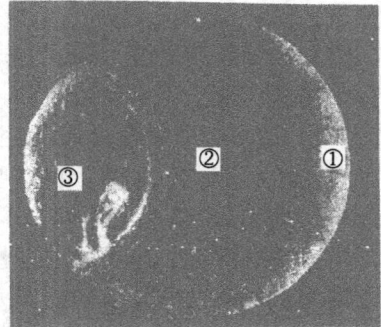

图 15-11　疲劳破坏断口

况。对于某些维系人们生命的重要构件，还需要作经常性的检测。乘坐过火车的读者可能会注意到，火车停站后，都有铁路工人用小铁锤轻轻敲击车厢车轴的情景。这便是检测车轴是否发生裂纹，以防止发生突然事故的一种简易手段。因为火车车厢及所载旅客的重力方向不变，而车轴不断转动，其横截面上任意一点的位置均随时间不断变化，故该点的应力亦随时间而变化，车轴因而可能发生疲劳破坏。用小铁锤敲击车轴，可以从声音直观判断是否存在裂纹以及裂纹扩展的程度。

15.6　疲劳极限及其影响因素

15.6.1　寿命曲线与疲劳极限

所谓疲劳极限是指经过无穷多次应力循环而不发生破坏时的最大应力值，又称为**持久极限**。

为了确定疲劳极限，需要用若干光滑小尺寸试样（见图 15-12a），在专用的疲劳试验机上进行试验，图 15-12b 中所示为对称循环疲劳试验机。

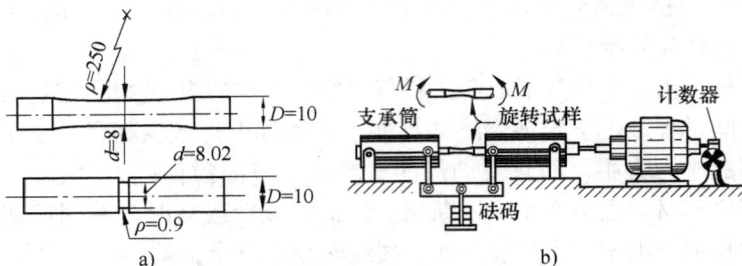

图 15-12 疲劳试样与对称循环疲劳试验机简图

将试样分成若干组，各组中的试样最大应力值分别由高到低（即不同的应力水平），经历应力循环，直至发生疲劳破坏。记录下每根试样中最大应力 S_{max}（名义应力）以及发生破坏时所经历的应力循环次数（又称寿命）N。将这些试验数据标在 S-N 坐标中，如图 15-13 所示。可以看出，疲劳试验结果具有明显的分散性，但是通过这些点可以画出一条曲线来表明试件寿命随其承受的应力而变化的趋势。这条曲线称为应力-寿命曲线，简称 S-N 曲线。应力比不同，S-N 曲线亦不同。

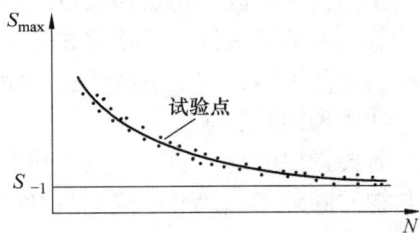

图 15-13 一般的应力-寿命曲线

所谓"无穷多次"应力循环，在试验中是难以实现的。工程设计中通常规定：对于 S-N 曲线有水平渐近线的材料（如结构钢），若经历 10^7 次应力循环而不破坏，即认为可承受无穷多次应力循环；对于 S-N 曲线没有水平渐近线的材料（例如铝合金），规定某一循环次数（例如 2×10^7 次）下不破坏时的最大应力为条件疲劳极限。

15. 6. 2 影响零件疲劳极限的因素

前面介绍的光滑小试样的疲劳极限并不是零件的疲劳极限，零件的疲劳极限则与零件状态和工作条件有关。零件状态包括应力集中、尺寸、表面加工质量和表面强化处理等因素；工作条件包括载荷特性、介质和温度等因素。其中载荷特性包括应力状态、应力比、加载顺序和载荷频率等。

1. 应力集中的影响——有效应力集中因数

在构件或零件截面形状和尺寸突变处（如阶梯轴轴肩圆角、开孔、切槽等），局部应力远远大于按一般理论公式算得的数值，这种现象称为应力集中。显然，应力集中的存在不仅有利于形成初始的疲劳裂纹，而且有利于裂纹的扩展，从而降低零件的疲劳极限。

考虑应力集中对疲劳极限的影响，工程上采用**有效应力集中因数**，它是在材料、尺寸和加载条件都相同的前提下，光滑试样与缺口试样的疲劳极限的比值

$$K_f = \frac{S_{-1}}{S'_{-1}} \tag{15-21}$$

式中，S_{-1} 和 S'_{-1} 分别为光滑试样与缺口试样的疲劳极限，S 仍为广义应力记号。

2. 零件尺寸的影响——尺寸因数

前面所讲的疲劳极限为光滑小试样（直径 6 ~ 10mm）的试验结果，称为"试样的疲劳极

限"或"材料的疲劳极限"。试验结果表明，随着试样直径的增加，疲劳极限将下降，而且对于钢材，强度愈高，疲劳极限下降愈明显。因此，当零件尺寸大于标准试样尺寸时，必须考虑尺寸的影响。

尺寸引起疲劳极限降低的原因主要有以下几种：一是毛坯质量因尺寸而异，大尺寸毛坯所包含的缩孔、裂纹、夹杂物等要比小尺寸毛坯多；二是大尺寸零件表面积和表层体积都比较大，而裂纹源一般都在表面或表面层下，故形成疲劳源的概率也比较大；三是应力梯度的影响：若大、小零件的最大应力均相同，在相同的表层厚度内，大尺寸零件的材料所承受的平均应力要高于小尺寸零件，这些都有利于初始裂纹的形成和扩展，因而使疲劳极限降低。

零件尺寸对疲劳极限的影响用尺寸因数 ε 度量：

$$\varepsilon = \frac{(\sigma_{-1})_d}{\sigma_{-1}} \tag{15-22}$$

式中，σ_{-1} 和 $(\sigma_{-1})_d$ 分别为试样和光滑零件在对称循环下的疲劳极限。式 (15-22) 也适用于切应力循环的情形。

3. 表面加工质量的影响——表面质量因数

零件承受弯曲或扭转时，表层应力最大，对于几何形状有突变的拉压构件，表层处也会出现较大的峰值应力。因此，表面加工质量将会直接影响裂纹的形成和扩展，从而影响零件的疲劳极限。

表面加工质量对疲劳极限的影响，用表面质量因数 β 度量：

$$\beta = \frac{(\sigma_{-1})_\beta}{\sigma_{-1}} \tag{15-23}$$

式中，σ_{-1} 和 $(\sigma_{-1})_\beta$ 分别为磨削加工和其他加工时的对称循环疲劳极限。

这些影响零件疲劳极限的因数都可以从有关的设计手册中查到。

15.6.3　提高构件疲劳强度的途径

所谓提高疲劳强度，通常是指在不改变构件的基本尺寸和材料的前提下，通过减小应力集中和改善表面质量，以提高构件的疲劳极限。通常有以下一些途径：

1. 缓和应力集中

截面突变处的应力集中是产生裂纹以及裂纹扩展的重要原因，通过适当加大截面突变处的过渡圆角以及其他措施，有利于缓和应力集中，从而可以明显地提高构件的疲劳强度。

2. 提高构件表面层质量

在应力非均匀分布的情形（例如弯曲和扭转）下，疲劳裂纹大都从构件表面开始形成和扩展。因此，通过机械或化学的方法对构件表面进行强化处理，改善表面层质量，将使构件的疲劳强度有明显的提高。

表面热处理和化学处理（例如表面高频淬火、渗碳、渗氮和氰化等）、冷压机械加工（例如表面滚压和喷丸处理等）等，都有助于提高构件表面层的质量。

这些表面处理，一方面可以使构件表面的材料强度提高，另一方面可以在表面层中产生残余压应力，抑制疲劳裂纹的形成和扩展。

喷丸处理方法，近年来得到了广泛应用，并取得了明显的效益。这种方法是将很小的钢丸、铸铁丸、玻璃丸或其他硬度较大的小丸以很高的速度喷射到构件表面上，使表面材料产生塑性变形而强化，同时产生较大的残余压应力。

习 题

15-1 图 15-14 所示等截面直杆在自由端承受水平冲击，若其他条件均保持不变，仅杆长 l 增加，则关于杆内最大冲击应力的以下四种叙述中，哪个是正确的。

（A）保持不变

（B）增加

（C）减小

（D）可能增加或减小

15-2 下列四种措施中，请判断哪些措施不能提高构件承受冲击能力。

（A）降低自由落体的高度和水平冲击的速度

（B）选用弹性模量较小的塑性材料制作受冲击

（C）减少"缺口效应"

（D）增强构件的约束和截面的刚度

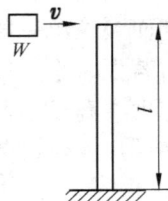

图 15-14　习题 15-1 图

15-3 图 15-15 所示的 No20a 普通热轧槽钢以等减速度下降，若在 0.2s 时间内速度由 1.8m/s 降至 0.6m/s，已知 $l=6$m，$b=1$m。试求槽钢中最大的弯曲正应力。

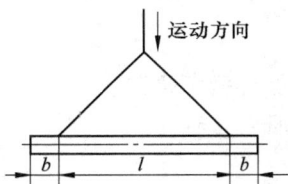

15-4 钢制圆轴 AB 上装有一开孔的均质圆盘如图 15-16 所示。圆盘盘厚为 δ，孔直径 300mm。圆盘和轴一起以匀角速度 ω 转动。若已知：$\delta=30$mm，$a=1000$mm，$e=300$mm；轴直径 $d=120$mm，$\omega=40$rad/s；圆盘材料密度 $\rho=7.8\times10^3$kg/m³。试求由于开孔引起的轴内最大弯曲正应力（提示：可以将圆盘上的孔作为一负质量（$-m$），计算由这一负质量引起的惯性力）。

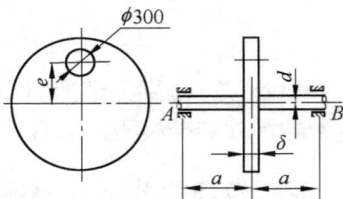

图 15-15　习题 15-3 图

图 15-16　习题 15-4 图

15-5 图 15-17 所示汽轮机叶片的受力时，可近似将叶片视为等截面均质杆。若已知叶轮的转速 $n=3000$r/min，叶片长度 $l=250$mm，叶片根部处叶轮的半径 $R=600$mm。试求叶片根部横截面上的最大拉应力。

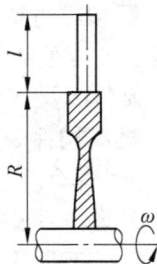

15-6 图 15-18 所示圆截面钢杆，直径 $d=20$mm，杆长 $l=2$m，冲击物的重量 $F=500$N，沿杆轴自高 $H=100$mm 处自由落下，材料的弹性模量 $E=210$GPa，试在下列两种情况下，计算杆内横截面上的最大正应力。不计杆和小盘的质量，小盘可视为刚性的。

（1）冲击物直接落在小盘上；

（2）小盘上放有弹簧，其刚度系数 $k=200$N/mm。

15-7 图 15-19 所示等截面刚架，重物自高度 H 处自由下落，试计算截面 A 的最大垂直位移和刚架内的最大正应力。已知：$F=300$N，$H=50$mm，$E=200$GPa。刚架的质量忽略不计。

图 15-17　习题 15-5 图

15-8 图 15-20 所示结构中，重量为 W 的重物 C 可以绕 A 轴（垂直于纸面）转动，重物在铅垂位置时，具有水平速度 v，然后冲击到 AB 梁的中点。梁的长度为 l、材料的弹性模量为 E；梁横截面的惯性矩为 I，抗弯截面系数为 W。如果 l、E、Q、I、W、v 等均为已知。求梁内的最大弯曲正应力。

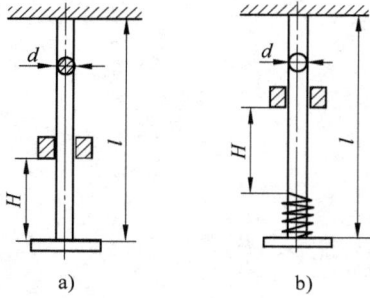

图 15-18　习题 15-6 图

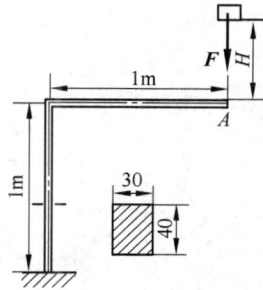

图 5-19　习题 15-7 图

15-9　绞车起吊重量为 $W = 50\text{kN}$ 的重物，以等速度 $v = 1.6\text{m/s}$ 下降。当重物与绞车之间的钢索长度 $l = 240\text{m}$ 时，突然刹住绞车。若钢索横截面积 $A = 1000\text{mm}^2$。求：钢索内的最大正应力（不计钢索自重）。

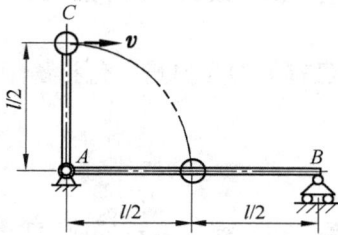

图 15-20　习题 15-8 图

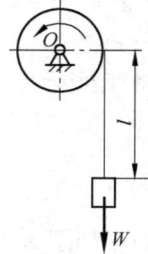

图 15-21　习题 15-9 图

15-10　确定下列各题中构件上指定点 B 的应力比：

（1）图 15-22a 所示一端固定的圆轴，在自由端处装有一绕轴转动的轮子，轮上有一偏心质量 m。

（2）图 15-22b 所示旋转轴，其上安装有偏心零件 AC。

（3）图 15-22c 所示梁上安装有偏心转子电动机，引起振动，梁的静载挠度为 δ，振辐为 a。

（4）图 15-22d 所示小齿轮（主动轮）驱动大齿轮时，小齿轮上的点 B。

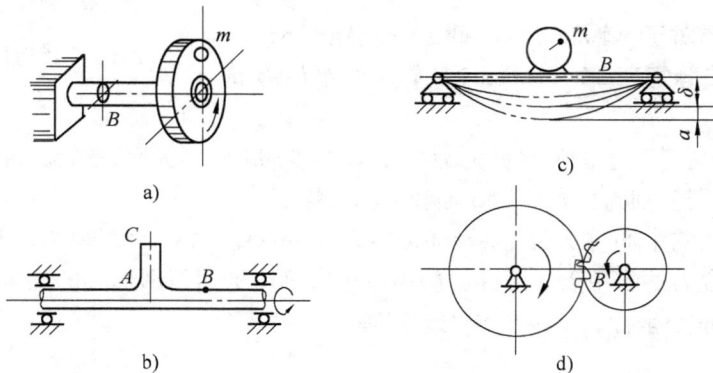

图 15-22　习题 15-10 图

附　　录

附录 A　平面图形的几何性质

拉压杆的正应力分析以及强度计算的结果表明，拉压杆横截面上正应力大小只与杆件横截面的大小，即横截面面积有关，这是因为截面上的正应力是均匀分布的。

但是，在弯曲和扭转的情形下，横截面上的应力都是非均匀分布的，不同的应力分布，组成不同的内力分量，将产生不同的几何量。这些几何量不仅与截面的大小有关，而且与截面的几何形状有关。

分析应力时将涉及若干与横截面大小以及横截面形状有关的几何量，包括静矩、形心、惯性矩、惯性半径、惯性积以及主惯性轴等。

A.1　静矩和形心

设任意平面图形如图 A-1 所示，建立图示 Oyz 坐标系，在坐标 (y,z) 处取面积微元 $\mathrm{d}A$，微元面积乘以与对应坐标轴垂直距离的乘积，即 $y\mathrm{d}A$ 和 $z\mathrm{d}A$，分别称为面积微元 $\mathrm{d}A$ 对 z 轴和 y 轴的静距，遍及整个图形面积 A，定义下列积分：

$$\begin{cases} S_y = \displaystyle\int_A z\mathrm{d}A, \\[2mm] S_z = \displaystyle\int_A y\mathrm{d}A \end{cases} \tag{A-1}$$

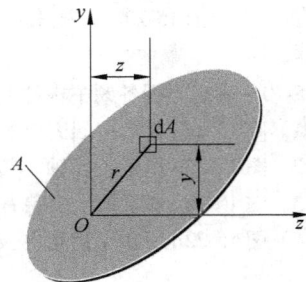

图 A-1　平面图形的静矩与形心

分别称它们为图形对于 y 轴和 z 轴的**截面一次矩**（first moment of an area）或**静矩**（static moment），静矩的单位为 m^3 或 mm^3。

如果将 $\mathrm{d}A$ 视为垂直于图形平面的力，则 $y\mathrm{d}A$ 和 $z\mathrm{d}A$ 分别为面积微元 $\mathrm{d}A$ 对于 z 轴和 y 轴的力矩；S_z 和 S_y 则分别为面积 A 对 z 轴和 y 轴之矩。

图形几何形状的中心称为**形心**（centroid of an area）。若将面积视为垂直于图形平面的力，则形心即为合力的作用点。因此，静矩可用来确定平面图形形心的位置。

设 z_C、y_C 为形心坐标，则根据合力矩定理

$$\begin{cases} S_z = Ay_C \\[2mm] S_y = Az_C \end{cases} \tag{A-2}$$

或

$$\begin{cases} y_C = \dfrac{S_z}{A} = \dfrac{\displaystyle\int_A y\mathrm{d}A}{A} \\[4mm] z_C = \dfrac{S_y}{A} = \dfrac{\displaystyle\int_A z\mathrm{d}A}{A} \end{cases} \qquad (\text{A-3})$$

这就是图形形心坐标与静矩之间的关系。

例题 A-1 宽度为 b、高度为 h 的矩形截面如图 A-2 所示。求截面对于 z、z_1、z_2 轴的静矩。

解：根据矩形截面的特点，为求截面对于 z、z_1、z_2 轴的静矩，微元取为平行于 z 轴的长条如图 A-2 所示，其微元面积为

$$\mathrm{d}A = b\mathrm{d}y$$

截面对于 z 轴的静矩

$$S_z = \int_A y\mathrm{d}A = \int_0^h yb\mathrm{d}y = \frac{bh^2}{2} \qquad (\text{A-4})$$

图 A-2　例题 A-1 图

截面对于 z_1 轴的静矩

$$S_{z1} = \int_A y\mathrm{d}A = \int_{-\frac{h}{2}}^{\frac{h}{2}} yb\mathrm{d}y = 0 \qquad (\text{A-5})$$

截面对于 z_2 轴的静矩

$$S_{z2} = \int_A y\mathrm{d}A = \int_{-h}^{0} yb\mathrm{d}y = -\frac{bh^2}{2} \qquad (\text{A-6})$$

根据上述关于静矩的定义以及静矩与形心之间的关系可以看出：

1）静矩与坐标轴有关，同一平面图形对于不同的坐标轴有不同的静矩。对某些坐标轴静矩为正；对另外一些坐标轴静矩则可能为负；对于通过形心的坐标轴，图形对其静矩等于零。

2）如果某一坐标轴通过截面形心，这时，截面形心的一个坐标为零，则截面对于该轴的静矩等于零；反之，如果截面对于某一坐标轴的静矩等于零，则该轴通过截面形心。例如，z 轴通过截面形心，$y_C=0$，这时 $S_z=0$；反之，如果 $S_z=0$，则 $y_C=0$，z 轴一定通过截面形心。

3）如果已经计算出静矩，就可以确定形心的位置；反之，如果已知形心在某一坐标系中的位置，则可计算图形对于这一坐标系中坐标轴的静矩。

在实际计算中，对于简单、规则的图形，其形心位置可以直接判断，例如：矩形、正方形、圆形、正三角形等的形心位置是显而易见的。对于组合图形，则先将其分解为若干个简单图形（可以直接确定形心位置的图形），然后由式（A-2）分别计算它们对于给定坐标轴的静矩，并求其代数和，即

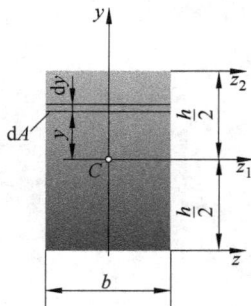

$$
\begin{cases}
S_z = A_1 y_{C1} + A_2 y_{C2} + \cdots + A_n y_{Cn} = \sum_{i=1}^{n} A_i y_{Ci} \\
S_y = A_1 z_{C1} + A_2 z_{C2} + \cdots + A_n z_{Cn} = \sum_{i=1}^{n} A_i z_{Ci}
\end{cases}
\tag{A-7}
$$

再利用式(A-3)即可得组合图形的形心坐标:

$$
\begin{cases}
y_C = \dfrac{S_z}{A} = \dfrac{\displaystyle\sum_{i=1}^{n} A_i y_{Ci}}{\displaystyle\sum_{i=1}^{n} A_i} \\[3ex]
z_C = \dfrac{S_y}{A} = \dfrac{\displaystyle\sum_{i=1}^{n} A_i z_{Ci}}{\displaystyle\sum_{i=1}^{n} A_i}
\end{cases}
\tag{A-8}
$$

例题 A-2 宽度为 20mm、高度为 100mm 的两个矩形组合而成 T 形截面如图 A-3 所示。求:T 形截面的形心坐标 y_C。

解: 由式(A-8),可得

$$
y_C = \frac{S_z}{A} = \frac{\displaystyle\sum_{i=1}^{n} A_i y_{Ci}}{\displaystyle\sum_{i=1}^{n} A_i} = \frac{A_1 y_{C1} + A_2 y_{C2}}{A_1 + A_2}
$$

$$
= \frac{20 \times 100 \times (100 + 10) + 100 \times 20 \times (100/2)}{20 \times 100 + 100 \times 20}
$$

$$
= \frac{220000 + 100000}{4000} \text{mm} = 80\text{mm}
$$

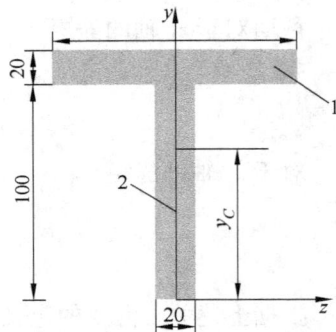

图 A-3　例题 A-2 图

A. 2　惯性矩和惯性半径

对于图 A-1 中的任意图形以及给定的 Oyz 坐标,定义下列积分:

$$
\begin{cases}
I_y = \displaystyle\int_A z^2 \, dA \\
I_z = \displaystyle\int_A y^2 \, dA
\end{cases}
\tag{A-9}
$$

分别为图形对于 y 轴和 z 轴的**截面二次轴矩**(second moment of an area)或**惯性矩**(moment of inertia)。

定义积分

$$
I_p = \int_A r^2 \, dA
\tag{A-10}
$$

为图形对于点 O 的**截面二次极矩或极惯性矩**(Second polar moment of an area)。

定义

$$\begin{cases} i_y = \sqrt{\dfrac{I_y}{A}} \\ i_z = \sqrt{\dfrac{I_z}{A}} \end{cases} \qquad (A\text{-}11)$$

分别为图形对于 y 轴和 z 轴的**惯性半径**(radius of gyration)。

根据上述定义可知:

1)惯性矩和极惯性矩恒为正;而惯性积则由于坐标轴位置的不同,可能为正,也可能为负。三者的单位均为 m^4 或 mm^4。

2)因为 $r^2 = x^2 + y^2$,所以由上述定义不难得到惯性矩与极惯性矩之间的下列关系

$$I_P = I_y + I_z \qquad (A\text{-}12)$$

例题 A-3　已知圆截面的直径为 d,求截面对于任意直径轴的惯性矩。

解:取半径为 r、径向厚度为 dr 的圆环作为面积微元,如图 A-4 所示,微元面积为

$$dA = 2\pi r \times dr$$

因为圆截面对于任意直径轴的惯性矩都是相等的,所以有

$$I_P = I_y + I_z = 2I$$

因此,可以先计算极惯性矩,进而求得惯性矩。利用极惯性矩的定义,有

$$I_P = \int_A r^2 dA = \int_0^{d/2} r^2 (2\pi r dr) = \frac{\pi d^4}{32} \qquad (A\text{-}13)$$

式中,d 为圆截面的直径。

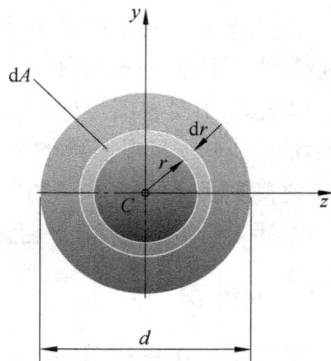

图 A-4　例题 A-3 图

代入上式,得到圆截面对于通过其中心的任意轴的惯性矩均为

$$I = \frac{I_P}{2} = \frac{\pi d^4}{64} \qquad (A\text{-}14)$$

类似地,根据圆环截面对于圆环中心的极惯性矩

$$I_P = \frac{\pi D^4}{32}(1 - \alpha^4), \quad \alpha = \frac{d}{D} \qquad (A\text{-}15)$$

得到圆环截面的惯性矩表达式

$$I = \frac{\pi D^4}{64}(1 - \alpha^4), \quad \alpha = \frac{d}{D} \qquad (A\text{-}16)$$

式中,D 为圆环外直径;d 为内直径。

例题 A-4　宽度为 b、高度为 h 的矩形截面如图 A-5 所示。求截面对于通过形心的一对对称轴的惯性矩。

解:根据矩形截面的特点,为求截面对于 z 轴的惯性矩,微元取为平行于 z 轴的长条如图 A-5 所示,其微元面积为

$$dA = bdy$$

截面对于 z 轴的惯性矩

$$I_z = \int_A y^2 dA = \int_{-\frac{h}{2}}^{\frac{h}{2}} y^2 b dy = \frac{bh^3}{12} \qquad (A-17)$$

为求截面对于 y 轴的惯性矩，微元取为平行于 y 轴的长条(见图 A-5)，其微元面积为

$$dA = hdz$$

截面对于 y 轴的惯性矩

$$I_y = \int_A z^2 dA = \int_{-\frac{b}{2}}^{\frac{b}{2}} z^2 h dz = \frac{hb^3}{12} \qquad (A-18)$$

应用上述积分定义还可以计算其他各种简单图形截面对于给定坐标轴的惯性矩。

必须指出，对于由简单几何图形组合成的图形，为避免复杂数学运算，一般都不采用积分的方法计算它们的惯性矩，而是利用简单图形的惯性矩计算结果以及图形对于不同坐标轴(例如，互相平行的坐标轴；不同方向的坐标轴)惯性矩之间的关系，由求和的方法求得。基于工程上常见的截面图形的惯性矩计算式，在"材料力学手册"以及其他工程手册中都可以查到。

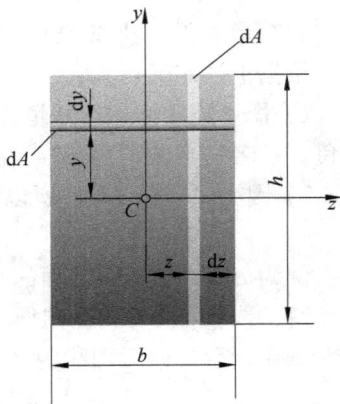

图 A-5　例题 A-4 图

A. 3　惯性积

对于图 A-1 中所示的任意图形，以及给定的 Oyz 坐标，定义积分

$$I_{yz} = \int_A yz dA \qquad (A-19)$$

为图形对于通过点 O 的一对坐标轴 y、z 的**惯性积**(product of inertia)。

惯性积的单位是 m^4 或 mm^4。

由于坐标乘积 yz 可能为正或负，因此 I_{yz} 的值可能为正、负或零。

当整个图形都在第一象限时，由于面积微元 dA 的 y、z 坐标均为正值，所以图形对这两个坐标轴的惯性积也必定为正值；若整个图形都处于第二象限，则由于面积微元 dA 的 y、z 坐标均为负值，因而图形对这两个坐标轴的惯性积比为负值；若坐标轴 y、z 中有一根是图形的对称轴，则面积微元 dA 与 y、z 坐标的乘积数值相等而正负号相反，在积分计算中相互抵消，导致

$$I_{yz} = \int_A yz dA = 0$$

因此，坐标系的两个坐标轴中只要有一根为图形的对称轴，则图形对于这一坐标系的惯性积为零。

A. 4　平行移轴公式

同一平面图形对于平行的两对坐标轴，其惯性矩或惯性积并不相同。当其中一对轴是图形的形心轴时，它们之间有比较简单的关系，即平行移轴公式。

如图 A-6 所示，在坐标系 Ozy 中，图形对 z、y 轴的惯性矩和惯性积为 I_z、I_y 和 I_{zy}，另有一坐标系 $O'z_1y$，其坐标轴 z_1、y_1 分别平行于 z 轴和 y 轴；且 z_1 与 z 轴之间的距离为 a，y_1 与 y 轴之间的距离为 b。

平行移轴公式反映了图形对于平行轴的惯性矩和惯性积之间的关系。

根据平行轴的下述坐标变换：

$$z_1 = z + b$$
$$y_1 = y + a$$

将其代入惯性矩和惯性积的定义表达式（A-9）与式（A-19）后，得到

$$I_{z1} = \int_A y_1^2 \mathrm{d}A = \int_A (y+a)^2 \mathrm{d}A$$

$$I_{y1} = \int_A z_1^2 \mathrm{d}A = \int_A (z+b)^2 \mathrm{d}A$$

$$I_{y1z1} = \int_A y_1 z_1 \mathrm{d}A = \int_A (y+a)(z+b) \mathrm{d}A$$

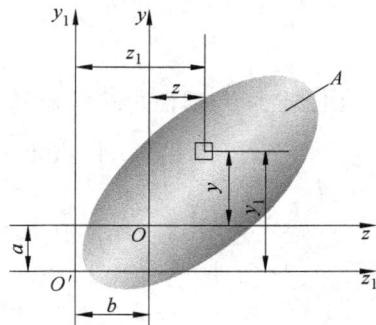

图 A-6　惯性矩与惯性积的移轴定理

展开后，得到

$$\begin{cases} I_{z1} = I_z + 2aS_z + a^2 A \\ I_{y1} = I_y + 2bS_y + b^2 A \\ I_{y1z1} = I_{yz} + aS_y + bS_z + abA \end{cases} \tag{A-20}$$

如果 z、y 轴通过图形形心，则上述各式中之

$$S_z = S_y = 0$$

于是，上述各式变为

$$\begin{cases} I_{z1} = I_z + a^2 A \\ I_{y1} = I_y + b^2 A \\ I_{y1z1} = I_{yz} + abA \end{cases} \tag{A-21}$$

这就是图形对于平行轴惯性矩与惯性积之间的平行移轴公式，或称移轴定理。

其中第一、二式表明：图形对任意轴的惯性矩等于图形对于与该轴平行的形心轴的惯性矩，再加上图形面积与二轴间距离平方的乘积。

第三式表明：图形对任意一对直角坐标轴的惯性积等于图形对于平行于该坐标轴的一对通过形心的直角坐标轴的惯性积，再加上图形面积与形心坐标 a、b 的乘积。

因为面积恒为正，而 a^2 和 b^2 恒为正，故自形心轴移至与之平行的其他任意轴时，其惯性矩总是增加的；而自任意轴移至与之平行的形心轴时，其惯性矩总是减少的。

因为 a 和 b 为原坐标原点在新坐标系中的坐标，故二者同号时 abA 项为正值；二者异号时为负值。所以移轴后的惯性积有可能增加，也可能减少。

A.5　转轴公式　主惯性矩

转轴定理研究坐标系绕坐标原点旋转时惯性矩和惯性积的变化规律。

如图 A-7 所示，图形对于 z、y 轴的惯性矩和惯性积分别为 I_z、I_y 和 I_{zy}。现将 Ozy 坐标系绕坐标原点 O 逆时针转过 θ 角，得到新的坐标系 Oz_1y_1。现在求图形对新坐标系的 I_{z1}、I_{y1}、I_{z1y1} 与图形对原坐标系 I_z、I_y、I_{zy} 之间的关系。

根据转轴时的坐标变换：

$$z_1 = z\cos\theta + y\sin\theta$$
$$y_1 = y\cos\theta - z\sin\theta$$

由惯性矩与惯性积的积分定义，得到

$$I_{z1} = \int_A y_1^2 \mathrm{d}A = \int_A (y\cos\theta - z\sin\theta)^2 \mathrm{d}A$$

$$I_{y1} = \int_A z_1^2 \mathrm{d}A = \int_A (z\cos\theta + y\sin\theta)^2 \mathrm{d}A \tag{A-22}$$

$$I_{y1z1} = \int_A z_1 y_1 \mathrm{d}A = \int_A (y\cos\theta - z\sin\theta)(z\cos\theta + y\sin\theta) \mathrm{d}A$$

将上述各式积分记号内各项展开，应用惯性矩和惯性积的定义，得到

$$\begin{cases} I_{z1} = I_y\sin^2\theta + I_z\cos^2\theta - I_{yz}\sin2\theta \\ I_{y1} = I_y\cos^2\theta + I_z\sin^2\theta + I_{yz}\sin2\theta \\ I_{y1z1} = -\dfrac{I_y - I_z}{2}\sin2\theta + I_{yz}\cos2\theta \end{cases} \tag{A-23}$$

改写后，得

$$\begin{cases} I_{z1} = \dfrac{I_z + I_y}{2} + \dfrac{I_z - I_y}{2}\cos2\theta - I_{yz}\sin2\theta \\ I_{y1} = \dfrac{I_z + I_y}{2} - \dfrac{I_z - I_y}{2}\cos2\theta + I_{yz}\sin2\theta \end{cases} \tag{A-24}$$

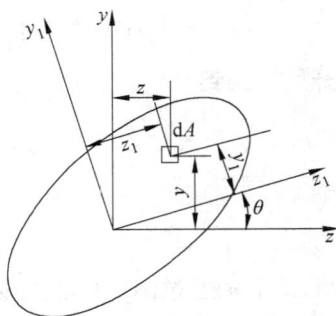

图 A-7 转轴定理

上述二式即为转轴时惯性矩与惯性积之间的关系，称为"**惯性矩与惯性积的转轴定理**"。

若将上述 I_{z1} 与 I_{y1} 相加，不难得到

$$I_{y1} + I_{z1} = I_y + I_z = \int_A (z^2 + y^2)\mathrm{d}A = \int_A r^2 \mathrm{d}A = I_P \tag{A-25}$$

这表明：**图形对一对垂直轴的惯性矩之和与转轴时的角度无关，即在轴转动时，其和保持不变。**

上述由转轴定理得到的式（A-23）、式（A-24）与移轴定理所得到的式（A-21）不同，它不要求 z、y 通过形心。当然，对于绕形心转动的坐标系也是适用的，而且也是实际应用中最感兴趣的。

考察图 A-8 中所示的矩形截面，以图形内或图形外的某一点（例如 O 点）作为坐标原点，建立 Oyz 坐标系。

在图 A-8a 的情况下，图形中的所有面积的 y、z 坐标均为正值，根据惯性积的定义，图形对于这一对坐标轴的惯性积大于零，即 $I_{yz} > 0$。

将坐标系 Oyz 逆时针方向旋转 $90°$，如图 A-8b 所示，这时，图形中所有面积的 y 坐标均为负值，z 坐标均为正值，根据惯性积的定义，图形对于这一对坐标轴的惯性积小于零，即 $I_{yz} < 0$。

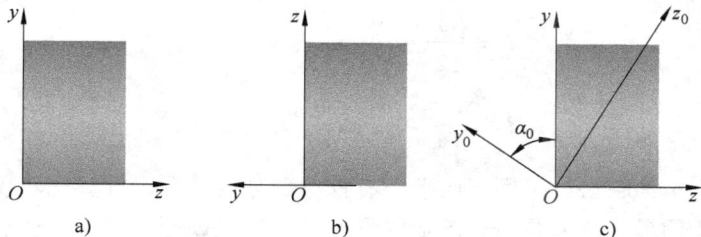

图 A-8　图形的惯性积与坐标轴取向的关系

当坐标轴旋转时，惯性积由正变负（或者由负变正）的事实表明，在坐标轴旋转的过程中，一定存在某一角度（例如 α_0）以及相应的坐标轴（例如 y_0、z_0 轴），图形对于这一对坐标轴的惯性积等于零（例如 $I_{y_0z_0}$）。

如果图形对于过一点的一对坐标轴的惯性积等于零，则称这一对坐标轴为过这一点的主轴（principal axes）。图形对于主轴的惯性矩称为**主惯性矩**（principal moment of inertia of an area）。因为惯性积是对一对坐标轴而言的，所以，主轴总是成对出现的。

可以证明，图形对于过一点不同坐标轴的惯性矩各不相同，而对于主轴的惯性矩是这些惯性矩的极大值和极小值。

主轴的方向角以及主惯性矩可以通过初始坐标轴的惯性矩和惯性积确定：

$$\tan2\alpha_0 = \frac{2I_{yz}}{I_y - I_z} \tag{A-26}$$

$$I_{y0} = I_{max} \atop I_{z0} = I_{min} = \frac{I_y + I_z}{2} \pm \frac{1}{2}\sqrt{(I_y - I_z)^2 + 4I_{yz}^2} \tag{A-27}$$

图形对于任意一点（图形内或图形外）都有主轴，而通过形心的主轴称为**形心主轴**，图形对形心主轴的惯性矩称为**形心主惯性矩**，简称为**形心主矩**。

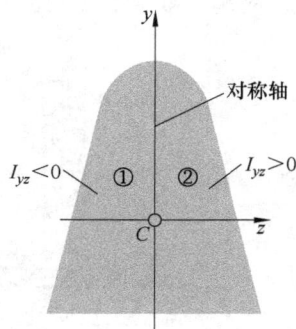

图 A-9　对称轴为主轴

在工程计算中，有意义的是形心主轴与形心主矩。

当图形有一根对称轴时，对称轴及与之垂直的任意轴即为过二者交点的主轴。例如图 A-9 所示的具有一根对称轴的图形，位于对称轴 y 一侧的部分图形对于 y、z 轴的惯性积与位于另一侧的图形对于 y、z 轴的惯性积，二者数值相等，但正负反号。所以，整个图形对于 y、z 轴的惯性积 $I_{yz} = 0$，故 y、z 轴为主轴。又因为 C 为形心，故 y、z 轴为形心主轴。

例题 A-5　截面图形的几何尺寸如图 A-10 所示。试求图中具有断面线部分的惯性矩 I_y 和 I_z。

解： 根据积分定义，具有断面线的图形对于 y、z 轴的惯性矩，等于高为 H、宽为 b 的矩形对于 y、z 轴的惯性矩，减去高为 h、宽为 b 的矩形对于相同轴的惯性矩，即

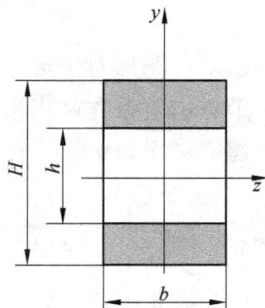

图 A-10　例题 A-5 图

$$I_y = \frac{Hb^3}{12} - \frac{hb^3}{12} = \frac{b^3}{12}(H-h)$$

$$I_z = \frac{bH^3}{12} - \frac{bh^3}{12} = \frac{b}{12}(H^3-h^3)$$

上述方法称为**负面积法**，可用于图形中有挖空部分的情形，计算比较简捷。

工程计算中应用最广泛的是组合图形的形心主惯性矩，即图形对于通过其形心的主轴之惯性矩。为此，必须首先确定图形的形心以及形心主轴的位置。

因为**组合图形**都是由一些简单的图形（例如矩形、正方形、圆形等）所组成，所以在确定其形心、形心主轴以及形心主惯性矩的过程中，均不必采用积分，而是利用简单图形的几何性质以及移轴和转轴定理。一般应按下列步骤进行。

1）将组合图形分解为若干简单图形，并应用式（A-3）确定组合图形的形心位置。

2）以形心为坐标原点，建立 Ozy 坐标系，z、y 轴一般与简单图形的形心主轴平行。确定简单图形对自身形心轴的惯性矩，利用移轴定理（必要时用转轴定理）确定各个简单图形对 z、y 轴的惯性矩和惯性积，相加（空洞时则减）后便得到整个图形的 I_z、I_y 和 I_{yz}。

3）应用式（A-26）确定形心主轴的位置，即形心主轴与 x 轴的夹角 α_0。

4）利用转轴定理或直接应用式（A-27）计算形心主惯性矩 I_{x0} 和 I_{y0}。

可以看出，确定形心主惯性矩的过程就是综合应用本附录全部知识的过程。

例题 A-6 图 A-11a 所示为 T 字形截面，各部分尺寸均示于图中。

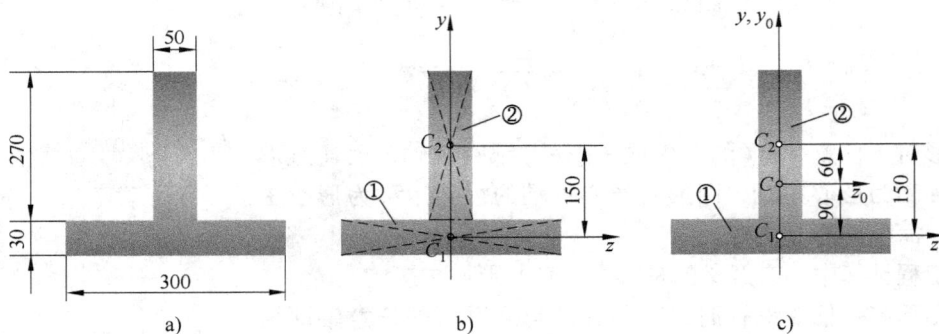

图 A-11　例题 A-6 图

试求：图形对于形心主轴的惯性矩 I_{z0}、I_{y0}。

解：（1）首先确定形心位置

建立图 5-11b 所示的初始坐标系 C_1zy。根据式（A-3）求得

$$y_C = \frac{y_C(1)A(1) + y_C(2)A(2)}{A(1) + A(2)} = \frac{0 + 150 \times 270 \times 50 \times 10^{-9}}{300 \times 30 \times 10^{-6} + 270 \times 50 \times 10^{-6}} = 90 \times 10^{-3}$$

（2）确定形心主轴

在图形的形心处建立坐标系 Cz_0y_0，如图 A-11c 所示。其中 y_0 轴为对称轴，所以 z_0、y_0 轴为形心主轴。

（3）采用分割法及移轴定理计算形心主惯性矩 I_{z0}、I_{y0}

$$I_{z0} = I_{z0}(1) + I_{z0}(2) = \left[\frac{300 \times 30^3 \times 10^{-12}}{12} + 90^2 \times 10^{-6}(300 \times 30 \times 10^{-6}) + \right.$$

$$\left. \frac{50 \times 270^3 \times 10^{-12}}{12} + 60^2 \times 10^{-6}(50 \times 270 \times 10^{-6}) \right] m^4$$

$$= 2.04 \times 10^{-4} m^4$$

$$I_{y0} = I_{y0}(1) + I_{y0}(2) = \left(\frac{30 \times 300^3 \times 10^{-12}}{12} + \frac{270 \times 50^3 \times 10^{-12}}{12} \right) m^4 = 7.03 \times 10^{-5} m^4$$

例题 A-7　图 A-12a 所示槽形截面，C 为截面的形心，各部分尺寸均示于图中。试求截面对 z 轴的惯性矩 I_z。若忽略水平翼板对自身形心轴的惯性矩所引起的误差情况又会怎样？

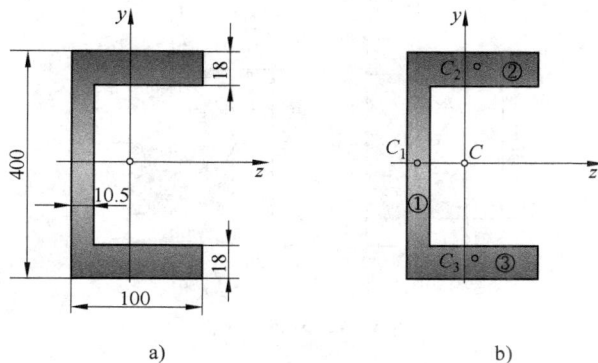

图 A-12　例题 A-7 图

解：采用分割的方法，将槽形截面分成①、②、③三个矩形，应用移轴定理求 I_z：

$$I_z = I_z(1) + I_z(2) + I_z(3)$$

$$= \frac{10.5 \times 364^3 \times 10^{-12}}{12} m^4 + 2 \left[\frac{100 \times 18^3 \times 10^{-12}}{12} + \right.$$

$$\left. 191^2 \times 10^{-6}(100 \times 18 \times 10^{-6}) \right] m^4$$

$$= 4.22 \times 10^{-5} m^4 + 2(4.86 \times 10^{-8} + 6.57 \times 10^{-5}) m^4$$

$$= 1.74 \times 10^{-4} m^4$$

若忽略水平翼板对自身形心轴的惯性矩

$$2 \times \frac{100 \times 18^3 \times 10^{-12}}{12} m^4 = 9.72 \times 10^{-8} m^4$$

则误差极小。因此，在工程计算中可将这种离轴较远的面积对其自身形心轴的惯性矩加以忽略。

习　　题

A-1　试确定图 A-13 所示图形形心的坐标。

A-2　试确定图 A-14 所示图形的形心主轴和形心主惯性矩。

A-3　试确定图 A-15 所示图形的形心主轴和形心主惯性矩。

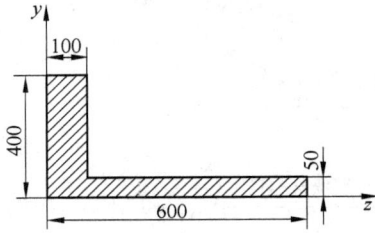

图 A-13　习题 A-1 图

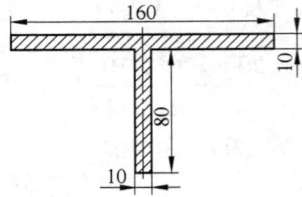

图 A-14　习题 A-2 图

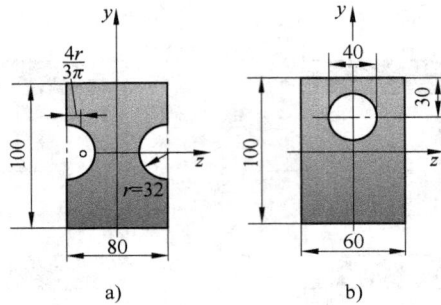

图 A-15　习题 A-3 图

附录 B　型 钢 表

表 B-1　工字钢截面尺寸、截面面积、理论重量及截面特性（GB/T 706—2008）

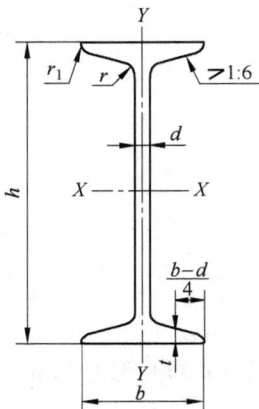

h——高度；

b——腿宽度；

d——腰厚度；

t——平均腿厚度；

r——内圆弧半径；

r_1——腿端圆弧半径。

注：表中 r、r_1 的数据用于孔型设计，不做交货条件

型号	截面尺寸/mm						截面面积 /cm²	理论重量 /(kg/m)	惯性矩/cm⁴		惯性半径/cm		截面模数/cm³		参考数值 /cm
	h	b	d	t	r	r_1			I_x	I_y	i_x	i_y	W_x	W_y	$I_x : S_x$
10	100	68	4.5	7.6	6.5	3.3	14.345	11.261	245	33.0	4.14	1.52	49.0	9.72	8.59
12	120	74	5.0	8.4	7.0	3.5	17.818	13.987	436	46.9	4.95	1.62	72.7	12.7	—

（续）

型号	截面尺寸/mm						截面面积/cm²	理论重量/(kg/m)	惯性矩/cm⁴		惯性半径/cm		截面模数/cm³		参考数值/cm
	h	b	d	t	r	r_1			I_x	I_y	i_x	i_y	W_x	W_y	$I_x:S_x$
12.6	126	74	5.0	8.4	7.0	3.5	18.118	14.223	488	46.9	5.20	1.61	77.5	12.7	10.8
14	140	80	5.5	9.1	7.5	3.8	21.516	16.890	712	64.4	5.76	1.73	102	16.1	12.0
16	160	88	6.0	9.9	8.0	4.0	26.131	20.513	1130	93.1	6.58	1.89	141	21.2	13.8
18	180	94	6.5	10.7	8.5	4.3	30.756	24.143	1660	122	7.36	2.00	185	26.0	15.4
20a	200	100	7.0	11.4	9.0	4.5	35.578	27.929	2370	158	8.15	2.12	237	31.5	17.2
20b		102	9.0				39.578	31.069	2500	169	7.96	2.06	250	33.1	16.9
22a	220	110	7.5	12.3	9.5	4.8	42.128	33.070	3400	225	8.99	2.31	309	40.9	18.9
22b		112	9.5				46.528	36.524	3570	239	8.78	2.27	325	42.7	18.7
24a	240	116	8.0	13.0	10.0	5.0	47.741	37.477	4570	280	9.77	2.42	381	48.4	—
24b		118	10.0				52.541	41.245	4800	297	9.57	2.38	400	50.4	—
25a	250	116	8.0	13.0	10.0	5.0	48.541	38.105	5020	280	10.2	2.40	402	48.3	21.6
25b		118	10.0				53.541	42.030	5280	309	9.94	2.40	423	52.4	21.3
27a	270	122	8.5	13.7	10.5	5.3	54.554	42.825	6550	345	10.9	2.51	485	56.6	—
27b		124	10.5				59.954	47.064	6870	366	10.7	2.47	509	58.9	—
28a	280	122	8.5	13.7	10.5	5.3	55.404	43.492	7110	345	11.3	2.50	508	56.6	24.6
28b		124	10.5				61.004	47.888	7480	379	11.1	2.49	534	61.2	24.2
30a	300	126	9.0	14.4	11.0	5.5	61.254	48.084	8950	400	12.1	2.55	597	63.5	—
30b		128	11.0				67.254	52.794	9400	422	11.8	2.50	627	65.9	—
30c		130	13.0				73.254	57.504	9850	445	11.6	2.46	657	68.5	—
32a	320	130	8.5	15.0	11.5	5.8	67.156	52.717	11100	460	12.8	2.62	692	70.8	27.5
32b		132	11.5				73.556	57.741	11600	502	12.6	2.61	726	76.0	27.1
32c		134	13.5				79.956	62.765	12200	544	12.3	2.61	760	81.2	26.8
36a	360	136	10.0	15.8	12.0	6.0	76.480	60.037	15800	552	14.4	2.69	875	81.2	30.7
36b		138	12.0				83.680	65.689	16500	582	14.1	2.64	919	84.3	30.3
36c		140	14.0				90.880	71.341	17300	612	13.8	2.60	962	87.4	29.9
40a	400	142	10.5	16.5	12.5	6.3	86.112	67.598	21700	660	15.9	2.77	1090	93.2	34.1
40b		144	12.5				94.112	73.878	22800	692	15.6	2.71	1140	96.2	33.6
40c		146	14.5				102.112	80.158	23900	727	15.2	2.65	1190	99.6	33.2
45a	450	150	11.5	18.0	13.5	6.8	102.446	80.420	32200	855	17.7	2.89	1460	114	38.6
45b		152	13.5				111.446	87.485	33800	894	17.4	2.84	1500	118	38.0
45c		154	15.5				120.446	94.550	35300	938	17.1	2.79	1570	122	37.6
50a	500	158	12.0	20.0	14.0	7.0	119.304	93.654	46500	1120	19.7	3.07	1860	142	42.8
50b		160	14.0				129.304	101.504	48600	1170	19.4	3.01	1940	146	42.4
50c		162	16.0				139.304	109.354	50600	1220	19.0	2.96	2080	151	41.8

（续）

型号	截面尺寸/mm						截面面积 /cm²	理论重量 /(kg/m)	惯性矩/cm⁴		惯性半径/cm		截面模数/cm³		参考数值 /cm
	h	b	d	t	r	r_1			I_x	I_y	i_x	i_y	W_x	W_y	$I_x : S_x$
55a	550	166	12.5	21.0	14.5	7.3	134.185	105.335	62900	1370	21.6	3.19	2290	164	—
55b		168	14.5				145.185	113.970	65600	1420	21.2	3.14	2390	170	—
55c		170	16.0				156.185	122.605	68400	1480	20.9	3.08	2490	175	—
56a	560	166	12.5				135.435	106.316	65600	1370	22.0	3.18	2340	165	47.7
56b		168	14.5				146.635	115.108	68500	1490	21.6	3.16	2450	174	47.2
56c		170	16.5				157.835	123.900	71400	1560	21.3	3.16	2550	183	46.7
63a	630	176	13.0	22.0	15.0	7.5	154.658	121.407	93900	1700	24.5	3.31	2980	193	54.2
63b		178	15.0				167.258	131.298	98100	1810	24.2	3.29	3160	204	53.5
63c		180	17.0				179.858	141.189	102000	1920	23.8	3.27	3300	214	52.9

注：表中参考数值 $I_x : S_x$ 采用 GB/T 706—1988。

表 B-2　槽钢截面尺寸、截面面积、理论重量及截面特性（GB/T 706—2008）

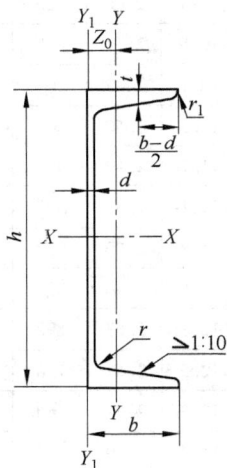

h——高度；
b——腿宽度；
d——腰厚度；
t——平均腿厚度；
r——内圆弧半径；
r_1——腿端圆弧半径；
Z_0——YY轴与Y_1Y_1轴间距。

注：表中 r、r_1 的数据用于孔型设计，不做交货条件

型号	截面尺寸 /mm						截面面积 /cm²	理论重量 /(kg/m)	惯性矩 /cm⁴			惯性半径 /cm		截面模数 /cm³		重心距离/cm
	h	b	d	t	r	r_1			I_x	I_y	I_{y1}	i_x	i_y	W_x	W_y	Z_0
5	50	37	4.5	7.0	7.0	3.5	6.928	5.438	26.0	8.30	20.9	1.94	1.10	10.4	3.55	1.35
6.3	63	40	4.8	7.5	7.5	3.8	8.451	6.634	50.8	11.9	28.4	2.45	1.19	16.1	4.50	1.36
6.5	65	40	4.3	7.5	7.5	3.8	8.547	6.709	55.2	12.0	28.3	2.54	1.19	17.0	4.59	1.38
8	80	43	5.0	8.0	8.0	4.0	10.248	8.045	101	16.6	37.4	3.15	1.27	25.3	5.79	1.43
10	100	48	5.3	8.5	8.5	4.2	12.748	10.007	198	25.6	54.9	3.95	1.41	39.7	7.80	1.52
12	120	53	5.5	9.0	9.0	4.5	15.362	12.059	346	37.4	77.7	4.75	1.56	57.7	10.2	1.62
12.6	126	53	5.5	9.0	9.0	4.5	15.692	12.318	391	38.0	77.1	4.95	1.57	62.1	10.2	1.59

（续）

型号	截面尺寸/mm						截面面积/cm²	理论重量/(kg/m)	惯性矩/cm⁴			惯性半径/cm		截面模数/cm³		重心距离/cm
	h	b	d	t	r	r_1			I_x	I_y	I_{y1}	i_x	i_y	W_x	W_y	Z_0
14a	140	58	6.0	9.5	9.5	4.8	18.516	14.535	564	53.2	107	5.52	1.70	80.5	13.0	1.71
14b		60	8.0				21.316	16.733	609	61.1	121	5.35	1.69	87.1	14.1	1.67
16a	160	63	6.5	10.0	10.0	5.0	21.962	17.24	866	73.3	144	6.28	1.83	108	16.3	1.80
16b		65	8.5				25.162	19.752	935	83.4	161	6.10	1.82	117	17.6	1.75
18a	180	68	7.0	10.5	10.5	5.2	25.699	20.174	1270	98.6	190	7.04	1.96	141	20.0	1.88
18b		70	9.0				29.299	23.000	1370	111	210	6.84	1.95	152	21.5	1.84
20a	200	73	7.0	11.0	11.0	5.5	28.837	22.637	1780	128	244	7.86	2.11	178	24.2	2.01
20b		75	9.0				32.837	25.777	1910	144	268	7.64	2.09	191	25.9	1.95
22a	220	77	7.0	11.5	11.5	5.8	31.846	24.999	2390	158	298	8.67	2.23	218	28.2	2.10
22b		79	9.0				36.246	28.453	2570	176	326	8.42	2.21	234	30.1	2.03
24a	240	78	7.0	12.0	12.0	6.0	34.217	26.860	3050	174	325	9.45	2.25	254	30.5	2.10
24b		80	9.0				39.017	30.628	3280	194	355	9.17	2.23	274	32.5	2.03
24c		82	11.0				43.817	34.396	3510	213	388	8.96	2.21	293	34.4	2.00
25a	250	78	7.0				34.917	27.410	3370	176	322	9.82	2.24	270	30.6	2.07
25b		80	9.0				39.917	31.335	3530	196	353	9.41	2.22	282	32.7	1.98
25c		82	11.0				44.917	35.260	3690	218	384	9.07	2.21	295	35.9	1.92
27a	270	82	7.5	12.5	12.5	6.2	39.284	30.838	4360	216	393	10.5	2.34	323	35.5	2.13
27b		84	9.5				44.684	35.077	4690	239	428	10.3	2.31	347	37.7	2.06
27c		86	11.5				50.084	39.316	5020	261	467	10.1	2.28	372	39.8	2.03
28a	280	82	7.5				40.034	31.427	4760	218	388	10.9	2.33	340	35.7	2.10
28b		84	9.5				45.634	35.823	5130	242	428	10.6	2.30	366	37.9	2.02
28c		86	11.5				51.234	40.219	5500	268	463	10.4	2.29	393	40.3	1.95
30a	300	85	7.5	13.5	13.5	6.8	43.902	34.463	6050	260	467	11.7	2.43	403	41.1	2.17
30b		87	9.5				49.902	39.173	6500	289	515	11.4	2.41	433	44.0	2.13
30c		89	11.5				55.902	43.883	6950	316	560	11.2	2.38	463	46.4	2.09
32a	320	88	8.0	14.0	14.0	7.0	48.513	38.083	7600	305	552	12.5	2.50	475	46.5	2.24
32b		90	10.0				54.913	43.107	8140	336	593	12.2	2.47	509	49.2	2.16
32c		92	12.0				61.313	48.131	8690	374	643	11.9	2.47	543	52.6	2.09
36a	360	96	9.0	16.0	16.0	8.0	60.910	47.814	11900	455	818	14.0	2.73	660	63.5	2.44
36b		98	11.0				68.110	53.466	12700	497	880	13.6	2.70	703	66.9	2.37
36c		100	13.0				75.310	59.118	13400	536	948	13.4	2.67	746	70.0	2.34
40a	400	100	10.5	18.0	18.0	9.0	75.068	58.928	17600	592	1070	15.3	2.81	879	78.8	2.49
40b		102	12.5				83.068	65.208	18600	640	1140	15.0	2.78	932	82.5	2.44
40c		104	14.5				91.068	71.488	19700	688	1220	14.7	2.75	986	86.2	2.42

表 B-3　等边角钢截面尺寸、截面面积、理论重量及截面特性（GB/T 706—2008）

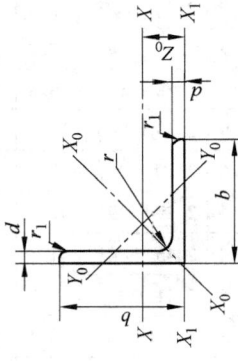

b——边宽度；
d——边厚度；
r——内圆弧半径；
r_1——边端圆弧半径；
Z_0——重心距离。

注：截面图中的 $r_1 = 1/3d$ 及表中 r 的数据用于孔型设计，不做交货条件。

型号	截面尺寸/mm			截面面积 /cm²	理论重量 /(kg/m)	外表面积 /(m²/m)	惯性矩 /cm⁴				惯性半径 /cm			截面模数 /cm³			重心距离/cm
	b	d	r				I_x	I_{x1}	I_{x0}	I_{y0}	i_x	i_{x0}	i_{y0}	W_x	W_{x0}	W_{y0}	Z_0
2	20	3	3.5	1.132	0.889	0.078	0.40	0.81	0.63	0.17	0.59	0.75	0.39	0.29	0.45	0.20	0.60
		4		1.459	1.145	0.077	0.50	1.09	0.78	0.22	0.58	0.73	0.38	0.36	0.55	0.24	0.64
2.5	25	3	3.5	1.432	1.124	0.098	0.82	1.57	1.29	0.34	0.76	0.95	0.49	0.46	0.73	0.33	0.73
		4		1.859	1.459	0.097	1.03	2.11	1.62	0.43	0.74	0.93	0.48	0.59	0.92	0.40	0.76
3.0	30	3	4.5	1.749	1.373	0.117	1.46	2.71	2.31	0.61	0.91	1.15	0.59	0.68	1.09	0.51	0.85
		4		2.276	1.786	0.117	1.84	3.63	2.92	0.77	0.90	1.13	0.58	0.87	1.37	0.62	0.89
3.6	36	3	4.5	2.109	1.656	0.141	2.58	4.68	4.09	1.07	1.11	1.39	0.71	0.99	1.61	0.76	1.00
		4		2.756	2.163	0.141	3.29	6.25	5.22	1.37	1.09	1.38	0.70	1.28	2.05	0.93	1.04
		5		3.382	2.654	0.141	3.95	7.84	6.24	1.65	1.08	1.36	0.70	1.56	2.45	1.00	1.07
4	40	3	5	2.359	1.852	0.157	3.59	6.41	5.69	1.49	1.23	1.55	0.79	1.23	2.01	0.96	1.09
		4		3.086	2.422	0.157	4.60	8.56	7.29	1.91	1.22	1.54	0.79	1.60	2.58	1.19	1.13
		5		3.791	2.976	0.156	5.53	10.74	8.76	2.30	1.21	1.52	0.78	1.96	3.10	1.39	1.17
4.5	45	3	5	2.659	2.088	0.177	5.17	9.12	8.20	2.14	1.40	1.76	0.89	1.58	2.58	1.24	1.22
		4		3.486	2.736	0.177	6.65	12.18	10.56	2.75	1.38	1.74	0.89	2.05	3.32	1.54	1.26
		5		4.292	3.369	0.176	8.04	15.2	12.74	3.33	1.37	1.72	0.88	2.51	4.00	1.81	1.30
		6		5.076	3.985	0.176	9.33	18.36	14.76	3.89	1.36	1.70	0.8	2.95	4.64	2.06	1.33

（续）

型号	截面尺寸/mm			截面面积/cm²	理论重量/(kg/m)	外表面积/(m²/m)	惯性矩/cm⁴				惯性半径/cm			截面模数/cm³			重心距离/cm
	b	d	r				I_x	I_{x1}	I_{x0}	I_{y0}	i_x	i_{x0}	i_{y0}	W_x	W_{x0}	W_{y0}	Z_0
5	50	3	5.5	2.971	2.332	0.197	7.18	12.5	11.37	2.98	1.55	1.96	1.00	1.96	3.22	1.57	1.34
		4		3.897	3.059	0.197	9.26	16.69	14.70	3.82	1.54	1.94	0.99	2.56	4.16	1.96	1.38
		5		4.803	3.770	0.196	11.21	20.90	17.79	4.64	1.53	1.92	0.98	3.13	5.03	2.31	1.42
		6		5.688	4.465	0.196	13.05	25.14	20.68	5.42	1.52	1.91	0.98	3.68	5.85	2.63	1.46
5.6	56	3	6	3.343	2.624	0.221	10.19	17.56	16.14	4.24	1.75	2.20	1.13	2.48	4.08	2.02	1.48
		4		4.390	3.446	0.220	13.18	23.43	20.92	5.46	1.73	2.18	1.11	3.24	5.28	2.52	1.53
		5		5.415	4.251	0.220	16.02	29.33	25.42	6.61	1.72	2.17	1.10	3.97	6.42	2.98	1.57
		6		6.420	5.040	0.220	18.69	35.26	29.66	7.73	1.71	2.15	1.10	4.68	7.49	3.40	1.61
		7		7.404	5.812	0.219	21.23	41.23	33.63	8.82	1.69	2.13	1.09	5.36	8.49	3.80	1.64
		8		8.367	6.568	0.219	23.63	47.24	37.37	9.89	1.68	2.11	1.09	6.03	9.44	4.16	1.68
6	60	5	6.5	5.829	4.576	0.236	19.89	36.05	31.57	8.21	1.85	2.33	1.19	4.59	7.44	3.48	1.67
		6		6.914	5.427	0.235	23.25	43.33	36.89	9.60	1.83	2.31	1.18	5.41	8.70	3.98	1.70
		7		7.977	6.262	0.235	26.44	50.65	41.92	10.96	1.82	2.29	1.17	6.21	9.88	4.45	1.74
		8		9.020	7.081	0.235	29.47	58.02	46.66	12.28	1.81	2.27	1.17	6.98	11.00	4.88	1.78
6.3	63	4	7	4.978	3.907	0.248	19.03	33.35	30.17	7.89	1.96	2.46	1.26	4.13	6.78	3.29	1.70
		5		6.143	4.822	0.248	23.17	41.73	36.77	9.57	1.94	2.45	1.25	5.08	8.25	3.90	1.74
		6		7.288	5.721	0.247	27.12	50.14	43.03	11.20	1.93	2.43	1.24	6.00	9.66	4.46	1.78
		7		8.412	6.603	0.247	30.87	58.60	48.96	12.79	1.92	2.41	1.23	6.88	10.99	4.98	1.82
		8		9.515	7.469	0.247	34.46	67.11	54.56	14.33	1.90	2.40	1.23	7.75	12.25	5.47	1.85
		10		11.657	9.151	0.246	41.09	84.31	64.85	17.33	1.88	2.36	1.22	9.39	14.56	6.36	1.93
7	70	4	8	5.570	4.372	0.275	26.39	45.74	41.80	10.99	2.18	2.74	1.40	5.14	8.44	4.17	1.86
		5		6.875	5.397	0.275	32.21	57.21	51.08	13.31	2.16	2.73	1.39	6.32	10.32	4.95	1.91
		6		8.160	6.406	0.275	37.77	68.73	59.93	15.61	2.15	2.71	1.38	7.48	12.11	5.67	1.95

（续）

型号	截面尺寸/mm			截面面积/cm²	理论重量/(kg/m)	外表面积/(m²/m)	惯性矩/cm⁴				惯性半径/cm			截面模数/cm³			重心距离/cm
	b	d	r				I_x	I_{x1}	I_{x0}	I_{y0}	i_x	i_{x0}	i_{y0}	W_x	W_{x0}	W_{y0}	Z_0
7	70	7	8	9.424	7.398	0.275	43.09	80.29	68.35	17.82	2.14	2.69	1.38	8.59	13.81	6.34	1.99
		8		10.667	8.373	0.274	48.17	91.92	76.37	19.98	2.12	2.68	1.37	9.68	15.43	6.98	2.03
7.5	75	5	9	7.412	5.818	0.295	39.97	70.56	63.30	16.63	2.33	2.92	1.50	7.32	11.94	5.77	2.04
		6		8.797	6.905	0.294	46.95	84.55	74.38	19.51	2.31	2.90	1.49	8.64	14.02	6.67	2.07
		7		10.160	7.976	0.294	53.57	98.71	84.96	22.18	2.30	2.89	1.48	9.93	16.02	7.44	2.11
		8		11.503	9.030	0.294	59.96	112.97	95.07	24.86	2.28	2.88	1.47	11.20	17.93	8.19	2.15
		9		12.825	10.068	0.294	66.10	127.30	104.71	27.48	2.27	2.86	1.46	12.43	19.75	8.89	2.18
		10		14.126	11.089	0.293	71.98	141.71	113.92	30.05	2.26	2.84	1.46	13.64	21.48	9.56	2.22
8	80	5	9	7.912	6.211	0.315	48.79	85.36	77.33	20.25	2.48	3.13	1.60	8.34	13.67	6.66	2.15
		6		9.397	7.376	0.314	57.35	102.50	90.98	23.72	2.47	3.11	1.59	9.87	16.08	7.65	2.19
		7		10.806	8.525	0.314	65.58	119.70	104.07	27.09	2.46	3.10	1.58	11.37	18.40	8.58	2.23
		8		12.303	9.658	0.314	73.49	136.97	116.60	30.39	2.44	3.08	1.57	12.83	20.61	9.46	2.27
		9		13.725	10.774	0.314	81.11	154.31	128.60	33.61	2.43	3.06	1.56	14.25	22.73	10.29	2.31
		10		15.126	11.874	0.313	88.43	171.74	140.09	36.77	2.42	3.04	1.56	15.64	24.76	11.08	2.35
9	90	6	10	10.637	8.350	0.354	82.77	145.87	131.26	34.28	2.79	3.51	1.80	12.61	20.63	9.95	2.44
		7		12.301	9.656	0.354	94.83	170.30	150.47	39.18	2.78	3.50	1.78	14.54	23.64	11.19	2.48
		8		13.944	10.946	0.353	106.47	194.80	168.97	43.97	2.76	3.48	1.78	16.42	26.55	12.35	2.52
		9		15.566	12.219	0.353	117.72	219.39	186.77	48.66	2.75	3.46	1.77	18.27	29.35	13.46	2.56
		10		17.167	13.476	0.353	128.58	244.07	203.90	53.26	2.74	3.45	1.76	20.07	32.04	14.52	2.59
		12		20.305	15.940	0.352	149.22	293.76	236.21	62.22	2.71	3.41	1.75	23.57	37.12	16.49	2.67
10	100	6	12	11.932	9.366	0.393	114.95	200.07	181.98	47.92	3.10	3.90	2.00	15.68	25.74	12.69	2.67
		7		13.796	10.830	0.393	131.86	233.54	208.97	54.74	3.09	3.89	1.99	18.10	29.55	14.26	2.71
		8		15.638	12.276	0.393	148.24	267.09	235.07	61.41	3.08	3.88	1.98	20.47	33.24	15.75	2.76

（续）

型号	截面尺寸/mm			截面面积/cm²	理论重量/(kg/m)	外表面积/(m²/m)	惯性矩/cm⁴				惯性半径/cm			截面模数/cm³			重心距离/cm
	b	d	r				I_x	I_{x1}	I_{x0}	I_{y0}	i_x	i_{x0}	i_{y0}	W_x	W_{x0}	W_{y0}	Z_0
10	100	9	12	17.462	13.708	0.392	164.12	300.73	260.30	67.95	3.07	3.86	1.97	22.79	36.81	17.18	2.80
		10		19.261	15.120	0.392	179.51	334.48	284.68	74.35	3.05	3.84	1.96	25.06	40.26	18.54	2.84
		12		22.800	17.898	0.391	208.90	402.34	330.95	86.84	3.03	3.81	1.95	29.48	46.80	21.08	2.91
		14		26.256	20.611	0.391	236.53	470.75	374.06	99.00	3.00	3.77	1.94	33.73	52.90	23.44	2.99
		16		29.627	23.257	0.390	262.53	539.80	414.16	110.89	2.98	3.74	1.94	37.82	58.57	25.63	3.06
11	110	7	12	15.196	11.928	0.433	177.16	310.64	280.94	73.38	3.41	4.30	2.20	22.05	36.12	17.51	2.96
		8		17.238	13.535	0.433	199.46	355.20	316.49	82.42	3.40	4.28	2.19	24.95	40.69	19.39	3.01
		10		21.261	16.690	0.432	242.19	444.65	384.39	99.98	3.38	4.25	2.17	30.60	49.42	22.91	3.09
		12		25.200	19.782	0.431	282.55	534.60	448.17	116.93	3.35	4.22	2.15	36.05	57.62	26.15	3.16
		14		29.056	22.809	0.431	320.71	625.16	508.01	133.40	3.32	4.18	2.14	41.31	65.31	29.14	3.24
12.5	125	8	14	19.750	15.504	0.492	297.03	521.01	470.89	123.16	3.88	4.88	2.50	32.52	53.28	25.86	3.37
		10		24.373	19.133	0.491	361.67	651.93	573.89	149.46	3.85	4.85	2.48	39.97	64.93	30.62	3.45
		12		28.912	22.696	0.491	423.16	783.42	671.44	174.88	3.83	4.82	2.46	47.17	75.96	35.03	3.53
		14		33.367	26.193	0.490	481.65	915.61	763.73	199.57	3.80	4.78	2.45	54.16	86.41	39.13	3.61
		16		37.739	29.625	0.489	537.31	1048.62	850.98	223.65	3.77	4.75	2.43	60.93	96.28	42.96	3.68
14	140	10	14	27.373	21.488	0.551	514.65	915.11	817.27	212.04	4.34	5.46	2.78	50.58	82.56	39.20	3.82
		12		32.512	25.522	0.551	603.68	1099.28	958.79	248.57	4.31	5.43	2.76	59.80	96.85	45.02	3.90
		14		37.567	29.490	0.550	688.61	1284.22	1093.56	284.06	4.28	5.40	2.75	68.75	110.47	50.45	3.98
		16		42.359	33.393	0.549	770.24	1470.07	1221.81	318.67	4.26	5.36	2.74	77.46	123.42	55.55	4.06
15	150	8	14	23.750	18.644	0.592	521.37	899.55	827.49	215.25	4.69	5.90	3.01	47.36	78.02	38.14	3.99
		10		29.373	23.058	0.591	637.50	1125.09	1012.79	262.21	4.66	5.87	2.99	58.35	95.49	45.51	4.08
		12		34.912	27.406	0.591	748.85	1351.26	1189.97	307.73	4.63	5.84	2.97	69.04	112.19	52.38	4.15
		14		40.367	31.688	0.590	855.64	1578.25	1359.30	351.98	4.60	5.80	2.95	79.45	128.16	58.83	4.23

（续）

型号	截面尺寸/mm			截面面积/cm²	理论重量/(kg/m)	外表面积/(m²/m)	惯性矩/cm⁴				惯性半径/cm			截面模数/cm³			重心距离/cm
	b	d	r				I_x	I_{x1}	I_{x0}	I_{y0}	i_x	i_{x0}	i_{y0}	W_x	W_{x0}	W_{y0}	Z_0
15	150	15	14	43.063	33.804	0.590	907.39	1692.10	1441.09	373.69	4.59	5.78	2.95	84.56	135.87	61.90	4.27
		16		45.739	35.905	0.589	958.08	1806.21	1521.02	395.14	4.58	5.77	2.94	89.59	143.40	64.89	4.31
16	160	10	16	31.502	24.729	0.630	779.53	1365.33	1237.30	321.76	4.98	6.27	3.20	66.70	109.36	52.76	4.31
		12		37.441	29.391	0.630	916.58	1639.57	1455.68	377.49	4.95	6.24	3.18	78.98	128.67	60.74	4.39
		14		43.296	33.987	0.629	1048.36	1914.68	1665.02	431.70	4.92	6.20	3.16	90.95	147.17	68.24	4.47
		16		49.067	38.518	0.629	1175.08	2190.82	1865.57	484.59	4.89	6.17	3.14	102.63	164.89	75.31	4.55
18	180	12		42.241	33.159	0.710	1321.35	2332.80	2100.10	542.61	5.59	7.05	3.58	100.82	165.00	78.41	4.89
		14		48.896	38.383	0.709	1514.48	2723.48	2407.42	621.53	5.56	7.02	3.56	116.25	189.14	88.38	4.97
		16		55.467	43.542	0.709	1700.99	3115.29	2703.37	698.60	5.54	6.98	3.55	131.13	212.40	97.83	5.05
		18		61.055	48.634	0.708	1875.12	3502.43	2988.24	762.01	5.50	6.94	3.51	145.64	234.78	105.14	5.13
20	200	14	18	54.642	42.894	0.788	2103.55	3734.10	3433.26	863.83	6.20	7.82	3.98	144.70	236.40	111.82	5.46
		16		62.013	48.680	0.788	2366.15	4270.39	3760.89	971.41	6.18	7.79	3.96	163.65	265.93	123.96	5.54
		18		69.031	54.401	0.787	2620.64	4808.13	4164.54	1076.74	6.15	7.75	3.94	188.22	294.48	135.52	5.62
		20		76.505	60.056	0.787	2867.30	5347.51	4554.55	1180.04	6.12	7.72	3.93	200.42	322.06	146.55	5.69
		24		90.661	71.168	0.785	3338.25	6457.16	5294.97	1381.53	6.07	7.64	3.90	236.17	374.41	166.65	5.87
22	220	16	21	68.664	53.901	0.866	3187.36	5681.62	5063.73	1310.99	6.81	8.59	4.37	199.55	325.51	153.81	6.03
		18		76.752	60.250	0.866	3534.30	6395.93	5615.32	1453.27	6.79	8.55	4.35	222.37	360.97	168.29	6.11
		20		84.756	68.533	0.865	3871.49	7112.04	6150.08	1592.90	6.76	8.52	4.34	244.77	395.34	182.16	6.18
		22		92.756	72.751	0.865	4199.23	7830.19	6668.37	1730.10	6.73	8.48	4.32	266.78	428.66	195.45	6.26
		24		100.512	78.902	0.864	4517.83	8550.57	7170.55	1865.11	6.70	8.45	4.31	288.39	460.94	208.21	6.33
		26		100.264	84.987	0.864	4827.58	9273.39	7656.98	1998.17	6.68	8.41	4.30	309.62	492.21	220.49	6.41
25	250	18	24	87.842	68.956	0.985	5268.22	9379.11	8369.04	2167.41	7.74	9.76	4.97	290.12	473.42	224.03	6.84
		20		97.045	76.180	0.984	5779.34	10426.97	9*181.94	2376.74	7.72	9.73	4.95	319.66	519.41	242.85	6.92

（续）

型号	截面尺寸/mm b	截面尺寸/mm d	截面尺寸/mm r	截面面积/cm²	理论重量/(kg/m)	外表面积/(m²/m)	惯性矩/cm⁴ I_x	惯性矩/cm⁴ I_{x1}	惯性矩/cm⁴ I_{x0}	惯性矩/cm⁴ I_{y0}	惯性半径/cm i_x	惯性半径/cm i_{x0}	惯性半径/cm i_{y0}	截面模数/cm³ W_x	截面模数/cm³ W_{x0}	截面模数/cm³ W_{y0}	重心距离/cm Z_0
25	250	24	24	115.201	90.433	0.983	6763.93	12529.74	10742.67	2785.19	7.66	9.66	4.92	377.34	607.70	278.38	7.07
		26		124.154	97.461	0.982	7238.08	13585.18	11491.33	2984.84	7.63	9.62	4.90	405.50	650.05	295.19	7.15
		28		133.022	104.422	0.982	7700.60	14643.62	12219.39	3181.81	7.61	9.58	4.89	433.22	691.23	311.42	7.22
		30		141.807	111.318	0.981	8151.80	15705.30	12927.26	3376.34	7.58	9.55	4.88	460.51	731.28	372.12	7.30
		32		150.508	118.149	0.981	8592.01	16770.41	13615.32	3568.71	7.56	9.51	4.87	487.39	770.20	342.33	7.37
		35		163.402	128.271	0.980	9232.44	18374.95	14611.16	3853.72	7.52	9.46	4.86	526.97	826.53	364.30	7.48

表 B-4　不等边角钢截面尺寸、截面面积、理论重量及截面特性（GB/T 706—2008）

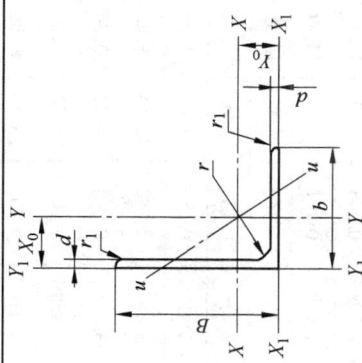

B——长边宽度；
b——短边宽度；
d——边厚度；
r——内圆弧半径；
r_1——边端圆弧半径；
X_0——重心距离；
Y_0——重心距离。

注：截面图中的 $r_1 = 1/3d$ 及表中 r 的数据用于孔型设计，不做交货条件。

型号	截面尺寸/mm B	截面尺寸/mm b	截面尺寸/mm d	截面尺寸/mm r	截面面积/cm²	理论重量/(kg/m)	外表面积/(m²/m)	惯性矩/cm⁴ I_x	惯性矩/cm⁴ I_{x1}	惯性矩/cm⁴ I_y	惯性矩/cm⁴ I_{y1}	惯性矩/cm⁴ I_u	惯性半径/cm i_x	惯性半径/cm i_y	惯性半径/cm i_u	截面模数/cm³ W_x	截面模数/cm³ W_y	截面模数/cm³ W_u	$\tan\alpha$	重心距离/cm X_0	重心距离/cm Y_0
2.5/1.6	25	16	3	3.5	1.162	0.912	0.080	0.70	1.56	0.22	0.43	0.14	0.78	0.44	0.34	0.43	0.19	0.16	0.392	0.42	0.86
			4		1.499	1.176	0.079	0.88	2.09	0.27	0.59	0.17	0.77	0.43	0.34	0.55	0.24	0.20	0.381	0.46	0.90
3.2/2	32	20	3	3.5	1.492	1.171	0.102	1.53	3.27	0.46	0.82	0.28	1.01	0.55	0.43	0.72	0.30	0.25	0.382	0.49	1.08
			4		1.939	1.522	0.101	1.93	4.37	0.57	1.12	0.35	1.00	0.54	0.42	0.93	0.39	0.32	0.374	0.53	1.12

（续）

型号	截面尺寸/mm				截面面积/cm²	理论重量/(kg/m)	外表面积/(m²/m)	惯性矩/cm⁴					惯性半径/cm			截面模数/cm³			tanα	重心距离/cm	
	B	b	d	r				I_x	I_{x1}	I_y	I_{y1}	I_u	i_x	i_y	i_u	W_x	W_y	W_u		X_0	Y_0
4/2.5	40	25	3	4	1.890	1.484	0.127	3.08	5.39	0.93	1.59	0.56	1.28	0.70	0.54	1.15	0.49	0.40	0.385	0.59	1.32
			4	4	2.467	1.936	0.127	3.93	8.53	1.18	2.14	0.71	1.36	0.69	0.54	1.49	0.63	0.52	0.381	0.63	1.37
4.5/2.8	45	28	3	5	2.149	1.687	0.143	4.45	9.10	1.34	2.23	0.80	1.44	0.79	0.61	1.47	0.62	0.51	0.383	0.64	1.47
			4		2.806	2.203	0.143	5.69	12.13	1.70	3.00	1.02	1.42	0.78	0.60	1.91	0.80	0.66	0.380	0.68	1.51
5/3.2	50	32	3	5.5	2.431	1.908	0.161	6.24	12.49	2.02	3.31	1.20	1.60	0.91	0.70	1.84	0.82	0.68	0.404	0.73	1.60
			4		3.177	2.494	0.160	8.02	16.65	2.58	4.45	1.53	1.59	0.90	0.69	2.39	1.06	0.87	0.402	0.77	1.65
5.6/3.6	56	36	3	6	2.743	2.153	0.181	8.88	17.54	2.92	4.70	1.73	1.80	1.03	0.79	2.32	1.05	0.87	0.408	0.80	1.78
			4		3.590	2.818	0.180	11.45	23.39	3.76	6.33	2.23	1.79	1.02	0.79	3.03	1.37	1.13	0.408	0.85	1.82
			5		4.415	3.466	0.180	13.86	29.25	4.49	7.94	2.67	1.77	1.01	0.78	3.71	1.65	1.36	0.404	0.88	1.87
6.3/4	63	40	4	7	4.058	3.185	0.202	16.49	33.30	5.23	8.63	3.12	2.02	1.14	0.88	3.87	1.70	1.40	0.398	0.92	2.04
			5		4.993	3.920	0.202	20.02	41.63	6.31	10.86	3.76	2.00	1.12	0.87	4.74	2.07	1.71	0.396	0.95	2.08
			6		5.908	4.638	0.201	23.36	49.98	7.29	13.12	4.34	1.96	1.11	0.86	5.59	2.43	1.99	0.393	0.99	2.12
			7		6.802	5.339	0.201	26.53	58.07	8.24	15.47	4.97	1.98	1.10	0.86	6.40	2.78	2.29	0.389	1.03	2.15
7/4.5	70	45	4	7.5	4.547	3.570	0.226	23.17	45.92	7.55	12.26	4.40	2.26	1.29	0.98	4.86	2.17	1.77	0.410	1.02	2.24
			5		5.609	4.403	0.225	27.95	57.10	9.13	15.39	5.40	2.23	1.28	0.98	5.92	2.65	2.19	0.407	1.06	2.28
			6		6.647	5.218	0.225	32.54	68.35	10.62	18.58	6.35	2.21	1.26	0.98	6.95	3.12	2.59	0.404	1.09	2.32
			7		7.657	6.011	0.225	37.22	79.99	12.01	21.84	7.16	2.20	1.25	0.97	8.03	3.57	2.94	0.402	1.13	2.36
7.5/5	75	50	5	8	6.125	4.808	0.245	34.86	70.00	12.61	21.04	7.41	2.39	1.44	1.10	6.83	3.30	2.74	0.435	1.17	2.40
			6		7.260	5.699	0.245	41.12	84.30	14.70	25.37	8.54	2.38	1.42	1.08	8.12	3.88	3.19	0.435	1.21	2.44
			7		9.467	7.431	0.244	52.39	112.50	18.53	34.23	10.87	2.35	1.40	1.07	10.52	4.99	4.10	0.429	1.29	2.52
			8		11.590	9.908	0.244	62.71	140.80	21.96	43.43	13.10	2.33	1.38	1.06	12.79	6.04	4.99	0.423	1.36	2.60
8/5	80	50	5	8	6.375	5.005	0.255	41.96	85.21	12.82	21.06	7.66	2.56	1.42	1.10	7.78	3.32	2.74	0.388	1.14	2.60

（续）

型号	B	b	d	r	截面面积/cm²	理论重量/(kg/m)	外表面积/(m²/m)	I_x	I_{x1}	I_y	I_{y1}	I_u	i_x	i_y	i_u	W_x	W_y	W_u	tanα	X_0	Y_0
8/5	80	50	6	8	7.560	5.935	0.255	49.49	102.53	14.95	25.41	8.85	2.56	1.41	1.08	9.25	3.91	3.20	0.387	1.18	2.65
			7		8.724	6.848	0.255	56.16	119.33	16.96	29.82	10.18	2.54	1.39	1.08	10.58	4.48	3.70	0.384	1.21	2.69
			8		9.867	7.745	0.254	62.83	136.41	18.85	34.32	11.38	2.52	1.38	1.07	11.92	5.03	4.16	0.381	1.25	2.73
9/5.6	90	56	5	9	7.212	5.661	0.287	60.45	121.32	18.32	29.53	10.98	2.90	1.59	1.23	9.92	4.21	3.49	0.385	1.25	2.91
			6		8.557	6.717	0.286	71.03	145.59	21.42	35.58	12.90	2.88	1.58	1.23	11.74	4.96	4.13	0.384	1.29	2.95
			7		9.880	7.756	0.286	81.01	169.60	24.36	41.71	14.67	2.86	1.57	1.22	13.49	5.70	4.72	0.382	1.33	3.00
			8		11.183	8.779	0.286	91.03	194.17	27.15	47.93	16.34	2.85	1.56	1.21	15.27	6.41	5.29	0.380	1.36	3.04
10/6.3	100	63	6	10	9.617	7.550	0.320	99.06	199.71	30.94	50.50	18.42	3.21	1.79	1.38	14.64	6.35	5.25	0.394	1.43	3.24
			7		11.111	8.722	0.320	113.45	233.00	35.26	59.14	21.00	3.20	1.78	1.38	16.88	7.29	6.02	0.394	1.47	3.28
			8		12.534	9.878	0.319	127.37	266.32	39.39	67.88	23.50	3.18	1.77	1.37	19.08	8.21	6.78	0.391	1.50	3.32
			10		15.467	12.142	0.319	153.81	333.06	47.12	85.73	28.33	3.15	1.74	1.35	23.32	9.98	8.24	0.387	1.58	3.40
10/8	100	80	6	10	10.637	8.350	0.354	107.04	199.83	61.24	102.68	31.65	3.17	2.40	1.72	15.19	10.16	8.37	0.627	1.97	2.95
			7		12.301	9.656	0.354	122.73	233.20	70.08	119.98	36.17	3.16	2.39	1.72	17.52	11.71	9.60	0.626	2.01	3.0
			8		13.944	10.946	0.353	137.92	266.61	78.58	137.37	40.58	3.14	2.37	1.71	19.81	13.21	10.80	0.625	2.05	3.04
			10		17.167	13.476	0.353	166.87	333.63	94.65	172.48	49.10	3.12	2.35	1.69	24.24	16.12	13.12	0.622	2.13	3.12
11/7	110	70	6	10	10.637	8.350	0.354	133.37	265.78	42.92	69.08	25.36	3.54	2.01	1.54	17.85	7.90	6.53	0.403	1.57	3.53
			7		12.301	9.656	0.353	153.00	310.07	49.01	80.82	28.95	3.53	2.00	1.53	20.60	9.09	7.50	0.402	1.61	3.57
			8		13.944	10.946	0.353	172.04	354.39	54.87	92.70	32.45	3.51	1.98	1.53	23.30	10.25	8.45	0.401	1.65	3.62
			10		17.167	13.476	0.353	208.39	443.13	65.88	116.83	39.20	3.48	1.96	1.51	28.54	12.48	10.29	0.397	1.72	3.70
12.5/8	125	80	7	11	14.096	11.066	0.403	227.98	454.99	74.42	120.32	43.81	4.02	2.30	1.76	26.86	12.01	9.92	0.408	1.80	4.01
			8		15.989	12.551	0.403	256.77	519.99	83.49	137.85	49.15	4.01	2.28	1.75	30.41	13.56	11.18	0.407	1.84	4.06
			10		19.712	15.474	0.402	312.04	650.09	100.67	173.40	59.45	3.98	2.26	1.74	37.33	16.56	13.64	0.404	1.92	4.14
			12		23.351	18.330	0.402	364.41	780.39	116.67	209.67	69.35	3.95	2.24	1.72	44.01	19.43	16.01	0.400	2.00	4.22

（续）

型号	B	b	d	r	截面面积/cm²	理论重量/(kg/m)	外表面积/(m²/m)	I_x	I_{x1}	I_y	I_{y1}	I_u	i_x	i_y	i_u	W_x	W_y	W_u	$\tan\alpha$	X_0	Y_0
								惯性矩 /cm⁴					惯性半径 /cm			截面模数 /cm³				重心距离 /cm	
14/9	140	90	8	12	18.038	14.160	0.453	365.64	730.53	120.69	195.79	70.83	4.50	2.59	1.98	38.48	17.34	14.31	0.411	2.04	4.50
			10		22.261	17.475	0.452	445.50	913.20	140.03	245.92	85.82	4.47	2.56	1.96	47.31	21.22	17.48	0.409	2.12	4.58
			12		26.400	20.724	0.451	521.59	1096.09	169.79	296.89	100.21	4.44	2.54	1.95	55.87	24.95	20.54	0.406	2.19	4.66
			14		30.456	23.908	0.451	594.10	1279.26	192.10	348.82	114.13	4.42	2.51	1.94	64.18	28.54	23.52	0.403	2.27	4.74
15/9	150	90	8	12	18.839	14.788	0.473	442.05	898.35	122.80	195.96	74.14	4.84	2.55	1.98	43.86	17.47	14.48	0.364	1.97	4.92
			10		23.261	18.260	0.472	539.24	1122.85	148.62	246.26	89.86	4.81	2.53	1.97	53.97	21.38	17.69	0.362	2.05	5.01
			12		27.600	21.666	0.471	632.08	1347.50	172.85	297.46	104.95	4.79	2.50	1.95	63.79	25.14	20.80	0.359	2.12	5.09
			14		31.856	25.007	0.471	720.77	1572.38	195.62	349.74	119.53	4.76	2.48	1.94	73.33	28.77	23.84	0.356	2.20	5.17
			15		33.952	26.652	0.471	763.62	1684.93	206.50	376.33	126.67	4.74	2.47	1.93	77.99	30.53	25.33	0.354	2.24	5.21
			16		36.027	28.281	0.470	805.51	1797.55	217.07	403.24	133.72	4.73	2.45	1.93	82.60	32.27	26.82	0.352	2.27	5.25
16/10	160	100	10	13	25.315	19.872	0.512	668.69	1362.89	205.03	336.59	121.74	5.14	2.85	2.19	62.13	26.56	21.92	0.390	2.28	5.24
			12		30.054	23.592	0.511	784.91	1635.56	239.06	405.94	142.33	5.11	2.82	2.17	73.49	31.28	25.79	0.388	2.36	5.32
			14		34.709	27.247	0.510	896.30	1908.50	271.20	476.42	162.23	5.08	2.80	2.16	84.56	35.83	29.56	0.385	2.43	5.40
			16		39.281	30.835	0.510	1003.04	2181.79	301.60	548.22	182.57	5.05	2.77	2.16	95.33	40.24	33.44	0.382	2.51	5.48
18/11	180	110	10	14	28.373	22.273	0.571	956.25	1940.40	278.11	447.22	166.50	5.80	3.13	2.42	78.96	32.49	26.88	0.376	2.44	5.89
			12		33.712	26.440	0.571	1124.72	2328.38	325.03	538.94	194.87	5.78	3.10	2.40	93.53	38.32	31.66	0.374	2.52	5.98
			14		38.967	30.589	0.570	1286.91	2716.60	369.55	631.95	222.30	5.75	3.08	2.39	107.76	43.97	36.32	0.372	2.59	6.06
			16		44.139	34.649	0.569	1443.06	3105.15	411.85	726.46	248.94	5.72	3.06	2.38	121.64	49.44	40.87	0.369	2.67	6.14
20/12.5	200	125	12	14	37.912	29.761	0.641	1570.90	3193.85	483.16	787.74	285.79	6.44	3.57	2.74	116.73	49.99	41.23	0.392	2.83	6.54
			14		43.687	34.436	0.640	1800.97	3726.17	550.83	922.47	326.58	6.41	3.54	2.73	134.65	57.44	47.34	0.390	2.91	6.62
			16		49.739	39.045	0.639	2023.35	4258.86	615.44	1058.86	366.21	6.38	3.52	2.71	152.18	64.89	53.32	0.388	2.99	6.70
			18		55.526	43.588	0.639	2238.30	4792.00	677.19	1197.13	404.83	6.35	3.49	2.70	169.33	71.74	59.18	0.385	3.06	6.78

表 B-5　L 形钢截面尺寸、截面面积、理论重量及截面特性（GB/T 706—2008）

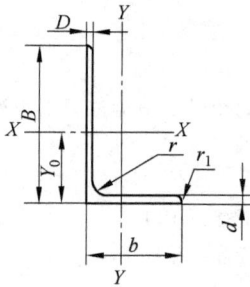

B——长边宽度；
b——短边宽度；
D——长边厚度；
d——短边厚度；
r——内圆弧半径；
r_1——边端圆弧半径；
Y_0——重心距离。

型　号	截面尺寸/mm						截面面积 /cm²	理论重量 /(kg/m)	惯性矩 /cm⁴	重心距离 Y_0/cm
	B	b	D	d	r	r_1				
L250×90×9×13	250	90	9	13	15	7.5	33.4	26.2	2190	8.64
L250×90×10.5×15	250	90	10.5	15	15	7.5	38.5	30.3	2510	8.76
L250×90×11.5×16	250	90	11.5	16	15	7.5	41.7	32.7	2710	8.90
L300×100×10.5×15	300	100	10.5	15			45.3	35.6	4290	10.6
L300×100×11.5×16	300	100	11.5	16			49.0	38.5	4630	10.7
L350×120×10.5×16	350	120	10.5	16			54.9	43.1	7110	12.0
L350×120×11.5×18	350	120	11.5	18			60.4	47.4	7780	12.0
L400×120×11.5×23	400	120	11.5	23	20	10	71.6	56.2	11900	13.3
L450×120×11.5×25	450	120	11.5	25			79.5	62.4	16800	15.1
L500×120×12.5×33	500	120	12.5	33			98.6	77.4	25500	16.5
L500×120×13.5×35	500	120	13.5	35			105.0	82.8	27100	16.6

参 考 文 献

[1]　哈尔滨工业大学理论力学教研组. 理论力学：上册 [M]. 5 版. 北京：高等教育出版社，2000.

[2]　郝桐生. 理论力学 [M]. 3 版. 北京：高等教育出版社，2003.

[3]　范钦珊. 工程力学 [M]. 2 版. 北京：高等教育出版社，2007.

[4]　范钦珊，郭光林. 工程力学 1 [M]. 2 版. 北京：高等教育出版社，2011.

[5]　范钦珊，郭光林. 工程力学 2 [M]. 2 版. 北京：高等教育出版社，2011.

[6]　刘鸿文. 材料力学：上册 [M]. 5 版. 北京：高等教育出版社，2011.

[7]　刘鸿文. 材料力学：下册 [M]. 5 版. 北京：高等教育出版社，2011.